ESPERANTO

Learning and Using the International Language

ESPERANTO

Learning and Using the International Language

David Richardson

ORCAS PUBLISHING COMPANY

BOX 104 • EASTSOUND, WASHINGTON, U.S.A.

Library of Congress Cataloging-in-Publication Data

Richardson, David,   1926–

    Esperanto: learning and using the international language / David Richardson. — 1st ed.
    p. cm.

    Bibliography: p.
    Includes index.
    ISBN 0-945742-00-2
    1. Esperanto—Grammar—1950–   2. Esperanto—Readers.
    I. Title.
    PM8213.R54 1988
    499'.99282421—dc19   88-9858
                                                    CIP

FIRST EDITION.

ORCAS PUBLISHING CO., BOX 104, EASTSOUND, WASHINGTON 98245

Many people donated time, money, and expertise
to make this book possible.
We gratefully acknowledge the especially generous gifts
of the following:

Ms. Margaret L. Barkley
Mr. Josef A. Blum
Ms. Prenda E. Cook
Ms. Rochelle F. Grossman
Ms. Hazel H. Heusser
R. I. Longley, Jr.

Ms. Lois E. L. Thibault, Mrs. Meredith Rohan,
Mr. Jonathan R. Longley, Mr. and Mrs. Richard W. Longley, and
Dione Longley in honor of their father, Dr. Raymond I. Longley,
an indefatigable proponent of the Esperanto movement

Mrs. Florence Mack
Mr. John B. Massey
Mr. Neal D. McBurnett
Maria Liwszyc Murphy, M.D.
Mr. Ralph Murphy
Ms. Cecelia Peterson
Mr. William H. and Mrs. Catherine L. Schulze
Mark and Helen Starr Esperanto Publication Fund
Mr. Robert Swenson
Mr. Eugene Thompson
Ms. Doris Vallon-Wheeler
Esperanto Society of Portland, Oregon

C O N T E N T S

There are few phenomena in this world more remarkable, and less understood, than the International Language Esperanto. The idea of creating a language that might be used by all of humankind is probably as old as language differences themselves, but no one, with the exception of Zamenhof, has ever succeeded in bringing such a language into being. There have been many projects, to be sure, but only Zamenhof's language has outlived its originator and has grown and expanded to include speakers and users in all parts of the world.

Esperanto's greatest single merit is simply that it offers an easy way to communicate internationally. It is more easily learned than other foreign languages, and, unlike the use of English as a medium of communication between ourselves and people from other countries, it puts everyone on an equal footing, because for virtually everyone it is a second language.

The idea that one might create a living and functioning language and that it might have its own worldwide speech community may seem simply too improbable to the uninformed. Hence, one meets people who maintain that Esperanto does not or cannot work. Even respectable scholars occasionally make such an assertion. But this book is proof that Esperanto is indeed widely spoken and used and that it has all the characteristics of any other language with far fewer of the complications. It is used in every conceivable walk of life, for every conceivable purpose, by people from West and East and from North and South. Though it was created by a single individual, it has long outstripped its origins, so that today most of the vocabulary and many of the common constructions in the language have come into being since Zamenhof's day.

In this volume, a hundred years of Esperanto are described and the reader is provided with the means for learning and using the language. Along the way, the reader will become acquainted with the culture as well as the history of the language and will come to understand how Esperanto provides a meeting point for the cultures and societies of the world.

Esperanto is far more than a hobby, although it does offer opportunities to enrich one's life through reading and travel. In today's world, in which we are beset with so many problems, ranging from disease to illiteracy and from ideological differences to outright armed conflict, only through the development of effective means of communication can we possibly hope to keep our planet safe and clean and peaceful for our own and future generations. While Esperanto will not, of itself, solve the problems of the world, it is a good beginning, and its practical idealism provides us with a medium through which to deal with the other questions I have mentioned—questions of war and peace, of the environment, and of the improvement of the human condition.

As Esperanto enters its second century, it has become part of the world scene that will endure. Since it is there, and since it is easy and effective, it should become a part of everyone's education, not as a replacement for a person's native language, but as a supplement, and regardless of where that person may live, what profession he or she may have or what may be that person's age or educational accomplishments. This book is a significant beginning in that direction.

—Humphrey Tonkin

Dr. Tonkin is President of State University College of Arts and Sciences, Potsdam, New York, and is currently president of the World Esperanto Association.

PART ONE

COMMUNICATION AND THE LANGUAGE BARRIER

The Trouble with Language

The greatest invention in history is not nuclear fission or space travel, not radio or television, not electricity, not mathematics, not even the wheel. The greatest and most wonderful invention of all time is human language.

Without language none of humankind's other great achievements could ever have been conceived, much less attained. For it is language that enables people to reason and plan, to share ideas and to build on one another's discoveries, to hoard knowledge and to pass it along to other generations. Without language, we could never even hope to express anything beyond our most basic needs and emotions.

Without language, we humans could hardly even think; language is the indispensable code which enables our minds to function. *With* language, intellect joins intellect, and there are few limits to what we can ultimately accomplish.

But it is a great irony that even in our advanced century, languages effectively divide, as well as unite, the human race. If your language is English, there are some 423 million other people with whom you can communicate freely (or could, if everyone talked English the same way). But there are another four *billion* people on our globe with whom you cannot communicate at all.

Of some two hundred mutually unintelligible "major" languages spoken by a million persons or more, Mandarin Chinese heads the list with just about twice as many speakers as English. At least the names of a few dozen other tongues are familiar to us: French (115 million speakers), German (118 million), Russian (286 million), Arabic (180 million), and so on. Few of us could identify, much less understand a single word of, such other tongues as Gujarati, Hakka, Kannada, Malayalam, Min, Oriya, and so on and on, each with anywhere from 20 millions to 40 millions of native speakers or more.[1] And nobody knows for sure how many thousands of "minor" languages there are (not to mention local variants and dialects) each serving as mother tongue—and therefore precious—to more millions of our fellow inhabitants on Planet Earth.

Another irony about this most crucial tool called language is that our own particular tongue is so familiar to us that we often think and act as though ours were the only proper, "real" way for humans to talk to one another. (English-speakers, as we shall see, are especially vulnerable to this illusion.) We know, of course, that there *are* other ways of speaking, somewhere out there beyond our own linguistic horizons; but instinct seems to whisper that all those other languages are at best quaint, at worst somewhat dangerous, and in any case probably superfluous.

And so a kind of linguistic provincialism persists in much of our otherwise enlightened world, an explosive potential for misunderstanding and intolerance. We have only to look at the French-speaking minority in Canada, the Welsh in Britain, the Walloons and Flemish of Belgium, or the language minorities of Africa, India, Spain, the U.S.S.R. or China to see how fiercely people will fight to preserve their mother tongue.

A common thread runs through all such conflicts: the virtual inability of the monolingual majority to grasp what the fuss is all about. Why do otherwise decent Welshmen blow up pipelines and radio towers and demand traffic signs that say ARAFWCH as well as SLOW? They know English, after all; why don't they use it? It would be so much more practical, and the sooner we all have one language, the better!

To paraphrase Scrooge, if Welsh be about to die, it had better do it, and decrease the surplus language population!

What the fuss is all about is a people's soul, its very identity. For a language is not just a communicating code where one word-symbol will do as well as another. A language is also a complex of associations, of remembered experiences; each word recalls a rich tapestry of impressions that are intensely personal and so infinitely precious.

Separate me from my language and you cut me loose from my roots. Exiling people from their own language wrenches them forever from their native land.

There are other dimensions to the problem of language. Some of them can be humorous, like tourists blundering into the wrong bathrooms, or the HERE SPEECHING INGLESH signs in foreign shop windows. But he consequences can be very unfunny indeed. Remember President Jimmy Carter's visit to Poland? Our nation suffered embarrassment when he said he hoped to get to know the people better, and the translation came out "I desire the Poles carnally."

Language problems can be deadly. English is the working language of aviation over much of the world—partly because our preponderance of short, crisp words speeds radio communication, but mainly because of America's dominance in aviation since World War II. Yet the arrangement leaves much to be desired: many foreign pilots' knowledge of English is not what it could be. One airport in Texas logged twelve language-related incidents in just four months, ranging from out-of-turn takeoffs to wrong-runway landings because of misunderstood instructions. One pilot actually landed at the wrong airport.[2] Similar occurrences in Quebec have led French-Canadian controllers and pilots to strike for the right to communicate in their own language.

But international relations harbor the potential for truly disastrous misunderstandings. What millions of Americans remember most vividly about Nikita Khrushchev's historic bridge-building visit to the U.S. back in 1955 is his belligerent promise: "We will bury you!" Yet he never said it. What we heard was a translator's version of the Russian expression, "We will *outlive* you!" Whatever the realities of Soviet

Police in Wales investigate yet another roadsign defaced by activists objecting to the use of English. Overpainting demands "Justice for our language."

political intentions, all the top Russian meant to assert on that occasion was the superiority of his system over ours.[3]

No doubt the Cold War would have continued in any case. But that translator's goof surely added to the freeze.

At least one member of Congress suspects that our calamitous involvement in Viet Nam might have been altogether different, had we "had in our nation at that point a mere twenty Americans who spoke Vietnamese fluently, who understood their culture, aspirations, and political history."[4]

Unfortunately these are not isolated incidents, but merely illustrations of how language problems have contributed to the world's woes in the past, and will continue to do, unless the world finds a better way to cope.

What the world depends on these days to solve its language problems is translators—whole armies of them. And still there is a shortage. By 1980, within the various United Nations agencies alone, some $70 million a year were being spent on translation costs.[5] This accounts for 7% of the UN's budget—money that might have gone to combat illiteracy, hunger, disease, or economic depression.

The UN currently recognizes six official and working languages. Every word spoken or written in any one of these must generally be translated into some or all of the others (depending on the particularly agency). As a result,

DOONESBURY

the UN produces 100 million pages of multilingual documents a year.[6] The labor involved is staggering. By one estimate, it takes translators 400 hours to put a one-hour speech in English into Russian, French, Spanish, and Chinese.[7]

The UN's 1600 translators are probably the best in the business. Working under incessant pressures, even they are not immune from occasional errors, particularly when rendering the subtleties found "between the lines" of some documents. In any case, no translation is ever quite perfect: it may convey the basic facts, but not always the "feel" of an original text.

One distinguished American linguist likens a translation to being kissed through a veil: exciting in its way, but scarcely to be compared with the real thing.[8]

There was a time when hardly anyone, anywhere, was considered truly educated without some command of a second language. But foreign language study has been in serious decline, especially in the United States. Now teachers have a wry joke: "People who speak three languages are called trilingual; those speaking two are called bilingual; and those who speak one language are called Americans."

In 1978 a Presidential commission was appointed to look into the state of foreign language studies in the United States. It found that only 15% of American high school students take a foreign language, and only a third of

by Garry Trudeau

these stay with it long enough to gain even minimal competence. Only 8% of American colleges and universities required a foreign language for admission in 1979, compared with 34% in 1966. The commission reported that America's "scandalous incompetence" in foreign language studies contributes to a "dangerously inadequate understanding of world affairs. Our schools graduate a large majority of students whose knowledge and vision stops at the American shoreline...."[9]

Our shameful failure to speak, understand, or even care about other people's languages was found to cost us dearly in the areas of diplomacy and foreign trade. The commission concluded that America's "fatuous notion" that languages are irrelevant is symptomatic of a kind of "moat mentality"—a state of cultural and political isolation which other countries view as elitist arrogance. We got away with that following World War II because of our economic and technological power: if other countries wished to deal with us, they could darned well do it in our language. (The Ugly American lives, with a motto of "Let 'em learn English.")

We don't get away with it any longer, though, and our adverse foreign trade balance is at least partly the result. In 1979, while U.S. manufacturers of cars (and other products) were rapidly losing ground to Japanese competition, Senator S. I. Hayakawa of California pointed out that Japan had 10,000 English-speaking sales representatives in New York City

UNITED NATIONS

N at work. Delegates listen to the voices of translators.

alone, while America had barely 1,000 salespeople in all of Japan, hardly any of whom could speak Japanese.[10]

Our linguistic naïveté knows few, if any, bounds. General Motors was having scant success selling its Chevrolet Nova automobiles in Latin America, although the car sold well in the United States. The problem was not in the product, but the name: in Spanish, "Nova" means "It doesn't go."

A pen company hoping for South American business learned too late that its ads, wrongly translated into Spanish, claimed the ink used would prevent pregnancies.[11] One well-known U.S. firm, promoting its toothpaste in France, garnered more snickers than orders; the product name sounded like the French word for that most notoriously inelegant region of human anatomy.[12]

Less amusing is the plight of our government's foreign affairs agencies—the State Department, CIA, and others—which desperately need language-trained recruits and can't find them. The situation gets worse all the time. The U.S. Foreign Service has had to drop its former requirement of background in another language as a condition for entry.[13] Thus the

United States, virtually alone among the so-called "advanced" nations of the world, routinely sends out diplomatic personnel to posts where they can't speak the language beyond basic pleasantries.

Meanwhile those Americans who do study foreign languages take up mostly French, Spanish, or German, thus ignoring the 80% of the world's people who speak other tongues. When President Nixon visited Peking in 1972, he was obliged to use the Chinese leaders' own interpreters. Now, years after the reopened door, there is still scarcely a handful of Americans not of Chinese ancestry who speak fluent Mandarin, the tongue that has more speakers than any other language on earth.[14]

In fact, U.S. Representative Paul Simon of Illinois, who was a member of the President's commission, has found that the U.S. government has *no qualified translators at all for most of the world's languages.*[15]

Why are Americans so linguistically illiterate? How is it that local school boards have come to regard foreign languages as frills—elective subjects at best, and often among the first to be dropped when the budget gets pinched?

Part of the answer lies in our isolationist tradition, no doubt; but even where the value of foreign languages in our shrinking world is correctly understood, there is reluctance to commit time and money to their study. The reason, quite baldly put, is an almost universal perception that foreign language instruction in America doesn't work.

Is this perception valid? It certainly seems so. Even "good" students commonly find themselves unable—after two years of struggling with a language's irregular verbs and syntactical puzzles—to order a meal, or discuss any subject more complicated than the weather.[16]

One study flatly pronounces the results of high school language instruction in America "dismal."[17]

Even college graduates who major in foreign languages fail, more often than not, to attain real fluency. When the International Institute of the University of Dallas began a graduate program to prepare language majors for careers in business, they found most of them were "not fluent enough [to] sit at a negotiation table to discuss contractual arrangements or the purchase or sale of...merchandise."[18]

No wonder school boards drop language courses in favor of more "cost-effective" subjects. Yet, foreign nations turn out competent graduates from their language programs. Why can't we? Are our students less apt, our teachers inept, our methods faulty?

Not really. The problem lies not with our abilities or techniques, but with our expectations. No other country in the world presumes to convey foreign-language competence in a course lasting one, two, or three years, at five classes or fewer a week, as do so many American schools. Most countries recognize it takes four to six years, or more, of serious study to acquire a foreign language.

Ironically, when American schools do encourage students to study languages longer, the decision as to *which* language to learn must be made all the earlier. Since few high-school freshmen have well developed plans for their life's work, many discover later on that an entirely different tongue would have done them more good.

What's more, even students who finally succeed in mastering a foreign language have really only traded a monocultural view of the world for a bicultural one. They still have not learned how the rest of the world thinks.

To be fair about this, the United States is not the only nation which complains of deteriorating foreign-language competence. A Canadian

The biblical Tower of Babel, age-old symbol of frustration due to lack of a common tongue. What is the answer?

BRVEGEL FE. MCCCCLXIII.

government study has concluded that our northern neighbor's commercial and diplomatic interests are likewise being harmed by a lack of qualified persons trained to speak foreign languages.[19]

A similar report on modern-language instruction in Great Britain states that nearly two-thirds of all English secondary-school pupils give up their language studies by the end of the third year, and that the achievements of those who continue are "questionable." Elsewhere in Europe, however, the study of one foreign language (or two, or more!) is compulsory until the statutory age at which students can leave school.[20]

The dilemma is truly a global one, and the diversity of language exacts an enormous cost on us all, whether we like it or not. Either we pay in time and money to teach foreign languages to our upcoming generations, or by not doing so we pay in lost business and lost prestige, not to mention lost opportunities for wary nations to understand each other better.

Meanwhile on a shrinking planet ringed by communications satellites, networked by computer memory banks and bombarded with electronic sights and sounds, we still lack that most basic communications tool of all—a common language—with which simply to talk to one another.

You'd think the human mind—which, after all, invented language in the first place—could come up with a solution, wouldn't you?

Notes to Chapter One

[1] Statistics on speakers of the world's principal languages are compiled yearly by Sidney Culbert of the University of Washington and published in various reference works including *The World Almanac and Book of Facts* (New York: Newspaper Enterprise Association, Inc.). Figures used here were valid for early 1987.

[2] Data supplied from computer records of the Aviation Safety Institute, Worthington, Ohio.

[3] Paul Simon, *The Tongue-Tied American: Confronting the Foreign Language Crisis* (New York: Seabury Press-Continuum, 1980) p. 8.

[4] Simon, p. 9.

[5] United Nations General Assembly Document A/35/294, *Report on evaluation of the translation process in the United Nations system* (New York: United Nations, 1980). See particularly p. 3 and Tables 6, 7, 8. In addition there are simultaneous interpretation costs bringing total costs for language services in the UN to *more than 100 million dollars a year*.

[6] Mario Pei, *The Story of Language,* rev. ed. (New York: New American Library, 1965) p. 432.

[7] Pei, p. 432. It should be noted that Arabic has since joined the list of official UN languages.

[8] W. R. Parker, "The Case for Latin," in *The Language Curtain and Other Essays on American Education* (New York: Modern Language Association, 1966) p. 98.

[9] *Strength Through Wisdom, a Critique of U.S. Capability,* a report to the President from the President's Commission on Foreign Language and International Studies (Washington: GPO, 1979) p. 6.

[10] Simon, p. 5.

[11] Simon, pp. 6–7.

[12] Simon, p. 32.

[13] Simon, p. 4. The Foreign Service does, however, operate an excellent language school of its own, the Foreign Service Institute.

[14] *New York Times,* 2 February 1979, p. A24, as quoted in Simon, p. 60.

[15]Simon, p. 60.

[16]Singer Pearl Bailey, in pursuing some higher education, dropped a French class to take up theology; she is quoted as saying "God was easier to understand than French." *California Foreign Language Teachers Association News,* 11 (May 1980).

[17]Simon, p. 124.

[18]Simon, p. 124.

[19]A joint report of the Canadian Secretary of State and the Ontario Institute for Studies in Education, 252 Bloor St., Toronto; reported April 16, 1987 by the Canadian Broadcasting Corporation.

[20]Humphrey Tonkin and Grahame Leon-Smith, *The Future of Modern Languages in English-Speaking Countries* (Rotterdam: World Esperanto Association, 1979) p. 15.

C   H   A   P   T   E   R   *2*

Solving the Language Problem

From ancient times, rational people have envisioned an obvious solution to the problem of language diversity. The idea is simply for the world's populations to agree on one language which all of them would teach—not to supplant the others, but as a second, auxiliary tongue for international use. By implementing this simple plan, we could wipe out the scourge of Babel once and for all, with incalculable savings in time, money, energy, and international tensions.

Yet sound as this idea is in theory, it has so far proven unachievable in practice. Why?

Because of that thorny word "agree." Those few now-dead languages which have served in history as *linguae francae* to much of the world have all been imposed by force of arms: Greek after Alexander's conquests, followed by Latin with the ascendance of Rome. So far, no proud and powerful nation has ever shown itself willing to elevate somebody else's language above its own.

Yet the dream persists, precisely because it is the one solution that makes sense. Friedrich Nietzsche, writing prophetically in 1876, predicted there would some day be an international language, "as certainly as there will be some day travel by air."[1] His compatriot, the great German mathematician Gottfried Leibnitz (inventor of calculus), foresaw a systematized world language for thinkers, based on a kind of "logical algebra."[2] John Amos Comenius, the eminent 17th-century educator and theologian, saw world language as a prerequisite for world peace.[3]

Herbert Spencer, the English author, philosopher and social scientist, in 1843 wrote of the likelihood that eventually a "language to be universally used will be agreed upon."[4] Other proponents of a common language include the French philosopher François Voltaire, U.S. writer and theorist Edward Bellamy, the Bahá'i prophet Bahá'u'lláh, and Russia's literary greats Leo Tolstoy and Maxim Gorky.

The American writer and social historian Lewis Mumford is quoted as saying that a "world language is more important for mankind at the present moment than any conceivable advance in television or telephony."[5]

But a common perception today is that television and telephony, with other technical advances, will lead as a practical matter to gradual world acceptance of one dominant tongue for second-language use. Naturally, most Americans assume that language will be English. Oddly enough, the Soviets have had similar expectations for Russian, based on projections of political advances.[6] Meanwhile, French is still official or co-official in almost as many countries as English;[7] and institutions like the *Alliance Française* work tenaciously to reestablish that tongue as the world's principal idiom of diplomacy and the intellect.[8]

Certainly at this writing English predominates, at least in the Western world. But the fact is that the percentage of the world's people who speak English is *decreasing,* not increasing.[9] Today ours is the second most-spoken language in the world, after Mandarin Chinese; but by

Esperantists in Zaire, Africa. Unlike English, Esperanto in Third World countries poses no threat to local languages and cultures.

1994 it will be in fourth place, with more speakers of Spanish and Hindi than English.[10]

Most of us are understandably proud of the preeminence our language currently enjoys. Yet it is a grave error to assume this preeminence always works to our advantage. For example, Soviet scientists are routinely trained to read English, and keep well abreast of technical discoveries in our country; but the work of Soviet scientists, published in Russian, is accessible to a mere 2% or fewer of our scientists who read Russian.[11] The same is true in varying degrees of Japanese, Koreans, and other nationalities with whom we are in technological competition.

Meanwhile British and American scientists complain that more and more of their foreign colleagues insist on publishing papers in languages other than English. This, by the way, has also produced much literature unavailable to our people because there are not enough translators.[12]

More and more technical or business meetings are being held abroad in languages other than English. Americans either don't attend or don't fully understand the proceedings. When English is used, foreign delegates are likely to be chosen for their ability to speak English rather than expertise in the field being discussed; or they may fail to communicate their material well, through errors or oversimplification. Either way, we lose.[13]

When the dollar was king, traveling Americans grew accustomed to being received by cordial English-speaking hotelkeepers, waiters, and airline personnel, to seeing menus and airport signs in English, to "Welcome!" cards in store windows. Now the dollar isn't what it used to be, and neither is the reception: those signs just might be in Japanese.

English is on the defensive in countries like South Africa, where even English-language TV programs are being dubbed into Afrikaans for showing to Afrikaners who can speak English—but prefer not to.[14]

Our language has also fallen from grace in countries like Libya which, following an anti-American coup in 1969, even painted over its English-language washroom signs.[15] In Iran, in Sri Lanka, in Zambia and the Philippines, in India, in Quebec, Puerto Rico, and other places, our language is in retreat. In many parts of Latin America, people are demanding that the public display of signs in English be banned, and that English-language company names be changed.

It's not that English is anything less than a magnificent and powerful language. It's just that it is *our* language, the embodiment of *our* culture, the manifestation of *our* power. Other nations see it, rightly or wrongly, as threatening *their* language, well-being, and way of life.

The view was quite pointedly expressed by Dr. Aureliano Chaves, vice president of Brazil, in remarks to the 66th World Esperanto Convention in 1981. The languages of strong, influential nations like the United States, he said, carry with them "the appearance of intrusion," whether that intrusion is of a military, cultural, or economic nature.[16]

Ours is an era awakened to the injustices of racial, religious, and sexual discrimination. Less has been heard until now of *linguistic* discrimination. Yet the notion that even the smallest minority group has a right to its own language and the culture it expresses has been enshrined in the Universal Declaration of Human Rights since 1948. Even the Charter of the United Nations upholds the rights of men, women, and nations "without distinction as to race, sex, language, or religion."

Americans remain largely unaware that the "Final Act" accords signed at Helsinki in August, 1975, embrace a commitment by the signatories— including the United States—not only to respect language rights everywhere, but to promote those rights through such means as the increased teaching and use of modern languages, "paying due attention to less widely spread or studied languages." Our country has been quick enough to condemn other nations for failing to implement some portions of the human rights agreement. Any design on our part (conscious or otherwise) for the large-scale export of our language to the rest of the world would scarcely be in keeping with our end of the bargain.

No rational American can conceive of our nation's voluntarily relinquishing universal status to Russian, Chinese, or any other national language. Neither is it rational to suppose other nations will willingly and officially subordinate their languages to ours.

One might ask: cannot modern technology come to our aid with sophisticated computers that can instantly and correctly translate between any given tongues? Won't computers, mated with voice synthesizers, someday interpret conversations as they happen?

Probably not. It's true that recent years have seen some impressive progress in the quest for a truly effective translating machine. Nothing, the computer whizzes insist, is theoretically impossible. But so far, the most prodigious expenditures of time, brain-power and government money have not produced a fully reliable translating device.

Languages are incredibly complex. It's not just that words can have more than one meaning, or that words in context so often mean something quite different from the apparent sum of their parts. Subtle meaning is

requently found "between the lines" and translations must oftentimes
ridge not only lexical but cultural differences.

If, instead of carefully crafted written texts, our machines are to confront
ie imprecisions and hesitations—not to mention regional pronunciations
nd individual peculiarities—of *spoken* languages, the complexities be-
ome staggering indeed.[17]

Computers do have their place in the business of making translations.
But their current role is to assist rather than to replace the human translator.
Machines will most likely continue to serve mainly as research tools—
lectronic dictionaries that save time by performing routine functions—
nd will probably be used primarily for processing formal political and
usiness texts. Their high cost will also limit their use to government and
ndustry. So machines won't be much help at all in ordinary people-to-
eople communication.

What we need is a language for the "grass roots": one that the average
erson can learn and use with a reasonable investment of time and effort.
his language should transcend *all* boundaries, ideological as well as
eographical. It should not intrude, or even appear to intrude, on any
eople's language or culture. We need a language that conveys a cultural
wareness that is neither nationalistic nor ethnic, but rather global and
uintessentially human.

Esperanto is that language. It is a practical, functioning, ideologically
eutral medium of mass communication for people-to-people contacts
verywhere on this planet. It has a grammar that is simple, logical, and
ompletely regular. People can acquire a working knowledge of Esperanto
n a fraction of the time it takes to learn any other modern language. Its
ocabulary is similar to that of many Western languages, so that persons
vho have been exposed to Spanish see Esperanto as resembling Spanish,
tudents of Italian or German find similarities to those languages, and so
n.

Esperanto is a living, vibrant language. It is a constructed language, in
hat its basic grammar and vocabulary were created specifically to serve
s an easy-to-learn second language. Yet in its hundred-plus years of
xistence, many speakers and writers have breathed into it a style and
haracter that are uniquely its own.

Dr. John Wells, a language expert at University College in London, calls
Esperanto "a work of genius."[18] It is a remarkably flexible and expressive
ehicle, not just for conversation and correspondence, but for literature

and technical writing as well. It is a useful "bridge language" for transla
tions, and not least of all an effective steppingstone to the study of othe
languages, as we shall see.

Esperanto is spoken all over the world, although nobody knows exactl
how many people speak it because of the political obstacles involved i
taking an international census. The late Mario Pei of Columbia University
an eminent linguistic authority, put the figure rather optimistically at som
ten million speakers. Recent editions of the *World Almanac* are mor
conservative, estimating just one million. Yet even this lower figure make
Esperanto one of the 200 most widely spoken tongues on earth.

Once banned in Nazi Germany, denounced by Stalin (as a "language o
spies"), its adherents persecuted in China's cultural revolution, Esperant
in its first hundred years has been strongest in the Western world. Toda
it's growing rapidly in the East, particularly in China, which hosted th
71st World Esperanto Congress in 1986. *U.S. News & World Repor*
contributing editor James Fallows attended, and was impressed by what h
called the "pen-pal friendship" among Esperantists, particularly thos
from "closed-off countries such as Iran, China, and Eastern Europe."[19]

Actually it is more than a fellowship of pen pals because Esperant
puts everyone, no matter what their nationality, on the same linguisti
footing. A real sense of kinship with all members of the human race i
one of the strongest features of the Esperanto movement.

Esperantists use their second language as fully as their natural, firs
languages: to chat and argue, flirt and make love, tell jokes, sing, writ
poetry, ask directions, pray, keep up on world events, read trash o
literature.

There is an old joke: "Do you speak Esperanto?" "Yes, like a native!
Actually, there *are* people whose first language is indeed Esperanto
namely the offspring of international marriages of Esperantists. Thes
marriages are so common in fact that punsters call the language "<u>Edz</u>
peranto" (marriage broker).

Though "artificial," Esperanto is no less a language than those that hav
evolved naturally. Mario Pei was fond of remarking that Esperanto is a
artificial language about the same way an automobile is an artificial horse

From a purely technical point of view, many modern specialists i
linguistics do not define "natural" languages on the basis of origins at al
but rather according to whether they comply with certain syntactical an
morphological criteria—or "universals"—which have been found t

apply to all real-world human speech. Esperanto (as opposed to computer codes, for example) conforms in all respects to this present-day scientific view of what in fact constitutes "natural" language.[20]

In other words there is no element in Esperanto that doesn't occur naturally in the ethnic tongues. The difference is that in Esperanto these elements have been restored to a reasoned, comprehensible regularity that the other languages have lost through centuries of natural (and thus largely haphazard) development.

The logic and regularity which are Esperanto's most outstanding features can be illustrated by any of a hundred or more examples, but we will give just one. Esperanto has what language specialists call an agglutinative structure, which means that you can change the meaning or function of words by adding elements such as prefixes, suffixes, or verb endings to their basic forms. English and other Western languages have something of this feature, too, but in a more limited and irregular way.

Let us compare the way English and Esperanto words are modified to form their opposite meanings. Both languages use the device of a prefix to signal an exactly contrary meaning to the remainder of the word. But

Esperanto enthusiasts in Korea.

English uses not one prefix, but many, as in the words inconvenient, ignoble, immature, counterclockwise, uncover, disappear, maladroit, and so on. With other words, the prefixing is no longer apparent, as in "enemy," originally formed by joining *en-* to a word that meant "friend."

Not only does English have many different prefixes that do one job, as shown in this example; the prefixes are not interchangeable. You can't say malconvenient, or imclockwise. With English, you have to learn which form is correct for each word. And to make things more interesting, there are words like "uncanny," which is not at all the opposite of "canny," and "inflammable," which means precisely the same thing as "flammable." Many other common words cannot be formed into opposites by adding any prefix, but require a completely separate word (such as "old" vs. "young," "tall" vs. "short," etc.)

The Esperanto system is completely regular: one prefix and only one —*mal*—forms the opposite meaning of any word in the language.

Such features make Esperanto not just one of the most expressive languages in the world, but also by far the easiest to learn. This writer had a college friend who taught himself a working knowledge of Esperanto in a week, over the spring break. Another American, the Swiss-born author Joseph Scherer, is said to have learned the language in three days.

While these were gifted individuals with previous foreign language experience, these examples show what can be done when students invest their time learning the substance of a language, rather than memorizing its inconsistencies.

Students at the high-school or college level generally learn Esperanto in a remarkably shorter time than they would spend on a foreign national language. The noted educator and psychologist Edward Thorndike of Columbia University concluded, after a careful study, that one year of college Esperanto is equivalent to four years of a national language.[21] Recent experiments in some English schools have shown that the average student there can learn as much Esperanto in six months as he can learn French in four years.[22]

The comparison seems to be even more striking for Asians, who have a great deal of difficulty learning Western languages. The University of Illinois' Bruce Sherwood reported that Japanese speakers claim to find Esperanto "five to ten times easier to master than English."[23] French linguist Pierre Janton tells of Japanese students who, after some *eight years'* study of French, could speak it only with difficulty, whereas they spoke fluent Esperanto after two to three years.[24]

The above is true not just for the Japanese, but also for Chinese and others who speak Oriental languages. One reason is that while the basic Esperanto vocabulary is as foreign to an Asian student as that of any Western language, the systematic word and sentence-building features of Esperanto resemble those of some Oriental languages. So while Western learners have the edge when it comes to learning Esperanto vocabulary, Asians find much that is familiar to them in the structure of Esperanto.[25]

Here in America, thousands of adults set out each year to teach themselves a foreign language. A few actually succeed, but for the vast majority the task is too great. By contrast, a substantial proportion of the Esperanto-speakers, world-wide, have learned the language on their own, often from a book such as this one.

For young and old alike, a very great obstacle to learning a foreign language may be the discouragement that results from slow progress. Esperanto students progress rapidly and are encouraged by it. Unlike students of national languages who spend months or years plowing through a succession of textbooks and readers before graduating to "real" books and magazines, Esperanto students are soon able to move up to reading the literature and periodicals of their choice.

Even in elementary grades, pupils soon find themselves putting the language to practical use. Doris Vallon, reporting on fourth, fifth, and sixth grade classes in some California schools, noted that some of the brighter children were writing haiku and cinquain poems in Esperanto after only five weeks, and performing puppet shows and skits. Ms. Vallon's fourth-grade class

"...learned enough Esperanto in one and a half school years to correspond with classes in ten countries. They wrote one another about family, school, hobbies, music. They learned to read folk tales in Esperanto from many countries.... They developed poise [talking with] Esperanto-speaking visitors from many lands."[26]

Not only did the children acquire understanding of the language itself:

"We were overwhelmed by the natural understanding they showed of pupils in other lands. The fact that they and their friends abroad had each come half way toward understanding by learning a common tongue seemed to remove the invidious distinction between 'native' and 'foreign' that might have arisen if one group had been using the language of the other. The…children took a new, heightened, *personal* interest in geography, a subject that had previously meant little to them."[27]

Another, often unexpected benefit of learning Esperanto is that it provides a stimulating introduction to the whole subject of language. Many students go on to study other languages and do very well with them.[28] In an interesting experiment at Somero, Finland, pupils were taught one year of Esperanto followed by two of German. A control group spent the same three years studying German alone. At the end of the first year, the test group knew enough Esperanto to be taught their geography lessons in that language. After the third year, the Esperanto learners had all but overtaken the control class in the amount of German material covered, and they spoke and wrote German with more confidence and enthusiasm than those who had studied only German.[29]

A similar experiment in a school near Manchester, England, showed that students who had three years of French following one of Esperanto learned more French than a control class which spent all four years on the latter language.[30] Moreover, students who begin their language study with Esperanto are thus able to postpone decisions about which *national* languages to study, with no loss of time in the long run.

Elementary school Esperanto students in San Mateo, California.

Esperanto does more than just pave the way for better results in foreign language study, however. The real point is that students of Esperanto, unlike those who begin with another language, very quickly reach that all-important stage where they can escape the restraints of their own language and culture. Not only is this the true key to successful language-learning, it has also been called "the essential educational act" by which students can begin to acquire a truly *global* view of life and conduct demanded by our perilous age.[31]

There was a time when any high-school or college student who was serious about education took Latin, on the premise that studying this classical tongue promoted general language skills, opened the way to a valuable literature, and served as an effective steppingstone to foreign languages. Today, few students can afford to spend three or four years learning Latin, whatever its benefits.

But many of these same benefits accrue to students of Esperanto, and in a fraction of the time.* In addition there are many practical advantages of knowing Esperanto: opportunities for correspondence and travel, access to literature not available in English, the chance to make friends anywhere in the world. We will deal further with these advantages in Chapter Four.

Not the least of Esperanto's benefits is the feeling of solidarity it engenders among all its speakers. Esperantists sense a oneness that transcends nations and politics and sees humankind as one great family after all. In today's uneasy world, can that be a bad thing?

Information regarding textbooks and a syllabus, summer sessions for teachers, etc., can be obtained from the Esperanto League for North America, Inc., P. O. Box 1129, El Cerrito, CA 94530.

Notes to Chapter Two

[1]Friedrich Nietzsche, *Menschliches—Allzumenschliches* (Human, All Too Human) (Leipzig: 1903) I, 250.

[2]E. Drezen, *Historio de la mondolingvo* (Leipzig: "Ekrelo," 1931) p. 29.

[3]"Comenius, Johann Amos," *Encyclopedia Britannica,* 1962.

[4]Herbert Spencer, *An Autobiography* (New York: Appleton, 1904) II, 247.

[5]Mario Pei, *The Story of Language,* rev. ed. (New York: New American Library, 1965) p. 457.

[6]E. R. Goodman, *The Soviet Design for a World State* (New York: Columbia University Press, 1960) pp. 48–58.

[7]Personal communication from Sidney Culbert (See note 1 to Chapter 1).

[8]See Denise Bombardier, "Langue française: la fin du déclin?," *Le Point* (International Edition, Houston, TX) 3 May 1987, p. 84, for the relative strengths of French and English.

[9]Paul Simon, *The Tongue-Tied American: Confronting the Foreign Language Crisis* (New York: Seabury Press-Continuum, 1980) pp. 75–76.

[10]Projections by Sidney Culbert. See also Simon, pp. 75–76.

[11]Pei, p. 294.

[12]D. van Bergeijk and M. Risseeuw, "The language barrier in the dissemination of scientific information and the role of the ITC," *Journal of Information Science* [International Translations Centre, Delft, The Netherlands], 2 (1980), 37, 41.

[13]Murray A. Tamers, "The Language Gap," *Bulletin of the Atomic Scientists,* March 1971, p. 39.

[14]*The Atlanta Journal and Constitution,* 28 June 1981.

[15]Andrew Boyd, "Babel Still Stands," *Vista* 6 (1970), 54.

[16]*Esperanto* [Rotterdam: World Esperanto Association], Sept. 1981, p. 143.

[17]Interestingly, experimenters at the University of Illinois and elsewhere have found one language which, due to its structural clarity and consistency, does lend itself particularly well to computer processing and voice synthesis: Esperanto. See Bruce Arne Sherwood, "Fast Text-to-speech Algorithms for Esperanto," *International Journal of Man-Machine Studies,* 10 (1978), 669–692; see also Bruce Arne Sherwood, "Computer Processing of Esperanto Text," *Studies in Language Learning,* 3 (1981), 145–155.

[18]John Lee with Joseph P. Shapiro, "In search of a common language," *U.S. News & World Report,* 2 March 1987, p. 72.

[19]*Ibid.*

[20]Joseph Greenberg, ed., *Universals of Language,* Cambridge: MIT Press, 1963. See also John Wells, *Lingvistikaj Aspektoj de Esperanto* (Rotterdam: World Esperanto Association, 1978), p. 12.

[21]Columbia University, Institute of Educational Research, *Language Learning: summary of a report to the International Auxiliary Language Association* (New York: Teachers College, Columbia University, 1933).

[22]Pierre Janton, *L'Espéranto,* Que Sais-Je? No. 1511 (Paris: Presses Universitaires de France), p. 118.

[23]Bruce Arne Sherwood, "The Language Curriculum in an International High School," University of Illinois at Urbana-Champaign, (1981) p. 2.

[24]Janton, p. 118.

[25]Zhu Xueli, "Vortfaradoj de Esperanto kaj la ĉina lingvo," *El Popola Ĉinio* [Guoji Shudian, Beijing], No. 9 (1982), 17–19. See also Claude Piron, *Esperanto: European or Asiatic Language, Esperanto Documents* (Rotterdam: World Esperanto Association, 1982).

[26]Doris Vallon, "Teaching the Universal Language," *California Teachers Association Journal,* May, 1968; rpt. in *Congress. Record,* 17 Sept. 1968, p. E8013f.

[27]*Ibid.*

[28]We know of no studies in this area, but the phenomenon is well known. See for example David K. Jordan, "Motivating the Gifted High School Language Student," n.d., reprint available from the Esperanto League for North America, Inc., P. O. Box 1129, El Cerrito, CA 94530.

[29]Raif Markarian, *The Educational Value of Esperanto Teaching in the Schools* (Rotterdam: UEA, 1964), p. 8 (Doc. B/1/2).

[30]Humphrey Tonkin and Grahame Leon-Smith, *The Future of Modern Languages in English-Speaking Countries* (Rotterdam: World Esperanto Association, 1979) p. 18.

[31]Humphrey Tonkin, "Language and International Studies: Closing the Gap," *ADFL Bulletin,* 13, No. 1 (Sept. 1981), 13–20; reprint, *Profession '82* (New York: Modern Language Association, 1982).

The Search for a Common Tongue

E arly schemes for an international language were rather more the work of philosophers than linguists. These inventions seem to have been intended to promote logical thought as much as to facilitate universal communication. Thus the great French mathematician and philosopher René Descartes, writing in 1629, imagined that a rationally constructed language would some day enable common villagers to "judge as to the essence of things more easily than do the philosophers at present."[1]

Descartes thought that in such a language, words would categorize ideas, much as today's Dewey Decimal System classifies library books. This notion was the basis for any number of philosophical language projects put forward in the next 250 years. For example, a Scot named George Dalgarno in 1661 came up with a plan in which all political notions began with *K*, living creatures with *N*, social phenomena with *S*, and so on. Subdividing these larger categories produced words like *Ke* for a question needing to be judged, *Kē* for crimes, *Ku* for war, and so on. *Nēk* would be a four-footed animal, *Nēk a* for a horse, *Nēko* a mule, etc. *Ska* was to mean religion, *Skaf* to worship, *Skag* meant sacrifice, *Skab* to bring judgment.[2]

Imagine how unwieldy such a language would be to use, or even remember. And what's more, people do not really care to be straitjacketed by having to think or speak with this kind of closed, mathematical logic. A human language needs a bit of emotional elbowroom if we are to feel comfortable with it. Not surprisingly, there is scant evidence that any of these systems actually were learned by anyone. Few are worth noting at all today, except for some intellectual curiosities like "Solresol." Solresol used musical notation rather than an alphabet; you could not only speak that language, but also hum, whistle, or sing it. In the same category perhaps are various "languages" that have been based on numbers, diagrams, and gestures.[3]

In the middle 1800s, efforts to create wholly new kinds of language gave way to projects that imitated real languages. None attracted much attention until 1879, when an energetic Catholic priest in Bavaria, Johann Martin Schleyer, published a scheme he called Volapük. The idea is said to have occurred to him as he lay in bed one sleepless night. Unaware perhaps of previous efforts, and so working from scratch, he developed a system loosely based on the Germanic and Romance tongues. About 40% of the words were supposed to have come from English.

Volapük struck fire because it was designed for ordinary people, rather than for well-educated intellectuals. Volapük societies soon sprang up in many parts of Europe and America, books and magazines began to appear in the language, and some thousands of adherents began using it for correspondence.[4]

But Volapük was seriously flawed. It had a complicated grammar with endless verb forms. The alphabet had no *r*, but included the difficult German vowels *ä, ö,* and *ü*. Words looked clumsy and sounded harsh, frequently having been altered and shortened so that they hardly resembled the natural forms they were derived from. The reader is not likely to guess, for example, that the words *vola* and *pük* (hence the name) are loosely derived from English "world" and "speak" respectively.

There was also a problem with Father Schleyer's proprietary attitude. Only he and a few authorized academicians could create new words, modify grammar, or even approve officers in local clubs. It is said that at first he resisted including certain words in the language—like "jealousy"—out of religious motives.

Schleyer made repeated changes and additions to his project, hoping to repair the worst shortcomings, but these midstream corrections only added to the confusion. When General Assemblies of Volapükists were held in Friedrichshafen and Munich, delegates had trouble understanding one another and conversed mostly in German. There soon arose bitter quarrels among various factions, disillusion set in, and the movement was all but dead by 1900.[5]

In Poland, one who observed Volapük's course with special interest was a young physician named Ludovic Lazarus Zamenhof. As a boy growing up in Bialystok, he had been struck by the antipathy with which the borderland town's racial communities regarded each other. There were Poles, Jews, Germans, and Russians. Each group had its own language, religion, and customs, and each group treated the others with fear and distrust, if not overt hatred. To Ludovic it seemed language was at least the mortar that kept the walls of misunderstanding in place. Being sensitive and idealistic, he promised himself to see those walls toppled some day.[6]

Young Zamenhof's father and grandfather had been language teachers, and Ludovic was born with an unusual gift for languages. At school he excelled in German, French, Latin, and Greek. Hebrew and Yiddish he absorbed at synagogue and his mother's knee. He was most comfortable with Russian, the language of the schools, for Poland was then very much a part of the Russian empire. Later he would learn Polish and some English.[7]

By 1879, when Volapük appeared, Ludovic had already drafted his own version of an international language and taught it to friends during his last year of school. Later, when he heard of Father Schleyer's work, he at first supposed his own childhood dream had been fulfilled. On looking further into the language, he decided Volapük was too hard to learn and wouldn't really work.[8] Even as he embarked on his medical career, he continued to labor over his project of a truly workable international language that would be easy to learn.

L.L. Zamenhof,
creator of Esperanto

Zamenhof studied general medicine in Moscow and Warsaw, practiced for a time in Lithuania, then went to Vienna for a course in ophthalmology. An incurable humanitarian, he ultimately went to the poorest district of all Warsaw and set up as an ophthalmologist. Patients swarmed to his tiny rooms, but he charged so little—sometimes nothing at all—that he himself lived in frequent want.[9]

In 1887 Zamenhof married Clara Zilbernik, a sensitive young woman from Kaunas, Lithuania, who shared his idealistic outlook. Later that year with Clara's support, he published his *International Language, Introduction and Complete Textbook*. It was an unpretentious gray booklet of only 40 pages, but one that would ultimately have a large impact. Separate editions were printed in Russian, Polish, French, and German.

The book was signed by a pseudonym: Zamenhof was determined to put as much distance as possible between the work and its creator, and hence avoid one of Volapük's mistakes. For the same reason, in place of a copyright notice, he published a statement forever relinquishing all rights to the language.

The pseudonym he chose was "Esperanto," which means "One who hopes." Enthusiasts began referring to "Dr. Esperanto's language," and the new language itself quickly came to be known by that name. Besides the "complete textbook," there was a basic word-list of some 900 entries, and some sample texts, including translations from the Bible, a personal letter, and three short poems. The poems are especially interesting, as they demonstrate Zamenhof's conviction that along with grammar and vocabulary, a particular style or character—a literary "soul," if you will—is also an essential part of any language.

The Zamenhofs spent their evenings mailing the work to book dealers, prominent people, and newspapers. One of the first responses, written in Latin, was from Richard Geoghegan, a young student of Chinese at Oxford, who'd read about Dr. Esperanto's language in a local paper. Geoghegan subsequently learned the new tongue, translated Zamenhof's little book into English, and introduced the language into England and Ireland. He also brought Esperanto to the western United States, where he emigrated in 1891. Another early convert was Henry Phillips, secretary of the American Philosophical Society, who prepared an American version of Zamenhof's book, which was published by the Henry Holt Co. of New York.

In Europe, the large Volapük society in Nuremberg dropped that language cold and went over in a body to Esperanto. Meanwhile there were Esperanto clubs springing up all over Europe, the first issue of a magazine called *La Esperantisto* appeared in Germany, and famous people, among them Leo Tolstoy and the linguist Max Müller, endorsed the language. Zamenhof began publishing yearly directories with names and addresses of known Esperanto-speakers, so they could make contact with one another.

The language was now firmly launched, but "Dr. Esperanto's" wish to drop into the background was quite futile. His identity quickly became known and he was inundated with letters: requests for information, queries about matters of style or grammar, suggestions for changes. As to the latter, he had already tried and rejected most of the proposed "improvements" during a decade of experimenting before he published the language. In the end only one very minor change was adopted. He thereafter resisted further alterations in the basic structure, knowing from Volapük's sad history that even one unnecessary change would invite more, and that soon public confidence in Esperanto would be lost forever.

It's interesting to compare surviving texts of early versions of the language, as they shed much light on the way Zamenhof settled on the grammar and word forms that make up his invention. (One of these early fragments appears in a reading section later in this book.) Every new idea was tested in actual use. He always chose the practical over the theoretical: classical conjugations and declensions gave way to what was simple but functional. Above all, he was determined that the individual elements of his language, though drawn from many different sources, should combine to form a single, cohesive language system with a pleasing sound and character all its own. It is the real genius of Esperanto that he succeeded in doing just that.

Zamenhof also insisted that Esperanto must now develop *naturally,* through popular use, not by anyone's decree. One rule provides that "foreign" words, those which most languages have taken from a common source, come into Esperanto unchanged except for spelling. (Thus Esperanto today is well equipped with technical terms of many kinds, from *televizio* and *komputero* to *lasero* and *kibernetiko,* for "television," "computer," "laser," and "cybernetics.") Aside from that, *anyone* is free to propose new words or grammatical forms; but only if these find acceptance by Esperantists at large do they become part of the language.

In order to establish a firm stylistic footing for Esperanto and so provide learners with models of composition, Zamenhof made careful translations of many of the world's classics. They include: the entire Old Testament (completed in 1915), all of Hans Christian Andersen's tales (1915–1917), works by Dickens (*The Battle of Life*, 1891), Shakespeare (*Hamlet*, 1894), Gogol (*The Inspector-General*, 1907), Molière (*Georges Dandin*, 1908), Goethe (*Iphigenia in Taurus*, 1908), Schiller (*The Robbers*, 1908), Orzeszko (*Marta*, 1910), Sholem Aleichem (*The High School*, 1910), and Heine (*The Rabbi of Bacharach*, 1914). He also produced dictionaries in several languages and edited an important collection of original and translated writings which appeared in 1903 as *Fundamenta Krestomatio.*

The *Krestomatio* (a chrestomathy is a book of model texts) has gone through numerous editions and is still profitable reading for anyone who plans to write seriously in Esperanto,[10] much as English-language classics of earlier decades are still read and studied. But just as with English, Esperanto style has evolved over the years to a leaner, more straightforward way of expression than that of Zamenhof's time.

Most of Zamenhof's books were published in Paris by the large, prestigious Hachette Company. A small royalty on their sale was the only tangible profit Esperanto's author ever received for his labors.

Not only Zamenhof but many others produced much creditable literature, both translated and original, almost from the first. Early Esperantists were quickly struck by the power of their language for literary expression. Some of those first adepts whose work has stood the test of time are Antoni Grabowski, a prolific translator, whose best-known production is the great Polish epic *Pan Tadeusz* of Mickiewicz; Vasiliy Devyatnin, who turned out four volumes of poetry, mostly translations; Felix Zamenhof, a brother of Ludovic, whose writings appeared frequently in Esperanto magazines; and Kazimierz Bein ("Kabe"), translator of Boleslaw Prus's *The Pharaoh*, a novel of great power and beauty.

The literary tradition of Esperanto continues, its current bibliography encompassing everything from *Winnie the Pooh* and *Kon Tiki* to science fiction, humor, and serious drama. Some original Esperanto novels have been translated into various national languages over the years: a science-fiction book by James Sayers, an American, called *Invito al Ĉielo* (Invitation to Heaven) was a best-seller in its Finnish version. Sandor Szathmari's Swiftian novel *Vojaĝo al Kazohinio* (Voyage to Kazohinia) has appeared in English and Hungarian editions. A book by Eugene Aisberg on radio theory has been translated into no fewer than 21 languages; while botanist Paul Neergaard's *La Vivo de la Plantoj* (The Life of Plants) has appeared in six translations so far.

One of the best-loved and most prolific Esperanto authors was the late Julio Baghy, who wrote in an intensely affectionate and popular style and whose novels have been translated into a number of languages, including Chinese.

As a bridge language, Esperanto has many times served translators who, not knowing the original language of a work, base their translation on the Esperanto version. This technique is usually used when translating between two less commonly known languages such as Polish/Vietnamese, Chinese/Rumanian, or Danish/Mongolian. The procedure can give quite satisfactory results, since Esperanto translations are very often closer to the original than those in any national language.[11]

Esperanto's potential to aid scientific research is equally apparent. As early as 1901 Hippolyte Sébert of the French Academy of Sciences prepared a report on the subject for his colleagues, followed in a few years by the formation of the International Esperantist Science Association, one of the oldest Esperanto groups now in existence. Its periodical, *Scienca Revuo* (Science Review), was founded in 1903 and continues to appear today.[12]

By 1910 a lexicon of 12,000 scientific terms in Esperanto had been published, while a recent study finds there are now 160 specialized dictionaries in existence, covering subjects ranging from law and gastronomy to chemistry and cybernetics.[13]

The first major international gathering of Esperantists occurred in 1905 at Boulogne-sur-Mer, a seaside resort in northern France. Some 600 Esperantists from twenty different lands attended this emotional meeting. Here was adopted the so-called Boulogne Declaration, which defined Esperanto as a politically neutral language for all humankind, which all are free to use, and to which no person or group may ever lay proprietary claim. The basic structure of the language was declared forever untouchable, in principle, with changes and additions to the vocabulary to take place only by a process of natural evolution. (The Declaration did ratify Zamenhof's stipulation that more basic changes may be made, if necessary, "once and for all" by common agreement at such time as the language is adopted officially by the world's principal governments.) An academy of scholarly experts was elected to watch over the language, but their function was—and remains—to advise and interpret, not to make changes or issue directives.

Unfortunately this ringing declaration did not put an end to demands for substantive modifications from a small but vocal coterie of enthusiasts, some of whom ultimately published their own version of the language under the name Ido (meaning "offspring"). As expected, the appearance of another contender for the role of universal auxiliary language caused much public confusion and critically slowed the momentum of Esperanto's gains. The rightness of Esperanto's course was proven in the end, as successive published "improvements" in Ido were followed by yet more changes, until the Ido movement became hopelessly fragmented and slowly died. Meanwhile, the international language movement as a whole was badly damaged.

The outbreak of World War I in Europe completed the job of putting Esperanto on hold. Zamenhof himself died of heart failure before the carnage ended. Yet even amid the savagery of world war, Esperanto found a humanitarian role to play. The newly formed *Universala Esperanto-Asocio* (World Esperanto Association) was headquartered in neutral Switzerland, and UEA had representatives in many cities on both sides of the fighting. A plan was drawn up that enabled civilians on either side to communicate with relatives and others in "enemy" countries. Letters from one place were collected by the UEA delegate there, bundled and sent on to Geneva, where they were sorted and forwarded for delivery to the delegates on the opposing side. The letters could be written in any language, and UEA provided translations when needed.

An average of 400 letters a day were thus sent "across the lines" on behalf of displaced civilians, who would otherwise have been cut off from contact with friends and loved ones.[14]

After the war ended, the world's hopes to build a lasting peace led to the establishment of the League of Nations, and to unprecedented efforts at international collaboration in such areas as health, commerce, and communications. One proposal offered at the first meeting of the League was a resolution in favor of teaching Esperanto in schools throughout the world. The proposal directed the Secretary General to report on the results already attained by several member-nations where Esperanto was a part of the curriculum.[15] This resolution was defeated, primarily through the efforts of the French delegate, who insisted that French was already a universal tongue.

Delegates from thirteen states subsequently reintroduced the proposal. As a result, an objective study of Esperanto's achievements was undertaken by the League's distinguished Under-Secretary General Dr. Inazo Nitobe, whose report was circulated to all delegations in September

1921.[16] This report led to an international conference on the teaching of Esperanto, which took place at the Palace of the League of Nations in Geneva the following April. Representatives of 28 countries attended the conference, and urged the League to recommend teaching Esperanto in the public schools everywhere.[17]

A report titled *Esperanto as an International Auxiliary Language* was thereupon produced by the League's Secretariat and accepted by the Assembly in September, 1922. This detailed and highly favorable report remains one of the principal objective surveys of the claims of Esperanto to have been compiled by a major organization.[18]

Unfortunately, and again largely because of determined lobbying by the French delegation, the report's conclusions were never acted on but rather shunted to the League's committee charged with promoting "intellectual cooperation" and there entombed.[19]

Yet there were positive results from the League's quasi-recognition of Esperanto. In 1925 the Universal Telegraph Union accepted Esperanto as a "clear language" (i.e., not a code) while a number of states, notably the Soviet Union, took steps to encourage use of Esperanto in the mails. And in Paris, as though repudiating their own government's position,

World Esperanto Association headquarters in Rotterdam, Holland.

members of the French Academy of Sciences—"convinced that the adoption of the auxiliary language Esperanto in international relations would be of immense value" for the progress of science in particular—urged that this "masterpiece of logic and simplicity" be introduced in the schools' science curricula and be used as the official language for all international congresses and scientific exchanges.[20]

Meanwhile the rising interest in Esperanto coincided with rapid developments in the new medium of radio broadcasting. By 1924, regular programs in Esperanto were being transmitted from Paris, Geneva, Prague, and Helsinki, in addition to special broadcasts from numerous other cities. An international radio service based in Switzerland chose to publish its magazine in Esperanto. Also in 1924, a conference of radio experts was held in Geneva to prepare for an international agreement on the allocation of wavelengths. The conference was co-sponsored by the *Universala Esperanto-Asocio* and the Swiss Radio and Electrical Society, and about half of the proceedings took place in Esperanto.[21]

Tourist folders using Esperanto have appeared regularly since the early 1900s

Many believed Esperanto would become the first language of radio, but events proved otherwise. As the novelty of listening to exotic, foreign stations wore off, and high-quality local programming became increasingly available, listeners turned to entertainment programs in their own languages. Short wave became largely the domain of governments for broadcasting their propaganda. But there were exceptions. In Czechoslovakia, Radio Prague and Radio Brno transmitted entire operas in Esperanto, along with series of radio plays and adaptations performed by professional actors. Then, the approach of World War II brought all such activities to an abrupt close.[22]

The decade before this war was one of despair and disillusionment as economic and political troubles defied the best efforts of individuals, governments, and international agreements to resolve. Nations began once more to draw into themselves. Some candidly rejected internationalism in favor of blatant chauvinism and rearmament. In the USSR, where the government had itself used Esperanto in its campaign to propagandize working people around the world, Esperantists were among the first to disappear in the Stalinist purges. Adolf Hitler's hatred of Esperanto was forthrightly linked in the pages of *Mein Kampf* to an alleged Jewish plot to rule the world. After Hitler came to power, many German Esperantists were imprisoned in concentration camps; Esperanto societies were disbanded; books and papers were burned. A similar fate befell Esperantists of other nations overrun by the Nazis. Of the Zamenhof family in Poland, only two survived the death camps.[23]

Lacking cooperation on the German side, *Universala Esperanto-Asocio* was unable to provide the degree of humanitarian services it had carried on in the first war. But to the extent possible UEA arranged for forwarding food and correspondence to exiles and internees in a number of countries until 1942. Then the Axis nations completed their encirclement of Switzerland and all but ended the UEA's ability to alleviate some of the suffering.[24]

All the events of the war devastated the Esperanto movement. Its heartlands, the countries of Central Europe, suffered a terrible toll. Many of the movement's leaders were gone, many having died in the death camps.

Why this persecution of people who just want to promote a common language? Clearly, free international communication, that promotes understanding and direct human concourse, is a dangerous idea in certain political circles. Whether of the right or of the left, governments seeking to control a populace mistrust movements that encourage people-to-people contacts and that provide the practical means to effect those contacts.

No matter that Esperanto is just a *language,* a tool, that stands wholly apart from politics or economics. History affirms that tyranny thrives on the very conditions of xenophobic uncommunicativeness—the deliberately created distrust of one's neighbors, the denial of opportunities to learn the truth instead—to which Esperanto poses a clear threat.

Not that Esperanto will end war. But its potential for promoting peace and harmony is underscored by this pattern of persecution at the hands of chauvinists of every stripe.

In North America, popular interest in Esperanto was first sparked by an International Language booth at the 1904 World's Fair in St. Louis. The American Esperantist Association was founded the following year in Boston, and in 1906 there appeared the first issues of *Amerika Esperantisto* (American Esperantist) which became the U.S. society's official magazine.[25] Esperanto activity has been continuous in North America ever since, but while there have been periods of great vigor, the movement here has not been large. The reason may well lie with our long isolationist tradition: until World War II, few Americans traveled abroad or had any foreign contacts.

The war changed all that. Events thrust the United States into a posture of increasing foreign involvement, and millions of Americans did indeed go overseas.[26] In the postwar years, we found ourselves deeply committed to the new United Nations organization and to the defense and reconstruction of Europe and other areas. And in this atmosphere of heightened world awareness, a revitalized U.S. Esperanto movement made some promising gains.

Unfortunately, these years also gave rise to the dark chapter of McCarthyism in the United States, with its doctrine of guilt by association or innuendo, in the name of anti-Communism. U.S. Esperantists, with their internationalist orientation, and whose Esperanto-speaking contacts were liable to include people in what had now become "Iron Curtain" countries, became suspect. Some Americans were scandalously denounced by leaders of their own national organization, who—openly abandoning the principle of neutrality—sought to make Esperanto an instrument of anti-Communist activism. The ensuing struggle left the American movement gutted and demoralized.

Ultimately, the neutralist majority withdrew and formed the Esperanto

League for North America (ELNA). Today ELNA comprises a united, growing, and politically neutral family of Esperanto enthusiasts.[27]

Meanwhile, a prodigious effort was underway to "sell" Esperanto to the United Nations. In the late 1940s a petition was circulated worldwide, calling on the UN to encourage its member-states to teach Esperanto in schools and use the language for tourism and international commerce. Some 900,000 individuals, and organizations representing another 15 million people, signed the request. Individual signers included French President Vincent Auriol, four prime ministers, 405 members of parliaments, and many thousands of scientists, teachers, and language professionals. The petition was received by the UN Secretariat in 1950 and forwarded to the United Nations Educational, Scientific, and Cultural Organization.[28]

But with the political and economic realignment taking place in the postwar world, English had become predominant the way French used to be. Now the interests of English-speaking nations were perceived to be at stake. The U.S. government communicated its opposition, and suddenly UNESCO seemed in no hurry to act on the petition.

At the 1954 UNESCO General Conference, however, following vigorous campaigning by the *Universala Esperanto-Asocio,* a four-point resolution favorable to Esperanto was approved. The resolution noted Esperanto's achievements in the sphere of intellectual exchange, and called on the Director-General to follow developments and cooperate with UEA in matters of common interest.[29] A fifth point, which would have recommended that member-nations actually encourage the use of Esperanto "in a manner they deem suitable," was defeated.[30]

It was not exactly what Esperanto's supporters had hoped for, but it did mark official recognition of the language at the highest level yet. In addition, UEA was accorded consultative relations with UNESCO, meaning among other privileges that UEA can communicate officially with the UN or participate in debate in some cases. Today, UEA has an office for liaison at the UN. In fact, UEA is among the most active of the non-governmental organizations connected with UNESCO. UNESCO's Director-General, Mr. Amadou-Mahtar M'Bow, has met with the leaders of UEA from time to time and was himself a speaker at the 1977 World Esperanto Congress.

UEA has participated vigorously in UNESCO-sponsored programs on behalf of human rights, international education, world hunger, and disarmament. It has been particularly active in championing the rights of women and children, and disabled persons, as well as the language rights of minority cultures.[31]

Beginning in 1965, UEA initiated a second worldwide petition calling on the UN to support the introduction of Esperanto in international affairs. This time there were close to a million individual signatories, including Austrian President Franz Jonas and France's President François Mitterand, President Victor Leemans of the European Parliament, and many hundreds more government officials, writers, Nobel-prize winners, and other dignitaries. Organizations supporting the petition had a combined membership of 73 million people. The UN Secretariat, though, has never taken any effective action on this petition.[32]

Esperantists continue to work with international and supranational organizations such as the UN and the European Economic Community. There is much skepticism that such agencies are the key to success, however, since these organizations have no sovereignty of their own; they act only as authorized by the various national governments. Since national governments exist to promote their own interests, it should not be surprising that the large and powerful states—naturally wielding the greatest influence in world agencies—do not easily vote away their own languages' preeminence.

Esperanto's grass-roots usefulness does not however depend on official actions by high governmental agencies. The widespread services and activities of such organizations as UEA and ELNA are available to Esperantists today, independent of any support or hindrance from governmental or supranational agencies. These services and activities include opportunities for correspondence and travel; an abundant literature and periodicals of many kinds; summer camps and cultural centers; as well as recordings, tapes, and films that can be enjoyed; and many others as we shall see in the next chapter.

Notes to Chapter Three

[1]E. Drezen, *Historio de la Mondolingvo* (Leipzig: "Ekrelo," 1931) p. 26.

[2]Drezen, pp. 39–40.

[3]Drezen, p. 101f.

[4]Charles E. Sprague, *Hand-book of Volapük* (New York: The Office Company, 1888) pp. v–vii.

[5]Drezen, pp. 98–109.

[6]Marjorie Boulton, *Zamenhof—Creator of Esperanto* (London: Routledge and Kegan Paul Ltd., 1960) pp. 6–7.

[7]Boulton, pp. 7–8.

[8]Boulton, pp. 14–15, 31.

[9]Boulton, pp. 30, 46–47.

[10]Ivo Lapenna, *Esperanto en Perspektivo* (Rotterdam: World Esperanto Association, 1974), pp. 128–132.

[11]William Auld, "The International Language as a Medium for Literary Translations," reprint in *Esperanto in the Modern World,* ed. R. and V. S. Eichholz (Bailieboro, Ontario: Esperanto Press, 1982) pp. 111–158.

[12]Lapenna, p. 305.

[13]Pierre Janton, *L'Espéranto,* Que Sais-Je? No. 1511 (Paris: Presses Universitaires de France, 1973), p. 85.

[14]Lapenna, pp. 365–366. See also Ulrich Lins, "The Contribution of the Universal Esperanto Association to World Peace," *Esperanto Document* 5-A (Rotterdam: World Esperanto Association, 1976).

[15]League of Nations Assembly Document No. 253, 17 Dec. 1920: 20/48/194.

[16]League of Nations, *The Language Question and the League of Nations,* Report by Dr. Nitobe, Doc. A.72.1921.XII, 14 Sept. 1921.

[17]Lapenna, pp. 752–753.

[18]League of Nations, *Esperanto as an International Auxiliary Language,* Report of the General Secretariat, adopted by the Third Assembly, 1922, Doc. A.5.(1).1922.

[19]The interment was much abetted by the French, Belgian, and Swiss representatives, with the first of these actually insisting that ordinary individuals have no business communicating across national boundaries in any case. See Lapenna, pp. 756–757.

[20]Janton, pp. 85–86. Similar positions have been taken by the Scientific Council of Japan in 1950, by Chinese scientists in 1951, and by the First International Conference on Language Problems in the Scientific World, held in Copenhagen, 1962.

[21]Humphrey Tonkin, *Esperanto on the Air, a Half Century of Broadcasting in the International Language, 1922–1975* (Rotterdam: World Esperanto Association, 1976) pp. 1–2.

[22]Tonkin, p. 2.

[23]Boulton, pp. 208–210. See also Ulrich Lins, *La Danĝera Lingvo: Esperanto en la uragano de persekutoj* (Kioto: L'Omnibuso, 1973); and Victor Sadler and Ulrich Lins, "Regardless of Frontiers: A Case Study in Linguistic Persecution," in *Man, Language and Society,* ed. Samir K. Ghosh (The Hague and Paris: Mouton, 1972) pp. 206–215.

[24]Lapenna, pp. 367–368.

[25]Lapenna, p. 487. The U.S. society's name was later changed to Esperanto Association of North America (EANA).

[26]There were Esperantists among them, some of whom—notably U.S. novelist James D. Sayers—were in position to help European Esperantists rebuild their organizations, as officials with the Allied powers.

[27]Lapenna, pp. 487, 582–584. EANA passed out of existence with the death of its director, George Alan Connor, in 1973.

[28]Lapenna, pp. 760–761.

[29]UNESCO, records of the General Conference, Eighth Session, Montevideo, 1954, p. 36. (Resolution IV.1.4.422).

[30]Lapenna, pp. 770–772.

[31]Humphrey Tonkin, "Esperanto in the Service of the United Nations," a lecture presented at the Dag Hammarskjöld Auditorium, United Nations, N. Y., July 29, 1981. Printed as *Esperanto Document* 27A by the World Esperanto Association (1982) pp. 3–7.

[32]Lapenna, pp. 778–791.

Esperanto Today—And Tomorrow

Taken worldwide, the Esperanto movement these days is a far-flung but close-knit network of mostly independent bodies. Local, national, and international organizations, as well as specialized societies, book and magazine publishers, and even a few special-interest groups work side-by-side to further the language and its usefulness. Among these disparate bodies there is considerable cooperation, but little hegemony: rarely does one group have any real authority over another.

A single, unifying thread running all through this loose-woven fabric is the service-oriented *Universala Esperanto-Asocio* and its various institutions. Established in 1908, UEA maintains strict neutrality on all matters of politics, religion, and the like, but promotes Esperanto's underlying ideal of brotherhood and equality—what UEA's founders called "practical internationalism"—among humankind as a whole.[1]

Today's UEA, with members in over a hundred countries, is headquartered in its own building in Rotterdam, Holland. UEA also maintains a graphic arts center in Antwerp, Belgium; a United Nations office in New York; and a science and technology publishing center in Budapest, Hungary.

There are several categories of membership in UEA, offering the Association's various publications, which include a Yearbook and a journal entitled *Esperanto*. But UEA remains very much an organization of Esperanto leaders and activists. There are many Esperantists who do not join UEA at all; they simply use the language for whatever purposes most interest them.

One of UEA's important functions is organizing the *Universala Kongreso de Esperanto* (World Esperanto Convention), a week-long package of events held in a different country each year and drawing thousands of Esperanto-speakers from all parts of the globe. Except for the periods of the two world wars, a World Esperanto Convention has been held yearly since 1905. Three U.S. cities have played host: Washington, D.C. in 1910; San Francisco in 1915; and Portland, Oregon in 1972.

The annual *Kongreso* is no mere round of meetings and dry speeches. (There are some of these, too, for people who like them!) It is largely a cultural event which includes theatrical and musical presentations, university-style lectures on scientific and other subjects, literary contests, a mini-convention for Esperanto-speaking children, guided sight-seeing trips, and get-togethers for people with specialized interests ranging from amateur radio and stamp-collecting to journalism and medicine. The whole idea is for people of all different races and nationalities to get together, talk, and compare notes on mutual interests.

The *Kongreso* is a place where pen pals may meet in person for the first time, where new friendships are formed, where old friends gather together to visit and reminisce. Sometimes boy meets girl, and romance does its thing. And it's all in Esperanto, of course; this is one international conclave where no interpreters are needed.

Left: opening ceremonies at a World Esperanto Convention.
Above: International theater is a popular feature of each year's *Kongreso*.

Another valuable service UEA administers is the *Delegita Servo* (Delegate Service), a network of volunteers around the world who perform a wide variety of services for members. The program dates back to 1908, when its representatives were called "consuls," and provided contacts in each city where tourists, businesspeople, and others could turn for information or assistance. The analogy with government consular officers was apt but confusing, so the term now used is "delegates"; but the purpose is the same.

Any member of UEA can use the service, which is free, except for the reimbursement of the delegate's expenses. Written requests must be accompanied by international postal reply coupons, which the delegate can exchange at his own post office for stamps. Requests for information run the gamut from queries about working conditions and employment opportunities to pleas for help in locating lost relatives or in obtaining life-saving medicines. The Delegate Service often provides research assistance for graduate students' theses and technical data for scientists. In fact, the 30,000 or so services performed yearly by this unique volunteer agency demonstrate the most astonishing variety of ways human beings with a common language can be of assistance to one another.[2]

UEA delegates do not secure pen pals for would-be correspondents, however. A separate service for this purpose, the *Koresponda Servo Mondskala* (Worldwide Correspondence Service), provides names and addresses of pen pals, trying to match people with common interests.[3] In addition, many Esperanto periodicals run regular columns of announcements placed by individuals who want to correspond. We Americans largely have our pick of correspondents, by the way, since there are fewer of us to go around.

Another popular service of UEA is its tape library, located in Bailieboro, Ontario, Canada. This agency collects tapes of radio programs, theatrical events, music, speeches, lectures, and poetry readings, and other recordings of all kinds in the International Language, and supplies copies to anyone who requests them. A fee is charged to cover the postage and materials. More than 500 recorded programs are available on cassettes or open-reel tapes, running on average between one and two hours each.[4]

The UEA's *Jarlibro* (Yearbook) lists all of the Association's agencies and activities (only some of which have been described here), with their addresses and other details. A great deal of useful information is included, but the bulk of this publication is its listings of names and addresses of UEA delegates, local and regional Esperanto societies, sources for tourist and business information, etc., in all parts of the world. Updated yearly, it puts Esperantists in touch with most facets of the movement.

The monthly magazine *Esperanto* is the official organ of UEA and, for all practical purposes, the Esperanto movement as a whole. It contains news of Esperanto's progress in various countries, notices about the Convention and other important events taking place around the world, and numerous other features such as book reviews and letters from readers. *Esperanto* is an excellent source of information about all aspects of the language problem and language-related occurrences everywhere.

Over a fourth of UEA's general membership consists of young people less than 26 years of age.[5] These members constitute the *Tutmonda Esperantista Junulara Organizo* (Worldwide Organization of Young Esperanto-Speakers), generally shortened to "TEJO." TEJO is a subsection of UEA with its own administration and program of activities including publishing its own illustrated socio-cultural magazine *Kon akto* (Contact). At present TEJO is experimenting with a new format for *Kontakto* featuring articles in easy Esperanto for beginners. TEJO holds its own International Youth Convention and sponsors a highly popular program for travelers called the Passport Service. The "passport" is a yearly list of volunteer hosts in a variety of countries who provide free overnight lodging under specified conditions. The only cost is the price of the list. In 1986, for example, there were 700 listings in 53 countries.[6]

Because of its history of humanitarian services and effective contributions to the cause of international understanding, UEA has been nominated many times for the Nobel Peace Prize. In 1965 no fewer than 253 authorized individuals—all of them members of parliaments or governments, or other highly prestigious institutions—supported UEA's nomination. While UEA did not receive the prize, the nomination alone represents high recognition for its work.[7]

In various degrees of association with UEA are about thirty specialized organizations—such as the International Esperantist Science Association—and more than forty national Esperanto societies. Each group has its own officers and headquarters, its own rules and regulations, and in many cases its own periodical, which might be anything from a simple mimeographed newsletter to a slick, well-illustrated magazine.

Young Esperantists at one of their world conventions.

Not surprisingly, perhaps, one of the biggest such associations is *Monda Turismo* (World Tourism), dedicated to facilitating international travel by using Esperanto. Based in Belgium and Poland, *Monda Turismo* organizes or recommends tours and excursions, holiday get-togethers and camping trips. It also keeps a recommended list of hotels, restaurants, and campgrounds where Esperanto is used, sponsors a yearly International Fair of Esperanto Tourism, and publishes special textbooks for tourists, along with such popular items as calendars and suitcase stickers. There are representatives of *Monda Turismo* in numerous countries, including the United States.[8]

The *Universala Medicina Esperanto-Asocio* (World Esperanto Medical Association) promotes Esperanto among medical practitioners and publishes *Medicina Internacia Revuo* (International Journal of Medicine). This publication comes from Japan, home of a large portion of the Association's members. Indeed, Japanese physicians have led the way in using Esperanto for publishing medical studies, since the Japanese Imperial Academy urged in 1924 that it be made the official language of medicine everywhere in the world.[9]

Also noteworthy is *Esperanta Ligilo* (*ligilo* means "connecting link" or "bond") which is published in Braille by the *Ligo Internacia de Blindaj Esperantistoj* (International League of Blind Esperantists). The *Ligilo* was founded in 1904 and, except for the war years, has appeared without interruption ever since. Many Esperanto books and periodicals are published in Braille editions or recorded on tape, and are available through this organization. The International League of Blind Esperantists also organizes conventions of blind Esperantists and actively promotes the welfare of the sightless in the world at large.[10]

One of the oldest and largest Esperanto organizations is the *Internacia Fervojista Esperanto-Federacio* (International Railway Workers' Esperanto Federation). European railway workers have always felt the effects of language diversity in a most striking manner. For one thing they must deal regularly with people who speak a great variety of tongues. Also their complex trade lacks a uniform terminology, which hampers communication among colleagues. Thus railway workers have shown a particular interest in Esperanto since the earliest days. The Federation's goals include promoting the language among railway personnel and their organizations, and developing a technical vocabulary in Esperanto that keeps pace with their fast-changing technology.[11]

Postal and telecommunications workers of many nations are united in the *Internacia Poŝtista kaj Telekomunikista Esperanto-Asocio* (International Postal and Telecommunications Esperanto Association), which publishes the bimonthly *Interligilo* (Inter-Tie). Readers can keep up with the latest developments in these occupations as they occur around the world. A similar role is played by *Internacia Ĵurnalisto* (International Journalist) published by the *Tutmonda Esperantista Ĵurnalista Asocio* (Worldwide Esperantist Journalists' Association), and by *Internacia Pedagogia Revuo* (International Pedagogical Review), official organ of the *Internacia Ligo de Esperantistaj Instruistoj* (International League of Esperantist Teachers).[12]

Some popular hobbyists' organizations include the Esperanto Stamp Collectors League; International League of Esperantist Photo, Movie, and Tape Recording Amateurs; the *Internacia Ligo de Esperantistaj Radio-Amatoroj* for radio "hams"; an International Esperanto Chess League; and even an International Esperantist Nudist Organization.

There are also societies or clubs for auto enthusiasts, philologists, mathematicians, lawyers, musicians, bird watchers, Boy Scouts, vegetarians, artists, bicycle enthusiasts, and many others.

For those interested in computer science and cybernetics, there is a separate Computer Section under the International Esperantist Science Association. But one can hardly keep up with developments in this rapidly

yclists caravanning through Eastern Europe to a world convention of young Esperantists.

growing field. There is increasing use of Esperanto within non-Esperantist organizations like the International Cybernetics Association. International conferences and symposia, conducted wholly or partly in Esperanto, are held from time to time. Much activity centers around Budapest, where *Universala Esperanto-Asocio* maintains its science and technology office.

UEA also has contractual arrangements for limited collaboration with a number of religious organizations. The largest of these are the *Kristana Esperantista Ligo Internacia* (International Christian Esperantist League) and the *Internacia Katolika Unuiĝo Esperantista* (International Catholic Esperantist Union).

The latter group publishes *Espero Katolika* (Catholic Hope) which is said to be the oldest surviving periodical in the Esperanto press. It was founded in 1903 by Father Emile Peltier of France. Use of Esperanto for contacts among the world's Catholics has had the blessing of every Pope since Pius X. More recently Polish Cardinal Karol Wojtyla (later Pope John Paul II), serving as Honorary Patron of an International Catholic Esperanto Convention, expressed the hope that the language might "help…unite this broken world into one flock under one Shepherd."

Esperanto has been approved by the Vatican for liturgical work. The Mass is celebrated regularly in the International Language in several

Esperanto Cultural Center, Baugé, France.

Esperanto-Domo. Kastelo Gresillon.

European cities. Vatican Radio has an Esperanto section which not only broadcasts several times weekly in the language, but uses Esperanto in its monthly program guide.

The Catholic and Protestant organizations jointly publish *Kristana Esperantista Jarlibro* (Christian Esperantist Yearbook), which contains names and addresses of their members, and other information of interest to Esperanto-speaking Christians. These organizations occasionally hold joint international conventions, leading some people to call Esperanto "the ecumenical language."[13]

The International Christian Esperantist League was created in 1911 as the outgrowth of Esperanto contacts among European YMCA groups. Its monthly publication, *Dia Regno* (Kingdom of God), had been founded two years previously by Paul Hübner, a German. The organization's aims are to spread the Christian gospel among Esperantists.

The League publishes various books and pamphlets, including hymn books, books for Bible study and the like. The ecumenical hymnal *Adoru Kantante* (Worship with Song) and a companion long-playing record were produced in collaboration with the Catholic group. The League also engages in international relief work, and promotes personal contacts and correspondence that transcend denominational as well as national and language barriers.[14]

The Bible is, of course, readily available in Esperanto. Dr. Zamenhof completed his careful Old Testament translation by 1912. A translation of the New Testament by a distinguished committee of British churchmen appeared the same year. The Bible in Esperanto is considered by scholars to have exceptional beauty and clarity while remaining superbly faithful to the original Hebrew and Greek texts, thanks to Esperanto's unique flexibility.[15]

Nondenominational Sunday worship services in Esperanto, often under the sponsorship of the International Christian Esperantist League, are held in connection with many international gatherings. It is also worth noting that monthly services in Esperanto are held at a downtown church in London, England, in a tradition that goes back to 1909.[16]

For Esperanto-speaking adherents of the Religious Society of Friends (Quakers) there is the *Kvakera Esperantista Societo* (Quaker Esperantist Society), with headquarters in Great Britain. Founded in 1921, the Society now has members in some thirty countries and publishes its own organ, *Kvakera Esperantisto* (Quaker Esperantist). The Society also arranges worship services at the yearly World Esperanto Convention, and has published Esperanto translations of a number of books, including some for children.[17]

A relatively new organization is *Por-Esperanta Mormonaro* (Mormons for Esperanto). This group reflects growing interest in the International Language on the part of the Church of Jesus Christ of Latter-Day Saints, which recently added Esperanto to the languages used in their extensive missionary program. The group also publishes the quarterly *Esperanta Mormonaro*. (The title is a play on words which can be translated both "Esperanto Mormons" and "Hoping Mormons.") The group is working on a translation of the Book of Mormon.[18]

Followers of the Baha'i faith have a particular interest in Esperanto because the founder of Baha'i, Bahá'u'lláh, stressed principles of social unification, including world citizenship and world language. Esperanto is specifically endorsed in Baha'i writings, many of which have been translated into the language. Lidya Zamenhof, daughter of Esperanto's creator, became a convert and was author or translator of several important works. Today the Baha'i Esperanto League publishes a newsletter and other religious literature, and promotes Esperanto among Baha'i circles and vice versa.[19]

An Oriental religious group similar in some points to Baha'i is Oomoto, founded in 1892 in Japan. In connection with its universalist doctrine, Oomoto officially adopted Esperanto for its international dealings in 1923. Two years later the magazine *Oomoto* appeared as official organ of the newly created Universal Association of Human Love. The magazine gained wide readership by running secular articles of considerable cultural interest.

Because it preached pacifism and brotherhood, Oomoto ran afoul of Japanese militarism from 1935 to the end of World War II. Its temples were dynamited, many of the group's activists were martyred, and other believers went underground for the duration. *Oomoto* ceased to appear. But at war's end the Association and its magazine rose from the ashes of Japan's defeat, and today preaches love and religion as vigorously as before.[20]

An international organization once noted for its *anti*-religious message is *Sennacieca Asocio Tutmonda,* or SAT (Worldwide Non-Nationalist Association). It was founded in 1921 by Eugène Adam, who went by the pseudonym Lanti. Lanti's philosophy at the time was an amalgam of

world citizenship, world language, and world socialism. Under the slo-
gan *"For la neŭtralismon!"* ("Away with neutrality!") Lanti hoped to
make Esperanto the working person's language—a tool for political
revolution. In this he was opposed by the great majority of Esperantists.
Within SAT itself, there was a sharp division between free-thinking lef-
tists like Lanti, and avowed communists who labored to see SAT drawn
firmly under Soviet hegemony. After a bitter struggle, the party-line
communists withdrew altogether; a disillusioned Lanti withdrew as
well, to roam the world and at length to die by his own hand in Mexico.[21]

SAT remains a curious phenomenon: an umbrella association for left-
of-center Esperantists in the West, but condemned as "cosmopolitan" in
the Socialist East. Its "non-national" posture in any case all but rules out
any real-world political activism. SAT's most tangible contribution to the
Esperanto movement is its program of publishing purely linguistic, not
political, books and materials. Chief among these are the various editions
of *Plena Vortaro de Esperanto* (Complete Dictionary of Esperanto) and
the more recent and monumental *Plena Ilustrita Vortaro de Esperanto*
(Complete Illustrated Dictionary of Esperanto). The latter work contains
1300 pages and more than 15,000 entries, representing (with derivatives)
upwards of 150,000 words. Definitions are written entirely in Esperanto,
thus giving the language cohesion everywhere in the world.[22]

More politically active than SAT is *Mondpaca Esperantista Movado*
(MEM, the Esperantist World Peace Movement) which publishes the
monthly magazine *Paco* (Peace) and collaborates with both Esperantist
and non-Esperantist peace organizations. MEM was founded in 1952 in
Vienna during the Soviet occupation, and draws most of its members from
nations of the socialist bloc.[23]

Partisan societies like SAT and MEM are actually outside the main-
stream Esperanto movement, and simply demonstrate that the language
itself has no special allegiances of any kind, but exists for all to use as they
will.

At the national level, the neutralist movement is generally represented
by a separate *landa asocio* (national association) in each country. Espe-
ranto League for North America, Inc., the U.S. group, is largely typical.
ELNA maintains a central office which coordinates publicity work,
responds to inquiries, administers basic and advanced correspondence
courses, sells Esperanto publications and recordings, administers a schol-
arship fund for advanced Esperanto studies, sponsors a tape recording

library, arranges college-level summer classes, and publishes the bi-monthly *ELNA Newsletter* which keeps members informed of Esperanto happenings at home and overseas.

ELNA is financed solely by members' dues, contributions, and proceeds from the sale of books and other materials. It is a registered non-profit organization, and gifts are tax deductible.

ELNA holds a national convention in the United States each year. Traditionally, convention cities rotate in three regions: West Coast, East Coast, and Midwest or South. The ELNA convention is usually held just before the World Convention, and group travel between sites is available so participants can inexpensively attend both meetings. ELNA has held occasional joint conventions with Canadian or Mexican Esperanto groups. Esperantists from all over the world are always welcome, and the West Coast conventions in particular attract many visitors from Pacific-rim countries.

There are local clubs and regional associations of Esperantists all over the United States and Canada, as well as specialist groups like the American Association of Teachers of Esperanto. *Infanoj Ĉirkaŭ la Mondo* (Children Around the World) is a newly formed (1987) group promoting international contacts among children and children's organizations. Based in San Diego, its program includes publishing a children's magazine in Esperanto and English.

Most national associations, like ELNA, produce a bulletin or newsletter for their own members, with some articles in the national language for newcomers and non-Esperantists. Some of the national societies put out sophisticated magazines, which are widely read in other countries as well. Perhaps the most elaborate of these is *El Popola Ĉinio* (From People's China), published by the Chinese Esperanto League in Beijing. Written entirely in Esperanto, with abundant illustrations, many in full color, and sold at a most attractive price, this monthly magazine includes articles about China, news of the Esperanto movement around the world, lists of people looking for penpals and other features of general interest.

Hungara Vivo (Hungarian Life) is a similarly lavish magazine published bimonthly by the Hungarian Esperanto Association in Budapest. Its title notwithstanding, this magazine devotes little space to articles about Hungary, focusing mostly on subjects of current interest to Esperantists everywhere.

Several popular international Esperanto periodicals are produced by independent publishers. One with a very long history is *Heroldo de Esperanto* (Esperanto Herald). This newspaper prints mainly news of the Esperanto movement around the world. *Heroldo* first appeared in Germany in 1920 under the editorship of Teo Jung. In 1936 Jung fled from Nazi oppression and moved *Heroldo* to Holland. The invasion of the Low Countries in 1940 silenced the paper until the end of World War II. Today *Heroldo* continues as a biweekly published in Italy.[24]

Monato (Month), in the format of a news magazine, features articles about current events in all parts of the globe. The style is brisk and business-like. Although written in Esperanto, it rarely discusses Esper-

anto matters. *Monato* is for people who want to keep up on the viewpoints of other nations concerning issues of the day. The magazine is printed in Belgium, with contributors scattered all around the world.

Then there are many smaller publications geared to special interests, such as *Sekso kaj Egaleco* (Sex and Equality), devoted to the subject of women's rights.

Several popular literary magazines appeal to those who enjoy poetry, quality fiction, and essays. Forerunner of these literary journals was the now legendary *Literatura Mondo* (Literary World). *Literatura Mondo* was published in Budapest during the 1920s, 1930s, and part of the post-war 1940s, by a group of talented young writers headed by Kálmán Kalocsay and Julio Baghy. Their vigorous, innovative use of the language in the pages of *LM* transformed Esperanto literature from a primitive imitation of the national literatures to a truly creative art form. *LM* is gone now, but its tradition lives on in magazines devoted to serious writings such as *Literatura Foiro* (Literary Fair), published in Switzerland, *Fonto* (Source), published in Brazil, and *La Dua Buso* (The Second Bus) from Japan.

Literatura Mondo was also a publishing house which turned out an astonishing number of books, many of which are now collectors' items, though some have been reprinted recently. There are today numerous Esperanto book publishers, and many talented authors to supply manuscripts. A leading publisher for the past several decades has been *Stafeto*, founded in Spain by Juan Régulo-Pérez, who encouraged a group of writers known as the *skota skolo* (Scottish school) analogous to the earlier "Hungarian school" led by Kalocsay and Baghy. Indeed, the word *stafeto* means "relay runner"—the fellow who takes up the baton and carries on with the race. Members of this school (not all of whom are actually Scots) include William Auld, probably the most influential literary voice in Esperanto since World War II, Reto Rossetti, Marjorie Boulton, the Reverend John Sharp Dinwoodie, and John Francis.

Stafeto, now based in Belgium, publishes literature from all parts of the world. Two of its most influential publications include extensive anthologies of Esperanto short stories and poetry from nations as diverse as China, France, Argentina, and Japan.

Stafeto is the largest among many publishers in Esperanto today. Esperanto books are produced in the language at the rate of several titles per week, encompassing all branches of literature. Some writers excel in several forms. Gaston Waringhien, of France, is a well-known poet, critic, and lexicographer. Marjorie Boulton (Britain) writes poetry, plays, and short stories. S. J. Zee (China) is a leading poet. Ueyama Masao (Japan) writes poetry and prose. Latin America has produced many major Esperanto poets. Scandinavia has several important novelists, among them Stellan Engholm and Johann Hammond Rosbach, and Iceland has at least one major poet, Baldur Ragnarsson.

In a class by himself is the late Raymond Schwartz, of France, a humorist whose outrageous puns in Esperanto have delighted generations of Esperantists. Schwartz also authored one serious novel and several volumes of short stories, sketches, and poems.

Esperanto is itself the subject of serious study by scholars, whose writings form an important part of the literature. Kalocsay and Waringhien have made major contributions in this area. Others are Claude Piron (Switzerland), Miyamoto Masao (Japan), Ulrich Lins (Germany), and

Popular Esperanto author, editor, and bibliographer William Auld.

Probal Dasgupta (India). In this country, the Esperanto Studies Association of America links linguists, sociologists, political scientists, literary scholars, and others from all parts of the country. Research centers in other countries include the Center for Research and Documentation on World Language Problems in Rotterdam, and similar institutions in Paderhorn, Germany; La Chaux-de-Fonds, Switzerland; and Budapest, Hungary. The Soviet Academy of Sciences has a committee on Interlinguistics that concerns itself primarily with Esperanto.

It is interesting to note that a great many Esperanto publications currently come from non-European areas, notably Japan, China, South Korea, Vietnam, and Brazil.

Much Esperanto material in spoken form is available on records and tape. Foreign shortwave radio broadcasts generally consist of talks on political or cultural matters. Polish and Swiss radio stations regularly broadcast in Esperanto on several different wavelengths, with programs that are often of very high quality. Both Radio Warsaw and Radio Beijing broadcast in Esperanto several times daily. Depending on reception, broadcasts can be picked up from a number of other countries as well, notably Austria, Italy, and Vatican City.[25]

Aside from the ample opportunities for simply using and enjoying their language, many Esperantists devote considerable time and energy to promoting the International Language: to making it more useful, and to achieving its promise of conquering language problems altogether.

A perennial debate concerns the best approach. Some advocate strong political activism to convince national or international agencies and governments to adopt the language by official actions. Others stress the grass-roots approach: recruiting new Esperantists from the public at large, and working to make the language attractive through practical uses. The political route is favored by those hoping for a quick win when the "big breakthrough" finally occurs. So far, it appears that the slow but steady building of an International Language culture among the world's people has produced the more significant results.

Perhaps some day national governments will see the wisdom of subordinating narrow self-interests for the greater good of people everywhere. But realists are not holding their breath. The chances seem better that politicians will bless Esperanto *after* it gains a strong popular following. Meanwhile the two approaches are not mutually exclusive, and both are in fact actively pursued by organized Esperanto groups today.

Radio Poland is just one of the many short-wave services broadcasting regularly in Esperanto.

Recently, an interesting idea has been proposed by Ambassador Ralph Harry, former Permanent Representative of Australia to the UN. He suggests putting Esperanto to work on a limited basis within the existing language services at the United Nations. This plan would take some pressure off overworked translators and would result in more equitable treatment of the six working languages. Instead of translating, publishing, and filing every UN document in as many as six different languages, what is now suggested is to process just one translation—in Esperanto—of the UN's lower-priority documents, releasing valuable translator time and energy to cope with the relentless flood of more substantive papers.[26]

The polyglot staffs of the UN's Secretariat and missions—those most likely to use the Esperanto documents—could easily and quickly acquire a reading knowledge of the language.

With time, the role of Esperanto as a documentation language could widen. For example, papers could be routinely prepared in the International Language, with member-states assuming responsibility for translating them, when needed, into their own tongues.

Esperanto could eventually become the language of interpretation as well. Speeches could be given in any language, and interpreted into Esperanto alone. Delegates would not have to speak in Esperanto, only understand it.[27]

That is just one scenario that could lead, finally, to global use of Esperanto. Another possibility is that Third World nations, which do not relish doing business in the languages of former colonizing powers, much less requiring their youth to squander years studying those languages, could choose neutral, easy Esperanto for their international dealings. This has already been proposed in Iran, for example.[28]

Then again, Esperanto's potential value to education could prove decisive. We have seen how teaching Esperanto in elementary and high-school classes results in better understanding of how languages work, promotes language skills generally, and can lead to more (and more effective) foreign-language study besides. Schools that cannot afford full-blown foreign language programs can afford to teach Esperanto, and with superior results in the long run.

Educators are becoming increasingly aware of this potential, with resulting opportunities for students to make foreign friends and widen their cultural horizons as an added bonus.

Increasingly widespread teaching of Esperanto for pragmatic purposes like these could lead finally to realizing the age-old dream of a common second language for all.

One thing at least is certain. If the world is not first altered by nuclear explosions, it is sure to undergo vast changes through the coming knowledge and communication explosions. Sophisticated computers, satellites, data networks, and home video centers (not to mention faster and cheaper transportation means) will combine to put even average persons more closely in touch with the world than ever before.

In its first 100 years Esperanto has proven to be an effective and enduring instrument for promoting international and intercultural understanding. As we enter this next era of unprecedented and rapidly expanding global communications, Esperanto will clearly have an important and ever-increasing role to play.

Notes to Chapter Four

[1] Ivo Lapenna, *Esperanto en Perspektivo* (Rotterdam: World Esperanto Association, 1974) pp. 424–425.

[2] Lapenna, pp. 348–349.

[3] *Jarlibro* 1987 [Rotterdam: World Esperanto Association], p. 118.

[4] *Jarlibro*, p. 120.

[5] *Jarlibro* 1983, p. 9.

[6] *Jarlibro* 1987, p. 44.

[7] Lapenna, pp. 408–409.

[8] *Jarlibro*, p. 105.

[9] Lapenna, p. 519.

[10] *Jarlibro*, p. 85.

[11] *Jarlibro*, p. 87.

[12] *Jarlibro* lists all such organizations by alphabetical order beginning on page 80.

[13] Information supplied by Vatican Radio. See also Lapenna, pp. 525–526.

[14] Lapenna, p. 526.

[15] George Rust, "Historio pri la Esperanto-Biblio," *Biblia Revuo* [Itala Biblia Societo, Ravenna, Italy], 5 (1969), 261–278. Other sacred books available in Esperanto include the Koran, Bhagavad-Gita, and various Spiritualist writings.

[16] Montague C. Butler, *Himnaro Esperanta,* 4th ed. (London: British Esperanto Association, 1954) p. iii.

[17] *Jarlibro*, p. 95. See also Lapenna, pp. 526–527.

[18] *Jarlibro*, p. 98.

[19] *Jarlibro*, p. 83. See also Lapenna, pp. 258–259.

[20] Lapenna, pp. 531–532.

[21]Lapenna, pp. 640–661.

[22]*Plena Ilustrita Vortaro de Esperanto,* Gaston Waringhien, editor-in-chief (Paris: *Sennacieca Asocio Tutmonda,* 1970) pp. ix–xi.

[23]Lapenna, pp. 529–530.

[24]Lapenna, p. 295.

[25]Radio Suisse Internationale, Bern, Switzerland, in a press release dated February 1987 reports there were 4,262 shortwave broadcasts in Esperanto worldwide in 1986.

[26]Humphrey Tonkin, "Esperanto in the Service of the United Nations, " a lecture presented at the Dag Hammarskjöld Auditorium, United Nations, N. Y., July 20, 1981. Printed as *Esperanto Document* 27A by the World Esperanto Association (1982) pp. 3–7.

[27]Tonkin, pp. 11–13.

[28]J. A. Saheb-Zamani, "Letero el Irano: 675 geinstruistoj lernas instrui Esperanton," *Esperanto* [World Esperanto Association, Rotterdam], No. 898 (1980), p. 161. See also Tibor Sekelj, *The Language Problem in the Non-Aligned Movement* (Rotterdam: World Esperanto Association, 1981), *Esperanto Document* 26A.

PART TWO A SHORT COURSE IN ESPERANTO

Lesson One

§1. How to pronounce a, e, i, o, u.

These letters (called "vowels") are pronounced in Esperanto *ah, eh, ee, oh, oo,* very much as in the memory device "<u>A</u>re th<u>e</u>re thr<u>ee</u> <u>o</u>r tw<u>o</u>."

To get the sound of **e** really right, do this: Place two fingers lightly across your mouth (as a lip reader might do) and say "they" very carefully. Feel how the lips and jaw shift position midway through the *ey* sound. That's because in English, the sound of *ey* is really made up of two sounds: *eh* followed by *ee*. Now practice saying just the *eh* sound, *without* sliding into the *ee* sound. That is how you pronounce **e** correctly in Esperanto.

Similarly, to get the sound of **o** just right, place two fingers across your mouth and say "though." Feel the shifting of the lips and jaw as you slide from an *oh* sound to an *oo* sound. Practice saying the *oh* sound *without* sliding into the *oo* sound. That is the correct way to pronounce **o**.

Always pronounce *every* vowel clearly and individually. There are no silent or indistinct letters in Esperanto. **Estas** sounds like ESS-tahss, never ESS-tuhs or ESS-t's. **Boato** is bo-AH-to, not BOTE-oh. **Birdo** is BEER-doh, not B'RR-doh.

§2. Where to put the stress on Esperanto words.

The stress (or accent) is always on the next-to-the-last vowel: **bo-A-to, fa-mi-LI-o, KI-e.**

Drill #1: Practice saying the following words out loud. (Note: **b, d, f, h, k, m, n, p, t, v,** and **z** are pronounced similarly as in English.)

amuza	amusing, funny	**ataki**	to attack
		baki	to bake

boato	boat	**kio**	what
bone	well,	**mi**	I
	fine, OK	**mia**	my
dankon	thank you	**muziko**	music
de	of, from, by	**ne**	no, not
en	in, into	**nu**	well
fakto	fact	**nun**	now
havi	to have	**pipo**	pipe
ho	oh	**tie**	there
ideo	idea	**tio**	that
imiti	to imitate	**uzi**	to use
inviti	to invite	**vi**	you
kato	cat	**via**	your

§3. How to pronounce r and l.

In Esperanto **r** is pronounced clearly, with a bit of a trill or "rolling" sound made by vibrating the tip of the tongue momentarily against the ridge of the teeth. Think of how a Spanish or Italian speaker, or a "terribly British" actor says this letter.

The **l** is pronounced almost as in English, but to get it really right, make this sound a bit "softer" by placing the tongue slightly more forward in the mouth. Think of how a good classical singer would sing "la-la-la."

Drill #2: Practice saying the following words.

birdo	bird	**loka**	local
blua	blue	**longa**	long
familio	family	**Mario**	Mary
honoro	honor	**multa**	much, a lot of
Karlo	Charles	**Parizo**	Paris
klubo	club	**patro**	father
la	the	**patrino**	mother
laboro	work	**por**	for
lerni	to learn	**prezidanto**	president
letero	letter	**rapidi**	to rush, hurry
li	he	**tablo**	table
lia	his	**tre**	very

§4. How to pronounce c, ĉ, g, ĝ, ĥ, j, ĵ, s, ŝ, and ŭ.

The little marks ˆ and ˘ (called "supersigns") fulfill a most valuable function. They enable familiar letters to do "double duty" so that in

Esperanto, each letter of the alphabet has one and the same sound, wherever it is found:*

c is always pronounced as in *prince,* that is, like the *ts* in *bits.*

ĉ has the sound of *ch* in *church.*

g always has the hard sound of *g* in *go.*

ĝ has the soft sound of *g* in *George.*

ĥ is the gutteral, "gargling" sound represented by *ch* in Scottish and German, as in *Ach du lieber,* or *Johann Sebastian Bach.* (This letter is not very frequent in Esperanto.)

j always has the sound of *y* in *yesterday.*

ĵ has the sound of *s* in *leisure,* z in *azure.*

s always has the sound of *ss* in *kiss.*

ŝ has the sound of *sh* in *shall.*

ŭ, pronounced *oo,* generally combines with a preceding vowel. The most usual combination is **aŭ,** which sounds like *ow* in *cow.*

Drill #3: Practice saying the following words:

advokato	advocate, lawyer	**hejme**	(at) home
amas	loves	**hodiaŭ**	today
ankaŭ	also, too	**ĥoro**	choir
certe	certainly	**instruisto**	teacher
ĉe	at	**internacia**	international
ĉu ne?	isn't that so?	**jes**	yes
ĉu vere?	really?	**ĵurnalo**	newspaper
decidas	decides	**kaj**	and
decidis	decided	**Kiel vi fartas?**	How are you?, (Lit., "How do you fare?")
dentisto	dentist	**konferenco**	conference
devas	must, have to	**kuracas**	cures, heals
esperantisto	Esperantist	**lingvoj**	languages
estas	is, am, are	**memoras**	remember(s)
Eŭropo	Europe	**poŝto**	mail
granda	big, great	**saluton!**	hi!
ĝi	it	**sed**	but
ĝis revido	so long	**universitato**	university
ĝis la	s'long	**venis**	came
ĝuste	exactly, just	**vidis**	saw

*For more about the Esperanto alphabet, see page 221.

§5. How to say "a letter," "an idea," etc.

Esperanto has no word for "a" or "an." **Tablo** can mean either *table* or *a table*. **Ideo** can mean *idea* or *an idea*.

§6. About "uniform" endings.

By now you may have noticed that words which *name* people or things end in **o: Karlo, Parizo, tablo, letero,** etc. The **o** is a kind of badge, or "uniform" by which to recognize this class of words, called "nouns."

Similarly, words used to *describe* people or things ("adjectives") have the uniform ending **a: granda, blua, amuza, internacia,** etc.

§7. How to say I "am," they "are," Mary "is," etc.

Esperanto has just one word, **estas,** for all three expressions:

Mi estas hejme.	I am at home.
Lia patro kaj mia patro estas en Parizo.	His father and my father are in Paris.
La letero estas tre longa.	The letter is very long.

Drill #4: Make up your own sentences from this drill table.

Mi		hejme.
Mario		en Parizo.
La instruisto	estas	ĉe la universitato.
Karlo		amuza.
Vi		
Lia advokato		

Dialogo (dialogue): Charles Adams runs across his friend, Mary Miller, on the street. She's clutching an interesting-looking envelope.

Karlo: Saluton, Mario.
Mario: Saluton, Karlo. Kiel vi fartas?
Karlo: Tre bone, dankon. Kio estas tio?
Mario: Tio? Ĝi estas longa letero de mia patro. Ĝi venis en la poŝto ĝuste hodiaŭ, de Parizo.

Karlo: De Parizo! Ĉu vere? Via patro estas en Parizo?

Mario: Jes, li estas tie por granda internacia konferenco.

Karlo: Via patro estas advokato, ĉu ne?

Mario: Ne, mia patrino estas advokato. Mia patro estas instruisto de lingvoj ĉe la universitato.

Karlo: Ho, jes, mi memoras nun. Kaj li estas esperantisto, ankaŭ, ĉu ne?

Mario: Jes, li estas prezidanto de la loka Esperanto-klubo.

Karlo: Ho, tio estas granda honoro!

Mario: Honoro? Jes, sed ĝi estas ankaŭ multa laboro!

Karlo: Jes, certe. Nu, mi devas rapidi nun. Ĝis revido, Mario.

Mario: Ĝis la, Karlo.

Exercise #1: Reply affirmatively to each statement, adding one adjective.

1. La letero venis de Parizo, ĉu ne? Jes, la longa letero venis de
   (longa)   Parizo.

2. La birdo estas tre amuza, ĉu ne? Jes, la.....birdo estas tre amuza.
   (blua)

3. Ĝi estas honoro por li, ĉu ne? Jes, ĝi estas.........................por li.
   (granda)

4. Li venis de la klubo, ĉu ne? Jes, li venis de ....
   (loka)

5. La boato estas tie, ĉu ne? Jes, la ....tie.
   (longa)

6. Lia familio estas en Parizo, ĉu ne? Jes, lia...............................Parizo.
   (granda)

7. Li estas ĉe konferenco, ĉu ne? Jes, li...
   (internacia)

8. Ĝi ankaŭ estas laboro, ĉu ne? Jes, ĝi ankaŭ ....
   (multa)

9. Tio estas lia ideo, ĉu ne? Jes, tio estas ....
   (amuza)

Lesson Two

§1. Sentence Building.

Esperanto has more freedom than English in how words may be arranged within sentences. Usually, adjectives come before the nouns they describe:

longa letero	a long letter
granda honoro	a great honor

But they can also come *after* the noun:

letero longa	a long letter
honoro granda	a great honor

Various parts of a sentence can also be arranged in various ways. In the following examples, the first sentence shows the most usual arrangement; but the others are also technically correct:

Mia patro estas en Parizo.	My father is in Paris.
Estas mia patro en Parizo.	My father is in Paris.
En Parizo estas mia patro.	My father is in Paris.
Mia patro en Parizo estas.	My father is in Paris.
Estas en Parizo mia patro.	My father is in Paris.
En Parizo mia patro estas.	My father is in Paris.

Notice especially the second of the above examples. In English, changing the order of the words around like this would turn the statement into a question. But not in Esperanto!

§2. How to ask questions like "Is he...?" "Do they...?"

Informally you might turn a statement into a sort of question just by using a question mark or a questioning tone of voice:

Via patro estas en Parizo?	Your father is in Paris?
Vere?	Really?

But the better and truly proper way is to use the questioning word **ĉu,** which goes at the beginning:

Ĉu via patro estas en Parizo?	Is your father in Paris?
Ĉu vere?	Really?

Exercise #1: Ask whether the following statements are really true:

1. Mia patro estas en Parizo.	Ĉu via patro estas en Parizo?
2. La letero venis de Mario.	Ĉu la letero ....?
3. La dentisto estas prezidanto de klubo.	Ĉu la.............................?
4. Tio estas tre granda honoro.	....?
5. Karlo devas rapidi nun.	....?
6. La pipo estas tre amuza.	....?
7. Mia kato estas ĉe internacia konferenco.	....?
8. Lia familio estas ĉe la klubo.	....?
9. Ĝi estas multa laboro.	....?
10. La birdo estas tre amuza.	....?

§3. More uniform endings: Words that tell "what's happening."

Words that express some kind of action, or some kind of being, are called "verbs." Usually there's at least one verb in any complete sentence. In the following examples, **memoras, estas, venis, decidis,** and **iros** are all verbs:

Mi memoras nun.	I remember now.
Mia patro estas ĉe la klubo hodiaŭ.	My father's at the club today.
La letero venis hieraŭ.	The letter came yesterday.
Ĉu vi decidis?	Have you decided?
Morgaŭ mi iros al la universitato.	Tomorrow I'll go to the university.

Notice that verbs expressing something that's going on now (the "present tense") end in **as.** Verbs that express something that has already gone on (the "past tense") end in **is.** Verbs that express something that will go on (the "future tense") end in **os.**

You can change the tense of any verb by changing the ending:

La letero ven<u>is</u> hieraŭ.	The letter came yesterday.
La letero ven<u>as</u> hodiaŭ.	The letter is coming today.
La letero ven<u>os</u> morgaŭ.	The letter will come tomorrow.

While English has several different ways of expressing the past, present, and future tenses of verbs, Esperanto has just one each:

Mi iras.	I go. I do go. I am going.
Mi iris.	I went. I did go. I was going. I have gone.
Mi iros.	I will go. I shall go. I'll be going.

Drill #1: Make up your own sentences from this drill table.

Mia patro		al la universitato.
Karlo	iras nun	al konferenco.
Mi	iros morgaŭ	al Parizo.
La instruisto	iris hieraŭ	al la dentisto.
Vi	iras hodiaŭ	al la Esperanto-klubo.
Mario		

Exercise #2: To each question, say *No, the thing happened yesterday.*

1. Ĉu la letero venos morgaŭ?	Ne, la letero ven<u>is</u> hieraŭ.
2. Ĉu la instruisto iras al Parizo nun?	Ne, la ....Parizo hieraŭ.
3. Ĉu vi iros al la klubo morgaŭ?	Ne, mi ....
4. Ĉu la dentisto decidos hodiaŭ?	Ne, la...............................
5. Ĉu la prezidanto estas hejme nun?	Ne, la...............................
6. Ĉu vi devos rapidi morgaŭ?	Ne, mi ....
7. Ĉu via patro memoras nun?	Ne, mia ....
8. Ĉu li iros al la universitato hodiaŭ?	Ne, li ....

§4. How to say "I want to...," "I like to..."

Mi volas iri.	I want to go.
Mi devas labori.	I have to work.
Mi ŝatas lerni.	I like to learn.

Note that when *two* verbs come right together, as in these examples, just the first one has the appropriate (present, past, or future) tense ending. The second verb ends in **i,** corresponding to English "to go," "to work," "to learn," etc. This form of the verb (called the "infinitive") is also the way verbs are listed in dictionaries.

Drill #2: Make up sentences from this drill table.

Mario		iri al Parizo.
La dentisto	volas	esti prezidanto.
Vi	ŝatas	labori.
Mia patro	devas	iri al la universitato.
Karlo		esti hejme.
Mi		rapidi.

Exercise #3: To each question, say *Yes, you had to do the thing.*

1. Ĉu vi iris al la klubo?	Jes, mi devis iri al la klubo.
2. Ĉu vi decidis hieraŭ?	Jes, mi devis ....
3. Ĉu vi laboris ĉe la universitato?	Jes, mi ....
4. Ĉu vi rapidis al Parizo?	Jes, ...
5. Ĉu vi restis hejme hieraŭ?	Jes, ...
6. Ĉu vi iris al la dentisto hodiaŭ?	Jes, ...

Exercise #4: Answer the questions in Exercise #3 again, but this time say you *wanted* to do the thing.

1. Ĉu vi iris al la klubo?	Jes, mi volis iri al la klubo.
Etc.	

§5. How to tell who does what to whom.

If Charles loves Mary, we can't just say *Karlo amas Mario* because this could mean either "Charles loves Mary" OR "Mary loves Charles." (See "Sentence building" in this lesson.) So Esperanto uses another way to point out which person or thing is on the receiving end of any action expressed by the verb:

Karlo amas Mario<u>n</u>.	Charles loves Mary.
Karlo<u>n</u> amas Mario.	Mary loves Charles.
Mi amas vi<u>n</u>.	I love you.
Mia patro ŝatas Parizo<u>n</u>.	My father likes Paris.
Mi lernas Esperanto<u>n</u>.	I'm learning Esperanto.

Note the ending **n** which identifies the *receiver* of the action of a verb. The **n** ending (called the "accusative" ending) is like an arrow pointing out which way the verb's action is directed.

Drill #3: Make your own sentences from the table.

Mia patro		Marion.
La loka dentisto	ŝatas	min.
Li	vidos	la boaton.
Karlo	memoris	ŝin.
La bona esperantisto	volas vidi	la katon.

§6. A Further Note on Word Order.

Do not assume from our discussion in §1 and §5 of this lesson that words in an Esperanto sentence can be jumbled around in any random order. The goal of language being communication, you will naturally want to put your words in the particular order which most clearly and directly conveys your intended meaning.

Later on you will see how deviations from the ordinary word order can be used for what we might call emotional functions—subtle changes in emphasis, or for poetic effect. For now, the important thing to grasp is that—unlike English—Esperanto does not use word order to convey the *grammatical* functions of distinguishing objects from subjects, or changing statements into questions.

Vortolisto

al	to	**labori**	to work
bona	good	**lernejo**	school
bonan nokton	good night	**lingvistoj**	linguists
ĉu	(makes a question)	**loko**	location, place
dialogo	dialogue	**morgaŭ**	tomorrow
diri	to say	**neniam**	never
domaĝe	too bad	**paroli**	to speak
doni	to give	**profesoro**	professor
fari	to do	**raporto**	report
flugi	to fly	**Sinjoro**	Mr., Sir, gentleman
hieraŭ	yesterday	**smeraldo**	emerald
iam	ever, at some time	**strato**	street
instrui	to instruct, teach	**sur**	on
iros	will go	**ŝatas**	likes
kafejo	café, coffee shop	**taksiisto**	cabdriver
kie	where	**Usono**	the U.S.A.
kien?	where to?	**varma**	warm
koni	to be acquainted with	**vere**	really
kunveno	meeting	**vetero**	weather
		volas	want, wants
		vortolisto	word-list

Dialogo: It's a beautiful evening in Paris. Professor Miller steps from his hotel and hails a cab.

Taksiisto: Kien?

Prof. Miller: Mi volas iri al la kafejo "Smeraldo," sur la strato "Bourbon."

Taksiisto: Bone. Mi konas la lokon.

Prof. Miller: La esperantistoj* havas kunvenon tie.

Taksiisto: Esperantistoj! Ĉu vi parolas Esperanton?

Prof. Miller: Ho, jes. Mi parolas ĝin. Mi ankaŭ instruas ĝin.

Taksiisto: En lernejo?

Prof. Miller: Ne, en universitato. En Usono.

Taksiisto: Kion vi faras en Parizo, Sinjoro?

*Esperantists

Prof. Miller: Mi donis raporton ĉe internacia konferenco de lingvistoj.

Taksiisto: Ĉu vi ŝatas Parizon?

Prof. Miller: Ho jes, sed la vetero estas tre varma nun. Ĉu vi iam estis en Usono?

Taksiisto: Ne, mi neniam estis tie.

Prof. Miller: Domaĝe.

Taksiisto: Nu, kie estas via kafejo? Ĉu vi ne diris sur la strato "Bourbon?" Ho, nun mi vidas ĝin. Ĝi estas ĝuste tie. Ĉu mi vidos vin morgaŭ, Sinjoro?

Prof. Miller: Ne. Morgaŭ mi devos flugi al Usono.

Taksiisto: Domaĝe! Nu, bonan nokton, Sinjoro. Kaj dankon.

"Kien, sinjoro?"

Lesson Three

1. Word Building.

When the uniform endings of words are changed, the functions are changed accordingly:

Ĝi estas multa labor<u>o</u>.	It's a lot of work.
Mi ŝatas labor<u>i</u>.	I like to work.
Tio estos granda help<u>o</u>.	That will be a big help.
Ĉu mi povas help<u>i</u> vin?	May I help you?
La armeo komencis atak<u>i</u>.	The army began to attack.
La armeo komencis la atak<u>on</u>.	The army began the attack.

2. Another uniform ending: words that tell how, where, etc.

Some useful words that tell *how, where, when, why,* or *how much* are called "adverbs." You form adverbs with the ending **e:**

tag<u>o</u>	day	tag<u>e</u>	in the daytime
vesper<u>o</u>	evening	vesper<u>e</u>	in the evening
hejm<u>o</u>	a home	hejm<u>e</u>	at home
poŝt<u>o</u>	mail	poŝt<u>e</u>	by mail
rapid<u>i</u>	to rush, hurry	rapid<u>e</u>	in a rush, rapidly
ver<u>a</u>	real, true	ver<u>e</u>	really, truly

§3. Word building with mal-.

By prefixing **mal** to a word, a word with the *opposite meaning* is formed:

La letero estis longa.	The letter was long.
La letero estis mallonga.	The letter was short.
Ili laboris tre rapide.	They worked very rapidly.
Ili laboris tre malrapide.	They worked very slowly.
S-ro Smith estas bona instruisto.	Mr. Smith is a good teacher.
S-ro Smith estas malbona instruisto.	Mr. Smith is a bad teacher.
Ĝi estas multa laboro.	It's a lot of work.
Ĝi estas malmulta laboro.	It's not much work.

Exercise #1: To each question, answer *No, it's just the opposite.*

1. Ĉu via frato laboras tre rapide?	Ne, mia frato laboras tre malrapide.
2. Ĉu la letero estis longa?	Ne, la letero estis ....
3. Ĉu li amas ŝin multe?	Ne, li amas ŝin ....
4. Ĉu la raporto estis vera?	Ne, la raporto ....
5. Ĉu la taksio estas rapida?	Ne, ...
6. Ĉu via kato estas granda?	Ne, mia ....
7. Ĉu la vetero estis varma hieraŭ?	Ne, la ....
8. Ĉu Parizo estas malgranda urbo?	Ne, ...
9. Ĉu la raporto estos mallonga?	Ne, ...
10. Ĉu tio estas malmulta laboro?	Ne, ...

§4. Word building with -in, -ist, -ej.

By adding **in** to a word, we get its feminine form. (Note that the **in** suffix comes *before* the uniform ending.)

viro	man	**virino**	woman
sinjoro	Mr., Sir, gentleman	**sinjorino**	Mrs., Madam, lady
patro	father	**patrino**	mother
frato	brother	**fratino**	sister
edzo	husband	**edzino**	wife

Similarly, by adding **ist** to a word (before the uniform ending) we get a person *habitually occupied* with something:

taksio	taxicab	**taksiisto**	cab driver, cabby
instrui	instruct, teach	**instruisto**	instructor, teacher
dento	tooth	**dentisto**	dentist
muziko	music	**muzikisto**	musician
labori	to work	**laboristo**	worker, laborer
Esperanto	Esperanto	**esperantisto**	Esperantist
lingvo	language	**lingvisto**	linguist
baki	to bake	**bakisto**	baker
kuraci	to cure, heal	**kuracisto**	physician

By adding **ej** we get the word for a place:

kafo	coffee	**kafejo**	café, coffee shop
poŝto	mail	**poŝtejo**	post office
baki	to bake	**bakejo**	bakery
lerni	to learn	**lernejo**	school
kunveno	meeting	**kunvenejo**	meeting place
labori	to work	**laborejo**	workplace, work shop

Sometimes more than one suffix is added to one word:

instruisto	teacher	**instruistino**	teacher (female)

Note: Current practice in Esperanto (as in other languages!) struggles against the traditional but sexist assumption that any creature not specifically feminine must be masculine. Thus **kuracisto** used to be taken to mean a *male* doctor; a woman doctor would necessarily be **kuracistino**. Similarly, **instruisto** meant a male teacher, **instruistino** a female one. Of the animals, **bovo** was a bull or steer, **bovino** a cow; **koko** a rooster, **kokino** a chicken; and so on.

Today this clear-cut distinction remains proper for human relationships only: **patro/patrino, edzo/edzino, frato/fratino,** etc.

Otherwise, and particularly in the matter of occupations, forms without **in** are coming to be considered "neutral"—i.e., *either* masculine or feminine. Where it is desired to specify masculinity, this can be done through the context. (Examples will be seen from time to time later in this book.) Femininity may be specified either through the context or by the *optional* use of **in**. (Occasionally **vir-** is used as a prefix to denote male animals: **virkato** for tom-cat, **virbovo** for bull, etc.)

Exercise #2: To each question, say *No, but you saw the feminine counterpart of the person.* (For this exercise, use **in** each time.)

1. Ĉu vi vidis la patron?	Ne, sed mi vidis la patrinon.
2. Ĉu vi vidis la fraton?	Ne, sed mi vidis la.....-inon. (sister)
3. Ĉu vi vidis la dentiston?	Ne, sed .... (lady dentist)
4. Ĉu vi vidis la viron?	Ne, sed .... (woman)
5. Ĉu vi vidis la sinjoron?	Ne,... (lady)
6. Ĉu vi vidis Sinjoron Adams?	Ne,... (Mrs. Adams)
7. Ĉu vi vidis la instruiston?	Ne,... (lady teacher)
8. Ĉu vi vidis la muzikiston?	Ne,... (lady musician)
9. Ĉu vi vidis la edzon?	Ne,... (wife)
10. Ĉu vi vidis la laboriston?	Ne,... (working woman)

§5. **Another way to say "to."**

The **n** ending, besides pointing out the receiver of an *action*, can point out the receiver of a *motion*. For example:

Mia patro iris al Parizo.	My father went to Paris.
Mia patro iris Parizon.	My father went to Paris.
Kien?	Where to?
Kien vi iras?	Where are you going?

See if you can spot an important difference between these two sentences:

Mario promenis en la urbo. Mary went for a walk in the town.
Mario iris en la urbo<u>n</u>. Mary went *into* the town.

In the second sentence, there is *motion from one place to another;* therefore the *receiver* of that motion (in this case, "the town") is pointed out by means of the accusative ending **n.**

Another example:

La libro falis sur la planko<u>n</u>. The book fell on*to* the floor.

If we said **La libro falis sur la planko,** the meaning would be different: the book was already on the floor and simply fell over there.

IMPORTANT: (1) Don't use **n** after any form of the verb **esti,** because this word doesn't indicate *action* or *motion* of any kind. (2) Don't use **n** after **al** ("to") or **de** ("from"), because these words already indicate *by their own meaning* which way a motion is directed.

Drill #1: Make your own sentences from this drill table.

La laboristo			poŝtejon.
Mia edzino	iris		domon.
La esperantisto			lernejon.
Via frato	rapidis	en la	taksion.
Mia kuracisto			kunvenon.
Lia kato	venis		bakejon.
Sinjoro Adams			kafejon.

Drill #2: Make your own sentences from this drill table. Add the **n** ending when necessary. Be sure you know *why* it is or isn't required in each sentence!

Karlo	estis en	la lernejo	
Profesoro Miller	venis de	la taksio	
Mia patrino	iras en	Parizo	(n).
La prezidanto	iros al	la domo	
La taksiisto	falis en	la bakejo	

§6. How to say "I don't," "he didn't," etc.

A sentence is made negative by the word **ne,** which usually goes just before the verb:

Mi parolas Esperanton.	I speak Esperanto.
Mi <u>ne</u> parolas Esperanton.	I don't speak Esperanto.
Mi iris al la kunveno.	I went to the meeting.
Mi <u>ne</u> iris al la kunveno.	I didn't go to the meeting.
Ĉu vi ŝatas esti ĵurnalisto?	Do you like being a journalist?
Ĉu vi <u>ne</u> ŝatas esti ĵurnalisto?	Don't you like being a journalist?

Exercise #3: To each question, say *No, you didn't do the thing.*

1. Ĉu vi vidis la poŝtiston?	Ne, mi ne vidis la poŝtiston.
2. Ĉu vi ricevis la leteron?	Ne, mi ne ....
3. Ĉu vi venis en taksio?	Ne, mi ....
4. Ĉu vi iris al la klubo?	Ne, ...
5. Ĉu vi ŝatis la lernejon?	Ne, ...
6. Ĉu vi estis bakisto?	Ne, ...
7. Ĉu vi havis katon?	Ne, ...
8. Ĉu vi ŝatis la muzikon?	Ne, ...
9. Ĉu vi iris Parizon hieraŭ?	Ne, ...
10. Ĉu vi falis sur la plankon?	Ne, ...
11. Ĉu vi vidis la libron?	Ne, ...

Vortolisto

aĉeti	to buy	**Ĉikago**	Chicago
adiaŭ	farewell, goodbye	**ĉikagano**	a Chicagoan
		ĉio	everything
alia	(an)other	**dento**	tooth
alveni	to arrive	**deziri**	to desire, wish, want
armeo	army		
baldaŭ	soon	**domo**	house
belega	gorgeous, beautiful	**dum**	during, while
		edzo	husband
bovo	bovine animal	**ekflugi**	to take off

embaraso	embarrassment	pardonu min	pardon me
fali	to fall, fall down	parizano	a Parisian
		pasaĝero	passenger
fari	to do, make	pensu	think
feliĉa	happy	planko	floor
flugisto	flier	post	after
frato	brother	preta	ready
grandega	huge	promeni	to go for a walk, stroll
ha!	ah!		
helpi	to help	reveni	to come back, return
iam	at one time		
ili	they		
iu	someone, anyone	ricevi	to receive, get
kafo	coffee	S-ro	= Sinjoro
kia	what a(n)	S-ino	= Sinjorino
kial	why	sidi	to sit
kie diable	where in the dickens	sidiĝu	sit down
		tago	day
		taksio	taxicab
kio(n) ajn	whatever	trovi	to find
kion vi faris?	what did you do?	urbo	city
		usonano	U.S. citizen, an American
kiu	who, which		
kompreni	to understand	vendejo	store
libro	book	vendi	to sell
lingvo	language	vento	wind
mem	(my)self	vespero	evening
mi petas	please	vidi	to see
milito	war	viro	man
ne gravas	it doesn't matter	vizito	visit
Nov-Jorko	New York	zono	belt
nur	only, just		

Dialogo: Professor Miller has boarded his plane at the Paris airport. Just before takeoff, a man comes up and points to the empty seat beside him.

Pasaĝero: Pardonu min, sinjoro. Ĉu iu sidas tie?

Prof. Miller: Ne, sinjoro. Sidiĝu, mi petas.

Pasaĝero: Dankon. Ĉu vi estas parizano?

Prof. Miller: Ne. Mi estas usonano. Mi venas de Ĉikago.

Pasaĝero: Ho, ĉikagano! Mi estis en Ĉikago, iam.

Prof. Miller: Kion vi faris tie?

Pasaĝero: Mi iris tien post la milito, kaj laboris por mia frato. Li havas vendejon tie.

Prof. Miller: Kion li vendas?

Pasaĝero: Ho, li vendas ĉion. Kion ajn vi deziras aĉeti, li havas ĝin. Ĝi estas grandega vendejo. Belega vendejo! Sed mi revenis Parizon.

Prof. Miller: Kial? Mi ne komprenas. Ĉu vi ne ŝatis Ĉikagon?

Pasaĝero: Ho, mi ŝatis ĝin, sed mi malamis la venton tie. Mi estis tre malfeliĉa. Kaj mi estas vera parizano, kiu amas nur Parizon.

Prof. Miller: Kaj kien vi iras nun?

Pasaĝero: Mi flugas Nov-Jorkon por vizito. Mia alia frato estas laboristo tie.

Prof. Miller: Nu, ni ekflugos baldaŭ. Ĉu vi estas preta?

Pasaĝero: Ne, mi ne povas trovi mian zonon. Kie diable ĝi estas?

Prof. Miller: Pardonu min, sinjoro, sed vi sidas sur ĝi, ĉu ne?

Pasaĝero: Ha, jes! Dankon. Tie ĝi estas. Nun mi estas preta. Sed kia embaraso! Nur pensu, mi estis mem flugisto, dum la milito!

Prof. Miller: Ne gravas. Ni ekflugas nun. Adiaŭ, Parizo! Baldaŭ ni alvenos Nov-Jorkon.

Lesson Four

§1. **How to say "my," "mine," "your," "yours," etc.**

By adding the adjective ending **a** to words like **mi, vi, li,** and other pronouns we get the possessive form of these words:

mi	I, me	**mia**	my, mine
vi	you	**via**	your, yours
ŝi	she	**ŝia**	her, hers
li	he, him	**lia**	his
ĝi	it	**ĝia**	its
ni	we, us	**nia**	our, ours
ili	they, them	**ilia**	their, theirs

Exercise #1: To each question, answer *No, the thing is yours.*

1. Ĉu tio estas mia letero?   Ne, ĝi estas mia letero.
2. Ĉu tio estas ŝia kato?   Ne, ĝi estas mia ....
3. Ĉu tio estas ilia ĵurnalo?   Ne, ĝi estas ....
4. Ĉu tio estas nia poŝto?   Ne, ...
5. Ĉu tio estas mia taksio?   Ne, ...
6. Ĉu tio estas lia pipo?   Ne, ...
7. Ĉu tio estas ŝia tablo?   Ne, ...
8. Ĉu tio estas ilia domo?   Ne, ...

kflugas nun."

§2. How to say "Mary's," "Charles's," etc.

Esperanto has no 's form to make the possessive of nouns. So instead of "Mary's comb" you say "the comb of Mary." Instead of "Mr. Miller's wife" you say "the wife of Mr. Miller."

la kombilo de Mario	Mary's comb
la edzino de S-ro Miller	Mr. Miller's wife
la prezidanto de la klubo	the club's president
la dentisto de mia patro	my father's dentist
la avantaĝoj de Esperanto	Esperanto's advantages

Exercise #2: To each question answer *No, the thing belongs to the person in the previous question.* Example: Ĉu tio estas la kato de Karlo? Ne, tio estas la kato de Mario.

1. Ĉu tio estas la pipo de mia patro?	Ne, tio estas la pipo de Karlo.
2. Ĉu tio estas la taksio de via frato?	Ne, tio estas la taksio de via patro.
3. Ĉu tio estas la boato de Prof. Miller?	Ne, tio estas la boato de mia frato.
4. Ĉu tio estas la ĵurnalo de la bakisto?	Ne, tio estas la ....
5. Ĉu tio estas la kato de Mario?	Ne, tio estas ....
6. Ĉu tio estas la libro de la taksiisto?	Ne, ...
7. Ĉu tio estas la domo de ŝia patrino?	Ne, ...
8. Ĉu tio estas la kombilo de lia fratino?	Ne, ...
9. Ĉu tio estas la letero de la muzikisto?	Ne, ...
10. Ĉu tio estas la hejmo de nia instruisto?	Ne, ...

§3. The plural ending j.

When there is more than one of a person or thing, it's said to be "in the plural." In Esperanto, plural nouns are identified by the uniform ending **j** added immediately after the **o** noun ending. (Remember to pronounce the **oj** combination like "oy" in "toy.")

unu libro	one book
du libro**j**	two books
tri libro**j**	three books
kvar kato**j**	four cats

kvin sinjoroj	five gentlemen
ses virinoj	six women
sep ĵurnaloj	seven newspapers
ok avantaĝoj	eight advantages
naŭ ideoj	nine ideas
dek bovinoj	ten cows

Exercise #3: To each question say *No, the number is one more* than in the question.

1. Ĉu unu libro falis sur la plankon?	Ne, du libroj falis sur la plankon.
2. Ĉu du lingvistoj flugis Parizon?	Ne, tri lingvistoj.................
3. Ĉu tri leteroj venis en la poŝto?	Ne, ...
4. Ĉu kvar katoj iris en la domon?	Ne, ...
5. Ĉu kvin dentistoj iris al la konferenco?	Ne, ...
6. Ĉu ses taksioj rapidis al la klubo?	Ne, ...
7. Ĉu sep instruistoj estis en la lernejo?	Ne, ...
8. Ĉu ok laboristoj estis ĉe la kunveno?	Ne, ...
9. Ĉu naŭ poŝtistoj iris al kafejo?	Ne, ...

§4. Sentence building with j endings.

In Esperanto, whenever an adjective refers to something that is in the plural, the adjective is considered to be plural, too. This is quite a different concept than we are used to in English, so pay particularly close attention to these illustrations:

La libroj estis novaj.	The books were new.
La taksioj estas rapidaj.	The taxis are fast.
Ni estas feliĉaj.	We are happy.
Kie estas miaj leteroj?	Where are my letters?
Tri grandaj libroj falis sur la plankon.	Three big books fell on to the floor.

Drill #1: Make your own sentences, using the **j** ending when necessary:

La ses viroj			lingvisto	
Sinjoro Adams	estas bona			
Mi			edzo	
La du parizanoj	estas malbona	(j)		(j)
Ili			laboristo	
Via patro	estas malfeliĉa			
Niaj fratoj			instruisto	

§5. Sentence building with n endings.

Similarly, if an adjective refers to a noun or pronoun that has the accusative **n** ending, the adjective must have it too:

Mi ricevis longan leteron de li.	I got a long letter from him.
Ni atakis grandegan armeon.	We attacked a huge army.
Li vidis ŝian patrinon, **la advokaton.**	He saw her mother, the lawyer.
S-ro Adams flugas alian urbon.	Mr. Adams is flying to another city.
Belegan vidis Karlo virinon.	Charles saw a gorgeous woman.

If a word requires both **j** and **n,** the **j** comes first:

Li havas tri belajn fratinojn.   He has three pretty sisters.

Drill #2: Use the **j** and **n** endings when necessary.

Ŝi aĉetis	unu	granda			domo		
Mi vidis	du	nova	(j)	(n)	vendejo	(j)	(n)
Ni estis en	tri	belega					

§6. Commands and requests.

When you ask or tell someone to do something, you use the ending **u:**

Sidiĝu.	Sit down.
Fermu la pordon.	Shut the door.

Pardonu min.	Pardon me.
Nur pensu.	Just think.
Amu vian najbaron.	Love your neighbor.
Helpu min, mi petas.	Help me, please.

Exercise #4: To each statement, answer *You, too, do the thing, please.*

1. Ili fermis la pordon.	Ankaŭ vi fermu la pordon, mi petas.
2. La lingvistoj donis raporton.	Ankaŭ vi donu raporton, mi petas.
3. S-ro Adams trovis taksion.	Ankaŭ vi trovu ....
4. Mia frato helpis la novajn najbarojn.	Ankaŭ vi ....
5. Karlo aĉetis novan domon.	Ankaŭ vi ....
6. Mario donis bonan libron al la klubo.	Ankaŭ ....
7. Mia patro iros Parizon.	Ankaŭ ....
8. Mario invitis lin al la klubo.	....
9. La ĉikaganoj promenas en la urbo.	....
10. Ili vendis ĉion en la domo.	....
11. Ŝi aĉetis novan kombilon.	....
12. S-ino Miller invitis du bonajn ĵurnalistojn al la konferenco.	....
13. Li pensas pri ŝia nova ideo.	....
14. La prezidanto fermis la pordon dum la kunveno.	....

§7. Word building with ek- and re-.

The prefix **ek** focuses on the *start* of an action:

flugi	to fly	**ekflugi**	to take off
iri	to go	**ekiri**	to start off
ridi	to laugh	**ekridi**	to burst out laughing
plori	to cry, weep	**ekplori**	to burst into tears

The prefix **re,** as in English, means "back" or "again":

iri	to go	**reiri**	to go back, return
veni	to come	**reveni**	to come back, return
doni	to give	**redoni**	to give back

aĉeti	to buy	**reaĉeti**	to buy back
flugi	to fly	**reflugi**	to fly back
vidi	to see	**revidi**	to see again

§8. Word building with -an.

The suffix **an** denotes a person associated with a place or group:

Ĉikago	Chicago	**ĉikagano**	a Chicagoan
Usono	U.S.A.	**usonano**	U.S. citizen, American
klubo	club	**klubano**	club member
Kristo	Christ	**kristano**	Christian
Parizo	Paris	**parizano**	Parisian

(Note that **-an** words are not usually capitalized in Esperanto.)

§9. How to say "myself," "yourself," etc.

Mem can mean "myself," "yourself," etc. It all depends on the context:

Mi mem vidis ĝin.	I saw it myself.
Ni mem ne ŝatas kafon.	We ourselves don't like coffee.
Li invitis ilin al la klubo,	He invited them to the club,
kaj mem ne iris.	and didn't go himself.
Faru ĝin mem.	Do it yourself.

Exercise #5: To each question say *No, the person(s) asked about did it.*

1. Ĉu vi aĉetis la domon por S-ino Adams?	Ne, S-ino Adams mem aĉetis la domon.
2. Ĉu vi donis la raporton por la lingvistoj?	Ne, la lingvistoj mem donis ....
3. Ĉu vi redonis la libron por la instruisto?	Ne, la instruisto ....
4. Ĉu vi iris al la vendejo por via patrino?	Ne, mia ....
5. Ĉu vi aĉetis kafon por la ĵurnalistoj?	Ne, la ....
6. Ĉu vi fermis la pordon por la klubanoj?	Ne, la ....

Vortolisto

aĵo	thing	**jam**	already
almenaŭ	at least	**jeto**	jet (plane)
amiko	friend	**kara**	dear
apetito*	appetite	**ke**	that
apud	by, next to	**kiam**	when
atendi	to wait	**kiel**	how
aŭdi	to hear	**kliento**	client, customer
aŭskulti	to listen	**kombilo**	comb
avantaĝo	advantage	**korekti**	to correct
bedaŭri	to be sorry,	**kuko**	cake
	regret	**kvar**	four
ĉiam	always	**kvin**	five
dek	ten	**leĝo**	law
denove	again	**leĝa**	legal
diri	to say, tell	**malfrua**	late
du	two	**manĝi**	to eat
ekludi	to start to play	**mano**	hand
ekmanĝi	to start to eat	**matĉo**	match, game
ekridi	to burst out	**memorigi**	to remind
	laughing	**najbaro**	neighbor
ekzameno	exam, test	**naŭ**	nine
eliri	to go out	**ni**	we, us
fermi	to close	**nia**	our(s)
fini	to finish	**nova**	new
flugo	flight	**ok**	eight
forgesi	to forget	**okazi**	to occur, happen
fratino	sister	**papero**	paper
fridujo	refrigerator	**parko**	park
frue	early	**pli poste**	later on
futbalo	soccer	**preni**	to take
Georgo	George	**preskaŭ**	almost
grava	important	**pretigi**	to prepare
Henriko	Henry	**pri**	about,
hotelo	hotel		concerning
io	something	**promesi**	to promise
iomete	a little bit	**pura**	clean

*Mi ne havas apetiton, I'm not hungry.

purigi	to clean, wash	ŝi	she, her
redoni	to give back	ŝia	her(s)
ridi	to laugh	tagmanĝo	midday meal
rigardi	to look at	televidi	to see on TV
salono	living room, parlor	tri	three
		tuj	immediately
sep	seven	tuj post	right after
ses	six	unu	one
studi	to study	vespermanĝo	evening meal

Dialogo: Prof. Miller has returned from Paris. He's anxious to tell about his trip, but his daughter Mary, son George, and Mrs. Miller have other ideas.

Prof. Miller: Ho, kiel feliĉa mi estas, esti hejme denove! Kiam mi estis en Parizo—

S-ino Miller: Atendu iomete, kara. Mi pretigas la vespermanĝon.

Prof. Miller: Jes, sed mi nur volis diri, ke en mia hotelo—

Mario: Patro, Georgo prenis mian novan kombilon kaj ne volas redoni ĝin!

S-ino Miller: Donu al via fratino ŝian kombilon, Georgo.

Georgo: Mi ne havas ĝin.

Mario: Certe li havas ĝin. Li ĉiam prenas miajn aĵojn!

Prof. Miller: Aŭskultu, io amuza okazis en la taksio, kiam mi—

Georgo: Kiam ni manĝos?

S-ino Miller: La manĝo estas preskaŭ preta. Ĉu viaj manoj estas puraj?

Mario: Ne, ili ne estas puraj! Rigardu, kiel malpuraj ili estas. Ili estis malpuraj ankaŭ dum la tagmanĝo!

S-ino Miller: Iru kaj purigu viajn manojn, Georgo. Kaj rapidu, ĉu vi komprenas? Ni ekmanĝos nun.

Prof. Miller: Tio memorigas min pri io. Post mia raporto al la konferenco—

S-ino Miller: Sidiĝu, kara. Vi povas diri al ni ĉion pri Parizo pli poste.

Mario: Ho, mi preskaŭ forgesis. Tuj post la vespermanĝo mi devas iri viziti amikinon. Ni havas tre gravan ekzamenon ĉe la universitato morgaŭ, kaj ni devas studi por ĝi.

S-ino Miller: Bone. Sed revenu frue. Kie estas via frato? Ge-or-goo! Kie vi estas?

Georgo: Mi venas. Sed mi ne havas apetiton. Mi jam manĝis ĉe la domo de Henriko. Ĉu mi povas iri en la salonon? Mi volas televidi gravan matĉon de futbalo.

Prof. Miller: Sed ĉu vi ne volas aŭdi pri mia flugo en granda jeto, kaj pri la belaj parkoj, kaj—

Georgo: Pli poste, Patro, ili jam ekludas.

Prof. Miller: Nu, kara, almenaŭ vi ekridos pri la viro, kiu sidis apud mi en la jeto. Nur pensu, li mem estis flugisto dum la milito, sed—

S-ino Miller: Ho, mi tre bedaŭras, sed mi devas eliri nun. Mi promesis helpi klienton korekti leĝajn paperojn. Mi estas jam malfrua. Vi trovos kukon en la fridujo. Ĝis revido!

"Ili jam ekludas la matĉon."

Lesson Five

§1. Statements beginning "It…"

When the word "it" doesn't actually refer to some specific thing, it's omitted in Esperanto:

Ne gravas.	It doesn't matter.
Pluvas.	It's raining.
Ĉu neĝis hieraŭ?	Did it snow yesterday?

But: **Kie estas mia libro?** **Ĝi estas tie, sur la tablo.**

§2. Statements beginning "There…"

Similarly, "there" is omitted when it doesn't actually mean "that place":

Estas du lernejoj en nia urbo.	There are two schools in our town.
Ĉu estas kuracisto en la domo?	Is there a doctor in the house?

§3. Statements beginning "You…," "They…"

When these words really mean "people in general," the word **oni** is used:

Oni faras bonan kafon en nia lando.	They make good coffee in our country.

| Oni devas ne fumi tie. | You mustn't smoke there. |
| Oni ne multe ŝatas viziti dentiston. | People don't much like to visit a dentist. |

§4. About the word "know."

Our English word "know" has two different meanings, for which Esperanto has two separate words:

| Ĉu vi konas S-ron Adams? | Do you know Mr. Adams? |
| Mi tre bone konas Parizon. | I know Paris very well. |

| Kie estas Karlo? Mi ne scias. | Where's Charles? I don't know. |
| Ĉu vi scias lian adreson? | Do you know his address? |

Koni means "to be acquainted with," while **scii** means to possess information or understanding about something. You may need to practice pronouncing **scii.** The **sc** combination is like the "sts" combination in our English word "lists."

§5. Sentences within sentences.

Suppose Mary tells you, "La kato estas malsana." If you want to tell someone else what Mary told you, you will say:

| Mario diras, ke la kato estas malsana. | Mary says the cat is sick. |

This is an example of how a sentence ("La kato estas malsana") can be contained within another sentence. In Esperanto, such sentences-within-sentences must be preceded by **ke** ("that"). Most writers also put a comma before the **ke.**

Oni diras, ke Parizo estas bela urbo.	They say Paris is a pretty town.
Mi kredas, ke vi estas prava.	I think you're right.
Mi bedaŭras, ke vi ne ŝatas mian kafon.	I'm sorry you don't like my coffee.
Ili scias, ke vi estas tie.	They know you're there.
Ŝi diris, ke jes.	She said yes.

Drill #1: Make your own sentences from the drill table.

Oni diras Mi bedaŭras Karlo kredas Ni aŭdis Ili scias	, ke	pluvos morgaŭ. Mario devis viziti la doktoron. estas multa vento en Ĉikago. neĝas.

Note that in Esperanto the verb tense in an "inside" sentence remains *the same as if that sentence stood alone.* So don't be led astray by the English habit of switching to some other tense:

| **Karlo diris: "Mi iros morgaŭ."** | Carl said: "I will go tomorrow." |
| **Karlo diris, ke li iros morgaŭ.** | Carl said he would go tomorrow. |

| **Mario diris: "Liaj manoj estas malpuraj."** | Mary said: "His hands are dirty." |
| **Mario diris, ke liaj manoj estas malpuraj.** | Mary said his hands were dirty. |

Exercise #1: Repeat what you're told to a third party.

1. Mario: "Mi ne ŝatas flugi."   Mario diris, ke ŝi ne ŝatas flugi.
2. Karlo: "La instruisto ne venos hodiaŭ."   Karlo diris, ke la............................
3. S-ro Adams: "Mi neniam estis en Parizo."   S-ro Adams diris, ke li ....
4. La dentisto: "Vi havas tre malbonajn dentojn."   La dentisto diris, ke mi................
5. Prof. Miller: "Mi kredas, ke baldaŭ neĝos."   Prof. Miller kredas, ke ....
6. La bakisto: "Mi ne memoras."   La bakisto diris,............................
7. La instruisto: "Oni ne povas fumi tie."   La instruisto diris, ...
8. S-ino Adams: "Certe pluvos."   S-ino Adams diris, ...
9. La prezidanto: "Estas tempo fermi la kunvenon."   La prezidanto diris, ...
10. La profesoro: "Vi tre bone lernas Esperanton."   La profesoro diris, ke mi ....

§6. Numbers above ten.

11	dek unu	20	dudek	21	dudek unu
12	dek du	30	tridek	22	dudek du
13	dek tri	40	kvardek	23	dudek tri
14	dek kvar	50	kvindek	34	tridek kvar
15	dek kvin	60	sesdek	35	tridek kvin
16	dek ses	70	sepdek	46	kvardek ses
17	dek sep	80	okdek	57	kvindek sep
18	dek ok	90	naŭdek	68	sesdek ok
19	dek naŭ	100	cent	89	okdek naŭ

Note that, like English "twenty," "thirty," etc., the Esperanto words **dudek, tridek,** and so on are written as one word. The added units are ordinarily written as separate words, unless a grammatical ending is to be added on. In that case they can be joined with hyphens, as will be seen in the following section.

§7. How to say "first," "second," "third," etc.

These numerals (called "ordinals") are formed by adding the adjective **a** ending to any number:

unua	first	dek-unua	eleventh
dua	second	dek-dua	twelfth
tria	third	dudek-oka	twenty-eighth
deka	tenth	okdek-tria	eighty-third
		centa	hundredth

Exercise #2: Add the numbers and finish each sentence.

1. Dek sep leteroj kaj tri leteroj estas **dudek leteroj.**
2. Dudek unu raportoj kaj tridek du raportoj estas ....
3. Kvardek ses libroj kaj dudek naŭ libroj estas ....
4. Sesdek tri bovinoj kaj dek kvar bovinoj estas ....
5. Naŭdek naŭ viroj kaj unu viro estas ....
6. Tridek kvin jetoj kaj dek ses jetoj estas ....
7. Sepdek ok matĉoj kaj du matĉoj estas ....
8. Dek naŭ parkoj kaj dek sep parkoj estas ....
9. Kvardek ses roboj kaj kvindek tri roboj estas ....

10. Dek unu hoteloj kaj tridek naŭ hoteloj estas ....
11. Kvindek dentistoj kaj kvardek kvin dentistoj estas ....
12. Sesdek novaj amikoj kaj dek ses novaj amikoj estas ....
13. Ok malbonaj kukoj kaj dek sep malbonaj kukoj estas ....
14. Dek du amuzaj faktoj kaj dudek amuzaj faktoj estas ....
15. Okdek unu gravaj avantaĝoj kaj dek kvin gravaj avantaĝoj estas .....

Exercise #3: Answer each question *No, the number is one less than in the question.*

1. Ĉu S-ro Adams loĝas en la kvara domo sur la strato?	Ne, li loĝas en la tria domo sur la strato.
2. Ĉu vi estas en la dua jaro ĉe la universitato?	Ne, mi estas en la unua ....
3. Ĉu tio estis la dudek-kvara raporto al la konferenco?	Ne, ĝi estis la ....
4. Ĉu tio estos la kvardeka kunveno de la klubo?	Ne, ĝi estos la ....
5. Ĉu vi ricevis vian centan honoron?	Ne, mi ....
6. Ĉu tio estis via dudek-oka letero de ŝi?	Ne, ĝi estis ....
7. Ĉu tio okazis dum via kvardek-sepa flugo al Parizo?	Ne, ĝi okazis ....
8. Ĉu hodiaŭ estas la naŭdek-sesa tago?	Ne, hodiaŭ ....
9. Ĉu vi televidas la dudekan matĉon?	Ne, mi ....
10. Ĉu vi estis en la Dudek-dua Armeo?	Ne, mi ....

§8. Word building with -ig.

This useful suffix means "to cause to be," "to make":

pura	clean	**purigi**	to make clean, to wash
preta	ready	**pretigi**	to make ready, to prepare
memori	to remember	**memorigi**	to make remember, to remind
nova	new	**renovigi**	to make new again, to renew
sana	healthy, well	**resanigi**	to make well again, to heal
scii	to know	**sciigi**	to make know, i.e., to inform

§9. Word building with -et and -eg.

The suffix **et** "diminishes" (lessens) the size or intensity of a word's meaning:

urbo	town	**urbeto**	village
varma	warm	**varmeta**	lukewarm, "warmish"
domo	house	**dometo**	cottage
ridi	to laugh	**rideti**	to smile
flugi	to fly	**flugeti**	to flutter
kato	cat	**kateto**	kitty
monto	mountain	**monteto**	hill

The suffix **eg** "augments" (increases) the size or intensity of a word's meaning:

bela	pretty	**belega**	beautiful, gorgeous
urbo	town, city	**urbego**	big city, "megalopolis"
ridi	to laugh	**ridegi**	to roar with laughter
vento	wind	**ventego**	storm
domo	house	**domego**	mansion
bona	good	**bonega**	excellent
pluvi	to rain	**pluvegi**	to "rain cats and dogs"

Exercise #4: To each statement say *No, "they" (people in general) corrected the situation yesterday.*

1. La kato estas malsana.	Ne, oni resanigis ĝin hieraŭ.
2. La dentisto forgesis pri la matĉo.	Ne, oni memorigis lin pri ĝi hieraŭ.
3. S-ro Smith estas malfeliĉa.	Ne, oni feliĉigis ....
4. La strato certe estas malbela.	Ne, oni ....
5. La domo estas vere malpura.	Ne, ...
6. La profesoro forgesis pri la ekzameno.	Ne, ...
7. La hotelo estas malvarma.	Ne, ...
8. Ŝia robo estas tre mallonga.	Ne, ...
9. Lia domo estas iomete malgranda.	Ne, ...
10. Nia urbo havas malbonajn stratojn.	Ne, ...

Exercise #5: To each question say *Yes, only more so;* use the suffix **eg** to indicate this.

1. Ĉu la nova domo de Henriko estas **bela**?

Jes, la nova domo de Henriko estas belega.

2. Ĉu oni **ridis** pri via amuza raporto?

Jes, oni ridegis pri mia............

3. Ĉu vi havis **venton** en la urbo hieraŭ?

Jes, ni havis ....

4. Ĉu vi devos **labori** ĉe la vendejo nun?

Jes, mi ....

5. Ĉu Parizo estas **urbo**?

Jes, Parizo ....

6. Ĉu la matĉo de futbalo estis **bona**?

Jes, la ....

7. Ĉu la kuko en la fridujo estis **malvarma**?

Jes, la ....

8. Ĉu la doktoro havas **grandan** hejmon?

Jes, la ....

9. Ĉu **pluvis** hieraŭ?

Jes, ...

10. Ĉu ŝi diris, ke la manoj de Georgo estas **malpuraj**?

Jes, ŝi diris, ...

§10. More about word order.

As we pointed out earlier, even though Esperanto has greater freedom of word order than English (and many other languages), remember you can't scatter words completely at random. There are a few important functional words which should, in fact, be very carefully placed for purposes of clarity and precision. For example **nur,** "only," should come *immediately before* the word or phrase it limits. Notice the difference in the following:

Mi **nur laboras** tie.	I only work there. (That's all I do there.)
Nur mi laboras tie.	I'm the only one that works there.
Mi laboras **nur tie**.	That's the only place I work.

Similarly **ankaŭ**, "also," should precede the word or phrase it points to:

Ankaŭ ŝi instruas muzikon.	She, too, teaches music.
Ŝi ankaŭ instruas muzikon.	She teaches music also. (Besides playing it.)
Ŝi instruas ankaŭ muzikon.	She teaches music, also. (Besides whatever else she teaches.)

With **ne**, "not," the matter is only slightly different. In most cases **ne** precedes the main verb of the sentence, and makes the whole sentence negative:

Li ne vidis Marion.	He didn't see Mary.

Placing **ne** anywhere else in a sentence ordinarily makes just the following word or phrase negative:

Ne li vidis Marion.	He isn't the one who saw Mary.
Li vidis ne Marion.	It isn't Mary that he saw.

Exercise #6: To each question reply *No, you aren't the one who did it.*

1. Ĉu vi prenis ŝian kombilon?	Ne, ne mi prenis ŝian kombilon.
2. Ĉu vi instruis Esperanton al Karlo?	Ne, ne mi instruis......................
3. Ĉu vi ridis pri lia raporto?	Ne, ne mi ....
4. Ĉu vi diris, ke pluvos?	Ne, ...
5. Ĉu vi helpis S-inon Adams fini la robon?	Ne, ...
6. Ĉu vi iris hieraŭ al la dentisto?	Ne, ...
7. Ĉu vi fermis la kunvenon?	Ne, ...
8. Ĉu vi iris al la laborejo en taksio?	Ne, ...

Exercise #7: To each statement, say that *the thing also happened at the place* mentioned in the statement before it. (Example: Ŝia patro estis en Parizo. Ŝia patro estis ankaŭ en Ĉikago!)

1. Li instruas Esperanton en nia lernejo.	Li instruis Esperanton ankaŭ en Parizo!

2. Mi vidis Marion en la klubo. Mi vidis Marion ankaŭ en nia ....!
3. La dentisto ridegis en la La dentisto ridegis ankaŭ en ....!
   kafejo.
4. Oni vendis ĉion en la bakejo. Oni vendis ĉion ....!
5. La ventego malpurigis nian La ventego ....la bakejon!
   domon.
6. Oni kunvenis sur la strato. Oni........................nia domo!
7. La poŝtisto falis en la poŝtejo. La ....!
8. Du taksioj rapidis al la Du...!
   universitato.
9. Li lernis pri tio en Ĉikago. Li ....!

Exercise #8: To each question say *No,* and use the suffix **et** to indicate that *you can only mildly agree.*

1. Ĉu oni **ridis** pri via raporto? Ne, oni nur ridetis pri mia raporto.
2. Ĉu sur via strato estas **domegoj**? Ne, sur mia strato estas nur dometoj.
3. Ĉu vi havis **venton** en la urbo Ne, ni havis nur ....
   hieraŭ?
4. Ĉu Prairieville estas **urbego**? Ne, Prairieville estas ....
5. Ĉu la vetero en Ĉikago estas **varma** Ne, la ....
   nun?
6. Ĉu la malgranda birdo povis **flugi**? Ne, la ....
7. Ĉu la tagmanĝo estis **varma**? Ne, la ....
8. Ĉu estas **salonego** en via domo? Ne, estas ....
9. Ĉu vi devis **studegi** por la Ne, mi devis ....
   ekzameno?
10. Ĉu estas **montoj** apud la urbo? Ne, estas ....

Exercise #9: Complete each sentence, using **scias** or **konas** as required.

1. Mi ne .....as Doktoron Smith.
2. Mi ne .....as lian adreson.
3. Ĉu vi .....as, kie estas la kafejo "Smeraldo?"
4. Jes, mi .....as la lokon.
5. Kiu .....as, ĉu estos matĉo de futbalo hodiaŭ?
6. Kie diable estas nia taksio? Mi ne .....as.
7. Ĉu vi ne .....as la novan instruiston?

8. Li .....as nian urbon sed mi ne .....as kiel.
9. Ĉu vere? Karlo .....as la prezidanton?
10. Kiu .....as la nomon de ŝia kuracisto?

Vortolisto

adreso	address	**koni**	to know (see §4.)
ambaŭ	both	**konsili**	to advise
atenti	to pay attention, watch out	**kovrilo**	cover, lid
		kredi	to believe
bela	pretty	**lando**	land, country
cent	hundred	**lango**	tongue
cerbo	brain	**loĝi**	to live (dwell)
cigaredo	cigarette	**mateno**	morning
dekstra	right	**mondo**	world
devas esti	(there) must be	**monto**	mountain
doktoro	doctor (title)	**neĝi**	to snow
dolori	to be hurting or sore	**ol**	than
		oni	one, they, people
eble	possibly, maybe	**panei**	to break down,
eĉ	even		"go on the blink"
ekbrilo	flash	**peti**	to request, ask
fakte	in fact	**pli**	more
flanko	side	**pluvi**	to rain
fumi	to smoke	**prava**	right, correct
funkcii	to function, work	**preta**	ready, prepared
gorĝo	throat	**problemo**	problem
horo	hour	**sana**	healthy, well
ie	somewhere	**sano**	health
insisti	to insist	**scii**	to know (see §4.)
jako	jacket, coat	**se**	if
kapabla	capable	**sufiĉe**	enough, sufficiently
kapo	head		
kaŝi	to hide	**televidilo**	TV set
knabo	boy	**timi**	to be afraid, fear
koleri	to be angry	**tranĉilo**	knife
konduti	to behave, act	**tuta**	whole, entire, all

Dialogo: Mary Miller wakes up on the morning of her important exam to find she has a sore throat.

S-ino Miller: Bonan matenon, Mario. Kiel vi fartas?

Mario: Fakte, ne tre bone. Mi timas, ke mi estas iomete malsana. Mia gorĝo doloregas.

S-ino Miller: Domaĝe. Mi bedaŭras. Ĉu vi volas viziti la kuraciston?

Mario: Ho, ne. Mi kredas, ke ne estas grave. Se mi ne iros al la ekzameno, oni certe kredos, ke mi ne studis, kaj ne estis preta por ĝi.

S-ino Miller: Eble vi estas prava, sed bona sano estas pli grava ol cent ekzamenoj.

Georgo: Mi scias, kial ŝi estas malsana. Hieraŭ, kiam pluvegis, ŝi promenis sen jako. Ŝi ĉiam faras tion, eĉ kiam neĝas!

Mario: Georgo! Ĉu vi devas diri ĉion pri mi al la tuta mondo?

Georgo: Ŝi ankaŭ fumis cigaredojn kun la fratino de Henriko.

Mario: Vi— vi— malbona knabo! Nur atendu, mi instruos al vi, kiel konduti.

S-ino Miller: Mario, vi iru al Doktoro Smith tuj post la ekzameno. Li estas tre kapabla, kaj li bone konas vian patron. Li ne koleros se vi vizitos lin en lia hejmo post la lernejaj horoj. Li certe resanigos vin tre rapide.

Mario: Se vi insistas. Sed mi ne scias lian adreson. Kie li loĝas?

S-ino Miller: Li loĝas sur la monteto apud Tridek-sepa Strato, en la belega domo sur la maldekstra flanko.

Mario: Ha jes, mi scias.

Georgo: Petu lin ekzameni ankaŭ vian kapon. Devas esti cerbo en ĝi, ie.

Mario: Mi ekzamenos *vian* kapon, se vi ne atentos!

S-ino Miller: Sufiĉe! Mi konsilas al vi ambaŭ atenti viajn langojn. Georgo, ĉu ne estas io bona sur la televidilo?

Georgo: Ĝi paneis.

S-ino Miller: Paneis? Kio estas la problemo?

Georgo: Mi ne scias. Mi nur malfermis la kovrilon iomete, kaj kaŝis mian novan tranĉilon en ĝi. Estis granda ekbrilo, kaj nun ĝi ne funkcias.

S-ino Miller: Ho, ne! Nun mi kredas, ke ankaŭ mi* estos malsana.

*ankaŭ mi, I too

Lesson Six

1. How to say "bigger," "better," "fastest," etc.

In Esperanto you say "more big," "more good," "most big," "most fast," etc.:

granda	big	**pli granda**	bigger	**plej granda**	biggest
bona	good	**pli bona**	better	**plej bona**	best
rapida	fast	**pli rapida**	faster	**plej rapida**	fastest

In comparing one thing with another, **ol** ("than") is used:

Mia boato estas pli rapida ol via boato.

My boat is faster than your boat.

La blua birdo estas pli granda ol la ruĝa birdo.

The blue bird is larger than the red bird.

Mia fratino alvenis pli malfrue ol mia frato.

My sister arrived later than my brother.

La kuko estas pli varma ol la tagmanĝo.

The cake is warmer than the dinner.

In naming the best (or biggest, highest, loudest, oldest, or whatever) from a group, **el** ("out of") is used:

Ŝi estas la plej bela el la knabinoj.

She's the prettiest of the girls.

Li estas la plej bona el la instruistoj.   He's the best of the teachers.

Tio estas la plej nova el ŝiaj roboj.   That's the newest of her dresses.

Drill #1: Make your own sentences from the table.

Via patro estis		bona		dentistoj.
Li povas esti		kapabla		klubanoj.
S-ro Adams estas	la plej	juna	el la	doktoroj.
Oni diras, ke vi estas		amuza		futbalistoj.
Mia frato volas esti		granda		armeanoj.
Vi certe estos				

Exercise #1: To each statement say *Yes, but your brother surpasses th* *people named.*

1. Karlo estas tre amuza.   Jes, sed mia frato estas pli amuza ol Karlo.

2. Doktoro Adams estas bona dentisto.   Jes, sed mia frato estas pli bona dentisto ol ....

3. Nia familio havas tre grandan fridujon.   Jes, sed mia frato havas .... via familio.

4. Mario flugis en tre granda jeto.   Jes, sed mia frato flugis .... Mario.

5. Mia patro ludas futbalon tre bone.   Jes, sed mia frato ....

6. S-ro Smith loĝas en tre granda domo.   Jes, sed ....

7. Karlo havas tre belan salonon.   Jes, sed ....

8. S-ino Miller parolas Esperanton tre bone.   Jes, sed ....

9. Mia frato havas tre purajn manojn.   Jes, sed ....

10. La nova instruisto estas tre kapabla.   Jes, sed ....

. **More sentences-within-sentences.**

Suppose Mary says to you, "Fermu la pordon" and someone else, ɨo didn't quite hear, asks: "Kion ŝi volas?" You reply:

Ŝi volas, ke mi fermu   She wants me to shut the door.
  la pordon.

ɔte that in the "inside" sentence—"mi fermu la pordon"— the **u** ending
used on the verb. This is always the case when saying that someone
ɑnts (or insists, suggests, advises, tells, urges, requires, demands, etc.)
ɨmeone to do something.

·ill #2: Make your own sentences from the table.

⩔i volis		ŝi	flugu al Parizo.
⩔ia patro insistis	, ke	mia patrino	faru longan raporton.
⤳ni proponis		Prof. Miller	aĉetu novan domon.
⩗a ĉefo postulis		la instruistoj	finu la laboron.

ɯercise #2: Repeat to a third party what these people want you to do.

. S-ro Adams insistas: S-ro Adams insistas, ke mi
·Vizitu dentiston."   vizitu dentiston.
. La ĉefo de la kompanio   La ĉefo de la kompanio volas,
ɩolas: "Lernu la tutan   ke mi...
·aporton."
. La familio de Mario   La familio de Mario deziras,
ɟeziras: "Flugu al   ....
Nov-Jorko kun ŝi."
. Via instruisto proponas: Mia instruisto.................................
·Faru la laboron hejme."
. Oni postulas: "Ne fumu   Oni postulas, ke mi ....
ɩn la lernejo."
. Karlo petas: "Televidu   Karlo petas, ...kun li.
ɭa matĉon kun mi."
. La klubo volas: "Estu la   La klubo volas, ...
ɔrezidanto."
. La doktoro konsilas: "Studegu   La doktoro ....
ɔor la ekzameno."

9. La parizano petegas: La parizano li
   "Helpu min."
10. Via patro insistas: "Ne   Mia ....
    parolu al mi nun.

§3. Giving commands to yourself.

Sometimes we want to tell our own selves to do something. Engli
does this in a roundabout way, with "Let me...," "Let us...." In Esperar
do not use "let"; just put the **u** ending on the verb, the same as whe
telling someone else to do something:

> **Mi pensu.**   Let me think.
> **Ni iru!**   Let's go!

The same system is used for indirect commands to third persons:

> **Li atendu.**   Let him wait.
> **Ili manĝu kukon.**   Let them eat cake.

The **u** form is also very useful in Esperanto to indicate "commands" th
are implied by circumstances, for example using expressions like **µ
bone** or **plej bone** or **necese**. Note that English has no exact equiv
lents and may require some roundabout sort of construction:

> **Vi plej bone ne trinku ĝin.**   You'd be better off not drinking i
> **Li pli bone atendu.**   It would be better if he waited.
> **Ni plej bone iru!**   It would be best for us to go!
> **Estas necese, ke ili**   It's necessary for them to
>   **manĝu kukon.**   eat cake.

Exercise #3: Turn the quotations in Exercise #2 into implied comman
using the formula "It would be best for me to...."

1. "Vizitu dentiston."   Mi plej bone vizitu dentiston.
2. "Lernu la tutan raporton."   Mi plej bone lernu la ....
Etc.

4. Word building with -on.

The suffix **on** turns any number into a fraction:

du	two	**duono**	half
tri	three	**triono**	third
kvar	four	**kvarono**	fourth
dek	ten	**dekono**	tenth
dek sep	seventeen	**dek-sepono**	a seventeenth

5. What time is it?

To tell the time of day, you say which hour (**horo**) it is:

Estas la unua horo.	It's one o'clock.
Estas la dua horo.	It's two o'clock.

Or, you can omit "horo":

Estas la tria.	It's three (o'clock).
Estas la dek-dua.	It's twelve (o'clock).

You can also use words like **duono, kvarono,** and numbers of minutes:

Estas la tria kaj duono.	It's half past three.
Estas la kvina kaj tridek.	It's five-thirty.
Estas kvarono antaŭ la sesa.	It's a quarter to six.
Estas dudek minutoj post la dua.	It's twenty past two.
Estas tri kvaronoj post la unua.	It's three quarters past one.

6. How to say "At ten o'clock," "At 3:30," "On Monday," etc.

The word you usually use to mean "at" or "on" in the sense of time is **je:**

Je la deka horo.	At ten o'clock.
Je la oka kaj duono.	At 8:30.
Je lundo.	On Monday.

Exercise #4: To each question say *No, the thing occurred* (or will occur) *an hour and thirty minutes later* than in the question.

1. Ĉu la klubo kunvenis je la tria?   Ne, la klubo kunvenis je la kvara kaj duono.
2. Ĉu via jeto ekflugos je la oka?   Ne, mia jeto ....
3. Ĉu oni finis la raporton je la kvina kaj kvarono?   Ne, oni ....
4. Ĉu ili ekludis la matĉon je la naŭa kaj dudek minutoj?   Ne, ili ....
5. Ĉu ŝi finis la robon je la dek-dua?   Ne, ŝi ....
6. Ĉu vi volas iri al la vendejo je tridek minutoj post la tria?   Ne, mi volas ....
7. Ĉu li televidos la matĉon je la unua?   Ne, li ....
8. Ĉu mi revenu je la dua kaj dek-kvin?   Ne, vi ....
9. Ĉu via patro falis je kvarono antaŭ la sesa?   Ne, mia ....
10. Ĉu la armeo atakos je la naŭa kaj tridek?   Ne, la ....

§7. "Here" and "there," "this" and "that."

We've already met **tie** ("there") and **tio** ("that"). By putting **ĉi** before or after these words we get "here" and "this" respectively:

Kio estas tio?	What is that?
Kio estas ĉi tio? *or* **Kio estas tio ĉi?** }	What is this?
Mario estas tie.	Mary is there.
Mario estas tie ĉi. *or* **Mario estas ĉi tie.** }	Mary is here.

§8. Another kind of "Here is...," "There is...."

Jen is a handy little word that draws attention to someone or something, rather like the old English word "behold!" or French *Voilà!*

Jen li venas.	Here he comes.
Jen mi estas!	Here I am!

And **jen** can also be used without a verb:

Jen la problemo.	That's the problem.
Jen la ĝusta respondo.	That's the right answer.
Jen mi.	Here I am.

§9. Word building with -il and -iĝ.

The suffix **il** names the thing with which an action is able to be performed:

tranĉi	to cut	**tranĉilo**	knife
ludi	to play	**ludilo**	plaything, toy
flugi	to fly	**flugilo**	wing
kombi	to comb	**kombilo**	comb
fermi	to fasten, close	**fermilo**	fastener
teni	to hold	**tenilo**	handle, holder
kovri	to cover	**kovrilo**	cover
televidi	to see on TV	**televidilo**	TV set
segi	to saw	**segilo**	a saw

The suffix **iĝ** indicates a change of condition—something "becoming" something different than before:

sana	healthy, well	**saniĝi**	to become healthy, get well
sidi	to sit	**sidiĝi**	to sit down
malbona	bad	**malboniĝi**	to get bad, spoil
ruĝa	red	**ruĝiĝi**	to get red, blush
malvarma	cold	**malvarmiĝi**	to get cold
fermi	to close (something)	**fermiĝi**	to be(come) closed

aĉeti	to buy	**aĉetiĝi**	to be(come) purchased
aŭdi	to hear	**aŭdiĝi**	to be(come) heard

Note that the English equivalent of sentences using **iĝ** words may require "get" or some form of "to be" (is, was, were, etc.) but the meaning is nevertheless "become."

La robo aĉetiĝis por dudek dolaroj.	The dress was bought for $20.
La plej bona pipo de mia patro rompiĝis.	My father's best pipe got broken.
Hieraŭ mia fratino edziniĝis.	Yesterday my sister got married (literally: became a wife).
La kuko bakiĝis ĉe la loka bakejo.	The cake was baked at the local bakery.
Lia letero forgesiĝis.	His letter was (or got, became) forgotten.
La vendejo fermiĝis, kiam mi alvenis.	The store closed when I arrived.

§10. **More on word building.**

When the sense permits, words may be joined together to make new words:

ĉiu every + **semajn** week + **e** = **ĉiusemajne** every week, weekly
ĉirkaŭ around + **veturi** to drive = **ĉirkaŭveturi** to drive around
rapid fast + **limo** limit = **rapidlimo** speed limit

In combining words, put the most important one at the end, with the appropriate uniform ending. The ending is optional on any other word in the combination. Usually it's omitted, unless including it makes the combination easier to pronounce or better sounding.

Vortolisto

Note: Beginning with this word list, words with more than one part—including prefixes and suffixes—will sometimes be shown like this: rapid/lim/o, plen/ig/i.

aaa	er	kioma horo	what time
angle	(in) English	kofrujo	trunk (of car)
antaŭ	before	kombi	to comb
aŭto	car	kompanio	company
aŭtomobilo	automobile	kompreneble	of course
aŭto/voj/o	freeway	kovri	to cover
benzino	gasoline	kulpo	fault, offense
benzinujo	gas tank	kun	with
bon/vol/u	please	limo	limit
cindro	ash	ludi	play
cindrujo	ashtray	lundo	Monday
ĉefo	chief, boss	mal/antaŭ	behind
ĉi	(See §7.)	mal/plen/a	empty
ĉirkaŭ	around	mejloj hore	miles per hour
ĉirkaŭ/vetur/i	to drive around	meti	to put
ĉiu	each, every(one)	minuto	minute
ĉiu/semajn/e	weekly, every week	montri	to show
		multe da	a lot of
dolaro	dollar	odoro	odor, aroma
efektive	actually, in fact	paroli angle	to speak English
el	of, out of		
en/iĝ/i	to get in	permesi	to permit, allow
esperi	to hope		
facile	easily, easy	permes/il/o	a permit, license
halti	to stop		
homo	human being, "man"	plej	most
		plena	full
je	(See §5.)	plen/ig/i	to fill
jen	(See §8.)	pli	more
juna	young	po	at the rate of
junulo	youth, young man	polico	police
		polic/an/o	policeman
jus	just (just now)	pordo	door
kies	whose	postuli	to demand

proponi	to propose, suggest	**tempo**	time
		teni	to hold
prudenta	prudent, careful	**trafiko**	traffic
rado	wheel	**tranĉi**	to cut
rapid/lim/o	speed limit	**tro**	too, too much
respondi	to respond, answer	**turni**	to turn
		veturi	to go driving, drive along
ruĝa	red		
sci/pov/i	to know how	**vetur/ig/i**	to drive (a person or vehicle)
segi	to saw		
semajno	week		
sendi	to send	**voli diri**	to mean
stiri	to steer	**zorgi**	to worry, care
ŝlos/il/o	key		

Dialogo: Mary is on her way home from the university when Charles Adams drives up in a new car and stops beside her.

Mario: Kia bela aŭtomobilo! Kies ĝi estas?

Karlo: Efektive, mia patro aĉetis ĝin nur hieraŭ. Eniĝu! Ni ĉirkaŭveturu iomete kaj tiam mi veturigos vin hejmen.

Mario: Ĉu ni havas tempon? Kioma horo estas?

Karlo: Nur la kvina kaj kvardek kvin minutoj. Ni iru! Mi eĉ tenos la pordon por vi.

Mario: Nu, bone. Atendu, mi metos miajn librojn en la kofrujon. Sed Karlo, mi ne sciis, ke vi scipovas veturigi!

Karlo: Ho, estas facile veturigi aŭton. Oni devas nur sidi malantaŭ la rado, turni la ŝlosilon, kaj stiri.

Mario: Mi tre ŝatas la odoron de nova aŭto. Rigardu, eĉ la cindrujoj estas malplenaj. Mi esperas, ke vi havas sufiĉan benzinon?

Karlo: Kompreneble. Mi ĵus plenigis la benzinujon. Ho, jen la aŭtovojo. Ni vidu kiel rapide ĝi iros!

Mario: Atentu, estas multe da trafiko tie. Ne tro rapide. Karlo, estu pli prudenta!

Karlo: Homo! Ni jam havas policanon malantaŭ ni! Li volas, ke mi haltu.

Policano: Bonan vesperon, junulo. Ĉu vi bonvolos montri vian permesilon?

Karlo: Mian—mmmm, aaa, mi volas diri—

Policano: Ke vi ne havas permesilon? Nu, tio estas grava kulpo. Ĉu vi
scias, ke vi veturis po sepdek du mejloj hore dum la rapidlimo estas
kvindek kvin? Nu? Kial vi ne respondas? Ĉu vi ne parolas angle?
Mario: Ne zorgu, Karlo. Mi vizitos vin ĉiusemajne kaj sendos al vi
kukon kun segilo en ĝi.

"Jen la aŭtovojo."

Lesson Seven

§1. "How much?" "How many?"

You ask either question with the word **kiom,** which literally means "What quantity?"

Kiom tio kostas?	How much does that cost?
Jen dek pomoj.	Here are ten apples. How
Kiom vi deziras?	many do you want?

We've already learned how to tell "what quantity" there is of a thing by stating this directly, using numbers or adjectives: **multaj viroj, la tuta kuko, dek du ovoj, duona horo,** etc.

But we can also tell about the quantities of things by using nouns or adverbs. In this case, though, the construction requires an extra little word to show that the noun or adverb is being used as a *measure* of what comes after it:

funto da kafo	a pound of coffee
glaso da akvo	a glass of water
peco da seka pano	a piece of dry bread
multe da terpomoj	a lot of potatoes
kelke da ovoj	a few eggs
pli da tempo	more time

And note that **kiom** is itself an adverb; therefore you use **da** after it too:

Kiom da tempo?	How much time?
Kiom da viroj?	How many men?
Kiom da sukero	How much sugar
vi volas?	do you wish?

Notice too that in these examples the thing following **da** is always an "indefinite whole": time in general, coffee in general, sugar in general, etc. Once we get specific about the thing to be measured, we need to use another word instead of **da:**

Kiom el viaj amikoj	How many of your friends
estas klubanoj?	are club members?

Here we are really picking a number of things *out of a group of them;* so we use **el**, "out of":

Kelkaj el iliaj ovoj	Several of their
estas malbonaj.	eggs are bad.
Ses el la viroj	Six of the men speak
parolas angle.	English.

And if we are talking about a part of some *single* thing, rather than a group of things, or things in general, we use **de**, "of," "belonging to":

Jen duono de la kuko.	Here's half of the cake.
Donu al mi pecon de via pano.	Give me a piece of your bread.

Another thing to notice is that when a phrase showing a quantity of something (**funto da kafo, peco de via pano, dek-duo da ovoj,** etc.) receives the action of a verb, it is only the noun expressing *quantity* which receives the **n** ending:

Li aĉetis kilogramon da terpomoj.   He bought a kilo of potatoes.

Grammatically, the thing purchased was a kilo; **da terpomoj** tells us what it was a kilo of.

Exercise #1: Reply to each question using the quantity indicated.

1. Kiom da esperantistoj venis   Kelkaj esperantistoj venis
al la kunveno? (kelkaj)   al la kunveno.
2. Kiom da viroj estis ĉe la   Dudek viroj ....
dentisto? (dudek)
3. Kiom da kukoj Karlo volis   Karlo ....kukojn.
havi? (multajn)
4. Kiom da tempo restas?   Nur ....restas.
(Nur du horoj)
5. Kiom da tempo restas?   ....restas.
(kvarona horo)

Exercise #2: Reply to each question using the quantity indicated.

1. Kiom da kafo vi deziras?   Mi deziras unu funton da kafo.
(unu funton)
2. Kiom da akvo li volas?   Li volas ....akvo.
(unu glason)
3. Kiom da sukero ŝi aĉetis?   Ŝi aĉetis ....
(du funtojn)
4. Kiom da lecionoj ili lernis? Ili lernis ....
(grandan nombron)
5. Kiom da terpomoj vi bezonas? Mi ....
(ok kilogramojn)
6. Kiom da tempo la doktoro   La doktoro ....
bezonis por resanigi ŝin?
(multe)
7. Kiom da pano estas en la domo? Estas ....
(iomete)
8. Kiom da fratinoj li havas?   Li ....
(kelke)
9. Kiom da cigaredoj ŝi fumas   Ŝi ....
ĉiutage? (nemulte)
10. Kiom da lakto estas en via   Estas pli ol ....
fridujo? (pli ol du boteloj)

Exercise #3: Reply to each question using the quantity indicated.

1. Kiom el la klubanoj parolas Esperanton? (ses)

Ses el la klubanoj parolas Esperanton.

2. Kiom el viaj instruistoj iris al la konferenco? (nur unu)

Nur unu el niaj ....

3. Kiom el la terpomoj estas bonaj? (kelkaj)

Kelkaj ....

4. Kiom el la viroj parolas angle? (pli ol dek)

Pli ....

5. Kiom el la virinoj li invitis? (dek-duon)

Li invitis ....

6. Kiom el la kukoj Georgo manĝis? (multajn)

Georgo ....

7. Kiom el la vortoj vi scias nun? (pli multajn)

Mi scias ....

§2. Questions and answers.

By now you've learned a number of question-words that all begin with **ki-**. Perhaps you've noticed that they have corresponding answer-words beginning with **ti-**. All these words (along with a number of others) are part of a regular system of co-related words (known technically, therefore, as "correlatives") which have been plotted in a kind of table for easy learning. This table is shown on the following page.

Note that the bottom segment of the table is subdivided into two parts. This is because the words **iu, kiu,** etc. are used in two different ways depending on whether the words stand alone, or with some noun. **Kiu** with a noun stated (or implied) means "which"; without a noun it generally means "who." Notice the difference:

Kiu volas helpi min?

Who wants to help me?

Al **kiu urbo** ni flugas?

Which city are we flying to?

Similarly, **iu** with a noun means "some," "any," while **iu** without a noun means "someone," "anyone":

Ĉu **iu** estas tie?

Is **someone** there?

Mi legis pri ĝi en **iu** libro.

I read about it in **some** book.

Table of Correlatives

	I-	KI-	TI-	ĈI-	NENI-
-A	IA Some kind of, any kind of	KIA What (a), what kind of	TIA Such a, that kind of	ĈIA Every kind of, all kinds of	NENIA No kind of
-AL	IAL For some reason	KIAL Why, for what reason	TIAL So, for that reason	ĈIAL For every reason	NENIAL For no reason
-AM	IAM Sometime, anytime, ever	KIAM When, at what time	TIAM Then, at that time	ĈIAM Always, at all times	NENIAM Not ever, never, at no time
-E	IE Somewhere, anywhere, in some place	KIE Where, in what place	TIE There, in that place	ĈIE Everywhere, in every place	NENIE Nowhere, in no place
-EL	IEL Somehow, in some way	KIEL How, in what manner	TIEL That way, so, like that, thus	ĈIEL In every way	NENIEL In no way
-ES	IES Someone's, anyone's	KIES Whose, which one's	TIES That one's	ĈIES Everyone's, everybody's	NENIES No one's, nobody's
-O	IO Something, anything	KIO What, what thing	TIO That, that thing	ĈIO Everything, "the lot," all	NENIO Nothing
-OM	IOM Some quantity, somewhat	KIOM How much, how many, what quantity	TIOM That quantity, so much, as many	ĈIOM The whole quantity, all of it	NENIOM Not a bit, none, no quantity
-U	IU Someone, somebody	KIU Who, what person	TIU That person, that one	ĈIU Everyone, everybody	NENIU No one, nobody
	Some, any...	Which, "what"...	That...	Every, all, each...	None, no...

In English we are somewhat careless about mixing "what" and "which" when speaking of inanimate objects. In a sentence like "What street is that?" we really mean "Which street is that?" In Esperanto we must be careful to use only **kiu,** and never **kio,** in connection with any noun:

<u>Kio</u> estas tio?	**What** is that?
<u>Kiu</u> <u>lernejo</u> estas tio?	**What** (= **which**) **school** is that?

Likewise we must be careful not to mix up **tio,** "that (thing)," and **tiu,** "that (particular one)":

<u>Tio</u> estas bela domo.	**That** is a pretty house.
<u>Tiu</u> <u>domo</u> estas bela.	**That house** is pretty.
Donu al mi <u>tion</u>.	Give me **that.**
Donu al mi <u>tiun</u> <u>libron</u>.	Give me **that book.**

Usually the situation we're talking about, where we must use **kiu** or **tiu,** and *not* **kio** or **tio,** is when one of these words precedes a noun:

Tiu lingvo	That language
Tiu bela knabino	That pretty girl
Kiu permesilo?	What license?
Kiu policano?	What policeman?

But the noun needn't actually be expressed; the situation is the same *if it's clearly understood that some particular* noun is being talked about:

Kiu domo estas tiu?	What house is that?
El liaj multaj libroj,	Of his many books, that's
tiu estas la plej bona.	the best one.

The **iu-tiu,** etc., series, as well as the **ia-kia,** etc., series of words must be given the plural ending **j** when they refer to plural things:

Ni ĉiuj iris al la vendejo.	We all went to the store.
Tiuj, kiuj ne manĝis, venu	Those who haven't eaten, come
kun mi.	with me.
Pri kiaj radoj vi parolas?	What kind of wheels are you
	talking about?

The **io-kio** series of correlatives, however, *do not* take a plural **j** ending, even when it's obvious that something in the plural is referred to. These words all speak of some "thing" in an abstract, neutral fashion that ignores whether the thing is animate or inanimate, male or female, singular or plural:

<u>Kio</u> estas tiuj aĵoj, tie?	What are those things there?
<u>Tio</u> estas miaj kofroj.	Those are (literally: "that's") my suitcases.
Ĉu <u>tio</u> estis vi, kiu falis?	Was that you who fell down?

But *all* correlative words that end with vowels (**ia-tia, ie-kie, io-kio,** and **iu-kiu** series) take the accusative **n** ending when required by the usual rules:

Kio<u>n</u> vi volas?	What do you want?
Nenio<u>n</u>.	Nothing.
Kie<u>n</u> li iras?	Where is he going?
Nenie<u>n</u>.	Nowhere.
Kiu<u>n</u> ili esperas vidi?	Who(m) do they hope to see?
Ĉiu<u>n</u>.	Everyone.
Kiaj<u>n</u> robojn ŝi aĉetis?	What kind of dresses did she buy?
Tiaj<u>n</u> ĉi.	This kind.

Note that **ĉi** never takes **j** or **n** endings.

Drill #1: Make your own sentences from this table.

Tio		
Tiu	robo	estas tre interesa.
	knabino	venis de Parizo.
	libro	estas pli granda.
Tiu ĉi	junulo	ne estis amuza.
Tio ĉi		

§3. Linking "inside" sentences.

In what we have been calling sentences-within-sentences, the "inside" part needs a little linking word to show how this part relates to the overall sentence. So far we have learned to use **ke,** which introduces a statement needed to complete the thought of the "outside" part.

> **Li diris, <u>ke</u> ŝi estas malsana.**   He said that she's sick.

When the "inside" part amounts to a yes-or-no type of question, the linking word is **ĉu:**

Li demandis, <u>ĉu</u> ŝi estas malsana.   He asked whether she was sick.

Sometimes the "inside" part is a sort of clarifying parenthesis that tells us more about the who, where, when, why, or how of the overall sentence. In that case Esperanto uses the correlative words beginning with **ki-** to link up "inside" sentences:

> **La junulo ekkuris, <u>kiam</u> la policanoj venis.**   The youth took to his heels when the police came.

> **Mi ne komprenas, <u>kial</u> vi ne iras hejmen.**   I don't understand why you don't go home.

Sentences of this kind are formed about as they are in English, so they usually don't present much of a problem, until it comes to linking with "who(m)" or "which." Then we must not be led astray by the common English practice of omitting the linking word—or using the wrong one!

La viro, kiun vi vidis, estas mia patro.
$$\begin{cases} \text{The man whom you saw is my father.} \\ \\ \text{The man you saw is my father.} \\ \\ \text{The man that you saw is my father.} \end{cases}$$

Exercise #4: Complete the following sentences with the appropriate linking words.

1. Li diris,..........tio estas granda problemo por li.
2. Ŝi demandis,..........mi volas televidi la matĉon kun ŝi aŭ ne.
3. Ili trovis la monon en la loko,..........la junulo kaŝis ĝin.
4. Oni ridetis,..........mi legis ŝian raporton.
5. La knabino,..........mi amas, estas lia fratino.
6. La homoj,..........venas de Eŭropo, parolas multajn lingvojn.
7. Ŝi diris,..........la prezoj daŭre plialtiĝas.
8. La raporto,..........vi legis, ne estis mia.
9. La poŝto,..........mi ricevis hieraŭ, estis tre interesa.
10. La leteroj,..........venis, memorigis min pri Parizo.

§4. "If I were," "If he had," etc.

The verb forms we have met so far enable us to tell about actions that actually do (or do not) take place. But suppose we want to talk about a possible action in a kind of hypothetical, "what if" sense. For this function a verb form called the "conditional" is used, with the ending **us:**

Se mi est<u>us</u> riĉa, mi flug<u>us</u> al Parizo.	If I were rich, I'd fly to Paris.
Ho, se mi nur hav<u>us</u> iomete pli da tempo.	Oh, if I only had a little bit more time.

The **us** form tells us the speaker is less than optimistic about a thing's really coming to pass. Compare these two sentences:

Se la prezidanto vok<u>us</u>, sciigu min tuj.	If the president should call (not that he's likely to) let me know right away.
Se la prezidanto vok<u>os</u>, sciigu min tuj.	If the president calls (and he might do just that) let me know right away.

Drill #2: Make your own sentences from the table.

Mia patro	flugus al Nov-Jorko		li povus vendi la domon.
La doktoro	estus tre feliĉa		li nur havus sufiĉe da mono.
Li	havus pli da tempo	se	tiu problemo nur forirus.
Ŝia frato	aĉetus novan aŭton		lia edzino permesus tion.

§5. Word building with -uj and -ar.

The suffix **uj** means a receptacle or container:

mono	money	**monujo**	purse, wallet
frida	cold, frigid	**fridujo**	refrigerator
sukero	sugar	**sukerujo**	sugar bowl
kofro	suitcase, trunk	**kofrujo**	trunk (of a car)*
benzino	gasoline	**bezinujo**	gas tank
cindro	ash	**cindrujo**	ash tray

*Sometimes **kofro** (without **uj**) is used with this meaning also.

The suffix **ar** makes a complete collection of a thing:

arbo	tree	**arbaro**	forest
monto	mountain	**montaro**	mountain range
boato	boat	**boataro**	fleet of boats
homo	human being	**homaro**	mankind, humanity
vorto	word	**vortaro**	dictionary, vocabulary

Exercise #5: To each question, say *Please put the item in its regular place.*

1. Kien mi metu la kofron?	Bonvolu meti la kofron en la kofrujon.
2. Kien mi metu la sukeron?	Bonvolu meti la sukeron .... suk...n.
3. Kien mi metu la bezinon?	Bonvolu .... n.
4. Kien mi metu la monon?	Bonvolu .... n.
5. Kien mi metu la panon?	Bonvolu .... n.
6. Kien mi metu la cindrojn?	Bonvolu .... n.
7. Kien mi metu la lakton kaj ovojn?	Bonvolu meti .... frid...n.

Exercise #6: To each question say *Yes, as a matter of fact you see a whole "bunch" or collection of them.*

1. Ĉu vi vidas monton ie?   Jes, efektive mi vidas tutan montaron.
2. Ĉu vi vidas boaton ie?   Jes,..
3. Ĉu vi vidas birdon ie?   Jes,..
4. Ĉu vi vidas jeton ie?   Jes,..
5. Ĉu vi vidas arbon ie?   Jes,..
6. Ĉu vi vidas libron ie?   Jes,..

§6. Sentence building with po.

The word **po** preceding a number shows that the number applies to *each* of two or more things individually, and not to all of them together. It means "apiece," "at (the rate of)," or "for."

Ŝi donis al la knaboj <u>po tri</u> pomoj.	She gave the boys three apples apiece.
Oni vendas kafon <u>po du</u> dolaroj por funto.	They're selling coffee for $2 a pound.
Karlo veturis <u>po 75</u> mejloj hore.	Charles was driving at 75 miles an hour.

(In the second sentence only one **funto** is mentioned, but the overall sense is that *each* pound one cares to buy costs two dollars.)

Vortolisto

Aj!	Ouch! Ow!	**daŭre**	continually
akvo	water	**dece**	decently, properly
alia	(an)other, else	**do**	so, then
arbo	tree	**dolĉaĵoj**	"sweets," candy
bati	to hit, beat	**donace**	as a gift
bezoni	to need	**ekkuri**	to start running, take to one's heels
botelo	bottle		
cendo	cent	**en/ir/i**	to go in, enter
Ĉieloj!	Heavens!	**en/ven/i**	to come in, enter
da	(See §1.)	**for**	away, gone

for/ir/i	to go away	**por unu**	one dollar's
funto	pound	**dolaro**	worth
glaso	glass, tumbler	**povi**	to be able
ĝis	until		(Mi povas =
iujn	(See §2.)		I can)
kelkaj	a few	**prezo**	price
kiom	(See §2.)	**pro**	on account of, for
kofro	suitcase, trunk	**rabi**	to rob
kosti	to cost	**rab/ist/o**	robber
krimo	crime	**resti**	to remain, stay,
krim/ul/o	criminal		be left
kuk/et/o	little cake, cupcake	**riĉa**	rich, wealthy
kulpigi	to blame	**sci/ig/i**	to advise, let
kuri	to run		(someone) know
lada	tin	**seka**	dry
lakto	milk	**serĉi**	to search, hunt for
leciono	lesson	**servi**	to serve
ligi	to tie	**skatolo**	box, can
listo	list	**sukero**	sugar
mejlo	mile	**super/-**	supermarket
mono	money	**vend/ej/o**	
nek	nor	**ŝnuro**	cord
nombro	number	**terpomo**	potato
ovo	egg	**trans**	across
pano	bread	**trovebla**	findable, to be
peco	piece		found
per	by means of, with	**unue**	firstly, first
pli/alt/iĝ/i	to get higher		of all
po	(See §5.)	**voki**	to call
pomo	apple	**vorto**	word

Dialogo: Mrs. Miller and her son George are at Mr. Ballard's grocery store.

S-ro Ballard: Bonan tagon al vi, S-ino Miller! Kiel mi povas servi vin hodiaŭ?

S-ino Miller: Bonan tagon, S-ro Ballard. Mi havas longan liston tie ĉi. Unue, mi bezonas du kilogramojn da terpomoj. Kiom ili kostas?

S-ro Ballard: Po sesdek cendoj por kilogramo.

S-ino Miller: Aj! Kiel la prezoj daŭre plialtiĝas.* Nu, donu por unu dolaro. Donu al mi ankaŭ dek-duon da ovoj. Kaj botelon da lakto.

S-ro Ballard: Tre bone. Kaj mi havas iujn vere belajn pomojn hodiaŭ. Ĉu vi deziras kelkajn?

Georgo: Donu por du dolaroj, ankaŭ skatolon da kuketoj, ankaŭ tiun grandan skatolon da dolĉaĵoj, ankaŭ—

S-ino Miller: Sufiĉe, Georgo! Ni ne bezonas pomojn, nek kuketojn, nek dolĉaĵojn. Kondutu pli dece, aŭ mi sendos vin hejmen.

S-ro Ballard: Ne kulpigu la knabon, S-ino Miller. Permesu min doni po unu pomo al vi donace. Mi vidas, ke nur kelkaj restas.

S-ino Miller: Nu, multajn dankojn, S-ro Ballard. Kion vi diras, Georgo?

Georgo: Ĉu mi povas havi ankaŭ la kuketojn?

S-ro Ballard: (Ridas.) Tio memorigas min. Ĉu vi aŭdis pri la krimo, kiu ĵus okazis ĉe la supervendejo trans la strato?

S-ino Miller: Ĉieloj! Kia krimo?

S-ro Ballard: Iu juna rabisto eniris kaj volis preni ilian tutan monon.† Sed policano envenis ĝuste tiam, kaj la junulo ekkuris. Oni serĉas lin ĉie, sed ĝis nun li estas nenie trovebla.

Georgo: Ĉu vi scias, kion mi farus, se li venus ĉi tien?

S-ro Ballard: Ne, Georgo, kion vi farus, do?

Georgo: Mi batus lin sur la kapo per unu el tiuj ĉi ladaj skatoloj, tiam mi ligus lin per iom da ŝnuro, tiam mi vokus la policon.

S-ro Ballard: Jes, mi kredas, ke vi tion farus. Ĝuste pro tio, mi volas doni al vi ion alian. Jen. Prenu la kuketojn.

S-ino Miller: Nu, Georgo, kion vi diras al tio?

Georgo: Ĉu mi povas havi ankaŭ la dolĉaĵojn?

*daŭre plialtiĝas, keep going up
†ilian tutan monon, all their money

Lesson Eight

§1. The "reflexive" pronoun.

See if you can spot a problem with this sentence:

Paŭlo rigardis, dum **Roberto kisis lian edzinon.**	Paul was watching while Robert kissed his wife.

Just whose wife did Robert kiss? We can't tell from the English sentence; but in Esperanto, as we shall now see, it's clear the wife getting smooched was *not* Robert's.

Esperanto gets around this kind of ambiguity by using what's called a "reflexive" pronoun. There is nothing quite like it in English, so you'll have to pay particular attention to the examples and explanations that follow.

Roberto kisis <u>lian</u> edzinon.	Robert kissed his (somebody else's) wife.
Roberto kisis <u>sian</u> edzinon.	Robert kissed his (his own) wife.

Besides "his own," **sia** can mean "her own," "its own," "their own," or "one's own":

Ŝi vidis sian ombron.	She saw her (own) shadow.
Ĝi vidis sian ombron.	It saw its (own) shadow.
Ili vidis siajn ombrojn.	They saw their (own) shadows.
Oni vidis sian ombron.	One saw one's (own) shadow.

But **sia** should not be used for "my own," "our own," or "your own":

Mi vidis mian ombron.	I saw my shadow.
Ni vidis niajn ombrojn.	We saw our shadows.
Vi vidis via(j)n ombro(j)n.	You saw your shadow(s).

(Note that in the above three examples, there is no chance for confusion therefore there is no need for a reflexive pronoun in what grammarians call the first and second persons.)

Without the **a** ending, **si** means "himself," "herself," "itself," etc.:

Li veturigis sin al la vendejo.	He drove himself to the store.
Ŝi rigardis sin en la spegulo.	She looked at herself in the mirror.
Ili diris al si, "Kial ni ne reiru hejmen nun?"	They said to themselves, "Why don't we go back home now?"

In complicated sentences the rule is that **si** always refers back to the subject of the nearest verb:

Karlo invitis Petron viziti lian domon.	Charles invited Peter to visit his (Charles's) house.

Here **lian** is correct because if we said **sian,** it would mean Peter was invited to visit his own (Peter's own) house; since the nearest verb is not "invitis," but "viziti."

Drill #1: Make up your own sentences from the table. Use the **n** endings where required.

S-ro Adams La policano La krimulo Mia frato Roberto	parolos al ne volis pardoni ĉirkaŭveturigis havas leteron por	sia	(n)	edzino dentisto instruisto fratino ĉefo	(n).

Exercise #1: All these people saw themselves in the mirror. Answer each question accordingly.

1. Kiun Georgo vidis en la spegulo?	Georgo vidis sin en la spegulo.
2. Kiun vi vidis en la spegulo?	Mi vidis min en ....
3. Kiun Mario vidis en la spegulo?	Mario vidis ....
4. Kiun mi vidis en la spegulo?	Vi ....
5. Kiun la nova edzo vidis en la spegulo?	La ....
6. Kiun via patro vidis en la spegulo?	Mia ....
7. Kiun la amuza junulo vidis en la spegulo?	La ....
8. Kiun ili vidis en la spegulo?	Ili ....
9. Kiun viaj amikoj vidis en la spegulo?	Miaj ....
10. Kiun ŝia pli juna frato vidis en la spegulo?	Ŝia ....
11. Kiun oni povis vidi en la spegulo?	Oni povis ....

§2. Another use for -us.

The "hypothetical" verb form with the **us** ending is often used in making polite requests. It sounds much less demanding to say:

Ĉu vi helpus min purigi la aŭton?	Would you help me clean up the car?

than to say:

Helpu min purigi la aŭton.	Help me clean up the car.

The **us** ending is also useful with **bonvoli,** "to be willing, to please to." Compare:

Bonvolu teni miajn librojn.	Please hold my books.
Ĉu vi bonvolus teni miajn librojn?	Would you please hold my books?

And **us** is used with words like **devi** and **povi** to imply something less than certainty:

Li dev<u>as</u> vendi la domon.   He has to sell the house.
Li dev<u>us</u> vendi la domon.   He ought to sell the house.
                                    (But he might not.)

Mi pov<u>os</u> labori morgaŭ.   I'll be able to work tomorrow.
Mi pov<u>us</u> labori morgaŭ.   I could work tomorrow.
                                    (If things work out.)

Exercise #2: To each command, ask if the person would please do the thing with you.

1. Iru al la vendejo.   Ĉu vi bonvolus iri al la vendejo kun mi?
2. Faru vian hejman laboron.   Ĉu vi bonvolus fari mian ....?
3. Plenigu la benzinujon.   Ĉu vi ....?
4. Vizitu la doktoron.   Ĉu vi ....?
5. Purigu la novan aŭton.   Ĉu vi ....?
6. Parolu al la profesoroj.   Ĉu vi ....?
7. Kaŝu la trانĉilon.   Ĉu vi ....?
8. Instruu Esperanton al   Ĉu vi ....?
   la klubo.
9. Flugu al la konferenco.   Ĉu vi ....?
10. Rigardu en la spegulo.   Ĉu vi ......,................................?

Exercise #3: To each statement, ask if you should do it, too.

1. Mi iros al la dentisto.   Ĉu ankaŭ mi devus iri al la dentisto?
2. Mi flugos al Parizo.   Ĉu ankaŭ mi devus ....?
3. Mi parolos al la instruisto.   Ĉu ankaŭ mi ....?
4. Mi respondos al lia demando.   Ĉu ....?
5. Mi veturos al Nov-Jorko.   Ĉu ....?
6. Mi metos miajn librojn en   Ĉu ....?
   la kofrujon.
7. Mi lernos Esperanton.   Ĉu ....?
8. Mi skribos al la policano.   Ĉu ....?
9. Mi iros al ŝia hotelo.   Ĉu ....?
10. Mi aĉetos la ĵurnalon   Ĉu ....?
   ĉiusemajne.

Exercise #4: Reply to the same statements as in Exercise #3, asking if you *could* do the same thing, too.

1. Mi iros al la dentisto.   Ĉu ankaŭ mi povus iri al la dentisto?
2. Mi flugos al Parizo.   Ĉu ankaŭ mi povus flugi ....?
Etc.

53. Word building with -ant-.

We've already learned (in Lesson 2) that when two verbs come right together, the second one has the **i** ending. This is true even where English uses "-ing":

Mi ĵus **ĉesis fumi**.	I just quit smoking.
Ni **iru naĝi!**	Let's go swimming!

Remember too that Esperanto mostly uses simple verb forms where English uses a form of "to be" with an "-ing" word:

Paŭlo skribas al sia patrino.	Paul *is writing* to his mother.
Mi laboris kiam ŝi alvenis.	I *was working* when she arrived.

But by adding **ant** to an Esperanto verb we do get a word roughly like English "-ing" words. The exact meaning depends on whether this is used with an adjective ending (**-anta**), adverb ending (**-ante**), or noun ending (**-anto**).

Used as an adjective, **-anta** describes a person or thing by what it's doing:

fluganta birdo	a flying bird
atakanta armeo	an attacking army
rapidanta aŭto	a speeding car
ridanta knabo	a laughing boy
vivanta lingvo	a living language

Used as an adverb, **-ante** tells *when* or *why* something happens:

Vidante la policanon,	Seeing the policeman,
la krimulo ekkuris.	the criminal took to his heels.

Forgesante sian promeson,	Forgetting her promise, she
ŝi ne revenis ĝis la dua horo.	didn't return until 2 o'clock.

Note that the subject of an action described by an **-ante** word must be the same as the subject of the main part of the sentence. (In the first sentence, for example, the one who saw the policeman is the same as the one who took to his heels.)

Used as a noun, **-anto** names a *person* in terms of what he or she is doing:

paroli	to speak	**parolanto**	one who's speaking, a speaker
ami	to love	**amanto**	one who's loving, a lover
korespondi	to correspond	**korespondanto**	a correspondent
fumi	to smoke	**fumanto**	a smoker
ludi	to play	**ludanto**	a player

Exercise #5: To each question, say *the one doing the thing is your brother.*

1. Kiu estas tiu, kiu parolas?	La parolanto estas mia frato.
2. Kiu estas tiu, kiu studas?	La studanto estas ....
3. Kiu estas tiu, kiu laboras?	La ....
4. Kiu estas tiu, kiu aŭskultas?	La ....
5. Kiu estas tiu, kiu instruas?	La ....
6. Kiu estas tiu, kiu stiras?	La ....
7. Kiu estas tiu, kiu manĝas?	La ....
8. Kiu estas tiu, kiu ludas?	La ....
9. Kiu estas tiu, kiu rigardas?	La ....
10. Kiu estas tiu, kiu esperas?	La ....

Note: This explains the pen-name used by Esperanto's author, Dr Zamenhof, when he published the language in 1887: D-ro Esperanto (D-ro = Doktoro).

4. Word building with -ul and -ad.

The suffix **ul** names a person in terms of what he or she is like:

una	young	**junulo**	youth, youngster, young fellow
bona	good, nice	**bonulo**	a "good guy," nice fellow
kara	dear	**karul(in)o**	darling
krimo	crime	**krimulo**	criminal
riĉa	rich	**riĉulo**	rich person, someone of wealth
grava	important	**gravulo**	important person, big shot
fremda	foreign	**fremdulo**	foreigner

The suffix **ad** names an action which is more than a single occurrence. It implies either a continued, prolonged action, or the action as a general, on-going kind of thing:

paroli	to speak	**parolado**	a speech
promeni	to stroll	**promenadi**	to go for a long walk
neĝi	to snow	**neĝado**	a snowfall
atendi	to wait	**atendadi**	to wait and wait, "cool one's heels"
ridi	to laugh	**ridado**	laughter
kanti	to sing	**kantado**	singing (as an activity or pastime)

Note: When speaking of an action in general, many speakers put **la** in front of the word with **-ado**:

La fumado estas danĝera por via sano.	Smoking is dangerous for your health.
Mi multe ŝatas la korespondadon.	I like corresponding a lot.

Exercise #6: To each question say *Yes, all of the people like that finally came back.*

1. Ĉu via riĉa amiko fine revenis? Ho jes, ĉiuj el la riĉuloj fine revenis.
2. Ĉu via juna amiko fine revenis? Ho jes, ĉiuj el la junuloj ....
3. Ĉu via fremda amiko fine revenis? Ho jes, ...
4. Ĉu via grava amiko fine revenis? Ho jes, ...

5. Ĉu via feliĉa amiko fine revenis?   Ho jes, ...
6. Ĉu via malsana amiko fine revenis?   Ho jes, ...
7. Ĉu via nova amiko fine revenis?   Ho jes, ...
8. Ĉu via prudenta amiko fine revenis?   Ho jes, ...
9. Ĉu via kapabla amiko fine revenis?   Ho jes, ...
10. Ĉu via amuza amiko fine revenis?   Ho jes, ...

Exercise #7: To each question say *No, you hate that activity.*

1. Ĉu vi ŝatas fumi?   Ne, mi malamas la fuma
      adon.
2. Ĉu vi ŝatas labori?   Ne, mi malamas la-ador
3. Ĉu vi ŝatas korespondi?   Ne, mi ....
4. Ĉu vi ŝatas kanti?   Ne, mi ....
5. Ĉu vi ŝatas promeni?   Ne, mi ....
6. Ĉu vi ŝatas paroli?   Ne, mi ....
7. Ĉu vi ŝatas baki?   Ne, mi ....
8. Ĉu vi ŝatas flugi?   Ne, mi ....
9. Ĉu vi ŝatas instrui?   Ne, mi ....
10. Ĉu vi ŝatas studi?   Ne, mi ....
11. Ĉu vi ŝatas lerni?   Ne, mi ....

Vortolisto

admiri	to admire	**dolĉ/ul/(in)/o**	sweetie,
admir/ant/(in)/o	admirer		sweetheart
afero	matter,	**du/e**	secondly
	thing,	**edz/in/o**	wife
	affair	**ega**	enormous
ankoraŭ ne	not yet	**Elinjo**	Lizzie, "Liz"
antaŭ/e	beforehand	**eta**	tiny
bedaŭrinde	regrettably,	**fine**	finally
	unfortunately	**flirti**	to flirt
bona	good, nice		(literally,
ĉar	because		to flutter)
ĉesi	to cease,	**fraŭlo**	bachelor
	quit	**fraŭl/in/o**	Miss,
danĝera	dangerous		unmarried
demandi	ask (a		woman
	question)	**fremda**	foreign

ĝis!	So long!	**Petro**	Peter
ha lo (or hallo)	Hello (on phone)	**re/ir/i**	to go back
na	feminine	**ridinda**	ridiculous, laughable
nter	between, among	**Roberto**	Robert
nteresa	interesting	**si**	(See §1.)
un/ul/in/o	young woman, girl, gal	**simpla**	simple
		skribi	to write
		spegulo	mirror
anti	to sing	**stevardo**	steward(ess)
ar/ul/(in)/o	darling	**stevard/in/o**	stewardess
isi	to kiss	**stud/ant/(in)/o**	student
olera je	mad (angry) at	**surprizo**	surprise
onversacio	conversation	**ŝajni**	to seem
orespondi	to correspond	**ŝanĝi**	to change
redeble	probably	**ŝerci**	to joke, kid
nal/am/i	to hate	**Ŝŝ!**	Sh!
nal/ĝust/a	wrong	**telefono**	telephone
niskompreno	misunderstanding	**temo**	subject
		tiel	in that way, so, thus
aĝi	to swim	**ver/ŝajn/e**	apparently, probably
umero	number		
mbro	shadow	**vesper/manĝ/o**	evening meal, supper
ardoni	to pardon, forgive		
		vivi	to live
aŭlo	Paul	**vico**	turn
eĉjo	Pete		

Dialogo: Mrs. Miller gets a late afternoon phone call at home.

-ino Miller: Ha lo?
na voĉo: Ha lo. Mi volus paroli kun Peĉjo.
-ino Miller: Kiu? Peĉjo? Verŝajne vi havas la malĝustan numeron.
na voĉo: Ĉu tio ne estas la domo de Profesoro Petro Miller?
-ino Miller: Jes, sed—
na voĉo: Ĉu vi bonvolus diri al Peĉjo, do, ke Elinjo estas ĉe la telefono.

S-ino Miller: Nu, Elinjo, la profesoro ankoraŭ ne revenis de la universitato.

Ina voĉo: Ho, bedaŭrinde. Mi estas en la urbo nur dum kelkaj horoj, kaj ĉar li donis al mi sian numeron, kaj diris, ke se mi iam venus al Ĉikago—

S-ino Miller: Atendu minuton. Mi aŭdas lin ĉe la pordo nun.

Prof. Miller: Saluton, karulino. Kio okazas? Kial vi rigardas min tiel?

S-ino Miller: Unu el la viaj multaj admirantinoj volas paroli kun vi, "Peĉjo."

Prof. Miller: Ĉu vi ŝercas? Kiu tiu povus esti?! Ha lo?

Ina voĉo: Peĉjo! Bonan tagon! Ĉu vi scias, kiu tiu ĉi estas?

Prof. Miller: Kredeble, unu el miaj studantinoj, sed—

Ina voĉo: Estas Elinjo! La stevardino sur la jeto al Parizo!

Prof. Miller: Ha, jes, Fraŭlino Larsen, kompreneble. Kiel vi fartas, Elinjo?

Ina voĉo: Dankon, tre bone. Haltante tie ĉi inter flugoj, mi decidis vok vin. Ĉu tio ne estas bona surprizo?

Prof. Miller: Jes, ĝi certe estas surprizo. Nu, Elinjo, estus bone revidi vin. Ĉu vi volus veni tuj al nia domo kaj vespermanĝi kun ni? Mi estas certa, ke mia edzino pretigis tre bonan manĝon kaj ni povos havi interesan konversacion.

Ina voĉo: Peĉjo! Ĉu mi povus? Mi estos tre feliĉa fari tion.

Prof. Miller: Do venu! Ni manĝas je la sesa. Estas nun la kvina kaj duono. Vi havas ĝuste tridek minutojn.

S-ino Miller: Atendu, kara, mi—

Prof. Miller: (Ŝŝ!) Bone, ni vidos vin baldaŭ. Ĝis tiam!

Ina voĉo: Ĝis!

Prof. Miller: (Al S-ino Miller) Sed, karulino, kial vi rigardas min tiel? Ĉu vi estas kolera je mi? Kion mi faris?

S-ino Miller: Unue, vi invitis tiun junulinon vespermanĝi kun ni kaj n demandis min antaŭe. Due, vi verŝajne flirtis kun ŝi sur la jeto.

Prof. Miller: Dolĉulino, mi petas! La tuta afero estas ridinda. Simpla miskompreno. Ni ŝanĝu la temon. Mi havas egan apetition. Kion ni havas por la vespermanĝo?

S-ino Miller: Nenion! Ĉu vi forgesis? Hodiaŭ estas *via* vico pretigi la vespermanĝon!

Lesson Nine

§1. Word building with -int- and -ont-.

In the last lesson we met words ending in **-anta, -ante,** and **-anto.** Such words are called "participles," meaning that while they are derived from verbs and have to do with various kinds of action or being, they actually function grammatically like adjectives, adverbs, and nouns. (It helps to remember that *part*iciples are *part* verbs and *part* something else.)

Being partly verbs, Esperanto participles also have tense. We have already met present-tense participles, formed with **ant.** There are also past and future participles, formed with **int** and **ont** respectively. (It's easy to remember which is which: **ant, int, ont** correspond to **as, is, os.**)

Present participles refer to actions which *are going on.*

Past participles refer to actions which *have already taken place at some past time.*

Future participles refer to actions which *will occur at some future time.*

As an illustration, using the adjective forms, try to visualize the following three trees:

fal<u>anta</u> **arbo**	a *falling* tree (Here it comes, crashing down!)
fal<u>inta</u> **arbo**	a *fallen* tree (There it lies, on the ground.)
fal<u>onta</u> **arbo**	a tree that's *going to fall* (Look out, it's leaning precariously!)

In their adverb forms, remember that participles tell when or why something happened. Here are examples of the three tenses:

Flugonte al Parizo, Prof. Miller aĉetis sian bileton.	*About to fly* to Paris, Prof. Miller bought his ticket.

Flug<u>ante</u> al Parizo, Prof. Miller flirtis kun la stevardino.	(While) *flying* to Paris, Prof. Miller flirted with the stewardess.
Flug<u>inte</u> al Parizo, Prof. Miller prenis taksion al la hotelo.	*Having flown* to Paris, Prof. Miller took a taxi to the hotel.

Don't worry too much about the English translations, which can take quite a variety of forms. The important thing is the sense: **flugonte** means that the flying has not yet occurred; **flugante** means the flying is occurring; and **fluginte** means the flying has already been completed.

As for the noun forms of the participles, remember that they refer to *persons.* The *present* participle identifies someone by what he or she is *now doing;* the *past* participle by something he or she *did;* and the *future* participle by something he or she is *going to do.* To illustrate, imagine three customers in a restaurant. One has finished his meal, one is just sitting down to eat, and the third is engaged with knife and fork. We might say:

La kelnero donas tablon al la manĝ<u>onto</u>.	The waiter gives a table to the fellow-who's-about-to-eat.
La kelnero donas la kalkulon al la manĝ<u>into</u>.	The waiter gives the bill to the fellow-who-has-eaten.
La kelnero donas pli da pano al la manĝ<u>anto</u>.	The waiter gives more bread to the fellow-who's-eating.

Exercise #1: Answer each question "yes." Use the appropriate participle.

1. Ĉu vi vidas la knabon, kiu kuras?	Jes, mi vidas la kurantan knabon.
2. Ĉu vi aŭdas la junulinon, kiu kantis?	Jes, mi aŭdas la kantintan ....
3. Ĉu vi rigardas la birdon, kiu flugas?	Jes, mi rigardas ....
4. Ĉu vi konas la viron, kiu manĝis?	Jes, mi konas ....
5. Ĉu vi resanigos la birdon, kiu falis?	Jes, mi...

6. Ĉu vi konas la viron, kiu parolos?   Jes, mi ....
7. Ĉu vi helpos la armeon, kiu atakos?   Jes, mi ....
8. Ĉu vi bezonis la botelon, kiu falis?   Jes, mi ....
9. Ĉu vi deziras la monon, kiu restos?   Jes, mi ....
10. Ĉu vi serĉas la rabiston, kiu forkuris?   Jes, mi ....

Exercise #2: To each question, say *the person asked about is your father.*

1. Kiu estas tiu, kiu parolis?	La parolinto estas mia patro.
2. Kiu estas tiu, kiu manĝos?	La manĝonto estas ....
3. Kiu estas tiu, kiu revenis?	La re ....
4. Kiu estas tiu, kiu foriros?	La ....
5. Kiu estas tiu, kiu vokis?	La ....
6. Kiu estas tiu, kiu restis?	La ....
7. Kiu estas tiu, kiu veturis?	La ....
8. Kiu estas tiu, kiu ludos?	La ....
9. Kiu estas tiu, kiu respondis?	La ....
10. Kiu estas tiu, kiu petis?	La ....
11. Kiu estas tiu, kiu laboros?	La ....
12. Kiu estas tiu, kiu flugos?	La ....

§2. **Sentence building with participles: compound verbs.**

Suppose you're at a meeting where three speakers are on the program. S-ro A. has finished his talk, S-ro B. is holding forth with great eloquence and S-ro C. is still waiting his turn. A friend of yours arrives at the meeting late, and asks you what's going on. You tell him:

S-ro A. <u>estas</u> <u>parolinta</u>, S-ro B.	Mr. A. has already spoken,
<u>estas parolanta</u>, kaj S-ro C.	Mr. B. is speaking, and
<u>estas parolonta</u>.	Mr. C. is going to speak.

Now let's suppose it's the next day and your friend wishes to tell someone or other what was going on when he arrived at the meeting the night before. He says:

Kiam mi alvenis, S-ro A. <u>estis</u> <u>parolinta</u>, S-ro B. <u>estis</u> <u>parolanta</u>, kaj S-ro C. <u>estis parolonta</u>.

When I arrived, Mr. A. had already spoken, Mr. B. was speaking, and Mr. C. was going to speak.

And let's further suppose that your friend knew in advance that he would be arriving late at the meeting, and since the time of each speech was known, he was able to predict what would be occurring when he arrived. He then might have been able to tell you:

Kiam mi alvenos, S-ro A. <u>estos</u> <u>parolinta</u>, S-ro B. <u>estos</u> <u>parolanta</u>, kaj S-ro C. <u>estos</u> <u>parolonta</u>.

When I arrive, Mr. A. will have already spoken, Mr. B. will be speaking, and Mr. C. will be about to speak.

The statements above illustrate nine possible forms of what we call compound verbs. A "compound" verb is one that has two parts, so that the time of one action can be referred to a second action, which may itself be past, present, or future with respect to the time of speaking. Compound verbs in Esperanto are quite easily and logically formed using past, present, and future participles, plus the past, present, and future forms of **esti**, "to be." Here is a model of nine possible tenses, based on **flugi**:

$$\text{Mi} \left\{ \begin{array}{c} \text{estis} \\ \text{estas} \\ \text{estos} \end{array} \right\} \text{fluganta} = \text{I} \left\{ \begin{array}{c} \text{was} \\ \text{am} \\ \text{will be} \end{array} \right\} \text{flying}$$

$$\text{Mi} \left\{ \begin{array}{c} \text{estis} \\ \text{estas} \\ \text{estos} \end{array} \right\} \text{fluginta} = \text{I} \left\{ \begin{array}{c} \text{had} \\ \text{have} \\ \text{will have} \end{array} \right\} \text{flown}$$

$$\text{Mi} \left\{ \begin{array}{c} \text{estis} \\ \text{estas} \\ \text{estos} \end{array} \right\} \text{flugonta} = \text{I} \left\{ \begin{array}{c} \text{was} \\ \text{am} \\ \text{will be} \end{array} \right\} \begin{array}{c} \text{going to fly} \\ \text{(or)} \\ \text{about to fly} \end{array}$$

Compound tenses can also be formed with the other forms of **esti:**

Ho, kiel mi ŝatus esti fluganta al Parizo ĝuste nun!	O, how I'd like *to be flying* to Paris right now!
Se vi estus veninta pli frue, mi estus povinta servi al vi varman manĝon.	If *you'd come* earlier, I *could have served* you a hot meal.
Estu fininta tion, kiam mi revenos!	*Be finished* with that when I get back!

Exercise #3: Yesterday, *between 8:30 and 9:30,* you wrote a letter. Using compound verbs, tell what you were doing at the following times:

1. (9:00) Je la naŭa mi estis skribanta leteron.
2. (8:00) Je la oka mi estis skribonta leteron.
3. (10:00) Je la deka mi estis skrib ....
4. (9:15) Je la naŭa kaj dek-kvin mi ....
5. (8:20) Je la ....
6. (9:40) Je la ....
7. (8:45) Je la ....
8. (8:15) Je la ....
9. (9:50) Je la ....
10. (9:10) Je la ....

Exercise #4: Tomorrow, *between 2:30 and 3:30,* you will be flying to New York. Using compound tenses, tell what you will be doing at the following times:

1. (3:00) Je la tria mi estos fluganta al Nov-Jorko.
2. (4:00) Je la kvara mi estos flug ....
3. (2:15) Je la ....
4. (3:10) Je la ....
5. (2:25) Je la ....
6. (3:45) Je la ....
7. (3:35) Je la ....
8. (2:00) Je la ....
9. (3:40) Je la ....
10. (2:40) Je la ....

§3. Use compound verbs sparingly!

Handy as Esperanto's compound verb forms can be, they are not used nearly so much as are the equivalent compound tenses in English. It is much easier and better, in most instances, to use a *simple* verb form—with possibly some qualifying word like **jam, ĵus,** or **ankoraŭ,** in cases where it is important to show a time relationship.

Karlo fermas la pordon.	Charles *is closing* the door.
Mario dormis.	Mary *was sleeping.*
Morgaŭ mi iros al Ĉikago.	Tomorrow I *will be going* to Chicago.
Ŝi ankoraŭ manĝis, kiam li alvenis.	She *was (still) eating* when he arrived.
Li jam legis la libron, pri kiu vi demandis.	He *had (already) read* the book you asked about.
Mi ĵus finis la leteron, kiam vi telefonis.	I *had just finished* the letter when you phoned.

§4. Sentence building with je.

We've already met **je,** which we said means "at" or "on" in the sense of time: "**je** la tria kaj dudek," "**je** lundo," etc. Actually, these are only two of a number of ways this handy little word, which we call an "indefinite preposition," can be used.

A preposition is a little functional word that is placed ahead of another word (hence the name: "pre-position") to show how that second word relates to the rest of the sentence. The relationship is often one that tells *where:* (*on* the table, *in* the house, *along* the street) or *when:* (*on* Sunday *after* the dance, *during* the week) or *how:* (*by* telephone, *with* a knife, *over* the radio) or the relationship can be a more subtle one, which doesn't quite fit any of these patterns.

The rule in Esperanto is that when you want to show a relationship and no other preposition quite seems to apply, you use **je.**

Some speakers use **je** more than others, and present-day speakers use it less than in former years. The following "rule-of-thumb" describes some common ways of using **je.** The "rule" is only approximate, though, so use your time learning the examples, not the "rule."

Use **je:**

(a) where English uses "at" or "on" in the sense of time:

Venu je la kvara.	Come *at* four o'clock.
Mi vokos vin je la tria de oktobro.	I'll call you *on* October 3.
Ni manĝu je tagmezo.	Let's eat *at* noon.
Je kioma horo ni ekflugos?	*At* what time will we take off?

(b) to offer a toast:

Je via sano.	*To* your health!

(c) to make an oath or promise:

Je Dio!	*By* God!
Mi promesas, je mia honoro,....	I promise *on* my honor....

(d) in the expressions "laugh at," "mad at," "believe in," "rich in," and "count on":

Ili nur ridis je mi.	They only *laughed at* me.
Mi estas kolera je ŝi.	I'm *mad at* her.
Mi kredas je Dio.	I *believe in* God.
Arabio estas riĉa je petrolo.	Arabia is *rich in* oil.
Vi povas kalkuli je mi.	You can *count on* me.

Drill #1: Make your own sentences from the table.

La poŝtisto	revenos		la kvina kaj duono.
Nia ĉefo	estos forkurinta		la dudek-unua de majo.
La patro de Peĉjo	volas ekflugi	je	tagmezo.
La parolinto	petis sian bileton		lundo.
Mia amiko	devus eklabori		kioma horo?

§5. Word building with -aĵ and -er.

The suffix **aĵ** forms a thing, described by or derived from the rest of the word:

dolĉa	sweet	**dolĉaĵoj**	"sweets," candy
aĉeti	to buy	**aĉetaĵo**	a purchase
konstrui	to build	**konstruaĵo**	a building
manĝi	to eat	**manĝaĵo**	something to eat, food
ovo	egg	**ovaĵo**	omelet (or other egg dish)
nova	new	**la novaĵoj**	the news
bovo	steer, bull	**bovaĵo**	beef
porko	pig	**porkaĵo**	pork
poŝto	the mail	**poŝtaĵo**	a piece of mail
post	behind, after	**postaĵo**	a "behind," rump, rear

The suffix **er** forms a unit or fragment of a whole:

pluvo	rain	**pluvero**	raindrop
neĝo	snow	**neĝero**	snowflake
pano	bread	**panero**	crumb
mono	money	**monero**	coin

§6. Word building with -ebl and -ind.

The suffix **ebl** means "able to be":

manĝi	to eat	**manĝebla**	edible
vidi	to see	**videbla**	visible
permesi	to permit	**permesebla**	permissible
kredi	to believe	**kredebla**	believable

The suffix **ind** means "worthy to be," "deserving of":

laŭdi	to praise	**laŭdinda**	praiseworthy
fidi	to trust	**fidinda**	trustworthy
atento	attention	**atentinda**	deserving of attention
legi	to read	**leginda**	worth reading
havi	to have	**havinda**	worth having
bedaŭri	to regret	**bedaŭrinde**	regretfully

Many **ind** words as well as **ebl** words translate "-able" in English; but the meanings are different nonetheless:

deziri	to desire	dezirinda	desirable (worth desiring)
memori	to remember	memorinda	memorable (worth remembering)
ridi	to laugh	ridinda	laughable (worthy of laughter)

Exercise #5: To each question say *Yes, of course, because the thing is really worth doing.*

1. Ĉu vi volas legi tiun libron?   Jes, kompreneble, ĉar ĝi estas vere leginda.
2. Ĉu vi aĉetos tiun aŭton?   Jes, kompreneble, ĉar ĝi estas vere aĉet...............................
3. Ĉu vi lernos tiun lingvon?   Jes, kompreneble, ĉar ....
4. Ĉu vi memoras tiun kanton?   Jes, ...
5. Ĉu vi uzos tiun segilon?   Jes, ...
6. Ĉu vi deziras tiun televidilon?   Jes, ...
7. Ĉu vi volos studi tiun lecionon?   Jes, ...
8. Ĉu vi ŝatus koni tiun profesoron?   Jes, ...
9. Ĉu vi vidos tiun filmon?   Jes, ...

Exercise #6: To each question say *No, because unfortunately the thing wasn't possible to do.*

1. Ĉu vi povis stiri la aŭton?   Ne, ĉar bedaŭrinde ĝi ne estis stirebla.
2. Ĉu vi povis manĝi tiun manĝaĵon?   Ne, ĉar bedaŭrinde ĝi ne estis manĝ.............................
3. Ĉu vi povis vendi vian domon?   Ne, ĉar bedaŭrinde ....
4. Ĉu vi povis lerni tiun lecionon?   Ne, ĉar ....
5. Ĉu vi povis memori tiun kanton?   Ne, ...
6. Ĉu vi povis trinki la lakton?   Ne, ...
7. Ĉu vi povis aŭdi lian paroladon?   Ne, ...
8. Ĉu vi povis trovi tiun libron?   Ne, ...
9. Ĉu vi povis televidi la matĉon?   Ne, ...

Vortolisto

afiŝo	poster, sign	**je**	(See §2.)
al/port/i	to bring	**kalkuli**	to count,
ankaŭ mi	me too		calculate
Arabio	Arabia	**kalkuli je**	to count on
aspekti	to look (like)	**kalkulo**	calculation;
aŭ	or		bill, check
bando	band, gang	**kapti**	to catch,
bileto	ticket		capture
boksi	to box	**kelnero**	waiter
cetere	besides	**kino**	cinema
ĉampiono	champion	**kin/ej/o**	movie theater
ĉokolado	chocolate	**kirlita**	whipped,
danc/ist(in)o	dancer		frothed
deserto	dessert	**kiu**	who/which
detektivo	detective	**kiu ajn**	whoever/
Dio	God		whichever
dolĉa	sweet	**koncerto**	concert
dolĉ/aĵ/o	"a sweet,"	**konsenti**	to consent,
	candy		agree
ekster/a	outer, external	**konstrui**	to build,
en/am/iĝ/i	to fall in love		construct
fianĉ/in/o	fiancée	**konstru/aĵ/o**	building,
fidi	to trust		structure
fil/in/o	daughter	**kontraŭ**	against
filmo	film, movie	**kontraŭ/ul/o**	opponent
fin/iĝ/i	to end, wind	**kosma**	cosmic
	up	**kosma spaco**	outer space
for/kur/i	to run away	**kremo**	cream
for/rabita	kidnapped	**laŭdi**	to praise
furora	hit, best-	**legi**	to read
	selling	**loko**	place, "room"
gangstero	gangster	**majo**	May
glacio	ice	**mal/ferm/i**	to open
glaci/aĵ/o	ice cream	**mal/honest/a**	crooked
honesta	honest	**manĝ/aĵ/o**	food
informi	to inform	**marŝi**	to walk
inform/iĝ/i	to find out,	**matĉo de bokso**	boxing
	"learn"		match

mezo	middle, midst	**silenti**	to be quiet
mon/lud/ist/o	gambler	**spaco**	space
moskito	mosquito	**stulta**	stupid, dumb
nek	neither, nor	**tag/mez/o**	noon, mid-day
neniu	no one, none	**taso**	cup
novembro	November	**teatro**	theater
oktobro	October	**teatr/aĵ/o**	stage play,
pan/er/o	crumb (of		show
	bread)	**telero**	plate
petrolo	petroleum, oil	**temi pri**	to be about
plu	further,	**tiom da**	so much (of)
	any more	**trejni sin**	to train (one-
porko	pig		self), be
pork/aĵ/o	pork		in training
post	after, behind	**trinki**	to drink
post/aĵ/o	a "behind,"	**tiu**	that person/
	rump		that (thing)
produkt/ist/o	producer	**venki**	to win over,
proksima	near, close		beat
romantika	romantic	**vid/ind/a**	worth seeing
sata	full (of food)		

Dialogo: Professor Miller has taken his family out to a neighborhood restaurant.

Prof. Miller: Kia bona manĝaĵo! Nun mi ne povas manĝi plu. Mi estas sata.

S-ino Miller: Ankaŭ mi. La porkaĵo estis bonega, ĉu ne? Ni certe ne havas apetiton por deserto, ĉu?

Mario: Eble ni trinku unu tason da kafo? Aŭ ĉu vi preferus teon?

Georgo: Mi deziras *nek* kafon *nek* teon! *Mi* volas havi deserton. La plej grandan, kun multe da glaciaĵo kaj kirlita kremo kaj ĉokolado kaj—

S-ino Miller: Ho, Georgo! Kie vi trovas tiom da loko? Vi eĉ ne lasis panerojn sur via telero.

Prof. Miller: Kioma horo estas? Eble ni havas tempon por vidi filmon?

S-ino Miller: Ho, jes! Estas tre vidinda filmo nun ĉe la kinejo Fox. Ĝi estas vere romantika. Temas pri dolĉa junulino, kiu estas veninta de malgranda urbeto al Nov-Jorko, kie ŝi trovas junan dancistion, kiu ne scias, ke ŝi estas vere la filino de grava produktisto de teatraĵoj sur

Broadway. Ili enamiĝas, kaj—

Georgo: Ĉu ni ne povas iri al la Varsity? Tie oni havas filmon pri flugantaj teleretoj, kaj jen venas strangaj viroj el la kosma spaco, kaj ili aspektas kiel grandegaj moskitoj, kaj—

Mario: Silentu, Georgo! Mi ne volas aŭdi eĉ unu vorton plu pri tiuj stultaj moskitoj. Cetere, mi volas vidi tiun novan filmon pri bando da junaj muzikistoj, kiuj devas iri al San-Francisko, kie ili estas ludontaj grandan koncerton, sed ili estas forrabitaj de gangsteroj, kiuj—

Prof. Miller: Atendu, mi pensis pri tiu furora filmo pri la boksisto, kiu estas venkinta ĉiujn siajn kontraŭulojn, kaj nun li devas boksi kontraŭ la ĉampiono, sed ĝuste tiam li informiĝis, ke dum li estis for trejnante sin por la matĉo de bokso, lia fianĉino estis enamiĝinta kun viro, kiu estas polica detektivo. Nu, kelkaj malhonestaj monludistoj, kiujn la detektivo volas kapti, proponas al la boksisto, ke li—

S-ino Miller: Rigardu, karaj, se ni ne decidos tuj kaj iros aĉeti niajn biletojn, ni finos vidante *neniun* el tiuj ĉi filmoj.

Prof. Miller: Jes, ni rapidu. Mi ne ŝatas alveni ĉe kinejo en la mezo de filmo. Kelnero! Alportu nian kalkulon, mi petas.

Kelnero: Jes, Sinjoro. Jen ĝi estas.

Prof. Miller: Kaj jen via mono.

Kelnero: Dankon, Sinjoro. Ĉu vi bezonos taksion?

Prof. Miller: Ho ne, ni povas marŝi. Nu, kiel ni faru nian decidon pri la filmo?

Mario: Ĉar ni ne havas multe da tempo, mi proponas, ke ni iru al la plej proksima kinejo, kiu ajn ĝi estas.

S-ino Miller: Bone, mi konsentas. Mi kredas, ke estas kinejo ĝuste trans la strato. Malfermu la pordon, Mario, kaj legu la afiŝon.

Mario: Ho, ne! Ĝi estas "La Moskitoj el la Kosma Spaco!"

Lesson Ten

§1. Word building with -at-, -it-, and -ot-.

The participles we met in the last two lessons, formed with **ant, int,** and **ont,** are called "active" participles. This means they refer to actions from the point of view of the person or thing doing the acting:

frapi	to hit, strike	**frapanta ideo**	a striking idea
pafi	to shoot	**la pafanto**	the one shooting, the shooter
vidi	to see	**vidinte min, li ekkuris**	when he had seen me, he took to his heels

Another set of participles, called "passive" participles, refer to actions from the point of view of the person or thing *being acted on.* These participles are formed with **at, it, ot,** which indicate present, past, and future time, respectively.

With **o** endings, passive participles refer to persons to which *something is done:*

frapi	to hit, strike	**frapato**	one being hit
		frapito	one who has been hit
		frapoto	one who will be hit

With **a** endings, passive participles describe persons or things by what is done to them:

		pafata	(in the process of) being shot
pafi	to shoot	**pafita**	(having been) shot
		pafota	going to be/about to be shot

With **e** endings, passive participles tell when or why something or other happens, in terms of action that's done to someone or something:

vidi to see	**Vidate en la ago, li ekkuris.**	Being seen in the act, he took to his heels.
	Vidite tro ofte, li forlasis la urbon.	Having been seen too often, he left town.
	Vidote de alvenanta promenanto, li kovris sian vizaĝon.	About to be seen by an approaching stroller, he covered his face.

The passive participles may also be used to form compound tenses:

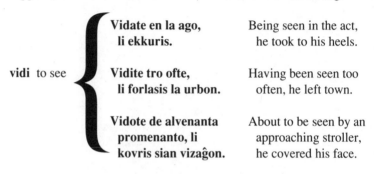

$$\hat{G}i \begin{Bmatrix} \text{estis} \\ \text{estas} \\ \text{estos} \end{Bmatrix} \text{konstruata} \quad = \quad \text{It} \begin{Bmatrix} \text{was} \\ \text{is} \\ \text{will be} \end{Bmatrix} \text{being built}$$

$$\hat{G}i \begin{Bmatrix} \text{estis} \\ \text{estas} \\ \text{estos} \end{Bmatrix} \text{konstruita} \quad = \quad \text{It} \begin{Bmatrix} \text{was} \\ \text{is} \\ \text{will be} \end{Bmatrix} \text{built}$$

$$\hat{G}i \begin{Bmatrix} \text{estis} \\ \text{estas} \\ \text{estos} \end{Bmatrix} \text{konstruota} \quad = \quad \text{It} \begin{Bmatrix} \text{was} \\ \text{is} \\ \text{will be} \end{Bmatrix} \text{about to be built}$$

Exercise #1: Your new house was built *during the month of September.*
Tell what was happening on the following dates.

1. (15a de septembero)   Je la dek-kvina de septembro mia nova
                            domo estis konstruata.
2. (25a de aŭgusto)   Je la dudek-kvina de aŭgusto mia nova
                            domo estis konstruota.
3. (10a de oktobro)   Je la deka de oktobro mia nova domo
                            estis konstruita.
4. (20a de septembro)   Je la dudeka de septembro ....
5. (22a de oktobro)   Je la ....
6. (8a de aŭgusto)   Je la ....
7. (19a de septembro)   Je la ....
8. (5a de oktobro)   Je la ....
9. (11a de septembro)   Je la ....
10. (31a de aŭgusto)   Je la ....

Exercise #2: Tomorrow, *between 7:30 and 9:00,* your club's meeting
place is to be cleaned up. Tell what will be happening at the following
times.

1. (7:50) Je la sepa kaj kvindek, la kunvenejo de nia klubo
           estos purigata.
2. (9:30) Je la naŭa kaj tridek, la kunvenejo de nia klubo
           estos purigita.
3. (7:10) Je la sepa kaj dek, la kunvenejo de nia klubo
           estos purigota.
4. (9:15) Je la naŭa kaj dek-kvin, la ....
5. (8:45) Je la ....
6. (10:00) Je la ....
7. (9:20) Je la ....
8. (7:25) Je la ....
9. (6:45) Je la ....
10. (9:05) Je la ....

§2. More about -ata and -ita.

Since participles ending in **ata** refer to actions that are *being performed,* they have to do with that period of time between the beginning and ending of an action. An **ata** participle, therefore, implies an action viewed as uncompleted or continuing:

Ŝi estis amata de ĉiu. She was loved by all.
**Ili estis batataj nokton They were beaten night and day.
  kaj tagon.**

Participles in **ita,** on the other hand, refer to actions that have ended; that is, an **ita** participle implies a *completed* action—even though the *effect* of the action, the state resulting from it, may continue on:

**La butiko estis fermita The store was closed when I
  kiam mi alvenis. arrived.**

Ni estis tute perditaj. We were completely lost.

Even where the action has considerable duration at the time referred to, if you view it as one complete, finished event, you use **-ita:**

**Romo ne estis konstruita Rome wasn't built in one day.
  en unu tago.**

**Ameriko estis trovita en 1492. America was discovered in
    1492.**

**La matĉo estos ludita morgaŭ. The match will be played
    tomorrow.**

Exercise #3: Reply with the information given, using a passive participle.

1. Kiam oni ludos la matĉon? La matĉo estos ludita morgaŭ
   (Morgaŭ matene) matene.
2. Kiam oni trovis Amerikon? Ameriko estis trovita en mil
   (En 1492) kvarcent naŭdek du.
3. Kiam oni purigos la kunvenejon? La kunvenejo estos pur ....
   (Je lundo)

4. Kiam oni vendis la aŭtomobilon? La aŭto ....
   (Hieraŭ)
5. Kiam oni inventis la televidon? La televido ....
   (En 1923)
6. Kiam oni vokis la policon? La polico ....
   (Je la 5a)
7. Kiam oni ligis la krimulon? La krimulo ....
   (Neniam)
8. Kie oni trovis la rabiston? La rabisto ....
   (En la vendejo)
9. Kien oni metos la kofron? La kofro ....
   (En la kofrujon)
10. Kiel oni sciigis la policon? La polico ....
   (Per telefono)

§3. **More about compound tenses.**

As noted in Lesson 9, compound forms of the verb are used less frequently in Esperanto than in English. The kinds of compound-verb sentences we've just been discussing, formed from the passive participle, are rather more common than the ones using active participles; this is because in real-life language we often find it convenient to say a thing was done, without having to say who (or what) did it. But even with this type of sentence, it is often clearer and simpler, and better style, to choose a more direct construction. One good way is to use **oni** ("they," "people in general," "some unspecified person or persons") as the subject. Another is to use the suffix **iĝ,** thus adding the idea of something *becoming done.* (You might want to review §9, Lesson 6, page 117.)

Oni trovis la rabiston
en la vendejo.
}
The robber was found in
the store.

La rabisto troviĝis en
la vendejo.

Oni ludos la matĉon morgaŭ.
}
The match will be played
tomorrow.

La matĉo ludiĝos morgaŭ.

Be aware too that Esperanto has no exact equivalent of our English compound tense called the past perfect (also known as the pluperfect) by which, using the words "had been," we stress that an action was completed *before* the time being described. (For example: "The door *had been* closed" as opposed to "The door *was* closed.") Esperanto accomplishes the same thing by an explanatory word or phrase, like **jam** or **antaŭ ol:**

La krimulo estis jam kaptita, kiam mi alvenis.	The criminal had (already) been caught when I arrived.

§4. How to say "anything at all," "nowhere at all," etc.

After a correlative beginning with **i-** or **neni-,** the little word **ajn** adds the idea of "at all":

io	anything, something	**io ajn**	anything at all
iam	anytime, sometime	**iam ajn**	anytime at all
nenie	nowhere	**nenie ajn**	nowhere at all

Exercise #4: Using **ajn,** tell each person to do as he likes.

1. Kien mi metu la kofron?	Metu la kofron ien ajn.
2. Kiam mi voku Roberton?	Voku Roberton iam ajn.
3. Kion mi diru al Paŭlo?	Diru al ....
4. Kiel mi baku la kukon?	Baku la ....
5. Kie mi serĉu la krimulon?	Serĉu la ....
6. Kion mi donu al la ĉefo?	Donu ....
7. Kien mi metu viajn aĵojn?	Metu miajn ....
8. Kiam mi skribu la leteron?	Skribu ....
9. Kiun mi sendu al la vendejo?	Sendu ....

§5. How to say "whoever," "wherever," etc.

After a correlative beginning with **ki-,** the little word **ajn** adds the idea of "ever":

kio	what	**kio ajn**	whatever
kie	where	**kie ajn**	wherever
kiu	who, which	**kiu ajn**	whoever, whichever

Notice that there isn't really much difference in actual meaning between **io ajn** and **kio ajn,** or between **ie ajn** and **kie ajn,** etc. In fact, the expressions are just about interchangeable:

Metu la kofron ien ajn.
Metu la kofron kien ajn.
} Put the suitcase {
anywhere at all.
wherever (you like).

Li povas veni iam ajn.
Li povas veni kiam ajn.
} He can come {
anytime at all.
whenever (he wants).

In fact, **ajn** can be used after just about any correlative, always emphasizing the indefiniteness of the word:

Mi serĉis lin ĉie ajn.
I looked for him every place
(I could think of).

Metu neniom ajn da
sukero en mian kafon.
Don't put any sugar whatever
in my coffee.

However **ajn** cannot be used with a correlative beginning **ti-,** because these words point out something that's *definite: that* one, *that* thing, *that* place, etc.

§6. **More about ways to tell when things happen.**

Suppose we want to say something happens on a certain day, for example "on Monday." We *could* say **je lundo,** etc. A better and more usual way, though, is to use the accusative **n** ending:

Mi ekflugos al Parizo je lundo.
Mi ekflugos al Parizo lundon.
} I'll take off for Paris
on Monday.

Technically, this use of **n** shows that a preposition—in this case **je**—has been omitted. (More on this in the next section.) Or you might think of the accusative **n** here as pointing out the *one specific day* we are focusing on.

But if we want to say when something *generally* or *repeatedly* happens we use the adverbial **e** ending:

La stevardino flugos al Parizo lund<u>on</u>.	The stewardess will fly to Paris (on) Monday.
La stevardino flugas al Parizo lund<u>e</u>.	The stewardess flies to Paris on Mondays.
Mi ŝatas resti hejme vesper<u>e</u>.	I like to stay home evenings.
Maten<u>e</u> la birdoj kantas bele.	In the mornings the birds sing prettily.

§7. About omitting prepositions.

Besides **je,** you can omit *any* preposition and replace it with the accusative **n** ending; but you shouldn't do this indiscriminately. The reason for this rule is to avoid a problem people often have when learning a new language. That problem is that some verbs may need to be used with a preposition in one language, but without a preposition in someone else's language. Why, for instance, do we say "Pay *for* the meal" while the French say "Pay the meal"? Why is it that we say "Help me!" and the Germans say "Help *to* me!" It is only a matter of custom anyway, so to avoid all worry, Esperanto lets you use either way:

Pagu la manĝon.	} Pay for the meal.
Pagu por la manĝo.	
Helpu min!	} Help me!
Helpu al mi!	

As a beginner, you can simply follow your natural inclinations, using prepositions when you would use them in English; just don't be confused when you find someone else doing it the other way. The "best" way to use prepositions (or not use them) is a question of style, and that is best learned by reading and listening to lots of good Esperanto.

§8. How to say "It's warm," "It's nice," "It's important," etc.

Back in Lesson 5 we learned that when English "it" doesn't actually refer to some specific thing, "it" is omitted in Esperanto. Sometimes in English we use this same mythical sort of "it" with a form of "to be" and an adjective to make a statement like "It's warm," "It's nice," etc. In Esperanto, the "it" being omitted, the describing word has an e ending (not an a ending). The reason for this is that adjectives in Esperanto must apply to some specific noun or pronoun. If there is no noun or pronoun to refer to, the describing word must take the e ending and function as an adverb:

Estas varme hodiaŭ.	It's warm today.
Estas bone, ke vi venis.	It's nice that you came.
Estas grave esti amata.	It's important to be loved.

(In the third example, **amata** has an **a** ending, even though no noun or pronoun is stated, because the meaning is that "you" or "one" or "a person" needs to be loved. But **grave** has the **e** ending because it describes "being loved" which is neither a noun nor a pronoun, but a verb phrase.)

Drill #1: Make your own sentences from this table.

	bone	
Estas	interese	paroli pri tiu afero.
Ne estas	grave	studi la plej novan raporton.
Povus esti	tro frue	pardoni lin pro la eraro.
	danĝere	korespondi kun fremdaj ĵurnalistoj.
	eble	

§9. Word building with ge- and mis-.

The prefix **ge** means "of both sexes":

patro	father	**patrino**	mother	**gepatroj**	parents
frato	brother	**fratino**	sister	**gefratoj**	brother(s) and sister(s)
Sinjoro	gentleman	**Sinjorino**	lady	**gesinjoroj**	ladies and gentlemen

The prefix **mis** means "wrong," very much as in English:

kompreni	to understand	**miskompreni**	to misunderstand
decidi	to decide	**misdecidi**	to make a wrong decision
kalkuli	to calculate	**miskalkuli**	to miscalculate
paŝo	a step	**mispaŝo**	a false step

§10. Word building with -ĉj and -nj.

These prefixes form the affectionate or "short" versions of persons names. Unlike other suffixes, they may be added to just a *part* of the original word, to make a pleasing name:

Johano	John	**Joĉjo**	Johnnie
Karlo	Charles	**Karĉjo**	Charlie
Petro	Peter	**Peĉjo**	Pete
Vilhelmo	William	**Vilĉjo**	Bill
Elizabeto	Elizabeth	**Elinjo**	Liz, Lizzie
Anno	Anne	**Anjo**	Annie
Margareto	Margaret	**Marnjo**	Maggie
Katarino	Catherine	**Kanjo**	Cathy
patro	father	**Paĉjo**	Dad, Daddy, Papa, etc.
patrino	mother	**Panjo**	Mom, Ma, Mama, etc.

§11. Affixes are words, too.

Affixes (prefixes and suffixes) become words, with their own meanings, when you add appropriate endings. Some common uses of affixes as words are:

eta	tiny	**ege**	tremendously
aĵoj	things	**ano**	a member
iĝi	to become	**igi**	to cause
ilo	a tool	**ree**	over again, back
mala	opposite	**ujo**	a container
ulo	a fellow, guy	**eble**	possibly, maybe

§12. About "elision."

In English we often shorten "It is" to "It's" or "He is" to "He's," etc., replacing the omitted letter with an apostrophe. In Esperanto it is permissible to omit (or "elide") certain letters, and replace them with apostrophes, as follows:

(1) The **a** in **la** can be omitted, provided the word is preceded or followed by a vowel sound, with which it can be smoothly pronounced.

(2) The **o** ending of a noun can be omitted, provided it is final. That is, the **o** cannot be omitted if followed by a plural **j** ending and/or accusative **n** ending.

Elision is not used very often in Esperanto except in poetry and songs:

> Brilu, brilu, eta stel',
> Diamanto de l' ĉiel'!
> Tiel alta super ter',
> Kio estas vi, en ver'?

Note that the stress falls on exactly the same vowel as though there were no elision: **ĉi-EL-o** or **ĉi-EL'**.)

Vortolisto

aer/voj/o	airway	**brili**	to shine
agi	to act	**cetera**	else
aĝo	age	**ĉarma**	charming
ajn	(See §§3-4.)	**ĉielo**	sky, heaven
alta	high	**dankinde***	worthy of
alveni	to arrive		thanks
Ameriko	America	**demando**	question
angla	English	**diamanto**	diamond
Anno	Anne	**dogano**	customs
anonci	to announce	**edz/iĝ/i**	to get married
anonc/ist/o	announcer	**el/ir/i**	to go out, exit
aparteni	to belong	**Elizabeto**	Elizabeth
atento	attention	**enmigrado**	immigration
aŭgusto	August	**eraro**	error
bari	to bar, obstruct		
bar/il/o	barrier, fence	***Ne dankinde** = Don't mention
bon/ven/o	welcome	it, You're welcome.

Eŭropa	European	**pafi**	to shoot
filo	son	**pagi**	to pay
for/las/i	to leave, forsake	**paki**	to pack
frapi	to strike, hit	**pak/aĵ/o**	baggage
Ge/sinjor/o/j	Ladies and Gentlemen	**pasporto**	passport
		paŝo	step
inspekti	to inspect	**peti**	to ask (for)
inspekt/ist/o	inspector	**plezuro**	pleasure
interesa	interesting	**pro**	for, on account of
interpreti	to interpret		
interpret/ad/o	interpreting	**promen/ant/o**	stroller, walker
inventi	to invent	**rimarko**	remark, observation
jaro*	year		
Johano	John	**Roberto**	Robert
Katarino	Catherine	**sci/vol/i**	to want to know, wonder
kies	whose		
korekti	to correct		
krom	except, besides	**septembro**	September
lasi	to leave	**slipo**	slip (of paper)
Londono	London	**stampi**	to stamp
mal/kovr/i	to discover	**stari**	to stand
manĝo	meal	**stelo**	star
Margareto	Margaret	**sub/skrib/i**	to sign
mil	thousand	**super**	above, over
momento	moment	**tero**	earth
monato	month	**tut/aĵ/o**	whole thing
naski	to bear (a child)	**vero**	truth
nask/iĝ/tago	birthday	**Vilhelmo**	William
nenie	nowhere	**vizaĝo**	face
neniom	no amount	**voĉo**	voice
nomo	name	**vojaĝ/ant/o**	traveler, voyager
ofte	often		

*Mi havas 52 jarojn = I'm 52 years old.

Dialogo: Professor Miller is at the airport meeting his friend from Paris, Mr. Dupont.

Voĉo de anoncisto: Vian atenton, mi petas, Gesinjoroj. Eŭropaj Aervojoj anoncas la alvenon de sia flugo numero ducent naŭdek ok de Londono kaj Parizo. La pasaĝeroj eliros per la elirejo numero ses por inspekto de dogano kaj enmigrado. Mi dankas.

Prof. Miller: Pardonu, Sinjoro. Vi estas la doganisto, ĉu ne? Mi atendas amikon, kies alveno estis ĵus anoncita. Li ne tre bone parolas la anglan lingvon. Ĉu mi povas atendi ĉi tie? Estas eble, ke mi povos interpreti por vi.

Inspektisto: Mi bedaŭras, Sinjoro. Ne estas permesate resti tie ĉi. Vi devos stari ĉe la alia flanko de la barilo. Sed se mi bezonus helpon, tiam mi vokus vin.

Prof. Miller: Bone. Dankon. Ha, jen li venas nun. S-ro Dupont! Bonvenon al Usono! Kiel vi fartas? Ĉu vi havis bonan flugon? Estas bone, vidi vin denove.

Inspektisto: Unu momenton. Mi devas fari al vi kelkajn demandojn. Ĉu mi povus vidi vian pasporton?

S-ro Dupont: Kion? Mi ne komprenas. Kion li volas?

Prof. Miller: Li petas vian pasporton.

S-ro Dupont: Ho, kompreneble. Jen ĝi.

Inspektisto: Dankon. Kio estas via nomo?

S-ro Dupont: Kio? Mia nomo? Roberto Dupont.

Inspektisto: Kiam vi estis naskita?

S-ro Dupont: ??????

Prof. Miller: Li demandas vian aĝon.

S-ro Dupont: Mi havas kvindek-du jarojn. Mia naskiĝtago estas la kvina de tiu ĉi monato.

Inspektisto: Ĉu vi estas edziĝinta?

S-ro Dupont: Mi petas?*

Prof. Miller: Inspektisto, li havas ĉarman edzinon kaj tri belajn infanojn.

Inspektisto: Kiel longe vi restos en Usono, S-ro Dupont?

S-ro Dupont: Kiel longe? En Usono? Nur du semajnojn, malfeliĉe.

Inspektisto: Ĉu tio estas via tuta pakaĵo?

Polite for "What did you say?"

S-ro Dupont: Jes, tiu pakaĵo apartenas al mi. Rigardu, mia nomo estas stampita sur ĝi.

Prof. Miller: Ne, li scivolas, ĉu vi havas alian pakaĵon, krom tio.

S-ro Dupont: Ho, mi miskomprenis. Pardonu al mi. Ne, tio estas la tutaĵo. Mi havas nenion ajn ceteran.

Inspektisto: Bone. Jen via pasporto. Bonvolu subskribi tiun ĉi slipon. Dankon. Vi povas pasi. Kaj dankon al via amiko, pro la interpretado

Prof. Miller: Ne dankinde! Estis mia plezuro. Nu, Roĉjo, ĉu ne estus multe pli facile por la vojaĝantoj, se ĉiuj inspektistoj de dogano kaj enmigrado povus paroli Esperanton?

S-ro Dupont: Mia juna amiko! Permesu al mi korekti tiun rimarkon iomete. Estus multe pli facile por la tuta mondo, se *ĉiu* povus paroli Esperanton! Ĉu vi konsentas?

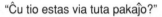

"Ĉu tio estas via tuta pakaĵo?"

U.S. Customs

PART THREE

AN ESPERANTO READER

The reading selections that follow, with the accompanying articles on grammar and style, constitute an advanced course in Esperanto. The texts are drawn from a variety of sources including books and magazines published in various countries over a period of some years.

The texts, some of which have been edited for length or timeliness, present a wide range of writing styles and subject matter. They include personal letters, news items, history and travel accounts, poetry and serious fiction, etc.

Footnotes have been added to clarify, on their first occurrence, constructed words and others requiring special comment. Other words will be found in the dictionary at the back.

1. La Vetero en Svedlando[1]

(From *Allas Andra Språk,* by Ernfrid Malmgren, Malmö, Sweden)

La vetero en Svedlando estas tre varia. En la norda parto de la lando la
neĝoj malvarmiĝas jam en novembro, sed ofte estas frosto kaj neĝo eĉ en
oktobro. En la suda parto de la lando la vintro venas pli malfrue, kaj en
kelkaj jaroj preskaŭ ne falas neĝo[2] en kelkaj partoj de Skanio.[3] Sed kutime[4]
la vintro daŭras multajn monatojn en la tuta lando. La plej malvarma
monato estas februaro. Tiam neĝo kovras la teron, kaj glacio ĉiujn lagojn.
La junuloj povas glitkuri.[5] Multaj ankaŭ ludas glitpilkon[6] aŭ hokeon. Sur
la neĝo en la arbaroj kaj sur la kampoj multaj sportistoj[7] skikuras.[8]

En marto, aprilo aŭ majo venas la printempo. Tiam la tagoj longiĝas kaj
varmiĝas. La arboj ricevas sian foliaron,[9] la herbo verdiĝas kaj en la
ĝardenoj la floroj ekkreskas.[10] Kia bela sezono estas la printempo!

La somero en Svedlando kutime ne estas tre varma. Sed oni ĝojas des
pli[11] pro varmaj someraj tagoj. Dum tiu sezono ĉiuj laboristoj kaj oficistoj[12]
havas libertempon.[13] Multaj veturas al somerdomoj[14] en la kamparo[15] kaj
tiaj faras ekskursojn per siaj aŭtoj. Sed la kamparanoj[16] devas labori multe
dum tiu sezono.

Sved/land/o, Sweden [2]preskaŭ ne falas neĝo, almost no snow falls
Skanio, Skane, southernmost province of Sweden [4]kutim/e, ordinarily
glit/kur/i, go skating [6]glit/pilk/o, a Swedish game similar to hockey
sport/ist/o, sportsman, sports enthusiast [8]ski/kur/i, go skiing
foli/ar/o, foliage [10]ek/kresk/i, start to grow [11]oni ĝojas des pli, one is
all the gladder [12]ofic/ist/o, official, office-holder [13]liber/temp/o,
vacation, time off [14]somer/dom/o, summer house [15]kamp/ar/o, farming
land, "the country" [16]kamp/ar/an/o, farmer

Dum la aŭtuno ofte estas pluvo kaj forta vento. Sed tiam la frukt(
ruĝiĝas, la greno maturiĝas kaj la foliaro flaviĝas. Tial oni ĝuas la aŭtun(
malgraŭ la griza kaj nuba vetero.

2. Pri Zamenhof

(From *Allas Andra Språk,* by Ernfrid Malmgren)

Multaj personoj, kiuj faris al la homaro[1] gravajn servojn, vivis tr
modeste aŭ eĉ mizere.[2] Ili tute oferis sin por plenumi sian taskon. Mi pensa
ne nur pri la misiistoj[3] sed ankaŭ pri multaj inventistoj.[4] Mi bezonas men(
nur Gutenberg, kiu estas la patro de la presarto.[5]

Modeste vivis ankaŭ la verkinto[6] de Esperanto. Lia nomo estas Lud(
viko Zamenhof. Li naskiĝis[7] en urbeto en Polujo.[8] En tiu urbo oni parol
kvar lingvojn: la rusan, la polan, la germanan kaj la hebrean. La juna
serioza Ludoviko ofte rimarkis, ke la homoj sur la stratoj malpaciĝis[9] pr
tio, ke[10] ili miskomprenis unu la alian. Ĉar li estis pacama[11] knabo, kaj ĉa
en la harmonia hejmo li estis amata infano, li sentis grandan malĝojon.

Li komencis cerbumi[12] pri tio, ĉu ne estus eble[13] krei facilan intel
popolan[14] lingvon, kiun ĉiu homo povus lerni flanke[15] de la gepatra
lingvo. Tia lingvo evidente estas bezonata, li pensis.

Tiu ideo tiom kaptis liajn pensojn, ke li komencis fari eksperimentoji
Kaj tiuj eksperimentoj post multaj jaroj donis kiel rezulton la libron ku
la titolo *La internacia lingvo.* Li eldonis[17] sian libron sub la pseŭdonim
"D-ro Esperanto."

La kreo de Esperanto sekve[18] estas produkto de realista[19] persono, ki
volis doni al la homoj rimedon por facila interkompreno.[20] Kiel idealist
li ne celis gajni monon per la lingvo, sed li noble kaj grandanime[21] publik
deklaris, ke la lingvo ne estas lia sed ĉies proprajo,[22] ĉar ĝi apartenas al ĉ
kiu uzas ĝin.

La lingvo nun estas ne nur parolata kaj komprenata sed ankaŭ ŝatata k
amata de centmiloj[23] da homoj en ĉiuj kontinentoj sur la terglobo.[24]

La domo en Bjalistoko, Polujo, kie naskiĝis la verkinto de Esperanto en 1859

hom/ar/o, humanity, mankind **²mizer/e,** wretchedly **³misi/ist/o,** missionary **⁴invent/ist/o,** inventor **⁵la pres/art/o,** the art of printing **erk/int/o,** author **⁷nask/iĝ/i,** to be born **⁸Pol/uj/o,** Poland **al/pac/iĝ/i,** to quarrel **¹⁰pro tio, ke,** for the reason that **¹¹pac/am/a,** peace-loving **¹²cerbumi,** rack one's brain, think hard **¹³pri tio, ĉu ne tus eble,** about whether it wouldn't be possible **¹⁴inter/popol/a,** inter-people **¹⁵flank/e de,** at the side of, alongside of **¹⁶ge/patr/a,** parental **l/don/i,** to issue, publish **¹⁸sekv/e,** consequently **¹⁹real/ist/a,** realistic **nter/kompren/o,** mutual understanding **²¹grand/anim/e,** magnanimously **²²propr/aĵ/o,** property **²³cent/mil/o/j,** hundreds of ousands **²⁴ter/glob/o,** globe (of the world)

About "La"

Remember, **la** is sometimes used to denote a thing in general or in its tality: **La aŭtuno estas bela sezono,** Autumn (autumns in general) is a retty season. **La homoj estas inteligentaj estaĵoj,** Human beings (not st certain ones, but humans in general) are intelligent beings. **La ealistoj havas grandan amon por la homaro,** Idealists have a great ve for humanity.

3. Barbro kaj Eriko—I

(By Alois Schneider and Magda Carlsson, by kind permission of tl
authors and Eldona Societo Esperanto.)

Serio de leteroj inter du junaj geesperantistoj[1]—aŭstro kaj svedino:

Hohenberg, la 10-an[2] de oktob▮

Bonan tagon, kara knabino!

La hodiaŭa tago[3] alportis[4] al mi ĝojon grandegan: nia instruisto di
donis[5] eksterlandajn[6] adresojn kaj mi, feliĉulo, ricevis la vian.[7]

Mi esperas, ke la destino donis al mi bonan, fidelan amikinon kaj ▮
mi ĉiam povos kontentigi[8] vin per miaj leteroj.

Barbro, via belsona[9] nomo, tre plaĉas al mi[10] kaj vi certe ankaŭ est▮
ĝentila knabino. Mi vidas vin antaŭ mi, ridantan, kun demandanta mien▮
"Kiu vi estas?"

Do: dudekdujara[11] junulo, granda, brunhara,[12] brunokula,[13] aspiran▮
ĉion belan kaj bonan sed agante plej ofte malsaĝe,[14] malbone.

Antaŭ unu jaro[15] mi finis post gajaj, petolaj studjaroj[16] la mez▮
lernejon[17] kaj faris instruistekzamenon.[18] Instruinte poste[19] dum kelk▮
monatoj en privata lernejo, mi nun devas atendi, ĝis mi ricevos daŭra▮
oficon.

Dum tiu tempo mi daŭrigas[21] mian studadon. Mi speciale interesiĝa▮
pri literaturo kaj fremdaj lingvoj, de post[23] kelkaj semajnoj mi diligen▮
lernas Esperanton, kiu ŝajnas al mi tiel facila, bela, kaj tre grava por ĉi▮
popoloj.

En nia kurso kunvenas preskaŭ kvindek personoj, seriozaj gesinjor▮
gajaj gefraŭloj.[24] Nia instruisto estas entuziasma esperantisto, kiu mul▮
ŝercas kaj ridas kun ni.

Ĉu vi jam delonge lernas Esperanton?[25] Ĉu vi ankaŭ kurson vizitas▮

Skribu multe pri vi, pri viaj ĝojoj, malĝojoj, pri viaj laboroj,[27] plezur▮
deziroj, pri via vilaĝo kaj via lando belega.

Kun sopiro[28] mi atendas vian respondon.

Tre korajn salutojn[29]

Eriko

[1]**ge/esperant/ist/o/j,** Esperantists (of both sexes) [2]**la 10-an,** (on) the 10th [3]**la hodiaŭ/a tag/o,** the present day, this day [4]**al/port/is,** brought [5]**dis/don/is,** gave out (see DIS-, below) [6]**ekster/land/a,** foreign (lit., outside the country) [7]**la vi/a/n,** yours [8]**kontent/ig/i,** to satisfy [9]**bel/son/a,** sonorous, pretty-sounding [10]**tre plaĉas al mi,** I like very much (see below) [11]**du/dek/du/jar/a,** 22-year-old [12]**brun/har/a,** brown-haired [13]**brun/okul/a,** brown-eyed [14]**mal/saĝ/e,** foolishly [15]**antaŭ unu jaro,** one year ago [16]**stud/jar/o/j,** student years [17]**mez/a lern/ej/o,** intermediate school (a kind of university) [18]**instru/ist/ekzamen/o,** exam to become a teacher. Note that in Esperanto (as in many European languages) one "makes" rather than "takes" a test [19]**post/e,** afterward [20]**daŭr/a,** continuous, permanent [21]**daŭr/ig/i,** to continue, carry on [22]**interes/iĝ/i,** to be(come) interested [23]**de post,** since (**de post kelkaj semajnoj,** for the past several weeks) [24]**ge/fraŭl/o/j,** single people [25]**Ĉu vi...Esperanton?** Have you been learning Esperanto for a long time now? [26]**vizit/i,** here: to attend [27]**labor/o/j,** labors, work [28]**kun sopir/o,** longingly [29]**kor/a/j/n salut/o/j/n,** cordial greetings

DIS-

The prefix **dis** denotes separation into different parts or directions: **disdoni,** to give out, hand out; **dissendi,** to disseminate, send out, broadcast; **disiri,** to separate, go separate ways.

PLAĈAS

Although **ŝati** may be translated "to like" its exact meaning is "to appreciate," "to have high regard for." Another way to say "like" is with **plaĉi,** which, however, requires a turned-around construction like this: **Tiu libro plaĉas al mi,** I like that book (lit., "That book is pleasing to me"). **Via belsona nomo tre plaĉas al mi,** I like your pretty-sounding name very much. **Kiel plaĉas al vi la manĝo?** How do you like the meal?

JAM, JAM NE

Jam ("already") is often used in the sense of "by now," "up to now": **Li jam kantadas tri horojn,** He's been singing for three hours now. **Mi jam delonge sciis tion,** I've known that for a long time now. **Jam nun!** Right away! **Ĉu vi jam delonge lernas Esperanton?** Have you been learning Esperanto for a long time now?

Jam ne means "not now" in the sense of "not any longer": **Jam ne pluvas,** It's not raining now (it has been raining until now, but not any longer). **Mi jam ne amas vin,** I don't love you any more.

BONAN TAGON

When someone says "Good morning" or "Good day" he is not speaking a complete sentence; but everyone understands the meaning: "*I wish you* a good morning," "*Have a* good day," etc. In Esperanto, the words **bonan tagon, bonan matenon,** etc., have the accusative ending because they are objects of a verb, even though that verb is not expressed.

More examples: **bonan vesperon,** good evening; **bonan nokton,** good night; **bonan apetiton,** good appetite (a common mealtime greeting like "enjoy your meal"); **sukceson** or **bonŝancon,** good luck; **bonvenon,** welcome (as in "welcome to my home," not "you're welcome"); **saluton,** hello, hi, greetings; **korajn salutojn,** cordial greetings.

PLEASE, THANK YOU, YOU'RE WELCOME

There are basically two ways to say "please" in Esperanto. One is with a form of **bonvoli** (literally: to have the good will to) which we've already met: **Bonvolu doni al mi la salon,** Please give me the salt. **Bonvole parolu pli malrapide,** Please speak more slowly.

The second way is with **mi petas,** "I beg," "may I ask:" **Donu al mi la salon, mi petas,** Please give me the salt. **Mi petas, parolu pli malrapide,** Please speak more slowly.

There are several ways to say "thank you," all using the verb **danki: dankon, dankojn, mi dankas, mi dankas vin.** "Thanks a lot" can be **multan dankon, multajn dankojn, dankegon,** or **kora(j)n danko(j)n.**

"You're welcome" as a reply to "thank you" is variously **ne dankinde** (not worth thanking), and—again—**mi petas,** please, meaning "Please don't mention it," or "Please let me do even more for you."

One further use of **mi petas** is to ask someone to repeat something you didn't quite hear or understand. In this case you pronounce it as a question—**Mi petas?**—and the meaning is "I beg your pardon—please say that again?"

Bildkarto¹ ĉiam ĝojigas

¹**Bild/kart/o,** picture postcard

4. Du Leteroj

(From *A Key to Esperanto.*)

Kara Sinjoro,

En Esperanta gazeto mi vidis vian adreson, kun la rimarko, ke vi estas armea oficiro. Mi ankaŭ estas oficiro, kaj mi kredas, ke ni povus kun granda intereso korespondi inter ni pri multaj demandoj. Ĉu vi volas korespondi kun mi?

Kun kora saluto,

Estimataj[1] Sinjoroj,

Laŭ via peto ni sendas al vi ĉi-kune[2] nian prezliston, kiu montros al vi, ke niaj varoj ne estas multekostaj.[3]

Rilate al[4] la kvalito, ni povas certigi[5] al vi, ke ni estas firmo de bona reputacio, kaj ke ni produktas nur objektojn de la plej bona speco.

Atendante viajn mendojn, kiuj ricevos nian tujan[6] atenton.

Viaj fidele,

[1]**estim/at/a,** esteemed (see below) [2]**ĉi-kun/e,** herewith [3]**mult/e/kost/a,** expensive [4]**rilat/e al,** in regard to [5]**cert/ig/i,** to assure [6]**tuj/a,** immediate

ESTIMATA

Estimata, "esteemed," is the usual form of address for business or rather formal letters. **Kara** is more frequently used in informal letters, especially to friends.

5. Barbro kaj Eriko—II

Rud en la 16-a de oktobro

Malproksima amiko,

Koran dankon! mi tre ĝojis, kiam mi ricevis vian leteron. Kun intereso mi legis, kion vi tiel afable rakontis, kaj ankaŭ mi volas iomete paroli pri mi mem. Nur fremda, stranga nomo mi ja[1] ankoraŭ estas al vi!

Mia patro (kiu, cetere,[2] nun tre interesite[3] rigardas la belan poŝtmarkon aŭstran) estas kampulo.[5] Post la morto de mia patrino kaj frato Gösta, mastrumadas[6] kaj helpas al mia patro nur deknaŭjara knabino. Jes, vi ĝuste divenis: estas mi.

Ni loĝas en izolita bieno, kiu situas kvin kilometrojn okcidente[7] de Karlstad, la plej proksima urbo. Tie mi vizitas depost du monatoj esperantan kurson, kiun gvidas juna germano. Multaj gelernantoj, preskaŭ kvardek, partoprenas[8] la kurson: geedzoj, gefraŭloj, kaj infanoj.

Sed temis pri[9] mia hejmo. Vi vidas dometon ruĝe-brunan[10] kiun bele ĉirkaŭplektas[11] hedero. Kiel ordinare la biendomoj[12] svedaj,[13] ĝi estas el ligno, ĉar riĉa je arbaroj estas nia lando. Inter la blankaj fenestrokadroj[14] mike elrigardas[15] floroj—pri kiuj mi iom fieras! Flanke de la domo roviĝas[16] stalo por kvar bovinoj kaj unu ĉevalo. Kelkaj kampoj ĉirkaŭe[17] apartenas al ni.

En tiu medio miaj tagoj trankvile pasas. Ne mankas al[18] mi laboro, sed vespere mi ofte havas tempon por legi librojn aŭ studi Esperanton. De nun[19] ni ja havos ankaŭ novan, agrablan okupon: korespondadi kun vi. Vere, tio estas granda plezuro, kaj mi petas—baldaŭ respondu!

Multajn salutojn de via sveda amikino,

Barbro

---

ja, indeed, after all   [2]**ceter/e,** "I might add" (see below)   [3]**interes/it/e,** interestedly   [4]**poŝt/mark/o,** postage stamp   [5]**kamp/ul/o,** farmer **mastr/um/i,** to keep house   [7]**okcidente de,** west of   [8]**part/o/pren/as,** take part in   [9]**tem/is pri,** the subject was   [10]**ruĝ/e-brun/a,** reddish brown [11]**ĉirkaŭ/plekt/as,** twines around   [12]**bien/dom/o,** farmhouse [13]**kiel...svedaj,** as Swedish farmhouses usually (are)   [14]**fenestr/o/kadr/o,** window frame   [15]**el/rigard/as,** look out   [16]**trov/iĝ/as,** is found   [17]**ĉirkaŭ/e,** roundabout   [18]**mank/as al** (see below)   [19]**de nun,** from now on

JA

This little word is used for emphasis and means "indeed," "assuredly," "after all," "you know," etc: **Li ja kantas belege,** He certainly does sing beautifully. **Tiu aŭto ne estas nova, sed ĝi ja estas mia,** That car isn't new, but it *is* mine.

CETERA, CETERE

Cetera means "the rest," "the part left over": **Kelkaj el la knaboj pilkludis, kaj la ceteraj iris hejmen,** A few of the boys played ball and the rest of them went home.

Cetere means "as for the rest," "additionally," "besides," "I might add," "moreover," "on the other hand," "by the way." **Kaj cetere,** and so on, and more besides.

MANKAS

In Esperanto no person ever lacks a thing; the thing has to be lacking to the person: **Mankas al mi la tempo por fari tion,** I lack the time (in order) to do that. **Ne mankas al mi laboro,** I don't lack for work.

TEMAS PRI

Temo is a theme, a topic, a subject under discussion: **La temo de mia libro estas la arto,** The subject of my book is art.

Temi means "to have as its subject," "to be about:" **Mia libro temas pri la arto,** My book is about art.

With no subject expressed, **temas pri** means "the subject is," "it is a question of:" **Temas nun pri la prezo de viaj varoj,** The question now has to do with the price of your goods. **Pri kio temas?** What are we talking about? **Ne temas pri manko de mono,** It is not a matter of lack of money.

6. Trans la Lingvajn Barilojn—I

(By Francis Helmuth, from *North American Esperanto Review*)

Unu jaron post kiam ili komencis lerni Esperanton, Francis kaj Bonnie Helmuth lasis sian hejmon en San Diego, California, por longa vojaĝo tra Eŭropo, uzante la lingvon kiel bileton al multaj aventuroj kaj novaj amikecoj.[1]

Le Havre, Francujo,[2] 16 oktobro

La S.S. Alblasserdijk alvenis ĉe la haveno de Le Havre, je la 10a ptm.,[3] la 15an de oktobro, kaj estis tro malfrue por elŝipiĝi,[4] do ni devis atendi ĝis merkreda mateno. Tiun matenon la vetero estis bela, la suno brilis, kaj ne estis malvarme ekstere.[5] Antaŭ la matenmanĝo,[6] je 7:30 atm.,[7] viro atendis min en la ripozejo[8] de la pasaĝeroj. Kiam mi proksimiĝis[9] al li, mi vidis verdan steleton sur lia jaketo,[10] kaj kiam mi estis staranta apud li, li salutis min per la belaj, bonaj vortoj, "Bonan matenon, Sinjoro."

La viro estis Jean Gibaux, membro de la Esperanta grupo en Le Havre. Li diris al mi ke la delegitino[11] tie ricevis mian leteron el New Orleans, Usono, kaj ke li volas konduki min kaj mian edzinon al la domo de Hélène Amiard, instruistino.

Hélène Amiard estas ĉarma, afabla virino kiu diris ke ŝi volas prezenti nin al siaj gesamideanoj[12] en Le Havre, ĉe kunveno tiunokte.[13] Bedaŭrinde, ni devis foriri, ŝipe, je la tria ptm. la saman tagon, do ni ne havis la okazon por renkonti la aliajn geesperantistojn tie. Almenaŭ, ni babiladis dum unu horo, Esperante (ŝi ne povis paroli angle), kaj tiam Samideanino Amiard montris al ni diversajn partojn de sia urbo.

[1]**amik/ec/o,** friendship (see -EC below) [2]**Franc/uj/o,** France (see -UJ below) [3]**ptm.** = **post/tag/mez/e,** p.m. [4]**el/ŝip/iĝ/i,** to debark [5]**ekster/e,** outside [6]**maten/manĝ/o,** breakfast [7]**atm.** = **antaŭ/tag/mez/e,** a.m. [8]**ripoz/ej/o,** lounge [9]**proksim/iĝ/i,** to approach [10]**jak/et/o,** jacket [11]**delegit/in/o,** delegate (female) representing that city for the U.E.A. [12]**ge/sam/ide/an/o/j,** fellow Esperantists (see SAMIDEANO below) [13]**tiu/nokt/e,** that night

Le Havre estas bela urbo kie multaj ŝipoj haltas por ŝarĝi kaj malŝarĝ varojn kaj pasaĝerojn ĉiutage. Ĝi estis parte detruita dum la dua mondmil ito[14] kaj oni konstruas multajn belajn novajn konstruaĵojn: ĉambrarojn[15] ka konstruaĵojn por komercaj aferoj. La novaj konstruaĵoj estas modernaj ka belaj, kaj havas tri aŭ kvar etaĝojn super allogaj[16] butikoj. En la ple malnova parto de la urbo estas la malnovaj butikoj kaj magazenoj kaj su la larĝa trotuaro estas budaroj,[17] kie oni vendas ĉiajn aĵojn.[18] Tie l loĝantoj[19] aĉetas manĝaĵojn, vestaĵojn,[20] juvelojn, bombonojn, ktp.[21]

Ankaŭ la delegitino nin helpis trovi la oficejon de la Amerik Ekspreso[22] kaj la poŝtoficejon,[23] kaj ni sendis poŝtkartojn[24] kaj leterojn a niaj geamikoj en Usono. Je la 12a ni aĉetis Svisan fromaĝon, ŝinkon vinon, kaj panon, kaj portis ilin al la domo de Samideanino Amiard por ni tagmeza manĝo. Post la manĝo ni denove babiladis Esperante, kaj post d bonaj horoj de interesa interparolo[25] ni devis adiaŭi[26] kun la espero k denove ni vizitos la urbon Le Havre kaj eble renkontos la aliajn geesper antistojn tie.

[14]**mond/milit/o,** world war   [15]**ĉambr/ar/o,** apartment   [16]**al/log/a,** attractive   [17]**bud/ar/o,** group of vending stalls, bazaar   [18]**ĉiaj aĵoj,** all sorts of things   [19]**loĝ/ant/o,** inhabitant   [20]**vest/aĵ/o,** clothing   [21]**ktp. = kaj tiel plu,** etc., and so on   [22]**Amerika Ekspreso,** American Express Co.   [23]**poŝt/ofic/ej/o,** post office   [24]**poŝt/kart/o,** post card   [25]**inter/parol/o,** conversation   [26]**adiaŭ/i,** to say farewell

-EC

The suffix **ec,** rather like *-ness* in English, names an abstract quality **bona,** good, **boneco,** goodness; **pura,** clean, **pureco,** cleanliness; **feliĉa** happy, **feliĉeco,** happiness. The English equivalents do not always end i *-ness,* however: **amiko,** friend, **amikeco,** friendship; **alta,** high, **alteco** height; **saĝa,** wise, **saĝeco,** wisdom.

-UJ

This suffix, which we first met in Lesson 7, means container: **inko,** ink, **inkujo,** ink-well, etc. It is also commonly used, with roots denoting nationality or race, to form the names of countries: **franco,** a Frenchman, **Francujo,** France; **belgo,** a Belgian, **Belgujo,** Belgium; **anglo,** an Englishman, **Anglujo,** England; **polo,** a Pole, **Polujo,** Poland.

Another use for **uj,** which you will probably only see in older texts, names trees from their fruits: **pomo,** apple, **pomujo,** apple tree; **ĉerizo,** cherry, **ĉerizujo,** cherry tree. Current usage has all but discarded these forms in favor of **pomarbo, ĉerizarbo,** etc.

SAMIDEANO

The literal translation of **sam/ide/an/o** is "a person associated with the same idea." The word is used of Esperantists and for all practical purposes means "fellow Esperantist."

ADIAŬ—ĜIS LA REVIDO

There are two ways to say "goodbye" in Esperanto. **Adiaŭ** (like French *adieu,* or Spanish *adiós)* indicates a rather final or long-time parting: **Adiaŭ, karulino mia, mi foriras militon,** Farewell, my darling, I'm off to war. **Ĉu mi adiaŭu ĉiujn miajn esperojn?** Must I say goodbye to all my hopes? **Adiaŭa parolado,** farewell address.

For a shorter time, one says "goodbye" with **Ĝis la revido,** Until we meet again (lit., "until the re-seeing"). This is sometimes shortened to just **Ĝis revido, Ĝis la,** or even **Ĝis!**

POR—PRO

Both of these words are generally translated "for" but they are usually not interchangeable. **Por** (for the purpose of) looks ahead to some goal; **pro** (on account of) looks backward to a reason: **Tiu donaco estas por Paĉjo,** That gift is for Papa. **Dankon pro la konsilo,** Thanks for the advice. **Ni enŝipiĝis por Le Havre,** We embarked for Le Havre. **Ni ne elŝipiĝis pro la malfrua horo,** We didn't get off the ship because of the late hour.

Por preceding an infinitive usually means "in order," or "for the purpose of," though in English these words are not always expressed: **Ŝi venis por viziti siajn infanojn,** She came (in order) to visit her children. **Mi haltis por vidi ion,** I stopped (in order) to see something. **Mi havas multon por fari,** I have a lot to do. (It helps to remember the old song: "I'm going to Louisiana, my true love for to see.") Watch for numerous instances of this use of **por** plus the infinitive, in the following selection.

7. Trans la Lingvajn Barilojn—II

Bonnie kaj mi devis elŝipiĝi en Antverpeno, Belgujo, ĉar la vaporŝipkompanio[1] ne volis ke ni restu surŝipe.[2] Ili pagis por biletoj al Rotterdam per vagonaro,[3] kaj ni ne povis halti por kontakti la esperantistojn en Antverpeno. Estis bedaŭrinda afero, sed eble baldaŭ en la estonteco[4] ni povos rehalti tie.

Pluvis dum la vagonara veturo al Rotterdam, kaj kiam ni atingis la urbon ankoraŭ estis pluvante. Ni trovis hotelĉambron apud la centra parto de la urbo. La horo estis la tria, posttagmeze, kaj Bonnie estis tro laca por vagi tra la urbo, do ŝi enlitiĝis[5] kaj mi iris al la centra parto de la urbo.

Oni povas trovi la oficejon de la Universala Esperanto-Asocio tre facile, ĉar ĝi estas sur la konata[6] strato Eendrachtsweg.* Estas bela kanalo en la centro de Eendrachtsweg, kaj ĉe ĉiu flanko estas larĝa herbejo[7] kaj multaj belaj arboj. La vojoj iras laŭlonge[8] de ĉi tiuj herbejoj kaj kanalo, ka

---

* The office of UEA has since moved to a newer building nearby at Nieuwe Binnenweg 176.

la oficejo estas lokita kie oni povas vidi la belajn parketon kaj kanalon de la oficejo.

Kiam mi iris apud la pordon de la oficejo mi vidis du montrofenestrojn[9] ĉe la maldekstra flanko kaj mi haltis por vidi iliajn enhavojn.[10] Estis ekzpozicio de esperantaĵoj![11] Jen estis bonega afero, ĉar miloj da personoj piedpasas[12] ĉi tiujn fenestrojn ĉiutage kaj multaj el ili devas vidi la propagandaĵojn[13] pri Esperanto: libroj kaj libretoj, turistprospektoj,[14] broŝuroj, ktp. Ankaŭ, sur la muro de la konstruaĵo estis la vortoj "Universala Esperanto-Asocio," kaj super la pordo estis granda verda stelo.

Interne[15] mi trovis koridoron kun du pordoj ĉe ĝia maldekstra flanko. Kiam mi malfermis la unuan pordon mi vidis du virinojn kiuj laboris ĉe skribmaŝinoj.[16] Ambaŭ portis verdajn stelojn, do mi diris, "Bonan tagon." Ili rigardis al mi kaj unu el ili respondis, "Saluton, Sinjoro. Ĉu ni povas helpi vin?" Tiam mi prezentis min, kaj post taso da teo kaj kelkaj afablaj vortoj alia virino eniris. Ŝi estis fraŭlino Vermaas, kaj ŝi invitis min en sian oficejon por interparolo.[17] Ni marŝis el la unua oficejo, tra ĉambro inter la du oficejoj, kie estis bretaroj[18] kun multaj libroj, aĵoj por poŝto kaj oficejlaboro[19] ktp. Ĉi tio montris al mi, ke memevidente[20] oni laboregas ĉe ĉi tiu oficejo por disvastigi[21] librojn, gazetojn, reklamojn kaj informojn[22] al la diversaj partoj de la mondo.

Kiam mi foriris el la oficejo de UEA mi havis bonan senton, ĉar mi jam trovis geamikojn per la verda stelo, kvankam mi estis en fremda lando, kie oni parolas alian lingvon. Ili invitis min kaj mian edzinon al la oficejo por pli da interparolo dum la venontaj tagoj, kaj ankaŭ diris al mi ke, se ni bezonos helpon pri ia afero, ili ŝatus helpi nin.

---

[1]**vapor/ŝip/kompani/o,** steamship company [2]**sur/ŝip/e,** on board
[3]**vagon/ar/o,** train [4]**est/ont/ec/o,** future [5]**en/lit/iĝ/is,** went to bed
[6]**kon/at/a,** (well) known [7]**herb/ej/o,** grassy place [8]**laŭ/long/e de,** along
(the length of) [9]**montr/o/fenestr/o,** show window [10]**en/hav/o,** content
[11]**esper/ant/aĵ/o/j,** Esperanto things, Esperantiana [12]**pied/pas/as,** pass
by on foot [13]**propagand/aĵ/o,** publicity material [14]**turist/prospekt/o,**
travel folder [15]**intern/e,** inside [16]**skrib/maŝin/o,** typewriter
[17]**inter/parol/o,** conversation [18]**bret/ar/o,** set of shelves
[19]**ofic/ej/labor/o,** office work [20]**mem/evident/e,** obviously
[21]**dis/vast/ig/i,** spread abroad, promulgate [22]**inform/o/j,** information.

8. Trans la Lingvajn Barilojn—III

Rotterdam, Nederlando, 20 oktobro

Por sabato vespere ni estis invititaj al granda afero en Rotterdam kiam la Esperanto-grupo "Merkurio" festis sian oran jubileon. Unue estis akcepto[1] de la grupo, je la dua posttagmeze, en Salono Beatrix apud la centra stacidomo,[2] kie ĉeestis[3] pli ol cent personoj: ĵurnalistoj, viroj kun gravaj pozicioj en la urbo, amikoj de Esperantistoj, ktp. Ni renkontis kelkajn geesperantistojn kaj babiladis kun ili, kaj dum la tuta vespero ni ne havis okazon por uzi unu vorton de la angla lingvo. La akcepto finiĝis[4] je la kvina kaj kelkaj neesperantistoj foriris, kaj la aliaj personoj eniris alian ĉambron por la bankedo.

Ĉe la bankedo ni renkontis multajn esperantistojn—estis proksimume sesdek da ili tie. S-ro J. D. Brakel, prezidanto de Merkurio, lia edzino, kaj ges-roj Isbrucker sidiĝis ĉe la ĉeftablo[5] en la bankedĉambro. Ni havis bonan interparolon kaj post bongustaj[6] manĝaĵoj S-ro Brakel faris paroladon, kaj ankaŭ[7] F-ino[8] Vermaas kaj S-ro Driesen.

Mi lernis pri kelkaj aferoj rilate al Esperanto kaj la organizaĵoj[9] esperantaj en Nederlando. Unue, estas pli ol tricent geesperantistoj en la urbo Rotterdam,[10] sed oni havas kvar grupojn en tiu urbo. Estas la grupo "Merkurio," la klubo "La Espero," kaj ankaŭ grupo de kristanaj esperan-

tistoj kaj grupo de laboristoj. Kvankam ili havas siajn proprajn kunvenojn, ili tamen estas bonaj amikoj kaj laboras en harmonio por la movado.[11]

Mi ankaŭ lernis ke multaj Esperantistoj ĉi tie, kaj ankaŭ tra la mondo, ne estas membroj de la Universala Esperanto-Asocio. Mi opinias,[12] ke la tuta esperantistaro[13] devas aparteni al unu internacia, neŭtrala grupo, por kreskigi[14] la Esperantan movadon, aŭ la movado ne havos sufiĉan forton por kreski. La lokaj grupoj ankaŭ estas gravaj por la movado, sed unue ni devas havi fortan internacian asocion. (Daŭrigota)[15]

[1]**akcept/o,** here: reception [2]**staci/dom/o,** (railway) station house [3]**ĉe/est/i,** to be present [4]**fin/iĝ/is,** came to an end [5]**ĉef/tabl/o,** head table [6]**bon/gust/a,** tasty [7]**kaj ankaŭ...,** and so did... [8]**F-ino = Fraŭlino** [9]**organiz/aĵ/o,** organization [10]**la urbo Rotterdam,** the city of Rotterdam (see below) [11]**mov/ad/o,** movement [12]**opini/as,** believe (see below) [13]**esperant/ist/ar/o,** all Esperantists, the "Esperanto world" [14]**kresk/ig/i,** to make grow [15]**daŭr/ig/ot/a,** to be continued

LA URBO ROTTERDAM

When a proper name is used with its category also expressed, the word **de** is generally not used, and the proper name usually comes second: **la urbo Ĉikago,** the City of Chicago; **la rivero Misisipi,** the Mississippi River; **monto Everest,** Mount Everest; **la monato novembro,** the month of November.

OPINIAS—PENSAS

Mi opinias means "I think" when one is offering a firm opinion. **Mi pensas** means "I am thinking," "It is running through my mind." Compare: **Mi opinias, ke ĉiuj esperantistoj devas aparteni al unu grupo,** I think all Esperantists need to belong to one group; **Mi pensas, ke mi iros al Parizo en aprilo,** I think I will go to Paris in April.

nda haven-urbo Rotterdam

9. Barbro kaj Eriko—III

Kara amikino,

Koregan dankon pro via letero, kiu multan ĝojon faris al mi. Mi vidas vin en mia imago, mi vidas vian dometon ruĝbrunan, mi preskaŭ havas la senton, ke mi iam estis ĉe[1] vi.

Leginte, ke vi jam perdis vian fraton kaj vian karan patrinon, mi tre malĝojiĝis. Bedaŭrinda knabino![2] Sed mi sentas, ke vi majstrante la sorton estas bona filino al via patro kaj trovas en la laboro, en la zorgo por li multan kontenton. Ĉu ne, amikino?

Ankaŭ miaj gepatroj havis malgrandan bienon, patro krome[3] ĉiam laboris en la fabriko. Nun ili estas maljunaj kaj donis sian posedon al bofrato[4] Johano, ĉe kiu ili kaj mi loĝas; miaj aliaj gefratoj vivas en lokoj diversaj.

Ankaŭ nia bieno situas flanke de la domaro.[5] Ĉirkaŭe estas montoj, herbejoj, arbaroj. Mia patro estas pasia ĉasisto.[6] Li ankoraŭ estas tre sana, tre vigla, la patrino bedaŭrinde malsanetas de post kelkaj jaroj.

Vi certe volas scii pli multe pri nia urbeto.

Hohenberg troviĝas en 470-metra absoluta alteco,[7] kelkaj pintoj ĉirkaŭe atingas 1300 kaj 1400 metrojn. Tie sude,[8] la unua montego salutas el la malproksimo. La dorso jam estas nuda, baldaŭ neĝo ĝin kovros.

Iru kun mi sur tiun monton, kiu portas la ruinojn de mezepoka[9] kastelo! Rigardu la valon belegan. Sub niaj piedoj situas bela lageto kaj nia urbeto, norde, sude, kaj en la flankvaloj[10] diversaj aliaj partoj de la komunumo.[11]

Nun estas aŭtuno—la aŭtuno estas la plej bela sezono en nia montaro. Preskaŭ ĉiutage ni havas la same bluan ĉielon, ankoraŭ brilas sufiĉe[12] varme la suno.

Jam tre frue malaperas[13] la suno sub la montarhorizonto.[14]

Mi estas sola en mia ĉambreto, mi skribas kaj revas.

Respondu baldaŭ, skribu tre multe!

Tutkore[15] salutas

Eriko

El *Heroldo de Esperanto*

(*Heroldo de Esperanto* is a popular Esperanto publication in newspaper format from Italy.)

Saĝa vorto. Orson Wells foje[16] diris: "Komplimentado[17] estas la arto diri al aliaj tion, kion ili mem pri si pensas."

La geedzoj. Post la fianĉiĝo:[18] li parolas, ŝi aŭskultas; dum la miela monato:[19] ŝi parolas, li aŭskultas; dek jarojn poste: ambaŭ parolas, la najbaroj aŭskultas.

[1]**ĉe vi,** at your house [2]**bedaŭrinda knabino!** poor girl! [3]**krom/e,** besides that [4]**bo/frat/o,** brother-in-law (see BO- below) [5]**dom/ar/o,** cluster of houses, settlement [6]**ĉas/ist/o,** hunter [7]**absolut/a alt/ec/o,** height above sea level [8]**sud/e,** in the south [9]**mez/epok/o,** middle ages [10]**flank/val/o,** side valley [11]**komun/um/o,** community (see -UM below) [12]**sufiĉ/e,** here: rather (see below) [13]**mal/aper/as,** disappears [14]**mont/ar/horizont/o,** mountain range skyline [15]**tut/kor/e,** whole-heartedly, most cordially [16]**foj/e,** on one occasion, once [17]**kompliment/ad/o,** giving compliments [18]**fianĉ/iĝ/o,** becoming engaged, engagement [19]**miel/a monat/o,** honeymoon

BO-

The prefix **bo** denotes relationship by marriage: **bofrato,** brother-in-law; **bopatrino,** mother-in-law; **bofilo,** son-in-law.

SUFIĈE

Sometimes **sufiĉe** ("enough") is used in the sense of fairly, rather, pretty: **Li kantas sufiĉe bone,** He sings fairly well. **Ankoraŭ brilas sufiĉe varme la suno,** The sun is still shining pretty warmly.

-UM

The suffix **um** is called the "indefinite suffix" and is used to change the meaning or function of a word when none of the other suffixes quite fit. Words with **um** are easier to demonstrate than to explain. Some common ones are: **aero,** air, **aerumi,** to air out, aerate; **akvo,** water, **akvumi,** to water (a lawn, etc.); **folio,** a leaf, **foliumi,** to leaf through (a book); **okulo,** an eye, **okulumi,** to "eye" someone, ogle; **butiko,** a shop, **butikumi,** to go shopping; **plena,** full, **plenumi,** to fulfill; **malvarma,** cold, **malvarmumo,** a cold; **proksima,** near, **proksimume,** approximately; **komuna,** common, **komunumo,** a community; **cerbo,** brain, **cerbumi,** to rack one's brain, think hard about something.

10. En Skotlando[1]

(From *Esperanto en Skotlando,* a bulletin published by the Scottish Esperanto Federation)

En Skotlando, same kiel[2] en multaj aliaj landoj, la enloĝantoj[3] uzas pli ol unu lingvon. En la norda kaj okcidenta regionoj la antikva gaela estas la hejmlingvo. En la suda parto la angla parolmaniero[4] unue aŭdiĝis, kaj iom post iom[5] disvastiĝis ĉien. Kio pri la skota lingvo? Eble iu kompeten-tulo[6] verkos por ni artikolon pri tiu temo en nia bulteno.

La skota lingvo certe estas pli ol dialekto. La poezio de Robert Burns donas al ni klasikan stilon kaj vortaron.[7] Multaj el la vortoj de Burns estas jam neuzataj[8] kaj forgesitaj. Nun iu skota skolo[9] klopodas redoni ilin al ni. Kompreneble, en diversaj partoj de la lando nesamaj[10] terminoj estas uzataj por la sama objekto. Ekzemple,[11] antaŭ kelkaj jaroj[12] mi kamploĝis[13] kun skoltina[14] trupo ĉe farmbieno.[15] La farmista familio ĵus translokiĝis[16] de la graflando[17] Ayr el Fife; la du filinetoj parolis riĉan dialekton plenan je[18] vortoj kiujn mi neniam antaŭe[19] aŭdis.

Ĉu ni perdas nian lingvan heredaĵon?[20] En multaj familioj la "Broad Scots" estas la hejmlingvo, sed en la lernejo, la oficejo, la mondumo,[21] la angla lingvo estas la modo. Ĉu "fremda supo allogas, propra brogas?"— aŭ ĉu ni vere hontas pri la propra dialekto? Leganto, kion vi opinias?

Mi bone memoras unu tagon en la lernejo kiam mi estis ĉirkaŭ dekunu-
jara; ni devis deklami parkere la poemon de Burns, "A man's a man for a'
that,"—*"La homo vera."* [22] Nu, estis privata lernejo, kaj iuj el la knabinoj
estis etaj snoboj. Do ili deklamis kiel eble plej[23] anglamaniere.[24] Sed
venis la vico de mia dekjara fratino. Ŝi ekstaris[25] kaj laŭte deklamis la
tutan poemon en sia plej riĉa dialekto. Kiel mi admiris ŝian kuraĝon!

—M.C. Fraser

Skot/land/o, Scotland [2]**sam/e kiel,** the same as [3]**en/loĝ/ant/o =
loĝanto** [4]**parol/manier/o,** manner of speaking [5]**iom post iom,** little by
little [6]**kompetent/ul/o,** expert, connoisseur [7]**vort/ar/o,** vocabulary
[8]**ne/uz/at/a,** unused [9]**skota skolo,** a group of people devoted to the
Scottish language [10]**ne/sam/a,** different, unlike [11]**ekzempl/e,** for
example [12]**antaŭ kelkaj jaroj,** several years ago [13]**kamp/loĝ/i,** to camp
out [14]**skolt/in/o,** girl scout [15]**farm/bien/o,** farm [16]**trans/lok/iĝ/i,** to
move, change residence [17]**graf/land/o,** county (territory formerly
administered by a count) [18]**plen/a je,** full of [19]**neniam antaŭ/e,** never
before [20]**hered/aĵ/o,** heritage [21]**mond/um/o,** high society (the world of
"important people") [22]**La homo vera...,** first words of Esperanto
translation of the poem [23]**kiel eble plej,** as...as possible [24]**kiel eble plej
anglamaniere,** in as English a manner as possible [25]**ek/star/i,** to stand
up

La fama skota
poeto Robert
Burns

11. Barbro kaj Eriko—IV

Rud 7.11.19..

Mia tre kara, malproksima amiko,

Mi ĵus venis per biciklo el la kurso. Kelke da junaj gekursanoj akompanis min al mia barilpordo.[2] Estas tre gaje dum la lecionoj, ni multe ŝercas kaj ridas; ni sentas, kvazaŭ ni de longe konus unu la alian. Vere, mi dezirus, ke mi povu diri al ĉiuj, kiuj loĝas izole: "Lernu Esperanton, kaj ne plu[3] vi estos izolitaj!"

Nu, dum mi ankoraŭ, pro la leciono, havas en mia kompatinda[4] cerbo la vortojn "varmaj,"[5] mi volas skribi al vi. —Ĉi tie estas tiel kviete: patro legas gazeton, mia griza kateto sidas sur benko apud la forno. Gaja fajreto brulas, ĉar ekstere blovas akra vento el nordo; jam venas la frosto.

Ho, mi ankoraŭ ne dankis pro via letero kun la interesa rakonto pri hejmregiono via; jes, mi eĉ malfermis la karan (!?) lernolibron[6] geografian ĉe la loko, kie estas presite: Österrike (Aŭstrujo). Paĉjo tre miris pro tiu malofta atako de lernemo.

Vi rakontis pri via familio, kaj mi tre ĝojas, ĉar ankoraŭ vivas viaj gepatroj. —Kaj nun vi volas iom pli ekscii[7] pri via sveda amikino. Nu, mi ne estas tiel alta kiel la plimulto[8] de svedaj knabinoj, sed mi estas blonda kaj havas bluajn okulojn, kaj en miaj vejnoj certe fluas la sango de la Vikingoj—maltrankvila kaj vojaĝema[9] mi estas. Sed mi amas mian maljunan patron kaj restas ĉe li. De du jaroj[10] li havas en la tuta mondo nur min, mi jam diris, ke mia frato, kiu estis iomete pli aĝa[11] ol mi, mortis. Tiam mi devis forlasi la mezan lernejon, kiun mi vizitis en Karlstad, kaj reiri hejmen por tie labori. Mi devis rezigni miajn dezirojn kaj celojn, sed nun mi tamen estas kontenta. —Nur tro longa estas la vintro.

Ĉu vi volos[12] baldaŭ skribi?

En fidela amikeco mi restas via

Barbro

Vintro en Svedlando

Nov. 7, 19.. The order is: day, month, year ²**bar/il/pord/o,** gate ³**ne ▮lu,** no longer ⁴**kompat/ind/a,** pitiful, poor ⁵while I still have the words ▮arm (i.e., fresh) in my poor brain ⁶**lern/o/libr/o,** textbook ⁷**ek/sci/i,** ▮et to know, find out ⁸**pli/mult/o,** majority ⁹**vojaĝ/em/a,** inclined to ▮ravel a lot (see -EM below) ¹⁰**de du jaroj,** for two years ¹¹**pli aĝ/a,** ▮lder ¹²**Ĉu vi vol/os...,** Won't you...

-EM

This suffix indicates a tendency or inclination: **labori,** to work, **aborema,** industrious; **aventuro,** adventure, **aventurema,** adventurous; **▮ormi,** to sleep, **dormema,** sleepy; **vojaĝi,** to travel, **vojaĝema,** inclined ▮o travel a lot; **helpi,** to help, **helpema,** helpful; **drinki,** to drink (to excess), **▮rinkema,** given to drinking a lot.

12. La Sonĝo

(From *Boletín*, published by Spanish Esperanto Federation, Zaragoza)

En malgranda nederlanda vilaĝo—Osterlittens—vivis iam ŝufaristo. La enloĝantoj de tiu vilaĝo sendube[2] ne multe uzis siajn ŝuojn, ĉar ni[a] ŝuisto devis pene[3] labori kaj tamen restis malriĉa.

Iun nokton[4] li havis strangan sonĝon. Voĉo diris al li: —Iru al Amsterdamo kaj tie sur la Papen-ponto vi trovos trezoron.[5]

La sekvintan[6] matenon nia ŝulaboristo rakontis al sia edzino pri l[a] sonĝo. La edzino—saĝa virino—nur respondis: —Sonĝoj mensogas[.] Ne kredu pri[7] ili.

Sur la Papen-ponto

Tamen la sekvintan nokton ree la sama songôn revenis; kaj eĉ trian fojon ĝi turmentis la edzon tiel, ke post forpaso de la nokto li diris al sia edzino:

—Mi iros al Amsterdamo, ĉar nun mi volas vidi ĉu mia songôn efektiviĝos![8]

Malgraŭ la plendoj de sia edzino pri la multekosta vojaĝo, li forveturis al la ĉefurbo.[9] Tie li trovis post unuhora promenado kaj pridemandado[10] la ponton, kie li trovos sian feliĉon. "Eble mi nun estos riĉa" meditis la ŝufaristo. Sur la ponto tamen nenio eksterordinara[11] estis videbla. Nur maljuna almozulo[12] sidis tie, ludante akretonan[13] violonon. Du agojn la ŝuisto pasigis[14] en la najbareco[15] de la ponto. La trian tagon li decidis reveturi hejmen se nenio okazos. Sed ankaŭ la tria tago forpasis. Je la vespero la almozulo alparolis[16] lin:

—Diru al mi, mia kara,[17] kion vi serĉas tie ĉi? Vi migras sur tiu ĉi ponto jam dum tri tagoj. Ĉu vi atendas iun?

Nia malfeliĉulo rakontis pri sia songôn.

—Nu—komentis la maljunulo.— Ne kredu pri songôj. Ankaŭ mi havis songôn. Mi songîs ke mi iru[18] al Osterlittens. Tie malantaŭ la domo de ŝufaristo mi fosu sub fosto kaj mi trovos poton da oro! Sed ne kredu ke mi iru tien! Mi eĉ ne scias kie tiu vilaĝo kuŝas! Estu saĝa kaj iru hejmen!

—Ho jes, mi tuj iros hejmen—gaje respondis la ŝuisto kaj jam li estis for.

Hejmen veturinte li apenaŭ salutis la edzinon, prenis fosilon[19] el la laborejo kaj fervore ekfosis sub la fosteto malantaŭ la domo. Kaj vere, post duonhora fosado, kupra kuirpoto[20] kaptis la taglumon.[21] Ĝoje la

---

[1]ŝu/far/ist/o, shoemaker [2]sen/dub/e, undoubtedly [3]pen/e labor/i, work hard [4]iu/n nokt/o/n, one night [5]The dash indicates a quotation (see below) [6]sekv/int/a, following [7]kred/i pri, believe in [8]efektiv/iĝ/i, come true [9]ĉef/urb/o, capital city [10]pri/demand/i, make inquiries [11]ekster/ordinar/a, out of the ordinary [12]almoz/ul/o, beggar [13]akr/e/ton/a, sharp-toned, piercing [14]pas/ig/i, to pass, spend [15]najbar/ec/o, neighborhood [16]al/parol/is, addressed, spoke to [17]mia kara, my good fellow [18]ke mi ir/u, that I should go [19]fos/il/o, hovel [20]kuir/pot/o, cooking pot [21]tag/lum/o, daylight

ŝuisto konstatis ke la enhavo konsistas el oraj moneroj. Komprenebl‹ lia nekredema edzino partoprenis[22] lian feliĉon. La monon ili transportis‹ al la plej proksima urbo kie juvelisto rekompence[24] donis al ili multe d‹ banknotoj.[25] Nun feliĉaj tagoj alvenis por nia ŝuisto kaj lia familio. L‹ poton li purigis kaj pendigis super la fajrujon.[26]

Iun tagon la pastro venis viziti lin kaj vidis la malnovan kaldronon. L‹ pastro ŝatis tiajn antikvaĵojn[27] kaj demandis:

—De kie venas tiu poto?

—Mi aĉetis ĝin en vendejo—ruze respondis la ŝuisto, ĉar li ne voli‹ malkaŝi la sekreton de sia neatendita[28] prospero.

La pastro, rigardante la poton de pli proksime, vidis fremdlingva‹ surskribon[29] parte forviŝitan[30] pro la tempo.

—Aĥ—li diris—mi legas latinan surskribon sur tiu ĉi poto. Tre strange‹ Jen mi legas: "Sub tiu ĉi poto kuŝas alia." Mi ne komprenas tion. Ĉu vi‹

—Ne, ankaŭ mi ne komprenas—gaje respondis la ŝuisto.

Post la foriro de la pastro, dua persono forlasis la domon. Estis la ŝuist‹ kiu rapide iris al la laborejo, prenis fosilon kaj denove faris truon sub l‹ fosto—kaj vidu—jen dua poto! Ankaŭ tiu estis plena je oro. Nun la ŝuist‹ kaj lia edzino estis riĉaj.

Anstataŭ la ligna fosto la ŝuisto metis ŝtonon sur la lokon, kie li trovi‹ oron...kaj feliĉon. Mi ne scias ĉu tiu ŝtona fosto ankoraŭ staras e‹ Osterlittens, sed la historio montras al ni ke:

Sonĝoj povas realiĝi.[31] Kaj ankaŭ estas fakto ke ni ofte serĉas l‹ feliĉon malproksime, dum ĝi kuŝas apud nia domo. Ni nur eklaboru po‹ trovi ĝin!

J. C. van Twuiver (laŭ popolrakonto[32]

---

[22]**part/o/pren/is,** took part, shared [23]**trans/port/is,** conveyed, took over
[24]**rekompenc/e don/is,** gave for it [25]**bank/not/o/j,** paper money
[26]**fajr/uj/o,** fireplace [27]**antikv/aĵ/o,** antique [28]**ne/atend/it/a,** unexpected‹
[29]**sur/skrib/o,** inscription [30]**for/viŝ/it/a,** wiped away, obliterated
[31]**real/iĝ/i,** to come true [32]**popol/rakont/o,** folk tale

QUOTATION MARKS

The manner of indicating quotations varies throughout the world.
Various systems are used in Esperanto, as follows:

> "Ho jes," diris la pastro.
>
> „Ho jes," diris la pastro.
>
> «Ho jes,» diris la pastro.
>
> —Ho jes,—diris la pastro.
>
> —Ho jes, diris la pastro.

TRANSITIVE AND INTRANSITIVE VERBS: -IG

A transitive verb is one capable of acting upon some person or thing,
i.e., one which can have a direct object. **Legi** (legi libron), **trovi** (trovi
libron), **vidi** (vidi la sunon), **posedi** (posedi bienon), **sendi** (sendi leteron)
are transitive verbs; while **esti, marŝi, kuŝi, povi,** etc., are intransitive
verbs.

A normally intransitive verb may be made transitive by means of the
suffix **ig: La tago pasis** (intr.) **malrapide,** The days passed slowly; **Li
pasigis** (tr.) **du tagojn sur la ponto,** He passed two days on the bridge.
(Lit.: He made two days to pass...) **La poto pendas** (intr.) **super la fajrujo,**
The pot is hanging over the fireplace; **Li pendigis la poton super la
fajrujon,** He hung the pot (lit., made the pot to hang) over the fireplace.

13. Barbro kaj Eriko—V

Amikino, tre kara!

La vintro sendis siajn heroldojn: venton, nebulon—malgajan veteror Malaperis la helaj suntagoj,[1] malaperis la kantbirdoj,[2] senfoliaj[3] esta la arboj—griza, grizega domaro, kamparo, montaro, seriozega la tut naturo.

Sed tamen nun en mia koro brilas la suno—ĉar via letero alveni alportis feliĉon kaj ĝojon.

Vi do estis en Hohenberg—jes mi vin vidis! Promenante hodiaŭ en l aŭtuna arbaro, mi subite rimarkis ĉarman knabinon, ne grandan bluokulan, iomete petolema ŝi ŝajnis. Ho, tro baldaŭ neniiĝis[4] la bel revbildo.[5]

Mi volas rakonti al vi, kara amikino, hodiaŭ pri aŭstraj festotagoj[6] en l monato novembro. La unuan de novembro katolikoj festas la "Tagon d Ĉiuj Sanktuloj."[7] Multaj personoj, kiuj ŝatas ankoraŭ la kutimojn malno vajn, donas strange plektitajn farunaĵojn,[8] "sanktulfarunaĵojn," al la in fanoj. La duan, la Tagon de la Mortintoj,[9] ĉiu, kiu havas parencojn en l tombejo,[10] tien iras kaj restas kelktempe,[11] absorbita en memoro, malĝoja Floroj ornamas la tombojn, lumoj brilas en malgrandaj lanternoj.

La dekduan ni festis la naskiĝtagon[12] de la respubliko. La domoj esti dekoritaj per flagetoj kaj floroj, oratoroj parolis pri la signifo de la tag laboristoj faris belan teatraĵon.

Vi certe scias, ke en la dekdua de novembro de 1918, post la unu mondmilito, la aŭstra respubliko estis fondita.

Malgajajn tempojn ni jam devis travivi.[13]

Kiel feliĉaj estas vi, svedoj, ke vi ne konas la terurojn de la milito—m amas la pacan svedan popolon kaj mi esperas, ke eterna paco veno ankaŭ por ĉiuj popoloj.

Kaj Esperanto certe al eterna paco preparas la vojon.

Koran manpremon[14] de via

Eriko

sun/tag/o, sunny day ²kant/bird/o, song bird ³sen/foli/a, leafless ⁴eni/iĝ/is, became nothing, "went poof" ⁵rev/bild/o, dream (lit., dream picture) ⁶fest/o/tag/o, holiday ⁷**Tago de Ĉiuj Sanktuloj,** All Saints Day ⁸farun/aĵ/o, pastry (here, a kind of fried cake) ⁹**Tago de la Mort/int/o/j,** All Souls Day ¹⁰tomb/ej/o, cemetery ¹¹kelk/temp/e, a little time ¹²nask/iĝ/tag/o = naskotago ¹³tra/viv/i, to live through ¹⁴man/prem/o, handshake

PREPOSITIONS AS PREFIXES

Many compound words use prepositions as prefixes: **en/ir/i,** to enter, to in; **el/ir/i,** to exit, go out; **tra/viv/i,** to live through, survive; **sen/fort/a,** feeble, without strength; **for/pren/i,** to take away; **for/pas/i,** to pass away; **for/vetur/i,** to drive away, etc.

Prepositional prefixes are liberally used with verbs expressing motion—**iri, veni, veturi, marŝi, porti,** etc.—even to a point that may seem redundant at times: **Li eniris en la domon = Li iris en la domon = Li eniris la domon. Ŝi elvenis el la vendejo = Ŝi venis el la vendejo. Eriko suriris la monton = Eriko iris sur la monton. Oni forprenis la flagon for de la teatro = Oni prenis la flagon for de la teatro = Oni forprenis la flagon de la teatro.**

ANTAŬ OL—POST KIAM

When **antaŭ** is followed by a verb, **ol** is usually inserted: **antaŭ la milito,** before the war; but **antaŭ ol la milito finiĝis,** before the war ended. **Antaŭ la somero,** before summer; but **antaŭ ol la somero venos,** before summer comes.

Similarly when **post** is followed by a verb, **kiam** is usually inserted: **post la milito,** after the war; but **post kiam oni deklaris militon,** after they declared war.

14. Bali, La Insula Paradizo

(From *Ĉirkaŭ la Mondon kun la Verda Stelo,* by Joseph R. Scherer.)

Bali! Vorto magia inter la malmultaj mondvojaĝantoj, al kiuj ĝis nun est᷉ eble viziti la feliĉan insuleton oriente de Javo.

Bali! Nomo menciata kun mistera respekto; prononcata kvazaŭ signifus "Eterna Feliĉejo."

Kiam en Surabajo[1] mi aĉetis mian ŝipbileton al Bali, mi sentis kvaza᷉ mi akiris ŝlosilon al la paradizo. Ĉar tiom mi estis leginta pri la feliĉ᷉ popolo, pri la feinaj virinoj, pri la senkomparaj[2] pejzaĝoj, ke certe n᷉ surtera[3] paradizo povas instigi je[4] tiom da entuziasmaj kaj laŭdaj vorto᷉

Mi timetis, ke eble mi estos seniluziigata.[5] Kaj tiel timis ali᷉ vojaĝantoj. Sed du glob-trotuloj,[6] kiuj jam estis tie, nur diris litani᷉ de glorkantoj.[7] Kiu do ankoraŭ kuraĝus[8] dubi, ke ni staras ant᷉ "Pordego[9] de la Paradizo"?

Sep altaj vulkanoj leviĝas[10] sur la insulo. La plej alta, sur kies 3 00᷉ metroj loĝas la dioj de la mondo, ĵus kaptis la unuajn sunradiojn.[12] ᷉ estis la reĝo de la montoj: estis la glora "Pinto de Bali".[13] Tuj pos᷉ lumiĝis ankaŭ la aliaj pintoj. Ili aperis kiel arĝentaj piramidoj naĝant᷉ sur orumitaj[14] nuboj.

Ni devis alteriĝi[15] en remboatoj,[16] kaj en la momento, kiam mi met᷉ mian dekstran piedon sur la teron de Bali, mi forgesis mian banal᷉ skribmaŝinon kaj la kofrojn, kiujn mi postlasis[17] en Surabajo; mi forge᷉ ĉiujn zorgojn; mi lasis malantaŭ mi la tutan mondon. Komenciĝi᷉ dektaga libertempo, komenciĝis revo senfine bela, en revolando[19] ᷉ fantazia, sed vera.

Kompreneble multaj el la 30 000 insuloj, kiuj ornamas la Pacifik᷉ Oceanon, estas belegaj. Ĉiuj havas palmajn marbordojn,[20] ĉarma᷉ montetojn; multaj havas spegulantajn rizokampojn,[21] glorajn pinto᷉ miraklajn sunleviĝojn,[22] sed mi estas certa—kaj ĉiuj, kiuj iam vizi᷉ la insulon, samopinias,[23] ke Bali estas la reĝino de la insulaj perloj, ne ᷉ pro la natura beleco, sed ankaŭ pro la plej feliĉa popolo en la mondo.

Nia vivo inter la enlandanoj[24] estis unu konstanta feliĉa ĉarmo. ᷉ popolo vivas laŭ la malnova ordo de la bibliaj tagoj. Ŝajnas, ke la tem᷉ flugis malantaŭen je 3 000 jaroj, kaj ni vidas la vivon, kia ĝi estis[25] ᷉ patriarkaj tagoj, kvankam materie plibonigita.[26] La filoj prenas la edzin᷉

n sian patriarkan familiogrupon, kaj la filinoj edziniĝante foriras. La
atro restas estro de la familiogrupo ĝis la morto. La tero estas posedata ne
e unuopaj[27] personoj, sed de tiaj familiogrupoj. Tiuj, kiuj ne havas multan
eron, helpas la aliajn, kontraŭ[28] porcio de la rikoltaĵo. En Bali oni laboras
ur unu monaton el ĉiuj kvar, aŭ tri monatojn el la jaro. Oni rikoltas dum
lu semajnoj kaj plantas dum du semajnoj, kaj sekvas tri monatoj, kiam la
lioj de Bali zorgas pri la resto. Tiam la feliĉaj insulanoj libertempas. Ili
estas, faras procesiojn al temploj, aranĝas kokbatalojn,[29] dancas, kaj
nanĝas dolĉaĵojn sub la banjan-arbegoj.

La vivo moviĝas[30] laŭ bova rapideco[31] sur la sunaj, ĉielgloraj[32] deklivoj,
iuj falas de la piramidaj pintoj al la bordoj de la bluega oceano. Mi trovis
a indiĝenojn tre afablaj, graciaj, iom timemaj,[33] iom fieraj. Same fidelaj,
iel ili restis al sia religio, ili restas al la vivkutimoj.[34] Ili manĝas rizon,
rifoje[35] ĉiutage, kaj multegajn fruktojn, kiel kokosojn, ananasojn, pa-
ajojn, bananojn, mangostanojn kaj rambutanojn. Mi ne vidis eĉ unu ladan
katolon kun eŭropaj konservaĵoj.[36]

Ĉiutage mi pasigis kelkan tempon en la vilaĝoj. Kiam, en la mal-
roksima montaro, mi eniris en patriarkan kabangrupon,[37] ĉirkaŭitan[38] de

---

Surabajo, Surabaya [2]sen/kompar/a, incomparable [3]sur/ter/a
paradizo, paradise on earth [4]instigi je, bring about, urge (people) on to
sen/iluzi/ig/at/a, disillusioned [6]glob/trot/ul/o, globe-trotter [7]glor/
ant/o, paean (song of glory) [8]kuraĝ/us, would dare to [9]pord/eg/o,
gate(way) [10]lev/iĝ/as, rise up [11]3 000 = 3,000 [12]sun/radi/o, ray of the
un [13]Pinto de Bali, Bali Peak [14]or/um/i, to gild [15]al/ter/iĝ/i, to land
rem/boat/o, rowboat [17]post/las/is, left behind [18]komenc/iĝ/is, (there)
egan [19]rev/o/land/o, dreamland [20]mar/bord/o, seashore, beach [21]riz/o/
kamp/o, rice field [22]sun/lev/iĝ/o, sunrise [23]sam/opini/as, agree [24]en/
land/an/o, inhabitant [25]kia ĝi estis, such as it was [26]pli/bon/ig/i, to
mprove [27]unu/op/a, single, individual (see -OP below) [28]kontraŭ,
ere: in return for [29]kok/batal/o, cock fight [30]mov/iĝ/i, to move (intr.)
laŭ bova rapid/ec/o, ploddingly (lit., "at ox speed") [32]ĉiel/glor/a,
eavenly-glorious [33]tim/em/a, timid [34]viv/kutim/o/j, customs, mores
tri/foj/e, three times [36]konserv/aĵ/o, canned food, preserves
kaban/grup/o, group of cabins, settlement [38]ĉirkaŭ/i, to surround

teraj muroj, la enloĝantoj kelkfoje malaperis kvazaŭ leporoj. Sed m
sidiĝis sur ŝtupeton aŭ ŝtonon kaj ekdesegnis dometon kun palmo, kaj ion
post iom la plej junaj infanoj scivoleme[39] proksimiĝis. Mi nenion diris ka
daŭrigis la desegnadon. Iom post iom sekvis la pli aĝaj infanoj kaj, fine
la plej aĝaj—la gepatroj—kaj faris grandan rondon ĉirkaŭ mi.

Mi daŭrigis mian laboron, ĝis kiam iu knabo aŭ virino diris "bagus
bagus," kio signifas "tre bela." Tuj mi donacis mian "artlaboron" al l
laŭdinto kaj, montrante al li aŭ ŝi, diris "bagus, bagus" kio signifis
"Ankaŭ vi estas bela." Granda ridado kaj tuja interamikiĝo. Tuj on
alportis al mi manĝaĵojn, kaj amikeco estis memkomprenebla.[40] Oft
mi manĝis, ne estante malsata, nur por malaperigi ĉiun timemon.

La knabino, kiam ŝi edziniĝas, ne havas grandajn respondecojn.[41] Ŝi n
devas alporti la pantoflojn al la edzo, ĉar li tiajn ne havas; ŝi ne devas lav
la telerojn, ĉar ne ekzistas tiaj en la domoj de Bali; se ŝi havas infanetojr
ne estas vindotukoj[42] por esti lavataj. En Bali la gejunuloj sin elektas se
helpo de la gepatroj, tute kontraŭe[43] al la kutimo en la cetera Azio.

La virinoj cetere ricevas la ĉefan admiron de la fremduloj. Ili nombra
700 000, dum la viroj nombras nur 300 000 en Bali. Ili estas videblaj ĉie
irantaj al aŭ venantaj de proksima templo aŭ vilaĝa vendejo. La inoj hava
naŭ ŝancojn el dek, esti naskitaj belegaj. Iu klarigis,[44] ke Bali estas paradiz
por la virinoj. Mi preferus diri, ke Bali estas paradizo por la viroj—ĉar l
virinoj faras la plej multan laboron.

La virinoj estas nudaj de la ŝultroj ĝis la talio; sed ili modeste kovra
siajn krurojn ĝis la piedoj per longaj sarongjupoj.[45] Kiam ili iras al danc
ili kovras ankaŭ la mamojn per belkoloraj tukoj. Do la balianinoj[46] esta
plimulte vestitaj por danco ol por la strato—ĝuste kontraŭe al la kutimo e
Ameriko kaj Eŭropo. La viroj portas ĝenerale maldikan[47] jakon sed, kiel
virinoj, ne uzas ŝuojn.

Ĉiuj banas sin ofte dum la tago, en la riveretoj kaj kanaloj. La viroj ĉ
unu flanko, kaj la inoj ĉe la alia flanko. Ĉio estas en ordo tiom longe, kion
neniu iras trans la mezon de la rivero, kiu tamen ofte mezuras nur kvar a
kvin metrojn.

En Bali oni ne trovas perlojn aŭ aliajn riĉaĵojn. Tio estas granda feliĉo
Ĉar se perloj estus trovitaj en Bali, la blankaj komercistoj[49] estus veninta
jam antaŭ multaj jaroj por interŝanĝi[50] la perlojn kontraŭ brando, kie
okazis en multaj aliaj tropikaj insuloj, pli multe "favoritaj" de la juvel-dioj
Tiel en Bali estis permesite daŭrigi sian paradizan sonĝon komencita
antaŭ multaj jarcentoj.[51]

Unu vesperon mi sekvis noktan procesion. Dekoj da maskitaj dioj kaj entoj da indiĝenoj. Torĉoj, kantoj, preĝoj, kostumoj, ensorĉiga[52] muziko, ιcenso, sankta akvo; nenio mankis. Malrapide la procesio moviĝis[53] tra ι vilaĝeto. Estis la festo de la plenluno.[54] La luno mistere brilis inter ιboj kaj tra la foliaro de la graciaj palmoj. La aero estis varmete dolĉa.

Sekvis baliaj dancoj sub la steloj. Knabinoj, kiuj laboras en la rizokam- ɔj, dancis en oraj vestaĵoj! Ili dancis ne nur per la piedoj sed ankaŭ per ι manoj kaj per ĉiuj fingroj, ŝultroj, kapo kaj eĉ per la okuloj. La efekto ƶtis tre artisma,[55] kaj kun la torĉoj, la palmoj, la templomuroj kaj la ιnlumo la tuto estis nepriskribeble[56] fantazia.

sci/vol/em/e, inquisitively [40]mem/kompren/ebl/a, self-evident; "it ɔes without saying that..." [41]respond/ec/o, responsibility
vind/o/tuko, diaper [43]kontraŭ/e, contrary [44]klar/ig/i, to explain
sarong-jupo, sarong [46]bali/an/in/o, woman of Bali [47]mal/dik/a, thin
kiom longe kiom = tiel longe, kiel, as long as [49]komerc/ist/o, ιerchant [50]inter/ŝanĝ/i, to trade [51]jar/cent/o, century [52]en/sorĉ/ig/a, ιnchanting [53]mov/iĝ/is, moved (see below) [54]plen/lun/o, full moon ιart/ism/a, artistic [56]ne/pri/skrib/ebl/e, indescribably (pri/skrib/i, to ƶscribe)

Sekvis aliaj dancistinoj, kaj dancistoj, kiuj sidante en granda kvadra[^]
prezentis dancon kun mirinda[57] harmonio kaj precizeco.[58] Ili ŝajne r[^]
laciĝis,[59] kaj mi ne sentis dormemon. Kiam je noktomezo[60] mi fine forlas[^]
la vilaĝon, la dolĉa muziko sonis ankoraŭ longe en miaj oreloj. Mi ir[^]
dormi kun la gamelan-muziko[61] en la oreloj, kaj mi eksonĝis pri rev[^]
bildoj kaj fantaziaj melodioj. Kaj ĝis la hodiaŭa tago mi ne ĉesis revi p[^]
Bali, la insula paradizo.

[57]**mir/ind/a,** wonderful [58]**preciz/ec/o,** precision [59]**lac/iĝ/i,** to get tired
[60]**nokt/o/mez/o,** midnight [61]**gamelan-muziko,** gamelan music
(A gamelan is an Indonesian ensemble of mostly percussive instruments.)

TRANSITIVE AND INTRANSITIVE VERBS: -IĜ

Transitive verbs may be made intransitive by means of the suffix **iĝ: I**
insulano movis (tr.) **la boaton per unu remilo,** The islander moved t[^]
boat with one oar; **La boato moviĝis** (intr.) **malrapide laŭ la rivero,** T[^]
boat moved slowly along the river (lit., The boat became moved....). **[^]**
dividis (tr.) **la rizon en tri porciojn,** We divided the rice into thr[^]
portions; **Ni dividiĝis en tri grupojn,** We divided (intr.) into three grou[^]
(lit., We became divided into....). **La boatisto levis** (tr.) **sian remilon,** T[^]
boatsman raised his oar; **Tri vulkanoj leviĝas** (intr.) **sur la insulo,** Thr[^]
volcanos arise on the island (lit., Three volcanoes become raised....).

-ISM

This suffix, much as in English, denotes a doctrine or movement, a w[^]
of looking at or doing things: **katoliko,** a Catholic, **katolikismo,** Cathol[^]
cism; **kristano,** a Christian, **kristanismo,** Christianity; **alkoholo,** alcoh[^]
alkoholismo, alcoholism; **fatalo,** inevitable Fate, **fatalismo,** fatalism[^]
angla, English, **anglismo,** an anglicism.

-OP

The suffix **op** makes the collective sense of numbers: **dekope,** by ns, ten at a time; **Ili envenis duope,** They entered in pairs, by twos; **a policanoj marŝis kvarope,** The policemen were marching in roups of four; **unuope,** singly, one at a time.

3 000 METROJ

When figures of 1000 or more are written, the custom in some countries to separate thousands with a comma; in others a period is used; and ometimes only a space. All of the following mean three thousand:

3,000

3.000

3 000

15. ANTAŬPAROLO:[1] EVANĜELINO

(By Henry Wadsworth Longfellow.)

Jen la arbaro pratempa:[2] la murmurantaj pinarboj[3]
Staras en verdaj vestaĵoj, en la krepusko malluma,
Kiel druidoj antikvaj, voĉoj malĝojaj, profetaj,
Kiel harpistoj blankharaj, longaj la barboj sur brusto.
De la kavernoj profundaj la oceano najbara
Raŭka per voĉo respondas, de la arbaro ĝemadon.[4]

Jen la arbaro pratempa. Kie nun estas la koroj
Kiuj sub ĝia brançaro[5] kiel cervido[6] eksaltis,[7]
Kiu sub arbo ekaŭdas[8] de la ĉasanto[9] la voĉon?
Kie vilaĝo humila, hejmo de la kamparanoj,
Homoj de kiuj la vivoj kiel rivero iradis,[10]
Kies trankvilaj fluadoj[11] pasas tra paca arbaro,
Sub la brançaro de l' tero, ankaŭ sub bildoj ĉielaj?

Estas dezerta la lando, kaj disigitaj[12] por ĉiam[13]
Ĝiaj antaŭaj loĝantoj, for de la hejmoj pelitaj,
Kiel folioj kaj polvo kiam la fortaj ventegoj
De la kolera oktobro ilin ekkaptas kaj ĉasas,
Kaj malproksimen portinte, sur oceanon disĵetas.[14]
Nur tradicio nun restas de la vilaĝo de Grand-Pré.

Se vi la kredon posedas, kredon pri amo konstanta,
Kiu esperas kaj daŭras, kaj pacience atendas,
Se vi la fidon posedas pri la beleco kaj forto˙
De la virina animo, koro fidela, amanta,
Aŭdu la kanton malĝojan, kiun ankoraŭ kantadas
De la arbaro la pinoj,[15] la historion de amo
En Akadio la bela, lando de homoj feliĉaj.

—Trad.[16] William George Adam

¹**Antaŭ/parol/o,** foreword, introduction ²**pra/temp/a,** primeval, of
ancient times (see PRA- below) ³**pin/arb/o,** pine tree
⁴**Raŭka...ĝemadon = Respondas per raŭka voĉo (la) ĝem/ad/o/n**
(moaning) **de la arbaro** ⁵**branĉ/ar/o,** network of branches ⁶**cerv/id/o,**
fawn (see -ID below) ⁷**ek/salt/i,** leap, spring up (see EK- below)
⁸**ek/aŭd/i,** catch the sound of ⁹**ĉas/ant/o,** hunter ¹⁰**ir/ad/is,** went along
¹¹**flu/ad/o/j,** flowings ¹²**dis/ig/it/a,** dispersed ¹³**por ĉiam,** forever
¹⁴**dis/ĵet/i,** to scatter ¹⁵**kiun...pinoj = kiun la pinoj de la arbaro
ankoraŭ kantadas** ¹⁶**Trad.** = Traduk/it/a de

PRA-

This prefix denotes separation in time, as follows:

1. With specific relationships, it is equivalent to English "great" or
"grand": **onklo,** uncle, **praonklo,** great-uncle; **nevo,** nephew, **pranevo,**
grandnephew; **avo,** grandfather, **praavo,** great-grandfather; **nepo,**
grandson, **pranepo,** great-grandson; **prapranepino,** great-great-grand-
daughter, etc.

2. With all other words the connotation is always that of time long past:
pratempoj, primitive times; **prapatroj,** forefathers, ancestors; **prahomo,**
primitive man; **praarbaro,** primeval forest; **prahistorio,** prehistory;
prabesto, prehistoric animal; **pratipo,** prototype.

EK-

In Lesson 4 we learned that this prefix focuses on the start of an action.
The meaning may be "to begin -ing," as we have seen; or it may mean
an abrupt, startling kind of action: **salti,** to jump, **eksalti,** to spring
up abruptly; **brili,** to shine, **ekbrili,** to flash; **krii,** to yell, **ekkrii,** to
cry out; **aŭdi,** to hear, **ekaŭdi,** to catch the sound of.

-ID

The suffix **id** names the offspring or descendant of persons and animals: **reĝo,** king, **reĝido,** prince; **cervo,** deer, **cervido,** fawn; **kato,** cat, **katido,** kitten; **Izraelo,** Israel, **izraelidoj,** Israelites.

-ESTR

This suffix denotes the chief person: **urbo,** town, **urbestro,** mayor; **ŝipestro,** master of a vessel; **policestro,** chief of police.

16. Barbro kaj Eriko—VI

Rud la 30-an de novembro

Plej bona amiko,

Dankon, koran dankon pro via letero!

Vi rakontis iomete pri la malfeliĉa milito; mi same malamas ĝin. Via popolo certe estas egale pacama kiel la nia,[1] kaj mi kredas, ke la plimulto de la homoj ne deziras militi.

Ŝajnas al mi,[2] ke mi iufoje[3] legis pri la bela kutimo, meti lanternojn sur la tombojn. Ankaŭ en nia kalendaro la 1-a de novembro konservas de post la katolika tempo[4] tiun nomon: Tago de Ĉiuj Sanktuloj.

Mi jam multe aŭdis pri via popolo, kaj mi ŝategas la aŭstran muzikon. Per nia kvarlampa[5] aparato[6] ni ofte aŭskultas la ondon[7] vienan: Wagner, Beethoven, Mozart, Schubert kaj Strauss ĉiam entuziasmigas[8] min. Ĉu ankaŭ vi ŝatas la muzikon? Kaj—ĉu vi ŝatas danci? En Svedujo oni dancas tre multe. En ĉiu urbo troviĝas bela, granda popolĝardeno.[9] Dum la somero, sabate kaj dimanĉe multaj gejunuloj kunvenas tie por amuziĝi,[10] por vidi teatraĵojn, por danci. Ankaŭ mi ŝatas danci, sed Paĉjo ne permesas al mi partopreni publikan dancon. "Nur ĉi tie kaj en la hejmoj de viaj geamikoj vi dancu," diras la kara tirano.

De kelkaj tagoj jam neĝas. Blanka estas la tegmento de nia eta domo, super la blankaj ondoj de niaj kampoj flugas, manĝaĵon serĉante, mallumaj vaguloj:[11] la kornikoj. Paseroj sidas antaŭ nia fenestro, malsataj sed ne malĝojaj, atendante panerojn; la karaj paruoj fervore pikmanĝas[12] sebon. Kelkfoje ili danke rigardas min, kun la kapo oblikve tenata. Ĉu ili estas koketaj?

La tagoj jam estas mallongaj. Baldaŭ, dum Kristnasko,[13] la suno leviĝos nur post la naŭa matene kaj malaperos jam je la dekkvara.[14] Sed—ho, kiel belegaj estas vintre la noktoj! Mil steloj sur la ĉielo—pala luno—longaj, larĝaj strioj kaj flamanta drapiro de la norda lumo brilas en mirinda beleco.

Mi rigardas la stelojn, miaj pensoj migras al malproksimaj landoj kaj al la venonta tempo[15]....

Mi salutas vin!

Via amikino

Barbro

[1]**la nia,** ours [2]**ŝajnas al mi,** it seems to me [3]**iu/foj/e,** at some time [4]**la katolika tempo,** Catholic times [5]**kvar/lamp/a,** four tube [6]**aparato,** (radio) set [7]**ondo,** (radio) wave(length) [8]**entuziasm/ig/i,** to enthuse, inspire [9]**popol/ĝarden/o,** public park [10]**amuz/iĝ/i,** to have fun [11]**vag/ul/o,** tramp, vagabond [12]**pik/manĝ/i,** eat by pecking [13]**Krist/nask/o,** Christmas [14]**la dek/kvar/a,** 2 o'clock in the afternoon (24-hour system) [15]**la ven/ont/a temp/o,** coming times, times to come

FALSE FRIENDS

Not all Esperanto words that look like English words may be trusted to have exactly the same meaning. In the previous selection, for example **larĝa** does not mean "large," but wide; **kapo** isn't "cap," but head; and **domo** is not a "dome", it's a house. Such words, which can lead the unwary student astray, are known as "false friends." Here are some common ones:

Adulta, adulterous. *Adult:* plenaĝa.

Agonio, death-throes. *Agony:* dolorego, angoro.

Aktuala, of current interest, topical, present-day. *Actual:* efektiva.

Akurata, punctual, on time, prompt. *Accurate:* preciza, senerara.

Apologio, vindication, justification. *Apology:* pardonpeto, bedaŭresprimo.

Atendi, to wait. *Attend (meeting, etc.):* ĉeesti, vizitadi.

Averti, to warn. *Avert:* forturni, forklini.

Balanci, to swing up and down, sway, rock, nod. *Balance:* ekvilibri, bilanci.

Bedo, a patch or bed for plants. *Bed:* lito.

Bordo, bank, shore, edge. *Board:* tabulo; komitato, estraro.

Brava, valiant, gallant. *Brave:* kuraĝa.

Buklo, curl, lock (of hair). *Buckle:* buko.

Demandi, ask. *Demand:* postuli.

Drinki, drink to excess. *Drink (normally):* trinki.

Efektiva, real, actual. *Effective:* efika.

Eventuala, contingent, possible in the future. *Eventual:* fina. (**Eventuale** = in case of need)

Favorata, favored, privileged. *Favorite (book, etc.):* preferata.

Festo, a festival or celebration. *Feast (banquet):* festeno.

Frazo, sentence. *Phrase:* frazero, esprimo, vortgrupo.

Fundo, bottom. *Fund:* kaso, fondaĵo, fonduso.

Gipso, gypsum, plaster of Paris. *Gypsy:* cigano.

Granda, big, great. *Grand:* grandioza, impona.

Ĝenerala, in general, common to all or most. *General: (usual)* kutima; *(military)* generalo.

Infano, child. *Infant:* infaneto, bebo.

Instanco, level of official authority, especially judicial. *Instance:* okazo, ekzemplo.

Ĵurnalo, newspaper. *Journal: (diary)* taglibro; *(magazine)* gazeto, revuo.

Karto, card. *Cart:* ĉaro.

Kasko, helmet. *Cask:* barelo.

Kojno, wedge. *Coin:* monero.

Kondiĉo, a stipulation, prerequisite. *Condition (state):* stato.

Konkreta, real and not abstract. *Concrete:* betono.

Konsekvenca, consistent, something that follows in sequence. *Consequence:* rezulto, sekvo.

Kontroli, to check, verify, oversee. *To control:* regi, direkti.

Konvena, suitable, proper, fitting, appropriate. *Convenient:* oportuna.

Krajono, pencil. *Crayon:* paŝtelo.

Larĝa, wide, broad. *Large:* granda.

Lokusto, grasshopper. *Locust:* akrido.

Magazeno, a large store or storehouse. *Magazine:* gazeto, revuo. (Also **magazino** is a large, popular magazine, especially when illustrated and featuring articles on many subjects.)

Medicino, the science of medicine. *Medicine:* medikamento.

Mendi, to order (something). *To mend (repair):* ripari, senpaneigi.

Novelo, short story. *Novel:* romano.

Oferi, offer up, sacrifice. *Offer:* proponi, prezenti.

Okaze, by chance, accidentally. *Occasionally:* kelkfoje, de tempo al tempo (**Okazo:** chance, occurrence.)

Oportuna, convenient, handy. *Opportunity (chance):* okazo.

Parenco, a relative. *Parent:* patro, patrino. (*Parents:* gepatroj)

Pego, woodpecker. *Peg:* kejlo.

Placo, public square. *Place:* loko.

Planko, floor. *Plank:* tabulo.

Porko, a pig. *Pork:* porkaĵo, porka viando.

Praktiki, put into practice. *To practice (exercise, train):* sin ekzerci, ekzerciĝi.

Presi, to print (with type). *To press:* premi. *The press:* la gazetaro.

Pretendi, to claim, assert a right to. *Pretend:* ŝajnigi, preteksti.

Proceso, a law suit. *Process (procedure):* procedo.

Pruno, plum. *Prune:* sekigita pruno, sekpruno.

Rento, income from property or investments. *Rent:* lupago, luprezo. (**Lui** is to rent something from someone; **luigi** is to rent something to someone.)

Rezigni, to give up claim to, relinquish, waive. *To resign (from a position):* demisii, eksiĝi, abdiki.

Rimarki, to notice, observe, note. *To remark:* komenti, rimarkigi.

Rimedo, means, way, resource. *Remedy:* kuracilo; korekti, rebonigi.

Sentenco, a wise saying, proverb. *Sentence:* frazo.

Sorto, fate, destiny, luck. *Sort (kind):* speco.

Subskribi, to sign. *Subscribe:* aboni.

Triviala, vulgar, crude, boorish. *Trivial:* bagatela, malgrava.

Verso, a line of poetry, or Bible verse. *Verse (stanza of song or poem):* strofo.

Vulgara, everyday, run-of-the-mill, of or for the common people. *Vulgar:* triviala, kruda, maldeca.

17. Trans la Lingvajn Barilojn—IV

Frankfurto, Germanujo, 9 novembro

En la centra parto de Frankfurto staras multaj grandaj modernaj konstruaĵoj, kie iam ekzistis malnovaj, historiplenaj.[1] Kiam la dua mond-milito venis, la detruado[2] estis terura; miloj da bomboj falis el la ĉielo kaj detruis la plejparton[3] de la grandaj komercaj konstruaĵoj. Nuntempe[4] oni rekonstruis la urbon, kaj nun ekzistas grandaj modernaj stratoj kun novaj butikoj kaj magazenoj.

Kiam la vagonaro alvenis en la stacidomon, S-ro Franz Rabl atendis nin. Li estas maljuna viro, ekspoŝtisto,[5] kiu havis dum la tago tempon por montri al ni sian urbon. Ni promenis laŭlonge la riveron Maino, kie estas bela parketo kun multaj benkoj por la laculoj. Ni transiris[6] la riveron per malnova kaj interesaspekta[7] ponto al malnova parto de la urbo. Tie ankoraŭ staris la malnovaj domoj, gastejoj[8] kaj malgrandaj komercaj konstruaĵoj, ĉar la bomboj ne tuŝis ĉi tiun parton de la urbo. Ni iris al malnova gastejo por trinki la faman lokan trinkaĵon, pomvinon.[9] Multaj loĝantoj en ĉi tiu parto de la urbo kolektiĝas[10] en la gastejoj por trinki la malmultekostan kaj bongustan vinon kaj por interparoli pri gravaj kaj malgravaj aferoj.

Post nia trinkado ni vizitis kelkajn novajn grandajn magazenojn kaj la magazenoj rememorigis[11] min pri niaj en Usono, ĉar ili kaj la vendataj aĵoj, kaj ankaŭ la aĉetantoj, aspektis samaj, kiajn oni vidas en nia propra urbo. S-ro Rabl gvidis nin laŭlonge la ĉefstratojn,[12] kaj ankaŭ por vidi kelkajn malnovajn konstruaĵojn, preĝejojn, la urbdomon,[13] ktp. Tiam ni devis reiri al la stacidomo por renkonti alian samideanon, kiu atendis nin tie je la kvara kaj duono.

Kiam ni alvenis ĉe la stacidomo, altstatura,[14] mezaĝa[15] viro atendis nin ĉe la enirejo.[16] Estis S-ro Puff, peranto[17] por la Sennacieca[18] Asocio Tutmonda[19] en Germanujo, kaj li gvidis nin al restoracio por manĝi, kaj poste ni ĉeestis la monatan kunvenon de lia grupo.

[1]**histori/plen/a,** full of history, historic [2]**detru/ad/o,** destruction
[3]**plej/part/o,** greatest part [4]**nun/temp/e,** at the present time
[5]**eks/poŝt/ist/o,** ex-postman (see EKS- below) [6]**trans/ir/is,** crossed
[7]**interes/aspekt/a,** interesting-looking [8]**gast/ej/o,** inn, Gasthaus
[9]**pom/vin/o,** apple wine [10]**kolekt/iĝ/as,** collect, get together
[11]**re/memor/ig/is,** reminded [12]**ĉef/strat/o,** main street [13]**urb/dom/o,** town hall [14]**alt/statur/a,** tall (lit., of high stature) [15]**mez/aĝ/a,** middle-aged [16]**en/ir/ej/o,** entrance [17]**per/ant/o,** agent [18]**sen/naci/ec/a,** without (consideration for) nationality [19]**tut/mond/a,** worldwide **Sennacieca Asocio Tutmonda** = a world-wide organization of Esperantists

Wiesbaden, Germanujo, 16 novembro

En ĉi tiu urbo ekzistas bona Esperanta kurso vespere, kaj S-ro Schonrich estas la instruisto. Bonnie kaj mi ĉeestis la klason kaj, kvankam la instruisto kelkfoje[20] uzis la germanan lingvon, plejparte[21] li uzis Esperanton kaj ni vere povis ĝui la klason kaj lernis pri kelkaj gramatikaj aferoj.

Sabaton ni havis okazon por renkonti du malnovajn, fervorajn geesperantistojn, la gesinjoroj Bertram Potts el Wellington, Nov-Zelando. Li estas eksĵurnalisto[22] kaj malnova esperantisto, kaj dum sabata vespero li paroladis al speciala kunveno de la Esperanta klubo en Wiesbaden pri sia hejmo kaj la geesperantistoj tie. Li estas lerta, interesa paroladisto, kaj mi estas certa ke la tuta grupo ĝuis lian paroladon. Ĉiuj opiniis ke la vespero forflugis tro rapide.

S-ino Opperman, esperantistino en Wiesbaden, invitis nin al sia domo por vidi alian parton de la urbo kaj por paroli kune.[23] Ni promenis tra belaj arbaroj kiuj estas ĉirkaŭ la urbo, kaj ni vidis en la ĉirkaŭaĵoj[24] de la urbo multajn apartajn domojn. Kutime, en Eŭropo la urboj estas konstruitaj same kiel urboj en Usono, kun grandaj apartamentaroj[25] kaj loĝejoj[26] apud la centra parto de la urbo, kaj en la ĉirkaŭaĵoj oni konstruis apartajn domojn kaj malgrandajn apartamentarojn.

Ĵaŭdon ni foriris el la bela banurbo,[27] kaj veturis vagonare al Parizo.

Parizo, Francujo, 19 novembro

Ekzistas en la Jarlibro[28] de la Universala Esperanto-Asocio reklamo por la Hotelo Felix, Rue Molière 26, Parizo, Francujo. Kiam Bonnie kaj mi vidis ĉi tiun reklamon ni decidis viziti la Hotelon Felix dum nia vizito en Parizo.

Ni alvenis en Parizon je la sepa, vendredan matenon. Ni tuj iris al la Hotelo Felix, per taksio, ĉar la reklamo en la Jarlibro ankaŭ enhavas[29] la vortojn "Esperanto parolata." Estis nur mezaĝa virino en la hotelo, kiu ne povis paroli aŭ Esperante aŭ angle, kvankam ŝi montris al ni per signa lingvo, ke la esperantisto alvenos je la dekdua, tagmeze. Ni lasis niajn valizojn ĉe la hotelo kaj promenis tra kelkaj stratoj en la bela, fama kaj interesa urbo, Parizo.

Post trihora promenado ni revenis al la Hotelo Felix kaj tiam estis en la oficejo de la hotelo viro kiu salutis nin per la vortoj "Bonan tagon." Estis S-ro Jean Thierry, juna viro kiu estas duonposedanto[30] de la malgranda hotelo. Li ankaŭ estas vic-delegito por UEA kaj prezidanto de la Pariza Esperanto-Asocio. S-ro Thierry montris al ni ĉambron kaj ĝi tre plaĉis al ni, do ni decidis resti ĉe la Hotelo Felix dum nia restado de tri tagoj en Parizo.

Post kvarhora dormeto[31] ni vestiĝis, iris al restoracio por vespermanĝi, kaj tiam revenis al la hotelo por renkontiĝi[32] kun S-ro Thierry je la oka. Kune ni veturis, per aŭtobuso, al la kunvenejo de la Pariza Esperanto-Asocio. Oni kunvenas ĉiuvendrede, en la fama Universitato Sorbonne, en la geografia prelega ĉambro. Ĉeestis la kunvenon ĉirkaŭ tridek geesperantistoj kaj ni aŭskultis interesan paroladon pri Louis de Beaufront, la fama kaj unua franca esperantisto.

[20]**kelk/foj/e,** sometimes [21]**plej/part/e,** for the most part
[22]**eks/jurnal/ist/o,** former newspaperman [23]**kun/e,** together
[24]**ĉirkaŭ/aĵ/o/j,** surroundings, environs [25]**apartament/ar/o,** apartment building [26]**loĝ/ej/o,** residence [27]**ban/urb/o,** spa (town known for its mineral baths) [28]**Jar/libr/o,** yearbook, annual (see p. 48) [29]**en/hav/as,** contains [30]**du/on/posed/ant/o,** half-owner [31]**dorm/et/o,** nap [32]**renkont/iĝ/i,** to meet together

Estis iomete da tempo post la parolado, do mi havis la tempon por paroli nur kelkajn vortojn al la grupo pri Usono, Kalifornio, kaj ankaŭ pri la movado en San Diego kaj Los Angeles. Ni renkontiĝis en kafejo post la kunveno, kaj tie ni renkontis S-ron Schwartz, malnovan esperantiston kiu diris ke li volos renkonti nin ĉe la kongreso en Marseille dum aŭgusto.

Lundon posttagmeze ni iris al la biblioteko de la Ĉambro de komerco[33] ĉar ni legis en la Jarlibro de UEA pri "Grava Esperanto-fako" tie. Ni trovis en la biblioteko multajn librojn kaj gazetojn, pli ol du mil, pri Esperanto kaj diversaj grupoj tra la mondo ekde[34] la komenco de Esperanto. Ni rigardadis la librojn dum du horoj kaj tiam ni devis iri al la stacidomo por iri per vagonaro al Barcelono, Hispanujo.

(Daŭrigota)

[33]**Ĉambro de komerco,** Chamber of Commerce [34]**ek/de,** right from

EKS-

As in English, this prefix means "former": **eksprezidanto,** ex-president; **ekspoŝtisto,** former or retired postman; **eksigi,** to put out of office, fire; **eksiĝi,** to leave office, resign.

APERI—ASPEKTI

Although both of these words mean "to appear," they are not alike. **Aperi** is to make an appearance; **aspekti** is to appear (look) in a certain way: **Mia edzino aperis subite en la pordo,** My wife appeared suddenly in the doorway; **Ŝi aspektis kolera,** She looked angry; **Ŝia apero feliĉigis min, sed ŝia aspekto maltrankviligis min,** Her appearance (showing up) cheered me, but her appearance (the way she looked) made me uneasy.

NAMES OF COUNTRIES

There are three ways of deriving country names in Esperanto:

1. From the word for its inhabitants, a country name can be formed by means of the suffix **uj: anglo,** an Englishman, **Anglujo,** England; **dano,** a Dane, **Danujo,** Denmark; **germano,** a German, **Germanujo,** Germany.

(Sometimes the word **lando** is used instead of **uj: Anglolando, Danlando, Germanlando, Svedlando,** etc.)

2. Some younger countries have their own root-word: **Kanado, Aŭstralio, Bolivio, Brazilo, Usono,** etc. In this case the inhabitants are named with the suffix **an: Kanadano, Aŭstraliano, Boliviano, Brazilano, Usonano.**

3. In some cases there are Esperantized forms of internationally understood country names ending in **-io: Latvio, Hungario, Jugoslavio,** etc. In fact many people use **-io** as a suffix parallel to **-ujo,** so that one frequently sees **Anglio, Danio, Germanio,** etc.

THE ESPERANTO ALPHABET

The Esperanto alphabet has 28 letters: **Aa, Bb, Cc, Ĉĉ, Dd, Ee, Ff, Gg, Ĝĝ, Hh, Ĥĥ, Ii, Jj, Ĵĵ, Kk, Ll, Mm, Nn, Oo, Pp, Rr, Ss, Ŝŝ, Tt, Uu, Ŭ ŭ, Vv, Zz.** To name them (as in reciting the alphabet), give vowels their usual sound and add the **-o** ending to the consonants: A, Bo, Co, Ĉo, Do, etc.

Ŭ is named like the English word "woe" or by some, "**U-hoko.**" This letter is occasionally used initially like English W, by the way, mostly in proper names like **Ŭuhan** (Wuhan, the city in China), or **Ŭato** (for Watt).

The non-Esperanto letters Q, W, X, and Y are called **kuo,** or **kŭo** or **kvo; duobla-u** or **duobla-vo; ikso;** and **i-greka** or **ipsilono.**

In radio and telegraph messages, etc., where supersigns are not available, Ĉ may be spelled *CH*, Ĝ as *GH*, etc., and Ŭ may be sent as *U*. This system is, however, very rarely used in practice.

18. La Espero

(This poem by L. L. Zamenhof, set to music by F. Ménil, is a kind of "national anthem" of Esperantists.)

En la mondon venis nova sento,
Tra la mondo iras forta voko;
Per flugiloj de facila vento
Nun de loko flugu ĝi al loko.[1]
Ne al glavo sangon soifanta[2]
Ĝi la homan tiras familion;[3]
Al la mond' eterne militanta
Ĝi promesas sanktan harmonion.

Sub la sankta signo de l' espero
Kolektiĝas pacaj batalantoj,
Kaj rapide kreskas la afero
Per laboro de la esperantoj.
Forte staras muroj de miljaroj[4]
Inter la popoloj dividitaj;
Sed dissaltos[5] la obstinaj baroj,
Per la sankta amo disbatitaj.[6]

Sur neŭtrala lingva fundamento,
Komprenante unu la alian,
La popoloj faros en konsento[7]
Unu grandan rondon familian.
Nia diligenta kolegaro[8]
En laboro paca ne laciĝos,
Ĝis la bela sonĝo de l' homaro
Por eterna ben' efektiviĝos.

¹= **Nun ĝi flugu de loko al loko**   ²= **Ne al glavo, soifanta sangon**   ³= **Ĝi tiras la homan familion**   ⁴**mil/jar/o,** millenium (a thousand years) ⁵**dis/salt/i,** to burst apart ⁶**dis/bat/i,** to knock apart ⁷**en konsento,** in (by) agreement ⁸**koleg/ar/o,** band of coworkers

19. El Japanaj Novaĵoj[1]

(From *La Revuo Orienta*.)

La rezulto de la ĝenerala elekto de la Domo de Reprezentantoj en la 20a de novembro montris sufiĉan konfidon de la publiko al la Ikeda reĝimo. Do estas evidente, ke Ĉefministro[2] Ikeda estos denove elektita kiel la estro de la nova kabineto, kiam oni kunvokos[3] la specialan sesion de la Parlamento en la 5a de decembro por nomi ĉefministron.

Eksjuĝisto[4] al Hago

En la 17a de novembro D-ro[5] Kotaro Tanaka estis elektita de la Ĝenerala Kunsido[6] kaj la Sekureca[7] Konsilantaro[8] de la Unuiĝintaj[9] Nacioj por servi kiel la juĝisto de la Internacia Juĝejo[10] de Justeco[11] en Hago. Antaŭ nelonge li kompletigis[12] la 10-jaran servon kiel la ĉefjuĝisto de la Supera[13] Juĝejo de Japanujo.

Li diris, ke li estas tre danka al la Estro kaj funkciuloj[14] de la Ministrejo[15] de Eksteraj Aferoj, kaj ke je la nova ofico li humile kaj sindone[16] laboros por la honoro de sia patrujo[17] kaj por la monda paco.

Vizito de Studentoj el Suda Koreujo

40 membroj de la Sud-Korea Studenta Kultura Misio alvenis al Tokio per aeroplano vespere de la 29a de novembro. Ili restos 10 tagojn. La grupo konsistas el gestudentoj de diversaj gradoj, de elementaj lernejoj al universitatoj.

Dum la restado, ili prezentos filmojn, fotografaĵojn,[18] kaj faros prelegojn kune kun[19] korea muziko kaj danco. Samtempe ili interŝanĝos opiniojn pri diversaj temoj kun japanaj studentoj.

¹**nov/aĵ/o/j,** news ²**ĉef/ministr/o,** prime minister ³**kun/vok/i,** call together, convoke ⁴**eks/juĝ/ist/o,** former judge ⁵**D-ro = Doktoro** ⁶**kun/sid/o,** session, meeting ⁷**sekur/ec/o,** security ⁸**konsil/ant/ar/o,** council ⁹**Unu/iĝ/int/a/j Naci/o/j,** United Nations ¹⁰**juĝ/ej/o,** court ¹¹**just/ec/o,** justice ¹²**komplet/ig/i,** to complete ¹³**super/a,** supreme ¹⁴**funkci/ul/o,** functionary ¹⁵**ministr/ej/o,** ministry ¹⁶**si/n/don/e,** devotedly, dedicatedly ¹⁷**patr/uj/o,** fatherland ¹⁸**fotograf/aĵ/o,** photograph ¹⁹**kun/e kun,** together with

20. Barbro kaj Eriko—VII

Hohenberg, la 10-an de decembro

Amikino,

En mia imago mi venas al vi. Mi vidas svedajn arbarojn kaj lagojn, mi rimarkas vian domon ruĝbrunan. Mi eniras, premas vian manon, mi babilas kun vi.

Estante[1] infano mi legis belan rakonton de Selma Lagerlöf, via famega verkistino,[2] "Nils Holgerson" ĝi estas nomata. Mi tiam enviis la migrantan etulon,[3] mi nun lin denove envias. Sur la dorso de anseroj sovaĝaj ankaŭ mi volus veni al vi.

Ni havas similajn interesojn. Ankaŭ mi ŝatas muzikon, aŭskultas ofte radiokoncertojn kaj mem ludas violonon kaj fortepianon. La plej grandan plezuron faras al mi la legado,[4] preskaŭ ĉiutage ĝis meznokte mi legas.

Foto H. Ehmert

Vintro ankaŭ ĉe ni, neĝo kovras stratojn, tegmentojn, kampojn, herbejojn, montarojn.

Ĉu vi jam aŭdis pri sankta Nikolao[5] kaj pri Krampuso, la nigra diablo, kiu venas la sesan de decembro, por rekompenci kaj puni? Sankta Nikolao estas episkopo kun blanka mantelo, kun mitro kaj kurba bastono; Krampuso, tute nigra, havas longan voston, longan ruĝan langon kaj kornojn. Sur la dorso li portas sakon, destinitan[6] por malbonaj infanoj.

Ĉu mi iam povos sendi Krampuson al vi?—

Tiu maskado[7] estas malnova kutimo, sed multaj homoj al ĝi kontraŭas,[8] ne volante timigi[9] malgrandajn infanojn.

Dum Kristnasko ĉiu infano, malriĉa aŭ riĉa, ricevas kristarbon,[10] malgrandan abion, sur kies branĉetoj estas falsbrilaĵoj,[11] orumitaj pomoj, nuksoj, bakaĵoj, sub ĝi aliaj donacoj: libroj, vestoj, ktp. Kristnasko estas vere familia festo, preskaŭ ĉiuj familianoj donas al si reciproke[12] donacojn. Kristnasko estas la sopiro[13] de ĉiuj infanoj.

Dum Kristnasko ni ŝatas glacion kaj neĝon.

Je Kristnasko ni deziras al ni reciproke feliĉon—mi ankaŭ deziras feliĉon al mia malproksima knabino malgranda kaj sendas mian fotografaĵon al vi. Mi estus feliĉa, se mi ricevus la vian.[14]

Kun kora manpremo mi salutas vin,

Via

Eriko

[1]**est/ant/e,** (while) being, when I was [2]**verk/ist/o,** writer [3]**et/ul/o,** little fellow [4]**La plej...legado,** reading is my greatest pleasure [5]**Ĉu...Nikolao,** Have you ever heard of St. Nicholas [6]**destin/it/a por,** intended for [7]**mask/ad/o,** masquerade [8]**kontraŭ/i,** to oppose, be against [9]**tim/ig/i,** to frighten [10]**krist/arb/o,** Christmas tree [11]**fals/bril/aĵ/o,** tinsel [12]**al si reciproke,** to one another [13]**sopiro,** *here:* thing to be longed for [14]**la via,** yours

21. Trans la Lingvajn Barilojn—V

Barcelono, Hispanujo, 28 novembro

Ni ofte scivolis[1] en kia maniero oni povus vivĭ kaj vojaĝi en Eŭropo sen Esperanto. Kvankam la loĝantoj de la diversaj landoj povas aĉeti manĝaĵojn kaj aliajn aĵojn kaj lui ĉambrojn per malgrandaj sumoj, turisto ne povas fari same. Mi kaj mia edzino ricevas malgrandajn monatajn enspezojn,[2] kaj sen la helpo de la esperantistoj ni certe ne povus vivi kaj vojaĝi per niaj enspezoj. La turisto en Eŭropo devas pagi multe pli da mono por vivi, por aĉeti manĝojn en la restoracioj kaj por lui hotel-ĉambrojn, kaj por aliaj vojaĝaj aferoj.

Por ni estas pli facile ĉar, ekzemple, kiam ni alvenas en urbo ni telefonas al la esperantistoj tie kaj ili povas sciigi nin pri malmultekostaj lokoj por resti kaj manĝi. Kompreneble, la lingva barilo ne ekzistas por ni esperantistoj, sed la ordinaraj turistoj devas iri al la grandaj hoteloj kaj restoracioj, por trovi personojn kiuj povas paroli angle. Do, mi opinias, ke mi kaj Bonnie havas grandan ŝuldon al nia lingvo, Esperanto, kaj en la estonteco, kiam kaj kie ni povos, ni laboros por la movado.

En Barcelono ni tuj ricevis helpon de la esperantistoj por trovi bonan ĉambron en pensiono[3] en la malnova kvartalo de la urbo. La personoj ĉe nia hotelo ne povas paroli angle, sed esperantisto, S-ro Gisbert, helpis nin, per telefono, por lui la ĉambron kaj aranĝi la diversajn aferojn kun la hotelistoj. Ni alvenis mardon, la 20an de novembro, dum la vespero kaj, ĉar pluvis kaj ni estis sufiĉe lacaj post unu-kaj duontaga[4] vojaĝo de Parizo, ni enlitiĝis frue kaj ne havis tempon por kontakti la geesperantistojn.

La venontan[5] tagon, ankoraŭ pluvis do ni restis en nia ĉambro ĝis la sesa vespere, kiam la pluvo ĉesis. Ni marŝis al la oficejo de Prof. Dalmau, ĉefdelegito de UEA en Hispanujo, por renkonti lin kaj sciiĝi[6] pri la urbo Barcelono. S-ano Dalmau estas afabla, amika viro, profesoro de lingvoj, kiu sciigis nin pri la Esperanto-movado en Barcelono kaj Hispanujo, kaj pri la urbo.

Dum la sekvantaj tagoj ni estis tre okupataj[7] ĉar multaj geesperantistoj akompanis nin je diversaj tempoj por vidi la urbon kaj la vidaĵojn en la ĉirkaŭaĵoj. Ni renkontis pli da esperantistoj ĉi tie ol en aliaj urboj, ĉar ili ĉiam serĉas la okazon por paroli kun alilandanoj,[8] kaj precipe kun usonanoj.

Barcelono, Hispanujo, 6 decembro

Por la unua fojo mi havis la okazon por renkonti blindan esperantiston. En Hispanujo estas malpermesate almozpeti kaj la blinduloj devas, anstataŭe,[9] vendi loteriajn biletojn por vivteni[10] sin. Ni renkontis Jorge Fernández dum lia vendado proksime al la placo de Cataluña. S-ro Tomás Unet, ano de la grupo "Stelo de Paco," prezentis nin al Jorge, kaj dufoje li havis bonajn interparolojn kun li ĉe la stratangulo.[11] Li sciigis nin pri la blindula Esperanta grupo kaj ankaŭ montris al ni Esperantan gazeton presitan en Esperanto kaj brajlo.

Palma de Majorko, Hispanujo, 30 decembro

Bonnie kaj mi alvenis al ĉi tiu urbo matene, la 7an de decembro, per ŝipo el Barcelono post nokta vojaĝo trans la belan Mezmaron.[12] Ni trovis bonan ĉambron en unuaklasa[13] pensiono. Sammatene[14] ni telefonis al S-ro Miguel Arbona, la UEA-delegito en Palma. Ni renkontiĝis ĉe malgranda butiko kiu apartenas al lia filo. S-ro Arbona estas afabla viro, kiu gvidis nin dum unu horo por montri al ni vidindaĵojn[15] de la urbo. Poste ni iris kune al la domo de alia esperantisto, S-ro Mariano Jaquotot, kiu montris kartojn de la urbo al ni kaj helpis nin trovi la bankon kaj poŝtoficejon.

S-ro Jaquotot invitis nin al sia bieno la venonatan dimanĉon. Li posedas grandan domon kaj vinberejon[16] proksimume dudek kilometrojn de Palma, en bela kamparo, kie oni povas spiri libere kaj ĝui tipajn kamparvidaĵojn. Lia bieno situas ekster la malnova vilaĝo Biniali, kaj en la domo estas trezoro de antikvaj mebloj,[17] religiaj pentraĵoj[18] kaj aĵoj (malgrandaj statuoj kaj vazoj) el la tempo kiam la Romanoj loĝis en la Balearaj Insuloj. Li montris al ni sian kolekton de moneroj kaj poŝtmarkoj, kaj ankaŭ sian kolekton de Esperantaj libroj. Ni restis ĉe lia

ᵛci/vol/i, to want to know, wonder ²en/spez/o, income (see below) ³pension/o, a *pension,* European boarding house ⁴unu- kaj du/on/tag/a, one-and-a-half-day ⁵la ven/ont/a/n, the coming, next ⁶sci/iĝ/i, to find out, learn ⁷okup/at/a, occupied, busy ⁸ali/land/an/o, foreigner ⁹anstataŭ/e, instead ¹⁰viv/ten/i, support ¹¹strat/angul/o, street corner ¹²Mez/mar/o, Mediterranean Sea ¹³unu/a/klas/a, first class ¹⁴sam/maten/e, the same morning ¹⁵vid/ind/aĵ/o/j, the sights (vin/ber/ej/o, vineyard (vin/ber/o, grape) ¹⁷mebl/o/j, furniture (mebl/o, a piece of furniture) ¹⁸pentr/aĵ/o, painting

bieno dum la tuta tago, gustumis[19] diversajn botelojn de vino kaj ĝui
bongustan tagmanĝon.

Unu tagon ni iris al la strando por ĝui la belan, varman aeron kaj l
vidaĵon de la maro. Tie ni renkontis mezaĝajn geedzojn, Ges-rojn Willar
North, el nia urbo San Diego, kaj eltrovis[20] ke ilia hejmo estas malpli d
duonmejlon[21] de la nia.[22] Ni interparolis unue pri San Diego, kaj tiam p
Hispanujo kaj la simileco[23] inter la du lokoj. Kiam S-ro North diris ke l
povas paroli hispane, mi diris ion pri Esperanto. (Mi ĉiam faras tion kiam
mi havas la okazon.) Tuj li demandis, ĉu mi konas S-ron Scherer de Lc
Angeles, ĉar ili estas amikoj dum dudek jaroj. Jen stranga okazaĵo,
renkonti personojn el nia urbo, kiuj ankaŭ konas esperantistojn en Lo
Angeles.

(Daŭrigota

---

[19]**gust/um/i,** to taste (see below) [20]**el/trov/i,** to find out, discover
[21]**du/on/mejl/o,** a half mile [22]**la nia,** ours (see below) [23]**simil/ec/o,**
similarity [24]**okaz/aĵ/o,** occurrence

ENSPEZO—ELSPEZO

Spezi can mean either to "pay out" or "take in" money. Often **en-** or **e**
is therefore prefixed to specify the meaning: **Mi elspezis ok dolarojn po
nova ĉapelo,** I spent $8 for a new hat. **Nia butiko enspezis tri m
dolarojn dum unu semajno,** Our shop took in $3,000 in one month
Enspezo (or **enspezoj**), income; **elspezo** (or **elspezoj**), expenditures.

GUSTI—GUSTUMI

Gusti is intransitive and means to taste a certain way: **Tiu ĉi tort
gustas bonege,** This pie tastes excellent. **Tiuj vinberoj havas malbona
guston,** Those grapes have a bad taste. **Pasigu la salo**

—**la supo estas sengusta,** Pass the salt—the soup is tasteless.

Gustumi is transitive and means to taste something: **Gustumu la ꞓukon kaj diru al mi, ĉu ĝi bongustas,** Taste the cake and tell me if it astes good.

LA MIA, LA VIA, etc.

When a possessive pronoun stands alone, i.e., the thing possessed is not ;tated, the article **la** is often placed before it. Thus expressions like **la mia, a via,** are equivalent to English "mine," "yours," etc.: **Ĉu vi perdis vian ibron? Do prenu la mian,** Did you lose your book? Then take mine. **Mia :dzino posedas ĉapelon precize similan al la via; ĉu vi estas certa, ke iu ĉi ne estas la ŝia?** My wife owns a hat exactly like yours; are you sure ʰhis one isn't hers?

22. Ŝercoj el *Heroldo de Esperanto*

"Inter la aĵoj, kiujn oni tre ofte malfermas erare, estas—la buŝo."

Privata sekretariino: "Do, f-ino Lemke, viaj atestoj kaj referencoj estas ınuarangaj.[1] Vi konsideru vin dungita kiel mia privata sekretariino. Sed ꞔun mi bezonas ankoraŭ kiel eble plej malbelan foton de vi." —Ĉu nalbelan foton?— "Jes, por montri ĝin al mia edzino!"

Dompurigo:[2] "S-ro direktoro, ĉu mi povos havi vian permeson resti ꞓejme morgaŭ antaŭtagmeze? Mia edzino deziras mian helpon ĉe la Ꞓompurigado." — "Ne, s-ro Berger, tio tute ne estas ebla!" — "Multan ꞎankon, s-ro direktoro!" ĝoje respondis Berger, "mi ja sciis, ke mi povas ꞓidi je[3] via komprenemo."[4]

ⁱunu/a/rang/a, first-rate ²**dom/pur/ig/o,** housecleaning ³**fidi je,** rely on **kompren/em/o,** understanding

23. Barbro kaj Eriko—VIII

Rud 27.12.19.

Bonan vesperon!

Kiel vi fartas, kara amiko? Ĉu vi estas gaja kaj petolema kiel mia amikinoj kaj mi? Jes, mi tion kredas, sed laŭ la foto, profunde en vi loĝas ankaŭ seriozo—kaj tio plaĉas al mi. Tre kore mi dankas pro la bildo. La mian mi almetas,[1] kaj ankaŭ eltondaĵon[2] el la *Sveda Esperanto-Gazeto* Pli bone ol mi povus, ĝi rakontos pri niaj Kristnaskaj kutimoj. (Rigardu kia bona knabino mi estas; do ne sendu al mi la teruran Krampuson! Mi tre timas lin.)

Hodiaŭ mi faris viziton. Se vi gastos iun[3] en Svedujo, vi preskaŭ ĉiam devas manĝi dum la vizito. Sur la tablon venas manĝaĵoj ĉiuspecaj[4]—ho mi eĉ ne provos ilin nomi—ĉiaokaze[5] oni regalas vin per kafo. "La sveda kafo estas tre bona," ĉiuj fremduloj diras. "La sveda kafo estas bonega,"

Stockholm, la ĉefa urbo de Svedujo

Swedish Information Service

ris aŭstro, kiu iam estis gasto ĉe miaj amikoj. Mi preskaŭ fieriĝis, ĉar li ulte laŭdis Svedujon.—Lin tre mirigis[6] niaj manĝejoj, kie oni rajtas anĝi, kiom oni volas,[7] laŭ antaŭe fiksita prezo. (Kompreneble oni ankaŭ ovas mendi "laŭ la karto,"[8] do pagi laŭ variaj prezoj.)

Via samlandano[9] ankaŭ tre miris, ĉar niaj kampuloj lasas sitelojn sur bletoj apud la ŝoseoj; ĉar la leterkestojn,[10] ankaŭ apud la vojo, ni ne osas, kaj ĉar dum ekskursoj ni kelkfoje lasas biciklojn sur la vojo sen s gardo. Cetere, multaj kamparanoj trankvile dormas kun neŝlosita ordo. Ĉu ankaŭ vi tion trovas strangega?

Jen vera historieto pri la sama temo. Iufoje, kiam mi kun kamaradino iris la vagonaron elektran en la urbo Djursholm (apud Stockholm), ni en senhoma[11] kupeo ekvidis ion, kio igis nin larĝe malfermi la okulojn. Sur nko, apud sako plenplena[12] de gazetoj kaj ĵurnaloj, staris cilindroj[13] el oneroj, ĉiu speco aparte. Jes, sub la bela amaseto da arĝentaj "du-onoj"[14] eĉ vidiĝis kelkaj bankbiletoj.[15] Nun venis la konduktoro. Ni mete ŝercis pri la granda tento, kaj li diris, ke la "gazetknabo" sidas alia kupeo kaj trankvile babilas kun vojaĝanto. Kiam ni eliris el la gono, li ankoraŭ ne estis reveninta.

Mi nun multe laŭdis mian popolon. Jes, mi amas ĝin, sed mi amas ĉiujn ociojn; ĉie ekzistas homoj kun grandaj, bonaj ideoj, kun vasta animo kaj oro noblega, ĉiu popolo povas lerni de la aliaj.—Se mi ne estus nur nsperta,[16] malsaĝa knabino! Se mi povus ion bonan fari! Mi estas birdeto n lamaj flugiloj, mi volus alten[17] flugi sed ne povas....

Nun, por la nova jaro—ĝojon kaj feliĉon al vi!

Via fidela amikino

Barbro

l/met/i, to attach (lit.: put onto) [2]el/tond/aĵ/o, a clipping [3]gastos iun estos gasto ĉe iu [4]ĉiu/spec/a/j, of all kinds [5]ĉia/okaz/e, in all (kinds) cases, in any event [6]mir/ig/is, astonished, amazed [7]kiom oni volas, much as one wishes [8]laŭ la karto, à la carte am/land/an/o, compatriot, countryman [10]leter/kest/o, mailbox en/hom/a, empty (of people) [12]plen/plen/a, chock-full ilindroj, cylinders, stacks [14]du/kron/o, 2-crown piece (Swedish in) [15]bank/bilet/o = banknoto [16]sen/spert/a, inexperienced lt/e/n, into the heights

24. Du Poemoj

(By L. L. Zamenhof)

Pluvo

Pluvas kaj pluvas kaj pluvas kaj pluvas
Senĉese,[1] senfine,[2] senhalte,[3]
El ĉiel' al la ter', el ĉiel' al la ter'
Are[4] gutoj frapiĝas[5] resalte.[6]

Tra la sonoj de l' pluvo al mia orelo
Murmurado penetras mistera,[7]
Mi revante aŭskultas, mi volus kompreni,
Kion diras la voĉo aera.

Kvazaŭ la sopir' en la voĉo kaŝiĝas[8]
Kaj aŭdiĝas[9] en ĝi rememoro[10]...
Kaj per sento plej stranga, malĝoja kaj ĝoja,
En mi batas konfuze la koro.

Ĉu la nuboj pasintaj, jam ofte viditaj,
Rememore[11] en mi reviviĝis,[12]
Aŭ mi revas pri l' sun', kiu baldaŭ aperos,
Kvankam ĝi en la nuboj kaŝiĝis?

Mi ne volas esplori la senton misteran,
Mi nur revas, mi ĝuas, mi spiras;
Ion freŝan mi sentas, la freŝo min logas,
Al la freŝo la koro min tiras.

Ho, Mia Kor'

Ho, mia kor', ne batu maltrankvile,
El mia brusto nun ne saltu for!
Jam teni min ne povas mi facile,
Ho, mia kor'!

Ho, mia kor'! Post longa laborado
Ĉu mi ne venkos en decida[13] hor'!
Sufiĉe! Trankviliĝu de l' batado,
Ho, mia kor'!

en/ĉes/e, ceaselessly [2]sen/fin/e, endlessly [3]sen/halt/e, without
opping [4]ar/e = en aroj [5]frap/iĝ/i, to strike (intr.) [6]re/salt/i, to jump
ack, rebound [7]= penetras mistera murmurado [8]kaŝ/iĝ/i, to hide
ntr.) [9]aŭd/iĝ/i, to be heard [10]re/memor/o, recollection [11]re/memor/e
en rememoro [12]re/viv/iĝ/i, return to life, be resurrected
decid/a, decisive

D-ro Zamenhof en 1887

25. Trans la Lingvajn Barilojn—VI

Valencio, Hispanujo, 9 januar

Ni alvenis per la ŝipo "Ciudad de Ibiza," je 7:30 atm., la 1-an de januar
Tagmeze ni renkontis S-ron Tudela, UEA-delegiton, kaj li akompanis ni
dum du horoj, al la centro de la urbo kaj al la nova stadio kie oni ludas
nacian ludon, piedpilkon.[1] La bela, moderna stadio kapablas enteni[2] sesd
mil personojn. Vespere Bonnie kaj mi vizitis tipan valencian restoracio
kie ni manĝis la valencian manĝaĵon *paella,* bongustegan manĝaĵon
rizo, rostita kokino,[3] artiŝokaj koroj, helikoj kaj spicoj. Per helpo d
botelo da vino, ni manĝis grandan kaserolon da *paella.*

La sekvantan tagon D-ro Herrero venis por bonvenigi[4] nin al la be
urbo Valencio. Li estas prezidanto de la Hispana Esperanto-Federacio, t
vigla, sperta Esperantisto. En lia aŭtomobilo, inter liaj vizitoj al klient
kaj pacientoj, ni interparolis Esperante kaj li montris al ni vidindaĵoj
en la urbo.

Plaza del Caudillo, Valencio

Ĵaŭdon ni translokiĝis[5] al la hotelo Munich, rekomendita de D-ro ᴇrrero ĉar nia alia restloko[6] estis malkomforta. Matene, S-ro Tudela ᴏmpanis nin al la banko por traduki por ni pri monaj aferoj. Posttagmeze iris al la hejmo de D-ro Herrero, kie ni renkontis lian edzinon, kiu estas ᴀdanta Esperanton, kaj ilian sepjaran filinon.

La sekvantan tagon D-ro Herrero gvidis nin, aŭtomobile, al la kamparo ᴏr montri al ni vilaĝon kie la domoj estas subteraj.[7] La vilaĝanoj loĝas domoj fositaj el la malmola tero; tre komfortaj, vastaj kaj puraj hejmoj. ᴀ trinkis vinon en trinkejo konstruita per la sama metodo kiel la domoj, j ankaŭ ĝi estis vasta, tre pura ejo. Ĉi tiu vilaĝo, Paternia, enhavas ᴏksimume mil· subterajn domojn. Laŭvide[8] ĝi konsistas el nur fosaĵoj[9] ᴏr la enirejoj kaj blankaj kamentuboj[10] por ventoli la domojn.

Sabaton okazis la kunveno de la valencia Esperanto-grupo, ĉe kafejo la centra parto de la urbo. Tie ni renkontis kelkajn valenciajn esperan-ᴛojn, kiuj demandis al ni pri niaj urbo kaj lando kaj pri la Esperanta ᴏvado en San Diego. Je la sesa okazis radio-programo kaj dum ᴏnhoro D-ro Herrero faris demandojn kaj ni parolis pri nia vojaĝo en iropo. Estis bona propagando por Esperanto ĉar pli ol ses aŭ sep mil ᴇrsonoj aŭdis pri Esperanto per la radio. Post la programo S-ro Ernesto ᴜrtado gvidis nin al la ĉefa placo por rigardi paradon. Estis la Tago ᴇ la Tri Reĝoj,[11] kaj multaj infanoj estis laŭlonge de la stratoj kiam la ᴎga procesio pasis. En Hispanujo la infanoj ricevas multajn donacojn la 6a de januaro, la Tago de la Tri Reĝoj, anstataŭ je Kristnasko.

Valencio, Hispanujo, 17 januaro

Trifoje semajne D-ro Herrero gvidas Esperantan kurson ĉe la universi-ᴛo dum la vespero. Merkredon ni vizitis la klason por renkonti la ᴏstudantojn, kaj mi feliĉe rimarkis ke la plimulto el la tridek studantoj ᴛas junaj, ĉar la estonteco de la movado estas ĉe la gejunuloj.[12] S-ano

---

ᴉed/pilk/o = futbalo   [2]en/ten/i, to hold, contain   [3]kok/in/o, chicken ᴏn/ven/ig/i, to welcome   [5]trans/lok/iĝ/i, to move, change residence ᴇst/lok/o, place to stay   [7]sub/ter/a, underground   [8]laŭ/vid/e, according appearance, as far as can be seen   [9]fos/aĵ/o, excavation, pit ᴋamen/tub/o, chimney, "stack"   [11]Three Kings Day, Epiphany ᴇstas ĉe la gejunuloj, belongs to (depends upon, is closely connected ᴉth) the youth (see below)

Herrero komencis la kurson antaŭ monato kaj duono, kaj jam kelkaj studantoj povis paroli kun ni post la klaso.

Dimanĉon ni iris kun Ges-roj Ernest Hurtado al ilia domo por trin kafon kaj babiladi Esperante. Ni manĝis nuksojn kaj kukojn kaj prov vinon nomitan "Verda Stelo." Sur la enhavmarko[13] de la botelo oni uz. nur nian lingvon. Tiam mi promenis al la domo de iliaj parencoj, kie renkontis afablajn geedzojn kiuj estas la fratino kaj bofrato de S-ir Hurtado. Ŝia bofrato ne povis paroli Esperanton, sed li studis la angla lingvon dum kvin jaroj, kaj li provis interparoli kun mi angle. Ni ne pov interkompreniĝi, ĉar li ĉiam uzis la malĝustajn vortojn kaj li ne kompren min eĉ kiam mi estis parolanta malrapide. Kvankam S-ino Hurtado lern Esperanton antaŭ nur dek monatoj, ŝi helpis nin kiel tradukistino, p Esperanto. Por mi ĉi tiu okazaĵo estis, denove, pruvo ke Esperanto est. multe pli facila ol la naciaj lingvoj.

Kvin geesperantistoj venis al la aŭtobushaltejo[14] por adiaŭi nin me kredon, je la deka kaj duono matene. Kiam la aŭtobuso estis forira de la haltejo ni bedaŭre mansignis[15] al la kvin bonaj geesperantistoj, ki estis kvazaŭ niaj parencoj dum la restado en Valencio.

(Finot.

[13]**en/hav/mark/o,** label   [14]**aŭtobus/halt/ej/o,** bus stop
[15]**man/sign/i,** to wave

ĈE

Ĉe indicates a close relationship in place or time: **ĉe la tablo,** at th table; **ĉe mia onklo,** at my uncle's (house); **ĉe vi,** with you, at your hous in your country, etc.; **Ĉe la romanoj, oni faras tion alie,** With the Roman that is done differently; **Venu ĉe ni morgaŭ,** Come to our house tomorro\ **ĉe nia foriro,** upon our departure; **ĉe la sunsubiro,** at sunset; **ĉe enlitiĝ** . upon going to bed.

Ĉe also indicates close relationships of more subtle kinds: **dormi ĉ malfermitaj fenestroj,** to sleep with the windows open; **koro ĉe kor** heart to heart; **brako ĉe brako,** arm in arm; **La estonteco estas ĉe l gejunuloj,** The future is in the hands of the young people.

26. Barbro kaj Eriko—IX

Hohenberg, la 10-an de januaro

ara Barbro,

Unue multan dankon pro via bildo kaj la interesa gazeto. Vi estas bela, rma knabino.

Ofte mi legis vian interesan leteron, en kiu vi rakontis multe pri via la nordlando kaj pri viaj kutimoj. Mi tre dankas, amikino.

Malvarma vintro estas en nia montaro, blanka nun estas la koloro de a urbeto. Blanka drapego[1] kuŝas malsupre de blua ĉielo.

Estas tempo de sporto.

Ofte ni toboganas. Infanoj kaj plenkreskuloj.[2] Malrapide ni tiras onten la toboganon, sed la peno rekompenciĝas: de la altaĵo de iu klivo ni rapidegas malsupren. Kelkfoje la tobogano de iu mallertulo nversiĝas,[3] li ruliĝas en neĝo, li aspektas kiel neĝhomo.[4] Ĉu vi volas itveturi kun mi malsupren de la deklivoj?

Neĝhomojn konstruas infanoj en kortoj, ĝardenoj.[5] Rigardu sur -kuna bildeto, kiel malĝoja li estas. Liaj okuloj estas karboj, lia nazo ;neto, en sia buŝo li havas malgrandan pipon malnovan. Lian kapon ▸vras malnova ĉapelo, en la mano[6] granda bastono minacas. Ĉu via fanaro ankaŭ konas similajn amuzojn?

La knaboj ankaŭ ŝatas neĝbuli.[7] Tiamaniere[8] ili ofte militas en du irtioj, tiel longe, ĝis unu serĉas savon en la fuĝo.[9] Malbonaj kavaliroj te ankaŭ knabinojn pritraktas[10] per neĝbuloj.[11]

Plezuro por mal- kaj junularo[12] estas ankaŭ skiado. Preskaŭ ĉiu infano, eskaŭ ĉiu Hohenbergano estas skiisto. Multaj deklivoj ja donas la plej

---

[1]**rap/eg/o,** heavy woollen cloth [2]**plen/kresk/ul/o,** grown-up
[3]**envers/iĝ/i,** to turn over [4]**neĝ/hom/o,** snowman [5]**kortoj, ĝardenoj,** rds (see below) [6]**en la mano,** in his hand (see below) [7]**neĝ/bul/i,** to row (or play with) snowballs [8]**tia/manier/e,** in that way [9]**tiel nge...fuĝo,** until one (side) seeks salvation in flight [10]**pri/trakt/i,** to at, act toward [11]**ankaŭ...neĝbuloj,** give girls the snowball treatment, o [12]**mal- kaj junularo = maljunularo kaj junularo,** young and old

AN ESPERANTO READER 237

bonan okazon.[13] Fremduloj, precipe vienanoj, venas ĉiudimanĉe, por ĝui tiun sporton belegan. Mi mem entuziasme skias.

Sur nia lageto ni ankaŭ glitkuras—do sportemuloj dum la vintro hav multan plezuron.

Dum la Silvestro-vespero, la vespero de la 31-a de decembro, o amuzas sin, ĵetante fandiĝantan plumbon en malvarman akvon. I plumbo prenas formojn diversajn kaj el tiuj formoj oni volas profeti estontecon. La imago de la knabinoj vidas dekoraciojn, fianĉinbukedoj kaj la heroojn de iliaj revoj, la imago de junuloj ŝipojn, aeroplanojn k belajn fraŭlinojn. Kvankam kelkaj superstiĉaj homoj kredas efekti al[15] similaj antaŭsignoj,[16] la plimulto uzas tiun kutimon kompreneb nur por povi ŝerci kaj ridi.

En la unua de januaro ni deziras al ni[17] bonan novjaron.[18] Ni send ankaŭ bondezirbiletojn[19] al niaj konatoj. En kelkaj vilaĝoj malriĉaj g knaboj iras de domo al domo, dirante siajn bondezirojn kaj atendan iun moneron.

La 6-an de januaro ni festas la tagon de la Tri Reĝoj. En kelkaj reg onoj maskitaj junuloj, "stelkantantoj,"[20] kantas siajn kantojn en ĉi domo de la vilaĝo....

Nun mi finas. Jam estas noktomezo.

Dormu bone, sonĝu dolĉe, malproksima knabino.

Via

Eriko

Multaj...okazon, (The fact that there are) many hills, after all, o provide the best kind of opportunity (for that). [14]**fianĉ/in/bukedo,** ridal bouquet [15]**kredi al,** to believe in [16]**antaŭ/sign/o,** portent **ni deziras al ni,** we wish each other [18]**nov/jar/o,** New Year **bon/dezir/bilet/o,** greeting card (**bon/dezir/o/j,** good wishes) **stel/kant/ant/o,** star-singer (refers to the star which led the Three Kings to Bethlehem)

KORTO—ĜARDENO

These words have their European sense. **Korto** (court) is an open area urrounded by walls or buildings. **Ĝardeno** (garden) is an open place vhere growing things are cultivated for food or beauty. The American yard" with its lawn, shrubs and flowers is usually translated **ĝardeno.** Vhat we call the "lawn" is **gazono** or **razeno.**

Kortego, however, is not always a large courtyard. It is also a royal ourt—the body of high-ranking persons attending a king or other digni-ary. And a **kortumo** is a "high court" of justice with a panel of especially listinguished judges. (Any other court is a **tribunalo;** while a courtroom s a **juĝejo.**)

"EN LA MANO"

Parts of the body and clothing are often mentioned with **la** rather than he possessive, when it is clear from the context who the owner is: **Divenu, kion mi havas en la mano,** Guess what I have in my hand; **Forigu la ĉapelon antaŭ sinjorino,** Take your hat off in front of a lady.

27. La Neĝbulo

(By Johan Hammond Rosbach, in *Norda Prismo.*)

La urbeto vekiĝis[1] kaj trovis kun surprizo, ke la nokto kovris ĝin per mol
blanka tapiŝo el neĝo. Ĉiuj devis aktivi pli ol kutime tiun matenon. La neĝ
kunportis[2] ne malmulte da kromaj farotaĵoj,[3]—kaj la tempo esti
matene jam tro malabunda. Estis ja dolĉe tiri la lanugan kusenegon
ĝismentone[5] kaj resti ankoraŭ iomete en la lito, resti en la lito la de
minutojn, kiujn oni intencis uzi por io.

Estas dolĉe tiri la lanugan kusenegon ĝismentone, kaj vere senti, ke on
dormas, konscii, ke oni dormas;—sed post heroa decido oni ĵetas l
kusenegon flanken[6]—kaj la nova tago estas realaĵo. Tiam oni ekvidas, k
multe da neĝo falis dum la nokto.

Vigliĝas ĉiudome. Oni devas balai ŝtuparojn,[7] oni devas fari irvojetoj
al la hejtlignejo[9] kaj al la necesejo,[10] sed kie estas la neĝoŝovelilo—kie
oni metis ĝin pasintjare?[11] Kaj kie estas la balailo, kiu ankoraŭ hiera
staris en la ilarejo[12] sub la ŝtuparo?

En la tuta urbeto regis vigla tempomanko, kaj multaj rapidegis al l
laborejo tiun matenon. Cetere oni povis iri nur pene,[13] ĉar la neĝo ating
ĝis la genuoj, kaj kie la vento amasigis[14] la neĝon, estis preskaŭ neebl
travadi. Sed travadi oni ja devis.

Vestita per gabardina pantalono kaj krurvindaĵoj,[15] Rektoro Tande
aperis en la lernejo. Kaj tio estis tre komika. Ĉar Rektoro Tander est
solena sinjoro, kiu alte taksis sian dignon. Li ne havis longan vojon de s
hejmo al la lernejo, kaj tiun matenon li atendis, ĝis la sonorilo[16] vokis al
unua leciono. Estis ja ankoraŭ mallume, sed por lia digno estus ner
parebla[17] damaĝo, se iu el la gelernantoj ekvidus lin trapenetri l
neĝamasojn de la strato—vestitan per krurvindaĵoj kaj gabardina pant
lono. Estis pli bone surprizi la klason, veni tri minutojn tro malfrue al l
leciono, scii, ke la gelernantoj estas ĉe siaj pupitroj, silente okupitaj[18] d
kroma tralegado[19] de la pitagora teoremo[20]—kio certe estas necesa—ka
tiam paŝi en la klason, sur la katedron, sciante, ke ĉiuj samtemp
ekvidos, ke rektoro Tander hodiaŭ surhavas gabardinan pantalonc
kaj krurvindaĵojn.

Rektoro Tander petis la gelernantojn eksidi.

"La pitagora teoremo, Rolf!"

Rolf ekstaris. Ĉiuj aliaj sentis grandan senŝarĝiĝon.[21] Ne estis ŝerc

am Kalle* ekzamenis. Estis kvazaŭ inkubo. Kalle estis tirano—iam oni
provis bapti lin Nero, sed tio ne daŭris longe. Kalle estis bona, malnova
omo, kiun konis ĉiu.

Rektoro Carl Tander estis tre kontenta pri si mem tiun matenon. Li
enove venkis. Li estis forta, la malvarma, la malmola. Li povis hodiaŭ
ermesi al si esti ŝercema.[22] Kaj kiam Kalle estis ŝercema, la klaso estis
ena de danko pri tio, ke[23] li moŝte[24] komplezis[25] ŝerci, komplezis montri,
en li malgraŭ ĉio estis eta kvanto da homeco,[26] kiun la malvarmo kaj
malmolo ne kovris kaj mortigis.

"Nu, Rolf, la pitagora teoremo!"

Rolf tre malbone fartis. Li ruĝiĝis. Li sciis eĉ ne unu vorton.

"La pitagora teoremo, Rolf? Ĉu ni ne konas la teoremon de la granda
lozofo?"

Rolf senesperiĝis.[27]

"Nu, ĉu ni ne havis tri kromajn minutojn por rigardi la pitagoran
oremon, antaŭ ol la rektoro venis hodiaŭ?"

Rolf ne povis plu elteni[28] la rigardon de la rektoro. Li rigardis tra la
enestro—la neĝo ĉie blanke tentis, kaj tagiĝis[29] jam.

ek/iĝ/i, to wake up [2]kun/port/is, brought with it [3]far/ot/aĵ/o, thing to
done, chore [4]kusen/eg/o, a thick comforter used as a bed covering
is/menton/e, up to the chin [6]flank/e/n, aside [7]ŝtup/ar/o, stairs
r/voj/et/o, path [9]hejt/lign/ej/o, woodpile [10]neces/ej/o, toilet, privy
pas/int/jar/e, last year [12]il/ar/ej/o, tool closet [13]pen/e, with difficulty
amas/ig/i, to pile up [15]krur/vind/aĵ/o/j, leggings, gaiters [16]sonor/il/o,
ell [17]ne/ripar/ebl/a, irreparable [18]okup/it/a, occupied, busy [19]tra/leg/i,
read through, peruse [20]pitagora teoremo, Pythagorean theorem (law
f right-angle triangles) [21]sen/ŝarĝ/iĝ/o, relief [22]ŝerc/em/a, witty [23]pri
o, ke, for the fact that [24]moŝt/o, a person of high rank (see below)
moŝt/e komplez/is, condescended (did a favor in the manner of a very
ofty person) [26]hom/ec/o, humanity, human-ness [27]sen/esper/iĝ/i, to
ose hope, despair [28]el/ten/i, to hold out, withstand [29]tag/iĝ/i, to become
ay(light)

Kalle: short for Carl, i.e., "Charlie" in Norwegian. The students' use
f the rector's pet name was a mark of disrespect.

"Ke ni estu tie,[30] Rolf! La pitagoran teoremon ni ne povas lerni, sed rigardi tra la fenestro kaj revi pri neĝviroj kaj amuzo, tion ni povas![31] Ho! Tie ni devus esti, Rolf!"

Kaj rektoro Carl Tander rigardis la klason kun la vizaĝesprimo, kiu ĉiuj tiel bone konis, la vizaĝesprimon, kiu signifis, ke oni ridu pri amuzaĵo,[32] kiun la rektoro diris. La klaso ridis laŭdeve.[33]

Sidigu vin, Rolf! Ni scias la rekompencon por prezentado kiel la vi Ni devus nun koncentri nin!"[34]

La leciono malrapide limakis[35] al sia fino. Ne estas kredeble,[36] ke minutoj povas esti tiom longaj. Sed fine sonoris. Estis kvazaŭ liberiĝ kiam oni venis sur la lernejan korton.

La ĉevala neĝplugilo[37] preterpasis[38] sur la strato. Kaj la pedelo de la lernejo faris vojeton sur la korto. Dum la tago li devis forigi la neĝon de la korto, sed provizore plej bezoniĝis vojetoj, kie la inspektanta instruisto iru tien kaj reen[39] dum la paŭzo. Feliĉe la lernantoj piedpremis[40] la neĝon dum la antaŭtagmezo, kaj tiel grave faciligis[41] la laboron por la pedelo, ĉar la premitan neĝon li ja ne bezonis forigi. Sed la vojeto devis esti preta. Espereble "la maljunulo" ne venos sur la korton almenaŭ en la unua paŭzo. Feliĉe ne, ĉar jen Arsell. Neniu danĝero, dum inspektas lektoro[42] Arsell!

Lektoro W. H. Arsell estis la plej populara persono en la lernejo. Li staris momenton sur la ŝtuparo, antaŭ ol iri sur la korton. Kun la manoj en la surtutaj poŝoj li staris tie, kun petola rideto sur la buŝo, kaj certe iu ŝerca rimarko—la pedelo ŝatus aŭdi tion; li vidis laŭ la vizaĝoj de la lernantoj, ke lektoro Arsell diris ion amuzan. Certe ion duone ironian! Jen li malsupreniris. La knabaro cedis. Certe tiel la maro ambaŭflanken cedis antaŭ Moseo, pensis la pedelo. Kiom da diferenco inter Arsell kaj la "maljunulo"! Komprenleble la lernantoj flanken cedas ankaŭ antaŭ "la maljunulo," ili ne kuraĝus[43] ne cedi. Ili timas lin. Sed kio gravas, estas, ke la lernantoj ne timas lektoron Arsell—kaj tamen flanken cedas! Tamen Arsell certe ne koleriĝus,[44] se ili ne estus cedintaj!

Lektoro Arsell haltis kaj babiletis kun la pedelo—multe da kroma laboro pro tiu neĝo, vi devus igi la ĉevalan neĝplugilon fari viziton ankaŭ sur la lerneja korto! Kaj Arsell pluen iris, ankoraŭ kun la petola rideto sur la buŝo.

Neĝbulo siblis tra la aero. Ĝi ne estis malmola, sed ĝi trafis lektoron Arsell sur la brusto. Ĝi lasis blankan makulon sur la nigra surtuto de la lektoro.

Estis malpermesite ĵeti neĝbulojn sur la lerneja korto. La rektoro antaŭ du tagoj severe instrukciis pri tio en ĉiuj klasoj. La lernejo havas la respondecon, se ies okulo estos trafita de neĝbulo—aŭ se iu fenestro

---

[30]**Ke ni estu tie!** (Oh) that we were there! [31]**tion ni povas,** that we can (do) [32]**amuz/aĵ/o,** funny thing [33]**laŭ/dev/e,** obediently [34]**koncentri sin,** to concentrate [35]**limak/i,** to go at a snail's pace [36]**kred/ebl/e,** believable [37]**ĉeval/a neĝ/plug/il/o,** horse-drawn snowplow [38]**preter/pas/i,** to pass by [39]**tie/n kaj re/e/n,** back and forth [40]**pied/prem/i,** to tread down [41]**facil/ig/i,** to facilitate [42]**lektor/o:** a professional title [43]**ili ne kuraĝus,** they wouldn't dare [44]**koler/iĝ/i,** to get angry

estos frakasita. La lernejo havos la kulpon. Estis severe malpermesite ĵeti neĝbulojn.

Jen la rektoro staris malantaŭ sia kurteno, kaj vidis, kio okazas sur la korto. Li vidis la neĝbulon. Li ankaŭ vidis, kiu ĵetis ĝin. Kaj li vidis, ke lektoro Arsell ne povis vidi, kiu estas la pekinto. Rektoro Tander ĝojegis. Li ne ŝatis, ke Arsell estas tiel populara, kaj ke li malgraŭ sia malsevero estas tiel respektata de la lernantoj. Neniam okazis pekoj kontraŭ la disciplino en la lecionoj de lektoro Arsell. Ankaŭ ne, kiam li inspektas dum la paŭzoj. Fakte la rektoro sentis, ke tio okazis tute hazarde,— estas ja ŝatinda knabo, tiu, kiu ĵetis, knabo, kiun oni dum tri jaroj povis nur laŭdi. Domaĝe, ke tiun neĝbulon hazarde ĵetis ĝuste li![45] Aŭ eble tamen ne domaĝe—fakte estis feliĉa hazardo, ĉar nun lektoro Arsell devos solvi la aferon; lektoro Arsell devos zorgi, ke la knabo ricevos sian punon. Tio ja estas evidenta rompo de la respekto, la reputacio de la lernejo suferas, kiam tia afero okazas. Tian aferon oni nepre riproĉu.[46] La rektoro ĝojegis. Estos interese vidi, kiel lektoro Arsell reagos[47] al tio; kiel li eltrovos,[48] kiu estas la pekinto.

Lektoro Arsell malrapide turnis sin, liaj manoj ankoraŭ estis en la surtutaj poŝoj, kaj li aspektis tre petola. Li rigardis ĉiujn knabojn, kiuj staris en la neĝamaso, ĝis super la genuoj en la neĝo. Unu el la knaboj aspektis tiel kulpa, ke la lektoro tion rimarkis. Li vokis la knabon, kiu tuj venis al li.

La rektoro malantaŭ sia kurteno observis la epizodon. Li rimarkis, kiel sagace Arsell tuj trovis la pekinton.

Kiam la knabo estis proksime al Arsell, la lektoro tre malrapide levis la dekstran manon el la poŝo kaj montris al la neĝmakulo sur sia brusto.

"Forigu!" li mallonge diris. La knabo deprenis[49] la gantojn, kaj forigis la neĝon de la lektora surtuto.

Tio estis ĉio.

Malantaŭ sia kurteno rektoro Tander terure ĉagreniĝis[50] pro la efika riproĉo. La reago de lektoro Arsell certe sentiĝis en la konscio de la knabo multe pli ol kiu ajn ordinara puno. Tiom bone la rektoro konis la lern-antojn. Kaj precipe tiun ĉi knabon.

Ĉar lektoro Arsell tiel reagis, ne plu ekzistas ia peko kontraŭ la disciplino, raportenda[51] al la rektoro. Malbenite![52] Duoble[53] malbenite, ĉar tio estis nova venko por lektoro Arsell; lia aŭtoritato ne estis mal-fortigita, li perdis neniom da digno, kaj en la okuloj de la rektoro li fariĝis[54] ankoraŭ pli granda psikologo—bedaŭrinde.

Postpaŭze sonoris. La lernantoj rapide vicigis[55] sin sur la korto. Ankaŭ
io rapide funkcias, kiam Arsell inspektis! La lernantoj bruis en la koridoro
ekster la pordo de la rektora oficejo—estis nur unu balailo, kaj ĉiuj bezonis
ĝin por forigi la neĝon, antaŭ ol ili supren bruis[56] en la ŝtuparejo.[57]

Rektoro Tander prenis siajn librojn kaj iris al la dua leciono. Ve al[58] tiu,
ĉiu ne scios respondi nun!

[45]ĝuste li, exactly he, he of all people [46]tian aferon...riproĉu, such a
matter one must unfailingly (deal with by a) rebuke [47]re/ag/i, to react
[48]el/trov/i, to find out [49]de/pren/i, to take off [50]ĉagren/iĝ/is, was vexed
[51]raport/end/a, which must be reported (see below) [52]mal/ben/it/e!
damn! [53]du/obl/e, doubly [54]far/iĝ/is, became [55]vic/ig/is si/n, lined up
[56]supr/e/n bru/i, to go noisily up [57]ŝtup/ar/ej/o, stairwell [58]ve al, woe
to

MOŜTO

Titles of respect vary so much from country to country, and from one
language to another ("your grace," "your highness," "your honor," etc.)
that Esperanto has one all-purpose title for all ranks and offices: **Via reĝa
moŝto,** Your Royal Highness; **Via juĝista moŝto**, Your Honor; **Ŝia reĝina
moŝto**, Her Majesty; etc. **Moŝto** applies to any person of importance, in
fact: **Li tre moŝte kondutas hodiaŭ,** He's acting very high and mighty
today; **Du moŝtaspektaj sinjoroj atendas en la oficejo,** There are two
important-looking gentlemen waiting in the office.

-END

The suffix **end** marks a thing that must be done (compare **ind**, denot-
ing a thing that is worthy of being done): **La pruntita mono estas
tuj repagenda,** The borrowed money must be paid back immediately;
Ĉiuj novaĵoj estas raportendaj al la ĵurnaloficejo, All news items
are to be reported to the newspaper office; **Mi havas multajn
farendaĵojn,** I have many tasks that have to be done. (But: **Mi havas
multajn farindaĵojn,** I have many tasks that ought to be done.)

-OBL

The suffix **obl** denotes the multiple of a number: **duobla,** double; **triobla,** three-fold, treble; **kvaroble du,** four times two; **Li havas kvinoble pli da mono, ol mi,** He has five times more money than I do; **duobligi,** to double; **multobligi,** to multiply (in quantity); **multobligilo,** a duplicator (office machine).

28. Barbro kaj Eriko—X

Rud en la 2-a de februar(

Amiko, kara amiko,

Pardonu, ke mi dumlonge ne skribis! Mi tamen tre ofte pensis pri vi kaj kelkfoje mi estis komenconta leteron, sed ĉiam min io malhelpis.

Multon interesan vi rakontis. Per mia imago mi ofte estis ĉe vi, admirante vian belegan regionon kaj partoprenante en viaj plezuroj Sed, verdire,[1] mi ne scias, ĉu mi kuraĝus konfidi mian vivon al via veturileto.[2] Ho, kiaj kapturnigaj[3] deklivoj! Ĉu vi scipovas[4] lerte direkti? Ĉu estas tute certe? Mia kateto, kiu nun sidas antaŭ mi sur la blanka skribtablo, deklaras sin preta donaci al mi unu el siaj (laŭdire[5]) naŭ vivoj sed fidante al via lerteco mi, ĝentile sed nee,[6] dankas.

Ĝoje mi rimarkas, ke la vintraj plezuroj de via lando tute similas al la svedaj. Ankaŭ ĉi tie la infanoj formas neĝhomojn kaj per neĝbulo; interbatalas. Ankaŭ ni skias, glitveturas (tamen, ne ofte), kaj sur la glacic de niaj multaj riveroj kaj lagoj ni ofte glitkuras.

Kompreneble ni ordinare veturas per aŭto, sed kelkfoje ni glitveturil faras ekskurson—tian, ekzemple, faris mi kaj kelkaj gejunuloj lastar dimanĉon. Gaje ni glitrapidegis sur la landstrato,[7] tirataj de du ĉevaloj unu el ili estis nia propra Svarten ("Nigrulo"). La kampoj proksime, la altaĵoj ĉe la horizonto estis de la plej pura blankeco. Arboj rigidis aeren.[8] Estis malvarme sed refreŝige.[9]

Alveninte ĉe bienulo konata, kaj varmiginte nin bone, ni komenci; babili kaj manĝi. Junulo poste ludis violonon kaj ni dancis.

Hejmenveturado[10] dumnokta. Tranĉa malvarmo, sed ĉio bela, belega. Miaj pensoj flugis. Ankaŭ al vi. Ĉu vi sentis?

Ĉu vi nun estas kontenta kaj pardonas, ke mi tiel longe silentis? Certe jes, vi pardonis.

Tutkore salutas vin

Barbro

Terura p.s.[11] Ĵus la kato faligis[12] de sur la tablo florujon![13] En mil pecojn ĝi rompiĝis. Ĉimomente[14] mi ne sentas min tiom bestama,[15] kiom laŭ mia konvinko estas la aŭstroj....

[1]**ver/dir/e,** to tell the truth [2]**vetur/il/et/o,** little vehicle (refers to the toboggan in 26.) [3]**kap/turn/ig/a,** dizzying [4]**sci/pov/i,** to know how [5]**laŭ/dir/e,** alleged, according to what people say [6]**ne/e,** negatively [7]**land/strat/o,** a major highway below the status of a freeway [8]**rigid/is aer/e/n,** rose stiffly into the air [9]**re/freŝ/ig/i,** to refresh [10]= **veturado hejmen** [11]**p.s. = post/skrib/o,** postscript [12]**fal/ig/is,** knocked off [13]**flor/uj/o,** flower pot, vase [14]**ĉi/moment/e,** at this moment [15]**best/am/a,** animal loving

FORMULA PHRASES

Particularly in rapid conversation, speakers of any language rely very much on set phrases for such purposes as getting attention, introducing a new thought or reasserting an old one, linking or "piggy-backing" their ideas, agreeing or disagreeing with what has been said, etc. A handy, ready supply of these formula phrases will prove invaluable in Esperanto "bull sessions." The following are adapted, with thanks, from a list published by the American Association of Teachers of Esperanto.

OPENERS (Getting the floor):
Momenton! Just a minute, hold on there!
Ŝajnas al mi, ke... It seems to me that...
Mi opinias, ke... I think that...
Mi aopinie,... In my opinion...
Laŭ mi... As far as I'm concerned...
Nu, se vi volas mian konsilon... Well if you want my advice...

ADDING ON (to what has been said):
Mi volus aldoni, ke... I'd like to add that...
Necesas ankaŭ diri, ke... It must also be said that...
Finfine,... When all's said and done,...
Kiel oni scias,... As you know,...
Evidente,... It's obvious that...
Male,... Quite the contrary,...
Sed tamen,... However,...
Aliflanke,... On the other hand,...
Kontraŭe,... On the contrary,...
Sekve, do... It follows, then, that...
Nome,... To be precise,...
Efektive,... As a matter of fact,...
Tio estas,... That is,...
Cetere,... Aside from that,...

Krome,... Besides,...

Kio plu estas,... What's more,...

Fakte,... In fact,...

Ekzemple,... For example,...

Malkaŝe, mi kredas, ke... Frankly, I think...

La afero estas, ke... The thing is that...

Plejparte,... For the most part,...

Fundamente,... Basically,...

KEEPING ON (Repeating yourself):

Kiel mi ĵus diris,... As I just said,...

Mi jam rimarkigis, ke... I've already pointed out that...

Mi volas diri,... I mean,...

Indas ripeti, ke... It bears repeating that...

Alivorte,... In other words,...

Mi ankoraŭ kredas, ke... I still think...

Mi nur ripetu, ke... Let me just say again that...

QUESTIONING:

Kion? Kion vi diris? What? What did you say?

Ĉu vi estas certa, ke... Are you sure that...

Kion vi opinias pri... What do you think about...

Pri kio temas? What's this about? What's the point?

Kion vi volas diri? What do you mean?

Kion signifas...? What does...mean?

Ĉu vi ne kredas, ke... Don't you think that...

Ĉu vi iam konsideris... Have you ever considered...

Ĉu vi neniam pripensis... Haven't you ever thought about...

De kie vi havas tiun ideon? Where did you get that idea?

LINKING (to another's statement):

Se mi ĝuste komprenas,... If I understand correctly,...

En tiu rilato, mi supozus... In that connection I would suppose...

En tiu senco oni povus diri... In that sense you could say...

Tio pruvas, ke... That proves (that)...

Simile,... Similarly, by the same token,...

La demando estas... The question is...

Laŭ tiu vidpunkto... According to that point of view...

Parolante pri... Speaking of...

En tiu kazo,... In that case...

En ĉiu kazo... In any case...

DISBELIEF:

Kio(n)?! What?!

Ĉu vere? Really?

Vi ŝercas! You're joking!

Kia blago! You're pulling my leg! You've got to be kidding!

Ridinde! Ridiculous!

Mi dubas pri tio. I doubt that.

AGREEMENT:

Vi (tute) pravas. You're (entirely) right.

Mi konsentas. I agree.

Certe. Certainly.

Ĝuste! Exactly! Right on!

Prave! Right!

Bone. Fine, OK, all right.

Vere. Really.

Kompreneble. Of course.

Konsentite. Agreed.

Mi opinias same. I'm of the same opinion.

Tre povas esti, ke... It's very possible that...

Verŝajne jes. Probably so.

Jes, ja! Yes, indeed!

Tio estas ĝuste kion mi... That's exactly what I...

DISAGREEMENT:

Absolute ne! Absolutely not!

Tute ne! Not at all!

Tio estas idiota (ridinda, sensenca, stulta). That's stupid (ridiculous, nonsense, foolish).

Ne temas pri tio. That's not the point.

Temas pri tio, ke... The point is that...

Ne estas vere, ke... It's not true that...

Eble, sed... Maybe so, but...

La malfacilaĵo estas, ke... The trouble is that...

Vi eraras. You're wrong.

Tio dependas. That depends.

Dependas de tio, ĉu... It depends on whether...

Tio dependas de via vidpunkto. That depends on your viewpoint.

Ne parolu al mi pri... Don't talk to me about...

Ne troigu. Don't exaggerate.

Ne ridigu min. Don't make me laugh.

Kia sensencaĵo! What a bunch of baloney!

Ne eble! Impossible!

Ĉu vi perdis la saĝon? Have you lost your mind?

CHANGING THE SUBJECT:

Parenteze,... By the way,...

Tio memorigas min pri tio, ke... That reminds me that...

29. Pri la Deveno[1] de la Verda Stelo

(From a letter by Dr. Zamenhof to *The British Esperantist* in 1911.)

Karaj sinjoroj! —Pri la deveno de nia verda stelo mi nun jam ne memoras bone. Sajnas al mi, ke pri la verda k o l o r o[2] iam atentigis min[3] s-ro Geoghegan* kaj de tiu tempo mi komencis eldonadi miajn verkojn kun verda kovrilo (la atentigo estis tute senintenca[4]). Pri unu broŝuro, kiun mi tute hazarde eldonis kun verda kovrilo, li rimarkigis[5] al mi, ke tio estas la koloro de lia hejmo, Irlando; tiam venis al mi en la kapon,[6] ke ni povas ja rigardi tiun koloron kiel simbolon de E s p e r o. Pri la kvinpinta stelo, ŝajnas al mi, ke unue ĝin presigis sur sia gramatiko s-ro de Beaufront. Tio plaĉis al mi kaj mi prenis tion kiel signon. Poste per asociado de la ideoj aperis la stelo kun verda koloro.

*R. H. Geoghegan, 1866-1943, the first English-speaking Esperantist

[1]**de/ven/o,** origin [2]In some countries, spacing between letters is equivalent to underlining or italicizing words for emphasis. [3]**atent/ig/is mi/n,** brought to my attention [4]**sen/intenc/a,** unintentional [5]**rimark/ig/is al mi,** made me notice, pointed out [6]**ven/is al mi en la kap/o/n,** it came to me

D-ro Zamenhof en 1911 ĉe la Universala Kongreso de Esperanto, Antwerp, Belgujo

30. Donu al Mi Tempon

(From *Kien la Poezio,* by Brendan Clark)

Donu al mi tempon, ĉionpova[1] Dio,
Por la revon de l' juneco rememori;[2]
Por inspiri min per freŝa energio,
    Por elpensi[3] kaj labori—
Aŭ, perdinte ĉiun fidon, novan por ricevi;
Por la revon realigi, kaj denove revi.

Donu al mi tempon, ĉionpova Dio,
Por la virtojn de la homoj elproklami;[4]
Por ĝiskore[5] koni min, sen iluzio;
    Por la malamikon ami.
Antaŭ tiu pordo kiu kaŝas la eternon,
Tempon al mi donu—por lumigi la lucernon.

[1]**ĉio/n/pov/a,** almighty [2]**Por...rememori = Por rememori la revon de l' juneco** [3]**el/pens/i,** to think up, invent (see below) [4]**el/proklam/i,** to proclaim to the world [5]**ĝis/kor/e,** right to the heart, thoroughly

"EL" AS A PREFIX

Besides its ordinary meaning of "motion outward," **el-** is used to denote thoroughness: **elpensi,** to think all the way through to a solution, to invent; **ellabori,** to work out (in all details); **eluzi,** to use up, wear out; **ellerni,** to learn thoroughly, to master; **elproklami,** to proclaim to everyone; **Eltrinku!** Bottoms up!

31. Barbro kaj Eriko—XI

Hohenberg, la 16an de februaro

Amikino mia,

Jes, mi estis iomete malgaja, ĉar vi tiel longe ne skribis, sed nun mi ĝojas denove.

Estas tiel bele, havi fidelan amikinon en malproksima lando, al kiu oni pensas oftege kaj kiu same pensas al ni. Amikeco, vera amikeco estas bela, ankaŭ se amikoj estas malkunigitaj de mil kilometroj, se neniam ili povas sin vidi: la spiritoj, la animoj ofte sin trovas. Via korespondado estas senfine ĉarma kaj mi bedaŭregus, se vi finus ĝin iam. Ĉu la nordlandaninoj estas fidelaj?

En la lasta tempo mi ĝojis senbride[1]—vi divenas eble la kaŭzon: okazis karnavalo, la festo de l' danco, de la petolemo, de la gajeco.

Mi, transformita en turkon kun kaftano kaj fezo, vizitis balon kaj dancis kun ĉiuj belaj knabinoj. Petolulinoj[2] tre klopodis instigi min, ke mi rompu mian solenan promeson kaj trinku glason da vino; mi falis en malfavoron[3] de kelkaj, ĉar mi obstine rifuzis. "Kiu ne amas vinon, virinoin kaj kanton, restas stultulo por ĉiam," diras germana proverbo. Ĉu mi devas des pli multe ami virinon kaj kanton?

Je la kvara matene la juna turko forlasis sian ĉarman haremon. Baldaŭ li dormis kaj sonĝis, sonĝis, ke li seninterrompe[4] dancas kun bela juna svedino.

De post kelka tempo mi denove ĉiam[5] estas en mia ĉambro, preparante min por nova ekzameno, studante precipe literaturon, mondhistorion, legante francajn kaj anglajn romanojn. Mi ŝategas legadon.

Mi tre ŝatus, ofte viziti la teatron. Bedaŭrinde mi havas nek tempon, nek monon, por veturi Vienon, kie estas tre bonaj, mondfamaj aktoroj. Mi devas kontentigi min, aŭskultante en radio teatraĵojn, operojn, koncertojn. Kaj certe ni estas multe pli feliĉaj ol niaj geavoj, kiuj tiun ĝuon, tiun gajigon ne konis. Mi kredas, ke la homaro ĉiam progresas malgraŭ ĉiuj iutempaj[6] reakcioj, malgraŭ ĉiu mizero. Mi estas optimisto kaj pensas, ke pesimismo ne povas esti eco de esperantisto. Espero estas optimismo, optimismo estas konfido al niaj fortoj, tiu konfido estas savo, progreso.

Mi revas pri la estonteco, mi revas pri la malproksimeco, mi revas pri vi.

Por ĉiam mi restas via

Eriko

sen/brid/e, unrestainedly ²petol/ul/in/o/j, mischievous girls,
"imps" ³mal/favor/o, disfavor ⁴sen/inter/romp/e, uninterruptedly
inter/romp/i, to break in, interrupt) ⁵ĉiam, here: all the time
iu/temp/a, sometime, temporary

PENI, KLOPODI, PROVI

All these words mean "to try" but each has a distinct connotation.
Peni means "to make an effort." In **La knabo penas movi la ŝtonegon,**
we see him with his shoulder to the boulder, sweating and straining to
move it. **Provi** means "to try a thing out, to see if a thing can be done."
In **La knabo provas movi la ŝtonegon,** we see him making a tentative
effort to move it, and wonder if he will succeed or fail. **Klopodi** means "to
take steps to do a thing," and **La knabo klopodas movi la ŝtonegon**
causes us to imagine him arranging a lever and fulcrum, hiring a crane,
petitioning his congressman or taking up a collection to get the job done.

32. Letero pri la Deveno de Esperanto—I

(This 1895 letter from Dr. Zamenhof to N. Borovko tells of the origins of
Esperanto.)

Vi demandis min, kiel aperis ĉe mi la ideo krei lingvon internacian kaj
kia estis la historio de la lingvo Esperanto de l'¹ momento de ĝia nask-
iĝo ĝis tiu ĉi tago? La tuta publika historio de la lingvo, t.e.,² komenc-
ante de la tago, kiam mi malkaŝe³ eliris⁴ kun ĝi, estas al vi pli-malpli⁵
konata; mi rakontos al vi tial en ĝeneralaj trajtoj sole la historion de la
naskiĝo de la lingvo.

¹de l' = de la ²t.e. = tio estas ³mal/kaŝ/e, openly ⁴el/ir/i, here: to come
out, make one's debut ⁵pli-malpli, more or less

Mi naskiĝis en Bjelistoko, gubernio de Grodno. Tiu ĉi loko de mia naskiĝo kaj de miaj infanaj jaroj donis la direkton al ĉiuj miaj estontaj celadoj. En Bjelistoko la loĝantaro konsistas el kvar diversaj elementoj: Rusoj, Poloj, Germanoj kaj Hebreoj; ĉiu el tiuj ĉi elementoj parolas apartan lingvon kaj neamike rilatas[6] la aliajn elementojn. En tia urbo pli ol ie la impresema[7] naturo sentas la multepezan[8] malfeliĉon de divers lingveco kaj konvinkiĝas ĉe ĉiu paŝo, ke la diverseco de lingvoj esta la sola, aŭ almenaŭ la ĉefa kaŭzo, kiu disigas[9] la homan familion kaj dividas ĝin en malamikajn partojn. Oni edukadis min kiel idealiston; on min instruis, ke ĉiuj homoj estas fratoj, kaj dume[10] sur la strato kaj sur la korto, ĉio ĉe ĉiu paŝo igis min senti, ke homoj ne ekzistas: ekzistas sol Rusoj, Poloj, Germanoj, Hebreoj, k.t.p. Tio ĉi ĉiam forte turmenti mian infanan animon, kvankam multaj eble ridetos pri tiu ĉi "doloro pro la mondo" ĉe la infano. Ĉar al mi tiam ŝajnis, ke la "grandaĝaj" posedas ian ĉiopovan forton, mi ripetadis al mi, ke kiam mi estos grand aĝa, mi nepre forigos ĉi tiun malbonon.

Iom post iom mi konvinkiĝis, kompreneble, ke ĉio ne fariĝas tiel facile kiel ĝi prezentiĝas al infano; unu post la alia mi forĵetadis diversaj infanajn utopiojn, kaj nur la revon pri unu homa lingvo mi neniam povi forĵeti. Malklare mi iel min tiris al ĝi kvankam, kompreneble, sen ia difinitaj[12] planoj. Mi ne memoras kiam, sed en ĉiu okazo[13] sufiĉe frue, ĉ mi formiĝis la konscio, ke la sola lingvo internacia povas esti nur ia neŭtrala, apartenanta al neniu el la nun vivantaj nacioj. Kiam el la Bjelistoka reala lernejo[14] (tiam ĝi estis ankoraŭ gimnazio[15]) mi transiris[16] e la Varsovian duan klasikan gimnazion, mi dum kelka tempo estis forlogat de[17] la lingvoj antikvaj kaj revis pri tio, ke mi iam veturados[18] en la tut mondo kaj per flamaj paroloj inklinados la homojn revivigi[19] unu el tiuj ĉ lingvoj por komuna uzado. Poste, mi ne memoras jam kiamaniere, m venis al firma konvinko, ke tio ĉi estas neebla, kaj mi komencis malklare revi pri nova, arta[20] lingvo. Mi ofte tiam komencadis iajn provojn elpensadis riĉegajn deklinaciojn kaj konjugaciojn, k.t.p. Sed homa lingvo kun sia, kiel ŝajnis al mi, senfina amaso da gramatikaj formoj, kun sia centoj da miloj da vortoj, per kiuj min timigis la dikaj vortaroj, ŝajnis al m tiel artifika[21] kaj kolosa maŝino, ke mi ne unufoje[22] diradis al mi: "for la[2] revojn! tiu ĉi laboro ne estas laŭ homaj fortoj,"—kaj tamen mi ĉiam revenadis al mia revo.

Germanan kaj francan lingvojn mi ellernadis en la infaneco, kiam on ne povas ankoraŭ kompari kaj fari konkludojn; sed kiam, estante en la 5-a klaso de gimnazio, mi komencis ellernadi la lingvon anglan, la simpleco de la gramatiko ĵetiĝis en miajn okulojn, precipe dank' al[24] la kruta transiro al ĝi de[25] la gramatikoj latina kaj greka. Mi rimarkis tiam, ke la riĉeco de gramatikaj formoj estas nur blinda historia okazo, sed ne estas necesa por la lingvo. Sub tia influo mi komencis serĉi en la lingvo kaj forĵetadi la senbezonajn[26] formojn, kaj mi rimarkis, ke la gramatiko ĉiam pli kaj pli degelas en miaj manoj, kaj baldaŭ mi venis al la grama-tiko malgranda, kiu okupis sen malutilo[27] por la lingvo ne pli ol kelkajn paĝojn. Tiam mi komencis pli serioze fordoniĝadi min[28] al mia revo. Sed la grandegulaj[29] vortaroj ne lasadis min trankvila.

Unu fojon, kiam mi estis en la 6-a aŭ 7-a klaso de la gimnazio, mi okaze turnis la atenton al la surskribo *Ŝvejcarskaja* (drinkejo), kiun mi jam multajn fojojn vidis, kaj poste al la elpendaĵo[30] *Konditorskaja* (Sukeraĵejo). Tiu ĉi *skaja* ekinteresis min kaj montris al mi, ke la sufiksoj donas la eblon el unu vorto fari aliajn vortojn, kiujn oni ne devas aparte ellernadi. Tiu ĉi penso ekposedis min tute, kaj mi subite eksentis la teron sub la piedoj. Sur la terurajn grandegulajn vortarojn falis radio de lumo, kaj ili komencis rapide malgrandiĝi antaŭ miaj okuloj.

"La problemo estas solvita!" diris mi tiam. Mi kaptis la ideon pri sufiksoj kaj komencis multe laboradi en tiu ĉi direkto. Mi komprenis, kian grandan signifon povas havi por la lingvo konscie kreata la plena uzado de tiu forto, kiu en lingvoj naturaj efikas nur parte, blinde, neregule kaj neplene. Mi komencis komparadi vortojn, serĉadi inter ili konstantajn, difinitajn rilatojn, kaj ĉiutage mi forĵetadis el la vortaro novan grandegan serion da vortoj, anstataŭigante[31] tiun ĉi per unu sufikso, kiu signifas certan

[5]**neamike rilatas = havas neamikajn rilatojn al** [7]**impres/em/a,** impressionable, sensitive [8]**mult/e/pez/a,** weighty [9]**dis/ig/as,** separates [10]**dum/e,** meanwhile [11]**grand/aĝ/a/j,** grownups [12]**difinita,** definite [13]**en ĉiu okazo,** in all events, at any rate [14]**reala lernejo,** a kind of junior high school (see below) [15]**gimnazio,** high school (see below) [16]**trans/ir/i,** to transfer [17]**for/log/at/a de,** lured away by [18]**pri tio, ke mi iam veturados,** about sometime traveling (see below) [19]**re/viv/ig/i,** to revive [20]**art/a,** artificial [21]**artifik/a,** sophisticated, complex, "tricky" [22]**ne unu/foj/e,** more than once (see below) [23]**for la,** away with [24]**dank' al,** thanks to [25]**la kruta...de,** the steep (i.e., abrupt) transition to it from [26]**sen/bezon/a,** needless [27]**mal/util/o,** detriment [28]**for/don/iĝ/ad/i mi/n, = fordonadi min** [29]**grand/eg/ul/a,** giant [30]**el/pend/aĵ/o,** here: a hanging shop sign [31]**anstataŭ/ig/i,** replace

rilaton. Mi rimarkis tiam, ke tre granda amaso da vortoj pure "radikaj"[3] (ekzemple "patrino," "mallarĝa," "tranĉilo," k.t.p.) povas esti facile transformitaj en vortojn "formitajn" kaj malaperi el la vortaro. La meĥaniko de la lingvo estis antaŭ mi kvazaŭ sur la manplato,[33] kaj mi nun komencis jam laboradi regule, kun amo kaj espero. Baldaŭ post tio mi jam havis skribitan la tutan gramatikon kaj malgrandan vortaron.

Multe pli frue, kiam mi serĉis kaj elĵetadis ĉion senbezonan el la gramatiko, mi simple "elpensadis" vortojn, penante, ke ili estu kiel eble plej mallongaj kaj ne havu senbezonan nombron da literoj. Sed la provo montris al mi, ke tiaj elpensitaj vortoj estas tre malfacile ellerneblaj kaj ankoraŭ pli malfacile memoreblaj. Jam tiam mi konvinkiĝis, ke la materialo por la vortaro devas esti romana-germana, ŝanĝita nur tiom, kiom ĝin postulas la reguleco kaj aliaj gravaj kondiĉoj de la lingvo. Estante jam sur tiu ĉi tero, mi baldaŭ rimarkis, ke la nunaj lingvoj posedas grandegan provizon da pretaj vortoj jam internaciaj, kiuj estas konataj al ĉiuj popoloj kaj faras trezoron por estonta lingvo internacia,—kaj mi kompreneble utiligis[34] tiun ĉi trezoron.

[32]**radik/a,** basic (**radiko,** root)   [33]**kvazaŭ sur la manplato,** as though (I held it) on the palm of my hand (**man/plat/o,** palm)   [34]**util/ig/is,** made use of

REALLERNEJO—GIMNAZIO

The European **gimnazio** is roughly equivalent to American junior and senior high school combined, i.e., grades 6 or 7 through 12. The **klasika gimnazio** in Zamenhof's day stressed classical languages, art, literature etc., in preparation for university and an academic career; while the **realgimnazio** prepared one to take up "real" careers in medicine, law, science and the like.

One must be careful about words designating schools as these vary widely from country to country. For example, in some places the "alta lernejo" is not a "high school" at all, but any higher level school for adults, while a "meza lernejo" is generally a high school (and/or middle school) as we know it.

NE UNUFOJE

Be wary of this expression! In *some* countries its meaning is "not (even) once," but in others it has the opposite meaning: "not (just) once," that is, many times, "more than once." You shouldn't use this expression without making sure the context explains it: **eĉ ne unufoje,** for example, **or pli ol unufoje; ne unufoje, sed ofte;** etc.

PRI TIO, KE....

In English a subordinate clause is often used as the object of a preposition: She asked *about whether I was going to the dance;* I was frightened *by what she told me.* In Esperanto, such construction is not usual and should be avoided by supplying the word **tio** as grammatical object of the preposition, with the subordinate clause explaining what **tio** stands for: **Ŝi demandis pri tio, ĉu mi iros al la balo. Mi ektimis pri tio, kion ŝi diris al mi.**

GERUND PHRASES

In English, a short phrase containing an "-ing" form of a verb is often used much like a subordinate clause or as the subject of a sentence:

1. I dreamt of *traveling about in the world.*

2. Never eat candy after *brushing your teeth.*

3. He questioned me about *talking to that stranger.*

4. *Learning Esperanto* is a good idea.

Technically these "-ing" words are *gerunds,* i.e., verbs used as though they were nouns. There are no gerunds in Esperanto and such sentences must be recast using subordinate clauses:

1. **Mi revis pri tio, ke mi veturados en la mondo.**

2. **Neniam manĝu dolĉaĵojn, post kiam vi brosis la dentojn.**

3. **Li pridemandis min pri tio, ke mi parolis kun tiu fremdulo.**

4. **Lerni Esperanton estas bona ideo.**

33. Letero pri la Deveno de Esperanto—II

En la jaro 1878 la lingvo estis jam pli-malpli preta, kvankam inter la tiam "lingwe uniwersala" kaj la nuna Esperanto estis ankoraŭ granda diferenco. Mi komunikis pri ĝi al miaj kolegoj (mi estis tiam en la 8-a klaso de la gimnazio). La plimulto da ili estis forlogitaj de la ideo kaj de la frapinta ilin neordinara[2] facileco de la lingvo, kaj komencis ĝin ellernadi. La 5-an de decembro 1878 ni ĉiuj kune solene festis la ekvivigon de la lingvo. Dum tiu ĉi festo estis paroloj en la nova lingvo, kaj ni entuziasme kantis la himnon, kies komencaj vortoj estis la sekvantaj:

> *Malamikete de las nacjes*
> *Kadó, kadó, jam temp' está!*
> *La tot' homoze in familje*
> *Konunigare so debá.*

(En la nuna Esperanto tio ĉi signifas: "Malamikeco de la nacioj falu, falu, jam tempo estas! La tuta homaro en familion unuiĝi devas.")

Sur la tablo, krom la gramatiko kaj vortaro, kuŝis kelkaj tradukoj en la nova lingvo.

Tiel finiĝis la unua periodo de la lingvo. Mi estis tiam ankoraŭ tro juna por eliri publike kun mia laboro, kaj mi decidis atendi ankoraŭ 5-6 jarojn kaj dum tiu ĉi tempo zorgeme[4] elprovi la lingvon kaj plene prilabori ĝin praktike.[5] Post duonjaro post la festo de la 5-a de decembro ni finis la gimnazian kurson kaj disiris. La estontaj apostoloj de la lingvo provis paroleti pri "nova lingvo" kaj, renkontinte la mokojn de homoj maturaj, ili tuj rapidis malkonfesi[6] la lingvon, kaj mi restis tute sola. Antaŭvidante nur mokojn kaj persekutojn, mi decidis kaŝi antaŭ ĉiuj mian laboron. Dum 5 1/2 jaroj de mia estado en la universitato, mi neniam parolis kun iu pri mia afero. Tiu ĉi tempo estis por mi tre malfacila. La kaŝeco turmentis min; devigita zorgeme kaŝadi miajn pensojn kaj planojn, mi preskaŭ nenie estadis, en nenio partoprenis, kaj la plej bela tempo de mia vivo—la jaroj de studento—pasis por mi plej malgaje. Mi provis iafoje min distri en la societo,[9] sed sentis min ia fremdulo kaj foriradis, kaj de tempo al tempo faciligadis mian koron per ia versaĵo[10] en la lingvo prilaborata de mi.

Dum ses jaroj mi laboris perfektigante kaj provante la lingvon,—kaj mi ⊾avis sufiĉe da laboro, kvankam en la jaro 1878 al mi jam ŝajnis, ke la ingvo estas tute preta. Mi multe tradukadis en mian lingvon, skribis en ĝi ⊾erkojn originalajn, kaj vastaj provoj montris al mi, ke tio, kio ŝajnis al mi ⊾ute preta teorie, estas ankoraŭ ne preta praktike. Multon mi devis ⊾irkaŭhaki,[11] anstataŭigi, korekti kaj radike transformi. Vortoj kaj ⊾ormoj, principoj kaj postuloj puŝis kaj malhelpis[12] unu la alian. Kelkaj ⊾ormoj, kiuj ŝajnis al mi riĉaĵo, montriĝis[13] nun en la praktiko senbezona ⊾alasto; tiel ekz.[14] mi devis forĵeti kelkajn nebezonajn sufiksojn. En la ⊾aro 1878 al mi ŝajnis, ke estas por la lingvo sufiĉe havi gramatikon ⊾aj vortaron; la multpezecon kaj malgraciecon[15] de la lingvo mi alskrib-⊾dis[16] nur al tio, ke mi ankoraŭ ne sufiĉe bone ĝin posedas,[17] sed la ⊾raktiko ĉiam pli kaj pli konvinkadis min, ke la lingvo bezonas ankoraŭ ⊾an nekapteblan[18] ion, la kunligantan elementon, donantan al la lingvo ⊾ivon kaj difinitan, tute formitan spiriton. Mi komencis tiam evitadi ⊾aŭvortajn[19] tradukojn el tiu aŭ alia lingvo kaj penis rekte pensi en la lin-⊾vo neŭtrala. Poste mi rimarkis, ke la lingvo en miaj manoj ĉesas jam esti ⊾enfundamenta ombro de tiu aŭ alia lingvo, kun kiu mi havas la aferon[20] ⊾n tiu aŭ alia minuto,[21] kaj ricevas sian propran spiriton, sian propran ⊾ivon, la propran difinitan kaj klare esprimitan fizionomion, ne dependan-⊾an[22] jam de iaj influoj. La parolo fluis jam mem, flekseble,[23] gracie kaj tute ⊾bere, kiel la viva patra lingvo.

Mi finis la universitaton kaj komencis mian medicinan praktikon. Nun ⊾i ekpensadis jam pri la publika eliro kun mia laboro. Mi pretigis la man-

---

a frapinta...la lingvo = la neordinara facileco de la lingvo (kiu ⊾stis) frapinta ilin [2]**ne/ordinar/a,** unusual, out of the ordinary ⊾**nkoraŭ 5-6 jarojn,** 5 or 6 more years [4]**zorg/em/e,** carefully ⊾**raktik/e,** in practice [6]**mal/konfes/i,** to renounce, disavow ⊾**ntaŭ/vid/i,** to foresee [8]**ia/foj/e,** sometimes [9]**soci/et/o,** here: social life ⊾**vers/aĵ/o,** bit of verse [11]**ĉirkaŭ/hak/i,** to trim (shape by cutting around ⊾e edges) [12]**mal/help/i,** here: conflict with [13]**montr/iĝ/is,** showed ⊾emselves, turned out to be [14]**ekz. = ekzemple,** for example ⊾**mal/graci/ec/o,** awkwardness [16]**al/skrib/i,** to ascribe [17]**al tio,** ⊾**e...posedas,** to my not yet possessing (mastering) it well enough ⊾**ne/kapt/ebl/a,** uncapturable, elusive [19]**laŭ/vort/a,** word-for-word ⊾**havi aferon,** to have to do (with) [21]**tiu aŭ alia momento,** one moment ⊾r another, in any given moment [22]**de/pend/i,** to depend [23]**fleks/ebl/e,** ⊾exibly uskripton de mia unua broŝuro ("D-ro Esperanto, Lingvo Internacia Antaŭparolo kaj Plena Lernolibro"), kaj komencis serĉadi eldonanton Sed tie ĉi mi la unuan fojon renkontis la maldolĉan praktikon de la vivo, la financan demandon, kun kiu mi poste ankoraŭ multe devis ka devas forte batali. Dum du jaroj mi vane serĉis eldonanton. Kiam mi jam trovis unu, li dum duonjaro pretigis mian broŝuron por eldono ka laste[24]—rifuzis. Fine, post longaj klopodoj, mi prosperis mem eldoni mian unuan broŝuron en julio de la jaro 1887. Mi estis tre eksciita antaŭ tio ĉi; mi sentis, ke mi staras antaŭ Rubikono kaj ek de la tago, kian aperos mia broŝuro, mi ne havos plu la eblon reiri; mi sciis, kia sorte atendas kuraciston,[25] kiu dependas de la publiko, se tiu ĉi publiko vidas en li fantaziulon,[26] homon, kiu sin okupas je "flankaj aferoj"; mi sentis ke mi metas sur la karton[27] la tutan estontan trankvilecon kaj ekzistadon mian kaj de mia familio; sed mi ne povis forlasi la ideon, kiu eniris mian korpon kaj sangon, kaj—mi transiris Rubikonon.

[24]**last/e,** at the last   [25]**kurac/ist/o,** physician   [26]**fantazi/ul/o,** a visionary, "crank"   [27]**meti sur la karton,** to put (risk) on the (turn of a) card

34. Trans la Lingvajn Barilojn—VII

Lisbono, Portugalio, 14 februar

Ni renkontis esperantiston, hazarde, en la urbo Badajoz, ĉe la landlime inter Hispanujo kaj Portugalio. Por sciiĝi pri la foriro de la vagonaro a Lisbono, mi eniris hispanan turist-oficejon. Mi alproksimiĝis al viro ka post rigardo al la verda stelo sur mia jaketo li demandis, "Ĉu vi parola Esperanton?" Tiam ni interparolis kaj mi demandis pri la vagonaro.

Ni atingis Lisbonon noktmeze kaj iris rekte al la Internacia Hotelo, e la centra parto de la urbo. Oni reklamas ĉi tiun hotelon en la UEA-Jarlibro kaj ĝi estis bona, komforta restloko por la unua tago de nia restado. La sekvantan tagon mi telefonis al S-ro H. Ferreira, kiu laboras ĉe aŭtomobil firmo, kaj post kelkaj horoj ni renkontiĝis en lia oficejo. Ĉar la hotelo esti tro multekosta por pli ol ununokta restado, laŭ nia buĝeto, ni serĉis nova lokon. Per helpo de S-ano Ferreira kiel interpretisto, ni trovis bona ĉambron en pensiono kie ni povis dormi kaj manĝi por malalta sumo.

Vespere ni rerenkontiĝis kun S-ano Ferreira, kaj li montris al ni placon e Komerco, ĉe la rivero, kaj la placon de Pedro la Kvara, en la centra arto de la urbo. Li diris ke antaŭ ducent jaroj okazis granda tertremo,[2] iu detruis la plejparton de la urbo, kaj tiam oni rekonstruis ĝin laŭ la ama stilo tra la tuta urbo. Pro tio, Lisbono estas unikaspekta[3] urbo en malnova kvartalo, tre bela kaj vidinda. Kompreneble ankaŭ estas oderna parto, pli granda ol la malnova, kun grandaj, larĝaj avenuoj ankataj de belaj arboj kaj modernaj konstruaĵoj.

Dimanĉe ni renkontiĝis kun José Antunes, ĉefdelegito de UEA en ortugalio. Kun sia ĉarma edzino, li kondukis nin al la urbo Estoril, ĉe la arbordo proksime al Lisbono, kaj al la urbeto Sintra, en la montaro, ie ni vidis kastelojn kaj aliajn interesajn konstruaĵojn, kaj gustumis pajn lokajn kukojn.

Merkredon vespere okazis kunveno de la geesperantistoj en kafejo omata "Martinho" ĉe la centra placo de la urbo. Kiam ni alvenis oni unigis kelkajn tablojn kaj tuj komenciĝis la kunveno. Denove ni renkon- s S-anojn Ferreira kaj Martins. Ĉeestis ĉirkaŭ dudek samideanoj, inter i José dos Reis, malnova kaj bona esperantisto, kaj João Pereira, abla sinjoro kiu invitis nin viziti la akvarion kie li laboras. Ni inter- arolis ĝis noktomezo pri la Esperanto-movado en Portugalio kaj Usono.

Madrido, Hispanujo, 20 februaro

La granda ĉefurbo de Hispanujo bonvenigis nin per la esperantistaro u gastigis[4] nin dum kvintaga restado. Tuj post nia alveno ĉe la Hotel orte mi telefonis S-ron Florencio Enfedaque, la UEA-delegito, kiu venis e ni, kaj ni interparolis dum du horoj en la ripozejo de la hotelo. Ĉar li evis reiri al sia oficejo por labori, ni adiaŭis ĝis la sekvonta tago.

Sabaton S-ano Enfedaque kondukis nin al la hejmo de la prezidanto de Esperanto-klubo en Madrido, S-ro Angel Figuerola. Li estas blindulo, d li vivas tute normalan vivon, kun sia familio, kiu konsistas el ses fanoj kaj ĉarma edzino. Li ankaŭ estas profesoro de klaso en la indlernejo, proksime de lia hejmo. Ni iris kune tien, al granda oderna konstruaĵo kie kvincent blindaj gejunuloj loĝas kaj studas. Por unua fojo en mia vivo mi vidis la internon de blinda lernejo, la metodojn e instruado kaj vivo de la blindaj gestudantoj, kaj dum la vizito ni nkontis la lernejestron, ankaŭ blindulo, kaj kelkajn instruistojn. Ĉe la

---

and/lim/o, border **[2]ter/trem/o,** earthquake **[3]unik/aspekt/a** unique appearance **[4]gast/ig/is,** entertained

lernejo ankaŭ S-ano Figuerola gvidas Esperanto-kurson, kaj ni renkont
ok komencantojn kiuj aŭskultis malrapidan paroladeton de li.

Post la vizito al la blindlernejo, je la naŭa vespere, ni iris, subte
fervoje,[5] al la klubejo de la Madrida grupo. Tie ĉeestis ĉirkaŭ dudek kv
geesperantistoj kaj dum la tuta kunveno ili faris demandojn al mi k
Bonnie, pri San Diego kaj nia vivo en Usono.

Oni aranĝis specialan kunvenon mardon, por ke mi povu fari parolad
al la gesamideanoj en Madrido. Ĉeestis la kunvenon proksimume kvind
personoj, inter ili la estro de la oficiala turist-oficejo en Madrido. Li
estas esperantisto sed li diris ke li venis por aŭdi eksterlandanon par
Esperanton.

Post la prelego la adiaŭado komenciĝis denove, al multaj Esperant
geamikoj kiujn ni eble neniam revidos. Feliĉe, neniu scias pri la estonte
kaj ĝiaj okazaĵoj. Eble ĝi kunportos la eblecon de vojaĝo por ĉiuj k
tiamaniere niaj multaj amikoj povos viziti nin en San Diego.

FINO

[5]**sub/ter/fer/voj/o,** subway (**fer/voj/o,** railway)

La urbo Madrido, Hispanujo

35. Barbro kaj Eriko—XII

Rud la 7-an de Marto

miko,

Nia korespondado donas al mi multan ĝojon, kaj ankaŭ mi forte
peras, ke ĝi daŭros por ĉiam. "Ĉu nordlandaj virinoj estas fidelaj?" vi
mandis. Mi kredas, ke jes![1] Oni ofte laŭdas tion kiel ilian virton, sed
ofte estas ankaŭ tro kredemaj,[2] kaj tio certe estas malsaĝa. Pri la
dlandanoj oni diras, ke iliaj sentoj estas fajraj sed ne tre konstantaj.
J vi estas tipa sudlandano?

Kiom gaja devis esti la maskobalo, pri kiu vi rakontis! Se mi nur...
·d, inter tiuj elegante maskitaj belulinoj vi eble ne estus eĉ rimarkinta
an vermlandaninon,[3] vestitan per la popolvesto[4] de nia regiono. (Tiajn
·stojn ni tute ne portas ĉiutage, kiel oni kredus laŭ kelkaj turismaj pro-
·gandiloj!) Nu, mi devas konfesi, ke pli feliĉa mi legis pri la songo ol
i la balo!

Antaŭ kelkaj tagoj ankaŭ mi dancis. Tri grupoj de esperantistoj kune
·anĝis festan kunvenon en Karlstad por soleni la finiĝon de la daŭrigaj
·rsoj. Estis agrable: oni muzikis, kantis, deklamis spritajn poemojn en
·peranto kaj dancis. "Ĉu oni vere ne manĝis?" vi certe demandas. Jes,
·aliculo,[5] ni ankaŭ vespermanĝis.

Vian sopiron je la belbrila Vieno mi bone komprenas. —Nur malofte
i vidas teatraĵon, sed *Peer Gynt* mi vidis. Tre forte ĝi impresis.

Ĉar mi vidas vin tiel diligente leganta por la ekzameno, mi ne plu volas
ilhelpi vian laboron. Cetere, hodiaŭ mi vidis en la ĉambro de paĉjo—
·eon! La printempan militon kontraŭ ĉi tiuj malamikoj mi do tuj
·mencu!

Tial manpremon kaj—ĝis baldaŭ!

Salutas vin

Barbro

---

i kredas, ke jes, I think so   [2]kred/em/a, credulous, naive
·ermland/o, Värmeland, a district of Sweden   [4]popol/vest/o, folk
·stume   [5]malic/ul/o, trouble-maker, rascal

36. Reformo de la Skribado de la Ĉina Lingvo

(By Hujucz, in *El Popola Ĉinio*)

La ĉina ideografio havas historion de pli ol 3300 jaroj. Ĝi ludis grava rolon en la disvolviĝo[1] de la ĉina kaj eĉ de la orientaziaj kulturoj. Tamen en la moderna tempo, ĝi montriĝas pli kaj pli maloportuna por respondi a la bezonoj de la epoko. La ĉinaj ideografiaĵoj,[2] kiuj estas malfacil lerneblaj kaj maloportune uzeblaj, certgrade[3] malhelpas al la disvastigo legscio[4] kaj la mekanikigo[5] de skribado (ekzemple, en presart maŝinskribado,[6] telegrafo, ktp.). Dum la lastaj sepdek jaroj, multaj hom pledis por reformado de la ĉina skriba lingvo, kaj la realigo de tiu ĉi celad komenciĝis nur lastatempe.[7]

Ekzistas du opinioj pri la demando, kiamaniere oni devas reformi l ĉinan skribadon:

Unu estas simpligi la formon de ĉinaj ideografiaĵoj kaj reduk maksimume[8] la nombron de tiuj ĝenerale uzataj.

La alia estas substitui la nefonetikan ĉinan ideografion per sistem de fonetika skribo.

Tiuj ĉi du opinioj ne estas reciproke ekskluzivaj, sed devas efektivi paralele. Ĉar en mallonga tempo, la ĉina ideografio kun tiom longa trad cio ne povos esti tuj forĵetita, nek la fonetika skribo de hanlingvo[9] pov evolui en maturan kaj ĝenerale uzeblan literaturan lingvon. Tial, la task de nia skriba reformo estas: unuflanke la simpligo de la formoj de ide grafiaĵoj por fari ilin pli facile uzeblaj surbaze de[10] ilia nuna uzeblec kaj aliflanke ellabori sistemon de fonetika signado de la hana lingv disvastigi ĝin iom post iom de la pozicio de helpilo de la ideografio e estontan ĝenerale uzatan skriban lingvon.

En 1956, la Ŝtata Konsilo[11] de Ĉinio publikigis la *Projekton de Simpli de Ĉinaj Ideografiaĵoj*, kiu simpligis 515 ofte uzatajn ideografiaĵojn k malsimpla strekaro,[12] kaj 54 bazajn signojn (plejparte tiuj de ideoj uzat kiel elementoj por konstrui ĉinajn ideografiaĵojn).

Fakte, la formoj de tiuj simpligoj estas plejparte jam longe aplikat en la manskribado, nur ne rigardataj kiel oficiala skribmaniero. Nu tiuj simpligitaj skribmanieroj akiris sian "laŭleĝecon."[13]

En 1958, la Tutlanda Kongreso de Popolaj Reprezentantoj sankciis Projekton de Fonetika Signado de la Hana Lingvo, prezentitan de la Ŝta

Konsilo. Tiu ĉi projekto adoptis latinajn literojn kiel fonetikajn signojn, difinis ilian sonvaloron por signi hanlingvan sonaron, manieron de sonignado kaj la signojn por montri "tonojn."*

Dum la pasintaj jaroj, en la laboro de likvido de analfabeteco oni utiligis a fonetikan alfabeton en certaj regionoj, por signi la sonon de la ĉinaj ideografiaĵoj, indikante ĝin super la respektivaj ideografiaĵoj.

Krom la hannacio,[14] en Ĉinio vivas ankoraŭ pli ol kvindek nacimalplimultoj.[15] Ili aŭ ne havas skriban lingvon, aŭ[16] havas nur tian kiu ne respondas al la modernaj bezonoj de la epoko. Tial, la *Sistemo de Fonetia Signado de la Hana Lingvo* fariĝis la bazo kaj normo por ellaboro aŭ reformado de ilia skriba lingvo. Pli ol dek nacimalplimultoj jam ellaboris por si projekton de nova skribo en latinaj literoj.

Laŭ la normo de prononco ekzistas kvar "tonoj," kiujn oni montras respektive per kvar signoj donitaj sur la vokaloj. Ekzemple: ā (unua tono), (dua tono), ǎ (tria tono) kaj à (kvara tono).

dis/volv/iĝ/o, development (lit., unrolling) [2]ideografi/aĵ/o, a written Chinese character (ideogram) [3]cert/grad/e, to a certain degree leg/sci/o, ability to read [5]mekanik/ig/o, mechanization maŝin/skrib/ad/o, typewriting [7]last/a/temp/e, lately [8]maksimum/e, ere: to the maximum [9]han/lingv/o, Mandarin, the principle language of China [10]sur/baz/e de = sur la bazo de [11]Ŝtata Konsilo, State Council [12]strek/ar/o, set of strokes [13]laŭ/leĝ/ec/o, legality han/naci/o, the principal ethnic group of China [15]naci/mal/pli/mult/o, national minority [16]aŭ...aŭ..., either...or... (see below)

AŬ... AŬ..., KAJ... KAJ..., NEK... NEK...

Aŭ... aŭ... means "either... or...": **Ŝi volas vidi aŭ min aŭ vin en la oficejo tuj,** She wants to see either you or me in the office right away. Similarly, kaj... kaj... means "both... and...": **Mi promesis, ke kaj mi kaj vi estos tie post kvin minutoj,** I promised both you and I would be here in five minutes. And in the same manner, nek... nek... means "neither... nor...": **Nek li nek mi scias, kion ŝi celas,** Neither he nor I knows what she's after.

37. Barbro kaj Eriko—XIII

Hohenberg, la 2-an de April

Karega amikino,

De longe mi ne skribis, mi estis iomete malsana. Mi havis gripon kie multaj aliaj.

Marto ne estas agrabla monato en nia montaro. Neĝas, degelas, neĝas denove. Kelkfoje la vetero estas tre bela, kelkfoje frostas sufiĉe. Nu malofte ni povas promenadi, ekskursi.

Sed de post ok tagoj hela suno brilas, hirundoj revenas, kreskas l unuaj floroj. Apud niaj riveroj multaj miozotoj estas troveblaj, kiuj laŭ l germana traduko "Ne-forgesu-min" nomiĝas. Mi sendas al vi tian floro ĉarmetan.

Antaŭ kelkaj tagoj ni festis Paskon.

En Sankta Ĵaŭdo[1] oni finas sonorigi la sonorilojn kaj rakontas a malgrandaj infanoj, ke ĉi tiuj Romon estas flugintaj. Kiam mi estis knabo mi sidis longtempe sur sojlo de la pordo, por ke mi povu vidi la sonorilo flugantajn.

Ĝis Sankta Sabato posttagmeze, ĝis la reviviĝo,[2] klakiloj[3] invitas a preĝo. Matene, posttagmeze, vespere knaboj klakante trairas la vilaĝo dirante samtempe malnovajn kantetojn.

Estas kutimo, kolorigi ovojn dum Pasko. Ruĝaj, bluaj, flavaj kaj verda ovoj ĝojigas niajn geknabojn. La etuloj, kiuj kredas, ke Paskolepore demetas[5] la ovojn, serĉas en la ĝardeno nestojn kaŝitajn.

"Eriko, vi ricevis leteron el Svedujo," diris hieraŭ mia malgrand nevino. — "Kie ĝi estas?"—"Aprilstultulo,[6] Aprilstultulo!" ŝi kriis.

La unuan Aprilon vi ĉiam devas havi singardon.[7] Tiam ne fidu al la pl bona amiko—la unua de Aprilo estas la plej granda mokulo.

Tial mi ne skribis la unuan, mi skribis la duan—dum la dua ni denov estas seriozaj.

Adiaŭ, kara amikino, adiaŭ!

Eriko

ankta Ĵaŭdo, Maundy Thursday [2]re/viv/iĝ/o, resurrection (of Jesus
1 Easter Sunday) [3]klak/il/o/j, rattles (wooden noisemakers)
[4]ask/o/lepor/o, Easter bunny [5]de/met/i, to lay (eggs)
[6]pril/stult/ul/o, April fool [7]hav/i si/n/gard/o/n, to take care, look out

38. Pri la "Interna Ideo"

By L. L. Zamenhof. Excerpts from an address to the Second World
Convention of Esperanto, Geneva, 1906.)

...ne estas tiel naivaj, kiel pensas pri ni kelkaj personoj: ni ne kredas, ke
nia *utrala fundamento faros el la homoj anĝeloj; ni scias tre bone, ke la
*moj malbonaj ankaŭ poste restos malbonaj; sed ni kredas, ke
*munikiĝado kaj konatiĝado sur neŭtrala fundamento forigos almenaŭ
grandan amason de *tiuj* bestaĵoj[1] kaj krimoj, kiuj estas kaŭzataj ne
* malbona volo, sed simple de sinnekonado[2] kaj de devigata[3] sinal-
idado.[4]

Nun, kiam en diversaj lokoj de la mondo la batalado inter la gentoj
riĝis tiel kruela, ni, esperantistoj, devas labori pli energie ol iam. Sed
*r ke nia laborado estu fruktoporta,[5] ni devas antaŭ ĉio bone klarigi al
la *internan ideon* de la esperantismo.

Ni ĉiuj scias, kio estas la esperantismo en rilato *praktika;* ni ankaŭ scias,
"esperantisto estas nomata ĉiu persono, kiu uzas la lingvon Esperanto,
te egale, por kiaj celoj li ĝin uzas." Esperantisto sekve estas ne sole tiu
rsono, kiu revas unuigi per Esperanto la homaron, esperantisto estas
kaŭ tiu persono, kiu uzas Esperanton ekskluzive por celoj praktikaj,
perantisto estas ankaŭ persono, kiu uzas Esperanton por gajni per
monon, esperantisto estas persono, kiu uzas Esperanton nur por
nuziĝadi, esperantisto fine[6] estas eĉ tiu persono, kiu uzas Esperanton

---

est/aĵ/o, bestiality [2]si/n/ne/kon/ad/o, not knowing one another,
utual ignorance [3]dev/ig/at/a, here: compulsive (dev/ig/i, to compel)
/n/al/trud/ad/o, imposing on one another [5]frukt/o/port/a, fruitful
n/e, here: in the final analysis, when all's said and done

por celoj plej malnoblaj kaj hommalamaj. Sed krom la flanko *praktika* la esperantismo havas ankoraŭ alian flankon, ne devigan, sed mult pli gravan, flankon *idean*.[7]

Se ni, batalantoj por Esperanto, propravole[8] donis al la vasta mond plenan rajton rigardadi Esperanton nur de ĝia flanko praktika kaj uzadi ĝi nur por nia utilo, tio ĉi kompreneble al neniu donas la rajton postuli, ke n ĉiuj vidu en Esperanto nur aferon praktikan. Bedaŭrinde en la lasta temp inter la esperantistoj aperis tiaj voĉoj, kiuj diras: "Esperanto estas *nu* lingvo; evitu ligi eĉ tute private la esperantismon kun ia *ideo,* ĉar alie o pensos, ke ni ĉiuj havas tiun ideon!" Ho, kiaj vortoj! El la timo, ke ni eb ne plaĉos al tiuj personoj, kiuj mem volas uzi Esperanton nur por afer praktikaj por ili, ni devas ĉiuj elŝiri el nia koro tiun parton de la espera tismo, kiu estas la plej grava, la plej sankta, tiun ideon, kiu estis la ĉef celo de la afero de Esperanto, kiu estis la stelo, kiu ĉiam gvidadi ĉiujn batalantojn por Esperanto! Ho, ne, ne, neniam! Kun energia pro testo ni forĵetas tiun ĉi postulon. Se nin, la unuajn batalantojn po Esperanto, oni devigos, ke ni evitu en nia agado ĉion idean, ni indign disŝiros kaj bruligos ĉion, kion ni skribis por Esperanto, ni neniigos[9] ku doloro la laborojn kaj oferojn de nia tuta vivo, ni forĵetos malproksimen verdan stelon, kiu sidas sur nia brusto, kaj ni ekkrios kun abomen

Portretoj de D-ro Zamenhof ku
ekzempleroj de la unua revu
kaj de la unuaj lernolibr
(en tri lingv

...un *tia* Esperanto, kiu devas servi ekskluzive nur al celoj de komerco ...j praktika utileco, ni volas havi nenion komunan!"

Venos iam la tempo, kiam Esperanto, fariĝinte posedaĵo[10] de la tuta ...maro, perdos sian karakteron idean; tiam ĝi fariĝos jam nur lingvo, oni ...m ne batalados por ĝi, oni nur tirados el ĝi profiton. Sed nun, kiam ...eskaŭ ĉiuj esperantistoj estas ankoraŭ ne profitantoj, sed nur batalantoj, ĉiuj konscias tre bone, ke al laborado por Esperanto instigas nin ne la ...nso pri praktika utileco, sed nur la penso pri la sankta, granda kaj grava ...eo, kiun lingvo internacia en si enhavas. Tiu ĉi ideo—vi ĉiuj sentas ĝin ...e bone—estas *frateco* kaj *justeco inter ĉiuj popoloj.*

Se mi la tutan pli bonan parton de mia vivo memvole[11] pasigis en ...andaj suferoj kaj oferoj kaj ne rezervis por mi eĉ ian rajton de aŭtoreco— ...mi faris tion ĉi pro ia praktika utileco? Se la unuaj esperantistoj pacience ...metadis sin[12] ne sole al konstanta mokado, sed eĉ al grandaj oferoj, kaj ...zemple unu malriĉa instruistino longan tempon suferis malsaton, nur ...r ke ŝi povu ŝpari iom da mono por la propagando de Esperanto—ĉu ili ...uj faris tion ĉi pro ia praktika utileco? Ho, ne, ne, ne! Ĉiuj memoris ...r pri la interna *ideo* entenata en la esperantismo; ĉiuj ŝatis Esperanton ne ...l, ke ĝi alproksimigas[13] reciproke la *korpojn* de la homoj, eĉ ne tial, ...e ĝi alproksimigas la *cerbojn* de la homoj, sed nur tial, ke ĝi alprok- ...migas iliajn *korojn.*

...le/a = ideala   [8]**propr/a/vol/e,** voluntarily   [9]**neni/ig/i,** to annihilate
...osed/aĵ/o,** property   [11]**mem/vol/e = propravole**   [12]**el/met/ad/is si/n,**
...posed themselves   [13]**al/proksim/ig/i,** to bring close together

SIDI

This word is sometimes used in a figurative sense not found in English:
a deziro al paco sidas en ĉiu homa koro, The desire for peace lives in ...ery human heart. **La verda stelo sidanta sur via jako identigas vin ...el esperantiston,** The green star you wear on your coat identifies you as ... Esperantist. **Via nova kostumo sidas tre bele,** Your new suit hangs ...ry nicely.

39. Barbro kaj Eriko—XIV

Rud la 20-an de la 4

Mia frato tre kara,

Ĉu vi volas esti mia bona, malproksima frato? Hodiaŭ du jaroj esta
pasintaj de post la morto de Gösta. Dum tiu tempo mi ofte malĝojis, r
perdis tiel bonan kunulon. Zorgema, cedema[1] li estis, kaj ĉiam li volis m
protekti. Ni estis tiel forte korligitaj[2] unu al la alia, kaj nun mi sentas m
sola. Estu mia bona frato, kaj ne enuu ĉar hodiaŭ mi skribas kun larmo

22.4. Mi devis rompi la skribadon, ĉar neatendite[3] venis parencoj
Göteborg, kiuj tranoktis[4] ĉe ni. Kiom ekĝojis mia parencama paĉjo! K
preskaŭ perforte[5] li volis igi ilin pli longe resti.

Dankon pro la "Ne-forgesu-min"! Ankaŭ ni tiel nomas la miozotoj
kaj—ĉu ne interese?—ankaŭ en nia lando oni trompetas[6] la 1-an de apri

En la lasta tempo degelis, la neĝo transformiĝis en akvon, kelkfo

ĝis denove. Aprilo estas tre kaprica monato: pluvas, ridas la suno, uvas denove. Antaŭ kelkaj tagoj la vera Printempo alvenis. Ho, se mi ▸vus ĝin priskribi al vi, la svedan printempon kun ties delikata ĉarmo! Ĝi kis tiom da pensoj, tiom da revoj.—

Hieraŭ promenante kun niaj gastoj, mi la unuan fojon ĉijare⁷ aŭdis ▸kolon. Mi demandis: "Kiam mi edziniĝos?" La respondo estis kvin ▸u-ku"-oj; do post kvin jaroj? La direkto de kie aŭdiĝis la krio, indikas ▸e loĝas la estonta edzo.

Ankaŭ la kokcinelo, la eta, ruĝa skarabo kun nigraj punktoj, servas por ▸ni similajn oraklojn. Knabinoj kaj knaboj metas ĝin sur la mandorson, ▸ante:

> *Flugu, forflugu, kokcineleto!*
> *Kie loĝas do mia amat(in)eto?*

Longe mi ankoraŭ volus babili, sed estas malfrue, kaj jam frumatene ▸ devas eklabori. —Ĉu vi nun tute resaniĝis? Mi malĝojis pro via longa ▸ento, kaj paĉjo iom ŝercis pri tio. "La aŭstra knabo certe forgesis vin," ▸diris. Mi petas vin, ne donu al li okazon por denove tiel ŝerci!

Korajn salutojn sendas via fratino (?)

Barbro

▸d/em/a, yielding, accommodating ²kor/lig/it/a, attached, close ▸e/atend/it/e, unexpectedly ⁴tra/nokt/i, to spend the night ⁵per/fort/e, ▸ force ⁶tromp/et/i, to play little tricks ⁷ĉi/jar/e, this year

40. Lukto Inter Homo kaj Serpento

(By Tibor Sekelj in *Amazonio,* excerpted from *Heroldo de Esperanto*

Iun posttagmezon, dum ripozo apud rivereto, nur tri kilometrojn for de indiĝena vilaĝo, mi aŭdis terurajn vekriojn[1] de Mary. Kiam mi alkuris la loko, kie ŝi estis, mi vidis ŝin plori kun esprimo de granda doloro sur vizaĝo, kaj teni inter la manoj sian maldekstran piedon, sur kies sup parto estis videbla malgranda, freŝa vundo.

Al la doktorino Rosa kaj mi, kiuj ĉeestis la scenon, ĉio estis klara. Ma volis nudpiede vadi en la rivereto kaj surtretis rajon. Tio estas rombforn fiŝo, je grandeco de telero, kun longa vosto, kiu finiĝas per vene

injektilo.³ Tiu fiŝo naĝas ne en vertikala pozicio, kiel la ceteraj fiŝoj, sed en horizontala. Tiel ĝi kaŝas sin sur la fundo de la rivero, sub tavolo de koto aŭ sablo, kaj se iu hazarde surtretas ĝin, ĝi kurbigas sian voston kaj injektas sian venenon per ĝi. Tia piko estas ege dolora, kaj multaj kamparanoj, kiuj ne ĝustatempe kuracas la vundon, portas dum la tuta vivo malbelan absceson sur la piedo.

Do estis necese, rapide entrepreni ion. Dum Rosa restis kun Mary, mi kuris ĝis la vilaĝo por alporti iun kontraŭvenenan⁴ serumon el nia portebla apoteko. Alveninte al la vilaĝo, pro la kurado mi estis tiel laca, ke mi devis sendi la serumon per indiana knabo, kaj mi nur poste reiris. Dum unu semajno ni flegis la pacientinon, ĝis ŝi resaniĝis.

Renkonton kun serpentoj ni havis preskaŭ ĉiutage, kaj ni alkutimiĝis esti tre zorgemaj. Eĉ sen pensi ion, la esploristo alkutimiĝas matene, antaŭ ol surmeti la ŝuojn, forte skui ilin, por eligi el ili skorpion aŭ serpenton, kiu ŝie serĉis tranoktejon. Kiam oni marŝas tra arbaro, samtempe oni devas serĉi serpentojn sur la tero kaj sur la proksimaj branĉoj, kaj havi la tranĉilegon preta por frapo. Plurfoje estis ĝuste tia rapida bato, kiu liberigis nin de danĝero.

Foje mi sidis en la komuna domo de la tuparioj,⁵ kiam alkuris knabo kaj diris, ke mi iru rapide kun li en la arbaron, kie la tribestro Abaito luktas kontraŭ granda serpento. Kune kun la knabo mi alkuris tien, kaj fakte ŝie staris Abaito, tenante longan bastonon per ambaŭ manoj, luktante kontraŭ boao preskaŭ kvar metrojn longa. La monstro furioze sin ĵetis kontraŭ la indianon, sed ĉi tiu⁶ flankenpuŝis la kapon de la serpento per unu flanko de la bastono, kaj tuj poste per ĝia alia flanko potencan baton li okis sur la mezan parton de la reptilio. Sed la bastono resaltis, kvazaŭ ĝi estus tuŝinta kaŭĉukon. Nun la serpento realigis rapidan zigzagan movon kaj sukcesis volvi sian voston ĉirkaŭ unu kruron de Abaito, dum ĝia kapo leviĝis alten kaj kun eligita lango minace eksiblis. Estis evidente, ke la bestaĉo⁷ tuj saltos sur sian malamikon.

ve/kri/o, wail ²romb-form/a, rhomboid, diamond-shaped ³injekt/il/o, injector (usually: hypodermic syringe) ⁴kontraŭ/venen/a, antivenin tupari/o/j, tribe of Amazon indians ⁶ĉi tiu, the latter ⁷best/aĉ/o, horrid creature (see -AĈ below)

Mi komprenis, ke vivo aŭ morto estis afero de sekundoj. Mi elprenis mian revolveron el la leda ujo kaj celis la kapon de la serpento. Sed en tiu momento mi aŭdis krion de Abaito:

"Ne enmiksu vin!"

Liaj vortoj vere surprizis min. Mi opiniis, ke li estos feliĉa, kiam mi helpos lin savi sin el tia danĝero. Sed ne estis tiel. La lukto kun la serpento estis afero de lia ĉasista honoro, kiun li tutsole devis finaranĝi[8] kun la besto.

Kaj nun la serpento saltis. Ĝia malfermita buŝo flugis rekte al la vizaĝo de la homo, kiu ne povis moviĝi, ĉar lian kruron firmtenis la vosto de la serpento. Nur sekundon daŭris la salto; sed ĝi estis sufiĉa, por ke Abaito levu la bastonon kaj enŝovu[9] en la malfermitan faŭkon.

La bestaĉo mordis la bastonon, kaj Abaito, profitante la momenton premis ĝian kapon per ambaŭ manoj, forlasante la bastonon. La serpento faris grandan fortostreĉon[10] por liberigi sin. Ĝi sukcesis, per sia meza parto ĉirkaŭi la kolon de la indiano kaj, tirante lian kaptitan kruron, faligi lin teren. Nun homo kaj besto ruliĝis konfuze intermiksite. Per lerta movo Abaito sukcesis eltiri sian kapon el la fatala ĉirkaŭpreno.[11] Kaj dum la serpento klopodis rehavi sian pozicion, la tribestro glitigis siajn manojn iom pli malsupren kaj nun firme premis ĝian kolon, ĝuste sub la kapo, per ambaŭ manoj.

La reptilio nun forlasis siajn klopodojn sufoki sian viktimon per la maŝo de sia korpo kaj koncentris siajn fortojn en la provo kapti ankaŭ la alian kruron de Abaito per sia vosto. Sed ĉi tiu ne disigis la krurojn kaj poste surtretis ĝian voston.

Raŭka kaj senespera susuro eliĝis el la malfermita buŝego. Sed Abaito kuŝante surdorse, ŝvitanta kaj malpura, kun sango sur la gambo, alte tenis la kapon de la serpento, premante ĝin per sia tuta forto.

Tiel li kuŝis kelkajn minutojn. La movoj de la reptilio fariĝis pli kaj pli malrapidaj. Subite Abaito leviĝis kaj lasis fali surteren la kadavron de sia malamiko.

Ne ĵetante plu eĉ rigardon sur ĝin, li diris al la junulo, kiu akompanis min: "Senhaŭtigu[12] ĝin! Ĝi estos bona manĝaĵo!"

Efektive ĝi estis bongusta. Sed la lukto estis spektaklo, kiun mi neniam forgesos.

---

[8]**fin/aranĝ/i,** settle [9]**en/ŝov/i,** to shove in [10]**fort/o/streĉ/o,** exertion
[11]**ĉirkaŭ/pren/o,** embrace [12]**sen/haŭt/ig/i,** to skin

-AĈ

The suffix **aĉ** indicates contempt. It says something is bad—awful, in fact—with respect to its appearance or performance, etc. (If you want to bad-mouth anything, this is the suffix to use.) **Tiu knabaĉo denove ĵetas ŝtonojn,** That brat's throwing stones again. **Bonvenon al mia domaĉo,** Welcome to my hovel. **La bestaĉo saltis sur sian malamikon,** The horrid creature jumped upon its enemy. **Kia virinaĉo ŝi estas!** What a hag she is! **Li nur havis tempon por skribaĉi kelkajn vortojn,** He only had time to scribble a few words. **Nia teamo ludis aĉe hieraŭ vespere,** Our team was (=played) lousy last night.

FI-

Closely related to **aĉ** in meaning is the prefix **fi,** which signifies shame. It says something is bad for moral reasons: **fidomo,** a house of ill repute; **fivirino,** a slut; **fikomercisto,** an unscrupulous businessman; **fiskribo,** graffiti; **fimaljunulo,** a dirty old man.

Fi is also used as an independent word: **Fi al vi,** Shame on you. **Fi! Fi!** Shame! Shame!

GAMBO—KRURO

Both of these words mean "leg." **Gambo** is the entire leg of a human; **kruro** is the leg of humans or animals, but when applied to humans correctly refers to the part below the knee. Many Esperantists ignore the distinction, however, and use **kruro** in all cases.

ABOUT PROPER NAMES IN ESPERANTO

There are no hard and fast rules: you can use names in their original form or use the Esperanto versions. And sometimes, you will see names written with Esperanto spelling to reproduce the original form's approximate pronunciation. In general, Esperanto forms are likely to be used for common first names and the names of well-known places: **Mario, Roberto, Parizo, Nov-Jorko, Londono,** etc.

In the selection by Sekelj we find several examples. **Amazonio** is Esperanto for Amazonas, the large state in northwestern Brazil. **Mary** is, obviously, the girl's name in its original form. We can presume that **Abaito,** prounced according to Esperanto spelling rules, conveys the approximate sound of the chieftain's name in his native tongue.

In spite of the **a** ending, **Rosa** could be either an original or an Esperanto form. This is because of a growing trend to spell feminine names with **a** endings, to distinguish them from masculine equivalents: **Paŭlo,** Paul; **Paŭla,** Pauline, Paula; or simply because **a** endings for feminine names are very common in Western languages and perhaps "sound" more feminine than **o** endings. In any case both forms are quite common: Eve, **Evo, Eva;** Mary, **Mario, Maria;** Ann, **Anno, Anna;** Martha, **Marto, Marta;** Rose, **Rozo, Roza;** etc.

There is a complicated grammatical reasoning behind this apparent breach of the rule for noun endings. But it is easier just to think of proper names as somehow exempt from the usual rules. On the other hand, for good comprehension, certain endings—such as the accusative and plural—should be used when called for, even if some device like the hyphen must be resorted to: **La rajo pikis Mary-on,** The ray stung Mary. **Oni kuiris la fiŝosupon laŭ la Manhattan-a maniero,** The chowder was cooked in the Manhattan style. **Kiom da Anna-oj estas en la lernejo?** How many Anna's are there in the school?

41. Barbro kaj Eriko—XV

Fratineto tre kara,

Jes, ni estu tre bonaj gefratoj, gefratoj, disigitaj de pli ol mil kilo
metroj, sed ligitaj per niaj leteroj, per niaj pensoj kaj koroj.

Kiel mi sopiras, ankaŭ vidi iam vian landon, ĝui viajn longegajn tagojn
babili kun vi, fratineto.

Hodiaŭ mi rakontos al vi pri montekskursoj, kiujn mi somere tre oft
faras. Preskaŭ ĉiumonate mi grimpas sur monton. Frumatene mi foriras
kiam la steloj paliĝas, ekvivigante la arbaron. Birdoj kantetas. Floro
ĉirkaŭe sub abioj, pinoj, larikoj kaj fagoj. Alpfloroj sur la tero de la arb
aro. Inter ĉiu arbeto en junarbaro[1] mil araneretoj[2] kun brilantaj rosgutoj

Maldense nun staras la arboj, baldaŭ sur montherbejoj ni marŝas. Inte
rokoj, kripligitaj pinoj, tie kaj tie[3] pli granda arbo, distaŭzita de ventegoj
Poste nur rokoj, ŝtonoj—malvarmo, neĝo. Glacio komenciĝas, singard
mi marŝas, ĉar danĝera estas la vojo—la fendoj al multaj personoj jam
estis pereo.

Atinginte la pinton post ege pena grimpado, ni havas mirindan perspek
tivon trans montojn kaj valojn sur arbarojn, riverojn, stratojn, vilaĝojn ka
urbojn—super ni la blua ĉielo, nuboj malsupre. La plej bela spektaklo e
la montaroj estas fulmotondro,[4] kiun unufoje mi jam povis travivi. M
ŝategas fulmon kaj tondron. Estas iomete danĝere, sed ĝuste tion mi ion
ŝatas.

Mi havas fraton, dekses jarojn pli aĝa, kiu iam travivis en la mont
aro aventuron teruran. Veninte kiel juna instruisto el la ebeno en l

montaron, li ekskursis, grimpis sola, ludante kun la danĝeroj en juneca facilanimeco.[5] Venis nebulo, li perdis la vojon. Longajn erarvojojn[6] rinte, lacega, gratvundita[7] li klopodis grimpi de roko altega. —Jen falante, jen ĵetiĝante,[8] rulante dudek aŭ tridek metrojn—arbusto, malgranda arbusto estis la savo. Li ĝin kaptis, ekhaltis—furioza doloro en la piedoj —sango sur la ŝtonoj. Frostotremiga[9] vidaĵo: unu piedo estis rompita, el la kalkano de la alia la tuta haŭto estis ŝirita. Antaŭ li kapturniga abismo, malantaŭe oblikva ŝtonmuro. Li reen sin trenis unu metron aŭ du, li komencis kriegi. Li kriegis la tutan posttagmezon, la tutan vesperon, sed tro malproksimaj estis homaj loĝejoj. Nur eĥo respondis kaj krioj de cervoj kaj ĉamoj. Ŝtonoj deiĝis[10] sub iliaj paŝoj, falante en kurbo super la malfeliĉulo.

Komenciĝis pluvego. Pluvis la tutan nokton. Li ĉesigis la kriadon, skribis kelkajn vortojn al la gepatroj, por la morto sin preparante, preskaŭ submetiĝinte[11] al sia sorto. Sed la lumo de la mateno denove vekis esperon, denove per ĉiuj fortoj li kriis, multajn horojn li kriis. Dudek horojn post la akcidento ĉasisto aŭdis tiujn helpkriojn, savekspedicio venis. Per ŝnuregoj oni alportis lin en la valon. Longe li ŝvebis inter vivo kaj morto, konstante malpermesante, ke oni amputu la kruron rompitan. Kaj dank' al sia fortega naturo, dank' al sia dudekjara juneco li estis savita, post du operacioj la terura rompiĝo malrapide saniĝis, post unu jaro li marŝis denove. Nun li nur malofte grimpas sur montojn, sed li restis riskema,[12] sentrankvila, ekstravaganca. Li estas nune instruisto en meza lernejo kaj multe vojaĝas dum sia libertempo.

Estas nokto. Mi rigardas la stelojn de la ĉielo kaj kun ĝojo mi pensas, ke ili samtempe lumas ankaŭ super vi, ke vi samtempe ilin vidas. Oni diras, se meteorito falas, oni devas elparoli[13] deziron kaj tiu realiĝos. Mi ĉiam deziras, ke mi iam povu vin vidi.

Restu mia fidela fratino!

Eriko

---

jun/arb/ar/o, forest of young trees [2]**arane/ret/o,** cobweb [3]**tie kaj tie,** here and there [4]**fulm/o/tondr/o,** thunder-and-lightning storm **facil/anim/a,** light-hearted [6]**erar/voj/o,** the wrong way [7]**grat/vund/o,** abrasion (scraping wound) [8]**ĵet/iĝ/ant/e,** plunging [9]**frost/o/trem/ig/a,** chilling [10]**de/iĝ/is,** became dislodged [11]**sub/met/iĝ/i,** to give in [12]**risk/em/a,** venturesome, daring [13]**el/parol/i,** to pronounce

42. La Postsignoj

(By Julian Kawalec, in *Pola Esperantisto*)

Li arestis ilin sur malriĉa placeto, kie paŝtis sin[1] kaprinoj. Li arestis ilin laŭ modelaj principoj de la arestarto. Li ekkriis: Haltu! Manojn supren! Turnu vin malantaŭen! Falu!…

Tenante la pafilon pafpreta li alpaŝis ilin, ĵetis malŝatan rigardon sur iliajn dorsojn kaj komencis ligi la manojn de la arestitoj per flava kupra drato. La drato ne sufiĉis por ĉiuj, do la manoj de Ludvika li kunligis per forta, nigra laĉo. Poste li kaptadis ĉiun je kolumo[2] kaj starigadis.[3] Li ekkriis: Marŝu! La kapojn malsupren!

Li kondukis la arestitojn antaŭ si en direkto al la konstruplaco.[4] La pafilon li havis ĉiam pafpreta. Kondukante la arestitojn tra la senhomigita laborplaco, li serĉis konvenan lokon. Li trovis ĝin en la angulo apud la ruĝa muro. Li starigis ĉiujn ĉe tiu muro. Li estas pafonta en dorsojn.

Ludvika eluzis[6] disnodiĝon[7] de la laĉo, liberigis siajn manojn kaj ekmanĝis elpoŝigitan[8] bulkon.

Ludvika, ĉesu manĝi!—ekkriis la pafonto kaj minace skuis la pafilon. Ludvika rapidmove enpoŝigis la ekmorditan bulkon, la manojn apogis ur la dorso kaj mallevis la kapon.

—Atenton! Mi komencas[9] de Kubalski—li elvokis kaj direktis la pafilon al la dorso de la arestito staranta maldekstre. Mallaŭta pafklako. Kubalski kurbiĝis kaj falis sur la flavan sablon. Ree aŭdiĝis la pafsono kaj la sekva arestito falis ĉe la muro. La pafilo klakis la trian fojon, sed la arestito ne falis.

—Gapulo[10]—ekkriis la pafanto.

Sekvis silento. Devis sekvi plua, sed la pafo ne sekvis. Anstataŭ la pafsono la arestitoj ekaŭdis la malpaciencan voĉon de la ekzekutanto: la pafilo malfunkciiĝis.[11]

—Malfunkciiĝis?—ripetis unu el la mortigotoj—domaĝe….

—Kaj kio okazis?—demandis la alia zorgavoĉe—sed eble oni sukceos ripari ĝin.

Post momento ĉiuj starantaj ĉe la muro proksimiĝis al la ekzekutanto. Ekestis vigla interparolo, ŝutiĝis[12] saĝaj konsiloj, tiel ke post nelonge oni sukcesis ripari la pafilon. Ludvika, kiu ne supozis, ke tiel rapide oni sukcesos refunkciigi la pafilon, denove ekmanĝis la bulkon.

Ludvika, ĉesu manĝi!—ekkriis la ekzekutanto—ĉiuj al la muro!

Ree klakadis pafoj. Starantoj ĉe la muro kuŝigis sin sur la sablo. De la lasta pafo pereis Ludvika, antaŭ la morto ŝi ne sukcesis formanĝi[13] la bulkon.

Mi estis preteriranta. Kaj min atingis kuglo el ligna pafilo de la lernanto de la unua klaso. La kuglon mi portas ĝis hodiaŭ en la koro.

—Tradukis Walery Wiećko

paŝt/is si/n, grazed ²kol/um/o, collar ³star/ig/ad/is, made (them) stand up ⁴konstru/plac/o, a plaza where construction was going on ⁵sen/hom/ig/it/a, emptied of people ⁶el/uz/is, here: made full use of, took advantage of ⁷dis/nod/iĝ/o, the knot's coming undone ⁸el/poŝ/ig/i, to take from the pocket ⁹komencas de, start with ¹⁰gap/ul/o, simpleton, gawk ¹¹mal/funkci/iĝ/i = panei ¹²ŝut/iĝ/i, to be poured, "pour in" ³for/manĝ/i, to eat up, finish eating

43. Kelkaj Ŝercoj

En la kazerno

La soldato plendis, ke en la supo estis sablo kaj tero.[1] Nun li staras antaŭ la komandanto.

—Vi plendis pri la manĝaĵoj, ĉu ne? Ĉu vi estas en la armeo por frandi aŭ por servi vian patrujon?

—Jes, komandanto, por servi ĝin, sed ne por manĝi ĝin!

En frizejo

Frizisto: Ĉu vi volas tute mallongajn harojn[2] aŭ duone longajn?

Kamparano: Fortranĉu por kvindek centimoj.[3]

Inter geedzoj

—Aj!—kriis sinjoro Jansen,—nun vi denove batis miajn fingrojn per tiu martelo.

—Mi bedaŭras,—respondis la edzino.

—Bedaŭri, bedaŭri,...vi faris ĝin intence!—koleris la edzo.

—Sensencaĵo![4]—estis la respondo,—tiam mi estus batinta multe pli forte!

Furor-libro[5]

A.: Ĉu vi legis mian novan libron?

B.: Ne. Ĉu ĝi havas sukceson?

A.: Sukceson? Jam vendiĝis dumil ekzempleroj.

B.: Gratulon! Mi devas ĝin aĉeti.

A.: Do venu al mia loĝejo. Mi havas tie dumil ekzemplerojn.

Saĝaj vortoj

Edukante knabon, oni edukas viron. Edukante knabinon, oni edukas ⸢amilion.

Feliĉa geedzeco estas tiu, en kiu la edzino estas iom blinda kaj la edzo ⸢om surda.

---

tero, here: dirt ²**har/o,** a single hair (a head of hair is **har/ar/o**)
por kvindek centimoj, 50 centimes worth ⁴**sen/senc/aĵ/o,** nonsense
furor/libr/o, best-seller

KOPIO—EKZEMPLERO

Kopii means to copy or imitate something: **Petu vian sekretariinon ⸢ari por mi tri kopiojn de tiu ĉi letero,** Ask your secretary to make me three copies of this letter. **Tiu pentraĵo estas nur kopio, kaj ne ⸢riginalaĵo,** That painting is just a copy, not an original.

Ekzemplero is one of a number of similar objects, printed or manufactured: **Mi ricevis du ekzemplerojn de la hodiaŭa ĵurnalo kaj eĉ ne unu ekzempleron de la hieraŭa,** I received two copies of today's paper and not even one copy of yesterday's. **Faru tri kopiojn de tiu ĉi letero, kaj sendu unu ekzempleron al la prezidanto, unu ekzempleron al la ĝtatestro, kaj metu la trian ekzempleron en nian arĥivon.** Make three copies of this letter and send one copy to the President, one copy to the Governor, and put the third copy in our files. **Petu al la Jones-Ludilo-Fabriko tuj sendi dek ekzemplerojn de ilia modelo numero 56-B,** Ask the Jones Toy Factory to send ten of their model number 56-B right away.

44. Barbro kaj Eriko—XVI

Rud 18.5

Plej bona frato,

Mi ĝojas kaj dankas pro viaj vortoj, mi dankas pro via konfido. Mi dankas vian amikecon, vian fratecon. Mi volus vin vidi, sed mi restos ankaŭ vi fidela, eĉ se neniam tio estos realigebla.[1]

Denove somero venis Svedlandon, denove la suno brilegas. La tago estas longaj. Je la tria jam la suno leviĝas, je la 8-a vespere ĝi staras ĉe la okcidenta horizonto, kolorigante la nubojn purpuraj. Krepusko daŭras de la naŭa ĝis la dekunua.

La popolĝardeno estas denove renkontejo de la junularo. Lunnokto, steloj—knaboj, knabinoj kun mano en mano; dancado, teatraĵoj, amuz ado kaj flirto. Nordlandanoj estas malvarmaj, sed ne tiom malvarmaj kiom kredas la sudlandanoj.

Ho, se mi havus la okazon vojaĝi, migri de lando al lando, rigardi esplori, admiri! Mia mondo ekstera ŝajnas al mi kelkfoje tiom malvasta kvazaŭ ĝi estus—malliberejo[2].... Ho ve,[3] kiel honte al mi,[4] diri tiel! Tiu eta mondo ja enhavas la plej karan, kion mi havas: mian patron kaj la tombon de panjo kaj Gösta. Do, nur la pensojn mi kelkfoje lasos flug malproksimen, sed mi restos ĉi tie, kaj tre danka mi estu, ĉar mi ankoraŭ havas hejmon. Multaj ne havas....

Sed vi—vi estas junulo, al vi sin malfermas la mondo. Vizitu do iam Svedujon! Mi tre ĝojus, se mi povus vidi vin iam en nia dometo.

Rakontu multe al mi. Via lando tre interesas min.

Varmajn nordlandajn salutojn de via

Barbro

[1]**est/os real/ig/ebl/a,** can be brought to pass, will be able to come true
[2]**mal/liber/ej/o,** prison   [3]**ho ve,** alas   [4]**hont/e al,** shameful of

En la montaro de norda Svedlando

INTERESI

Interesi, "to interest," is transitive: **Via lando tre interesas min,** Your country interests me very much. In English we would probably say "I'm very interested in your country," which means the same thing. We could say in Esperanto: **Mi estas tre interesata pri via lando.** But this sounds awkward. The best way to say you're interested in X is to say X interests you: **La lingvoj ĉiam interesis min,** I've always been interested in languages. **Ŝi ne plu interesas min,** I'm not interested in her anymore. Or you can use **interesiĝi: Mi tre interesiĝas pri via lando; Mi ĉiam interesiĝis pri lingvoj,** etc. Avoid using **interesulo** for "someone interested" (a common error) rather than "someone interesting."

THE PREDICATE NOMINATIVE

Consider these sentences:

1. **La suno kolorigas la nubojn purpurajn,** The sun colors the purple clouds. (Remember, **nubojn purpurajn** and **purpurajn nubojn** mean the same thing.)

2. **La suno kolorigas la nubojn purpuraj,** The sun colors the clouds purple.

The first sentence tells us something that is happening to some purple clouds. **Purpurajn** has the accusative ending because it "modifies" (describes, identifies) **nubojn,** the object upon which the verb is acting.

The second sentence tells us something that is happening to some clouds: the sun is coloring them purple. **Nubojn** is still the object of the verb, but **purpuraj** now has a different function—to describe the result of the verb's action.

A noun or adjective, therefore, that tells the result of a verb's action on its object, or the condition in which the verb's object is perceived to be, is a *predicate nominative* and does not have the accusative ending: **La juĝisto trovis la malliberulon kulpa,** The judge found the prisoner guilty. **Ni elektis lin prezidanto,** We elected him president. **Mi sentis min falonta,** I felt myself about to fall.

45. Du Humuraj Poemoj

Tre Malrapida Trajno

(From *Kontralte,* by Marjorie Boulton. Note the use of "poeziaj vortoj," special words rarely found outside of poetry, which duplicate longer combined forms. Not all dictionaries list poetic words, so they are often defined by footnotes or, as in this case, in a special list. Notice also the imaginative use of words with a switch on their uniform endings to give them new meanings, e.g., **lacas** for **estas laca,** and **buŝu** for **parolu.**)

Vagonaro, vagonaro,

Kun la laca, lanta knaro,

Ĉu vi nun sub narkotiko

Kredas vin, ho ve, heliko,

Aŭ testudo karapaca,

Vagonar' senverve laca?

Ankaŭ triste lacas mi,

Vi lantiĝas pli kaj pli,

Vi min skuas, vi malfruas,

Miaj pensoj malkongruas,

Plipeziĝas mia koro

En la morna koridoro

Kaj malplenas la stomako,

Vagonaro, ho limako—

Ho, mi ne plu aĉe buŝu,

Mi elrampu kaj vin puŝu!

Glosoj:

lanta = malrapida

triste = malgaje

morna = malĝojiga

Ebrio

(By William Auld, in *Kvaropo*. This clever poem takes the form of a monologue depicting the speaker's progressive inebriation. As he gets drunker and drunker, his speech becomes slurred and he mixes non-words with novel adaptations of real Esperanto forms.)

La boteloj staras vice,
kamarade kaj komplice,
sur la altaj murobretoj—
botelegoj, boteletoj,
verdaj, flavaj,
grasaj, kavaj,
palpebrume en la lumo
min invitas al konsumo,
gluta, tuta,
ĉes-refuta[1]
forkonsumo de l' enhavo,
de la verdo, de la flavo,
de likvoro glate glita
svate ŝvita
kvate kvita
strate strita
streta
struta
mi rimarkas: en angulo
sidas ia ina ulo
kiu ridas ĉevaldente[2]
kaj rikanas sento-tente,
sin ekmovas,
kison blovas,
krurojn ŝovas:
kaj mi povas

super ŝtrumpo vidi blankon,

sangomankan[3] gamboflankon.

Mi vin amas, bela ino,

mi adoras vin sen limo,

volas tuŝi,

kune kuŝi,

kaj karesi,

kaj forgesi,

pri la griza ver' forgesi

grila priva vorgeresi

vira vorga pivaresi

vipareŝi

mi neŝeŝi

neŝeŝi

ŝuvi puvi povi-povaŝ[4]

diri kie ŝiŝ ŝin trovaŝ[5]

la ne

la ne-ŝe

ne-ŝeŝ

seŝ[6]

dako danto danko dankon

dankon

padonu mineŝtaŝ bria[7]

padon'

padon'

'kon

'kon[8]

paŭzo

naŭzo

ĉes-refuta, refuting any inclination to stop   [2]ĉeval/dent/e = kun
ĉevalaj dentoj   [3]sang/o/mank/a, bloodless, pale   [4]= ĉu vi povas
kie sin trovas = kie estas (si/n trov/i = trov/iĝ/i, to be located)
= la necesejo   [7]= pardonu, mi ne estas ebria   [8]= dankon

46. Barbro kaj Eriko—XVII

Hohenberg, la 29-an de juni�

Malproksima fratino,

Vi invitas min—mi preskaŭ dubas, ke tio estas via serioza intenc�
sed tamen mi venos baldaŭ Svedujon. Jes, Barbro mi nepre ne ŝerca�
—mi venos.

Estas stranga la vivo. En granda deziro estas forto grandega, kaj me�
la sorto ŝajnas kelkfoje cedi al nia volo.

Jam longe mi volis viziti Svedujon, sed estis preskaŭ nur rev�
nevenkeblaj[1] neebloj[2] staris kiel murego antaŭ miaj deziroj. De kie pre�
la monon por tiu longa vojaĝo?

En mia lasta letero mi rakontis al vi pri mia frato migrema[3] kaj kiel lup�
en la fabelo li venis la sekvan tagon. Mi parolis pri mia korespondado k�
li invitis min, vojaĝi kun li dum lia dumonata libertempo en la lando d�
noktomeza suno. Ni vojaĝos simplege—per biciklo kaj tendo, sed vojaĝ�
tiamaniere certe estas interese, tiamaniere oni plej bone konatiĝas ku�
sia patrujo kaj fremdaj landoj, kutimoj kaj moroj. Mia frato ŝategas
similajn vojaĝojn kaj ĉiam dum sia longa libertempo li biciklas en i�
lando eŭropa. Jam multajn esperantistojn li vizitis kaj kiel entuziasm�
esperantisto ĉie li trovas amikojn, ĉiam Esperanto por li estas fonto d�
ĝojoj plej belaj kaj de granda utilo.

En tiu ĉi jaro mi biciklos kun li.

Kiel mi antaŭĝojas, kiel mi estas feliĉa. Mi vidos vin, mi parolos ku�
vi, mi estos kelktempe en stranga, revbela[4] mondo.

Kordezirojn de[5]

Eriko

[1]**ne/venk/ebl/a,** invincible, insurmountable   [2]**ne/ebl/o,** impossibility
[3]**migr/em/a,** fond of traveling, "rolling-stone"   [4]**rev-bela = tiel bela,
kiel en revo**   [5]**= korajn dezirojn de**

DISDE, FARE DE

Because **de** has several meanings, there are sometimes opportunities or misunderstanding, as illustrated in the sentence: **Oni devas prilori la izolemon de la registaro de la popolo.** Is it the aloofness of the overnment from the people, or the aloofness of the people from the government that is to be deplored? Obviously, some means is needed to disnguish between the two meanings of **de.** The combined word **dis/de,** apart from," is therefore useful: **...la izolemon de la registaro disde a popolo.**

The difference between **de** = "from" and **de** = "by" can be even more onfusing: **La brakhorloĝo estis ŝtelita de la edzino de la barbisto de la oforo de la urbestro.** Was the watch stolen by the barber's wife from the layor's driver? Or vice-versa? Or did the driver's barber's wife steal it 'om the mayor? And so on. To clear up the mystery we use a modifier, uch as **fare** (by the doing) with **de** to mean "by": **La brakhorloĝo estis telita de la edzino de la barbisto fare de la ŝoforo de la urbestro.**

Alternative expressions for **fare de** are occasionally seen, including eper, far' de,** and even **far'** or **far;** but no one of these forms is very /idely preferred over the others.

47. Siberia Epizodo

(From Chapter One of *Sur Sanga Tero,* by Julio Baghy. The novel i
based on the Hungarian author's experiences as a prisoner-of-war i■
Siberia during the Russian Revolution. The book was originally writte■
in Esperanto.)

La matena simfonio de la kazernoj vekadis la svene dormantan urbon■
Ĝi restis senmova. Spleno, inerteco, timo riglis la pordojn. Malantaŭ l■
fenestroj, tegitaj per lignotabuloj, silentis la homoj kun tremanta koro■
Muta demando baraktis sur la fundo de la animoj. Kion la nova tag■
alportos?... Stranga demando. Tion, kion ĉiu antaŭa tago: teroron ka■
teruron, sangan venĝon. Denove malaperos kelkaj familiestroj, hejmo■
restos sen panakirantoj[1] kaj pli da orfoj ploros ĉirkaŭ la samovaroj.

La ĥaosa fanfaro de trumpetoj vane anoncis tagiĝon. La trumpeto■
mensogis. En la animoj regis nokto, kies fantomoj teruris la pacemulojn■
La rusa popolo puŝis ponardon en sian korpon. Sango! Sango! La akcip■
itroj kaj vulturoj jam krozis super la buĉejo. La japana armeo okupis l■
garnizonojn de orienta Siberio ĝis la *Bajkalo.** La transsiberian fervojan
linion la ĉeĥaj legioj tenis en sia potenco. La politikaj interesoj de l■
Entento[2] plenŝtopis[3] la kazernojn per amerika, angla, franca, itala armeo■
Ĥina regimento demonstracii en la ĥina kvartalo de ĉiu urbo. La fremda■
potencoj provizore statistis al la tragedia heroo: al la rusa popolo.

Je la matena simfonio la kazernoj, ringe ĉirkaŭantaj la urbon, malfermi■
siajn pordegojn. El unu sur ĉevaloj 25-30 oficiroj galope ekiris al la norda■
montetoj. Ĉu tacmento? Ne. Tuta regimento de la Rajdĉasistoj.[4] El iu ali■
kazerno sekvis ilin la Inĝeniera Regimento, konsistanta el 50-60 oficiro■
parte sur ĉevaloj, parte sur ŝarĝveturiloj.[5] Imponan aplombon provis don■
al la armeeto du kanonoj, kiuj formis la finan punkton de la militiranto■

La bruo de la kanonradoj tremigis la koron de la civila loĝantaro. Kie■
denove? Scivolaj okuloj spionadis tra la kurtenoj. La manoj pugniĝis ĉ■
la ekvido de la unua rajdanto. La lipoj malame flustre ripetadis nomon■
Vladimir Smirnov, la ŝakalo. Li estis la kapitano de la Rajdĉasistoj■
Kruela, sangavida[6] rabbesto[7] en homformo. Multaj el liaj oficiroj abom■
enis lin, tamen neniu kuraĝis kontraŭstari[8] al liaj ordonoj. Kiu esti■
Vladimir Smirnov? Neniu sciis, de kie li venis. Neniu konis lin antaŭ■

*Lake Baikal in Central Siberia

a kontraŭrevolucio.[9] La marĉa ondo de la politika perturbo suprenĵetis[10] in kaj tuj post la falo de la unua ruĝa reĝimo li organizis la regimenton le la Rajdĉasisitoj. Ĉu li organizis ĝin?[11] En oficira uniformo li varbis banlon kaj proklamis sin bandestro. Per elektitaj torturoj li liveris viktimojn ul la transtera mondo. La teruro kaj abomeno, semitaj de li, fruktis[12] ekretan malamon kaj senpardonan[13] revenĝon,[14] sed nun...nun neniu ĉuraĝis levi la manon al li.

Ankaŭ Demetrio Podenko, la kolonelo de la Inĝeniera Regimento, entis ekboli la sangon, kiam li vidis lian friponan vizaĝon. Tio ĉi estis nirinda el certa vidpunkto,[15] ĉar Demetrio Podenko ne apartenis al a temperamentaj karakteroj. Onidire[16] nenio povus renversi lian bone ĉkvilibratan indiferentecon. Li estis homo nek bona, nek malbona. Kiel ezervoficiro li partoprenis en la milito, sed en la paca tempo lia sola ĉorgo estis la administrado de kolbasfabriko, heredaĵo de la patro. Dum a unuaj jaroj de la milito lia fabriko produktis ĉefe por la armeo kaj ĝi ikiris ĝeneralan malbonan famon inter la soldatoj kaj subitan riĉecon por a posedanto. Li neniam vidis batalfronton, neniam flaris pulvodoron. Malantaŭ la trançejoj singarde li servis kiel komandanto al la interesoj le la armestomako. Pri tio vive atestis liaj ruĝaj pomvangoj[17] kaj impleksa talio. La falo de la carismo, la unua revolucio trovis lin en lia iejmo. Kiam lia edzino kun terurstreĉitaj[18] okuloj laŭtlegis la raportojn le gazetoj pri la surprizaj okazaĵoj, li sidis ĉe la tagmanĝo kaj senmocie klopodis elkulerigi[19] teleron da barĉo, poste stoike li rimarkis: "Kion fari?" La komisaroj de la unua ruĝa reĝimo neinvitite gastroladis[20] n lia fabriko kaj Demetrio Podenko samkviete respondis al la edzinaj amentoj: "Kion fari?"

pan/akir/ant/o, breadwinner [2]Entent, Allied side in World War I plen/ŝtop/is, stuffed, crammed [4]rajd/ĉas/ist/o, light-cavalryman ŝarĝ/vetur/il/o, wagon for hauling freight [6]sang/avid/a, blood-thirsty rab/best/o, beast of prey [8]kontraŭ/star/i, to stand up against, resist kontraŭ/revoluci/o, counter-revolution [10]supr/e/n/ĵet/is, propelled him) up (to the surface) [11]Ĉu li organizis ĝin? Organized it? [12]frukt/is, yielded (bore as its fruit) [13]sen/pardon/a, unforgiving [14]re/venĝ/o, counter-vengeance [15]vid/punkt/o, viewpoint [16]oni/dir/o, a rumor [17]pom/vang/o/j, cheeks like apples [18]terur/streĉ/it/a/j okul/o/j, eyes stretched wide in terror [19]el/kuler/ig/i, spoon out [20]gast/rol/ad/is, played the guest

La venko de la kontraŭrevolucio, kvankam la novaj homoj deklari lin martiro, ne sukcesis stimuli lin je venĝokrioj. Tute simple li kapitul acis al la tasko, altrudita[21] de la urbkomandanto Lukjanov al li, kaj organizis Inĝenieran Regimenton, kies kolonelo fariĝis li mem. Verdir li havis nur kapitanan rangon en la cara armeo, tamen li cedis al la per svado de sia edzino kaj li donacis al si la laŭmodan[22] rangon. Kio fari? Li varbis kelkdekojn da oficiroj, el kiuj neniu estis inĝeniero, dun gis kvar ĉinojn por purigi la kanonojn, postlasitajn de la ruĝa armeo komandigis dek-kvin militkaptitojn al la kazerna kuirejo por havigi serv istojn al siaj oficiroj kaj plenumis senproteste la ordonojn de la stabo.

Jes, kion fari? Vole-nevole[23] li akompanis la Rajdĉasistojn al la kruela ekskursoj, pli senriskaj ol vivdanĝeraj kaj post ĉiu reveno li kraĉi por esprimi abomenon pri la tuta afero. La homĉasado de Vladimir Smir nov vekis en li ribelan indignon kaj ne unufoje eliĝis el li la demand "kion fari?" kun tia tono, kiu perfidis lian kaŝitan malamon kaj lasis kon jekti, ke li cerbumas pri rimedoj, eltordontaj[24] la kolon de la ŝakalo. L plej efika rimedo estus mortpafi tiun rabian hundon. Sed kiu riskus ekti la ĉanon? Eĉ momenton li ne pensis pri si. Li neniam soifis je homa sang kaj plene kontentigis lian batalemon la kolektado de rekviraĵoj.[25] La kan onoj de la Inĝeniera Regimento nur mute statistis kiel impona dekoraĵ ĉe la ekskursoj, kies celo estis prirabi[26] la senarmilan[27] loĝantaron de i vilaĝo por akiri nutraĵon al la armeo. La ekzekutistan laboron plenumi la Rajdĉasistoj. La Inĝeniera Regimento mezuris nur la longecon de l rekviritaj kolbasoj, pesis la sakojn da terpomoj, pizoj, faboj. Ofte dun reveno la sendanĝeraj kanonoj servis kiel veturiloj por brasikoj. Deme trio Podenko por venki la ribelan indignon en si kaj restarigi la minac atan ekvilibron ŝultrolevante[28] kraĉis: "Milito estas milito, revoluci estas revolucio. Kion fari?"

La hufoj ritme klakadis, kirlis pulvonubon. En la apudvoja fosaĵo[29] ĉ la ĥina tombejo bojis raŭke granda hundo. Gorĝŝire[30] kolere ĝi bojis, tame vidante la proksimiĝon de la rajdantoj ĝi retiris sin kaj de certa distanc plenumis sian solan devon: la bojadon. Vladimir Smirnov prenis sia revolveron, celis, ekpafis. La hundo dolore ekbojis, renversiĝis, baraktis plende ve-blekadis.[31] Kun laŭta ekrido kaj blasfemado Smirnov sekvat de siaj oficiroj galopis plu.

El inter la tomboj aperis infanmiena[32] ĥino kun korbo sur la brako. L rigardis post la forgalopantoj, minace skuis la liberan pugnon al ili, post metinte la korbon sur la teron li rampis singarde al la hundo, konvulsi baraktanta pro la doloro. La kuglo rompis unu el ĝiaj kruroj. La ĥin

Demetis sian jakon, deŝiris longan pecon el sia terkolora ĉemizo kaj enhalte parolante al la besto li komencis bandaĝi la sangantan kruron. Denove aŭdiĝis hufklakado de proksimiĝantaj rajdistoj. La ĥino timigte volis retiri sin en la tombejon, sed li malfruis. Nur kelkmetra distanco ⟨l⟩isigis lin de la unua oficiro, sidanta kiel senforma plenŝtopita terpomsako ⟨s⟩ur sia ĉevalo. La ĥino kun pli da timo ol respekto salutis lin. Demetrio ⟨P⟩odenko haltigis sian ĉevalon.

—Nu, kio okazis? Ĉu vi vundiĝis?— Podenko komencis interesiĝi ⟨p⟩ensante pri la bone ekipita ĥina regimento, kiun la Manĝuria registaro ⟨k⟩omandis por protekti la ĥinajn loĝantojn. Estus malagrable havi kon⟨f⟩likton kun la ĥinoj. —Kie vi vundiĝis?

La ĥino nee skuis la kapon, senvorte montris al la hundo.

—Ĉu via hundo?

—Ne!...Hundo...hundo boji, kaptano pafi. Hundo ne apalteni[33] al ⟨L⟩io Fu Peng. Lio Fu Peng estis ĉe la patlo kaj polti manĝaĵo al li. Kapitano ⟨p⟩eni, pafi, hundo molti.

La ĥino infanmiene rigardis al Podenko. La hundo tirtone bojis, deŝiris la bandaĝon, ankoraŭ ne alfiksitan. Podenko ŝultrolevis kaj kraĉis.

—Kion fari? Milito estas milito?... Unu hundo pli aŭ malpli. Ne grave! Unu homo pli aŭ malpli. Ne grave!... Cetere hundosto rapide saniĝas... ⟨T⟩iu ĉifono aspektas abomene malpura—kaj Podenko elpoŝigis blankan ⟨p⟩oŝtukon, ĵetis ĝin al la ĥino. —Ĉu via patro loĝas en la tombejo? Ĉu li ⟨e⟩stas tombgardisto?

La ĥino ŝajne ne bone komprenis aŭ tute ne komprenis liajn vortojn, ⟨c⟩ar li senresponde gapis al Podenko, kiu subite rememoris, ke la ĥinoj ⟨p⟩ovas kompreni nur la ĥinmaniere parolatan rusan lingvon. Liaj ofic⟨i⟩roj jam atingis lin, ankaŭ la kanonoj preterbruis kaj Podenko ne havis ⟨t⟩empon por kontentigi sian scivolon. Li ekspronis la ĉevalon, galopis

al/trud/it/a...al, forced on [22]**laŭ/mod/a,** fashionable [23]**vol/e/ne/vol/e,** willy-nilly, like it or not [24]**el/tord/i,** to twist off [25]**rekvir/i,** to seize peremptorily, requisition [26]**pri/rab/i,** to rob (see PRI- below) [27]**sen/arm/il/a,** unarmed [28]**ŝultr/o/lev/i,** to shrug [29]**apud/voj/a fos/aĵ/o,** roadside ditch [30]**gorĝ-ŝir/e,** throat-splittingly [31]**ve-blek/ad/is,** yelped (see below) [32]**infan/mien/a,** with a childish expression [33]**apalteni = apartenas, boji = bojas,** etc. (the errors indicate unfamiliarity with the language being spoken)

for. Tamen la kompatinda hundo kaj tiu mizera ĥino incitis lian anemia fantazion. Eble pro tio, ĉar[34] li abomenis Vladimiron Smirnov. Lia rigardo trafis leŭtenanton Petroff, kiu dormeme balancis sin en la selo

—He, Petroff, vi estis dentkuracisto[35] en Petrograd. Ĉu?

—Jes, sinjoro Kolonelo[36]—revekiĝis Petroff je la aŭdo de sia nomo

—Nu, leŭtenanto Petroff iru kaj bandaĝu tiun hundon!

—Kion mi faru?

—Bandaĝu tiun hundkruron! Finfine vi estas ja kuracisto. Ĉu ne?

—Nu, jes, sed ne veterinaro, precipe ne por hundkruroj…. Mi estas dentkuracisto.

—Nu bone! Tamen vi povus pli bone bandaĝi ol tiu ĥino—kaj Demetrio Podenko sentis, ke la neplenumo de lia deziro iom tuŝus la militan disciplinon. —Intertempe pro prestiĝo vi povos eltiri ankaŭ un denton de la hundo, se estos necese.

Leŭtenanto Petroff ne sciis, ĉu la sinjoro kolonelo bonvolas[37] ŝerci aŭ serioze parolas. Li daŭrigis la galopadon apud sia kolonelo.

—Hehe! Bona ŝerco, sinjoro kolonelo! De mia infanaĝo[38] mi revadis ariĝi dentkuracisto de vagantaj hundoj. Hehe!

La rideto incitis la kolonelan dignon kaj Demetrio Podenko ne plu pensis pri la hundo, nek pri la ĥino. Li indigniĝis. En sia leŭtenanteco li evis plenumi multe pli stultajn ordonojn de siaj superuloj[39] ol tiu ĉi umanista ekflamiĝo de sia koro. Li neniam kuraĝis protesti, precipe ne per tia impertinenta rideto. Milito estas milito. Sed leŭtenanto ne estas kolonelo, regimentestro. Li sentis, ke de nun temas ne pri ĥino, pri hundo, nek pri humanista sentimento. (La diablo prenu ĉion ĉi! Tian malsaĝan eziron li neniam havis. Prefere li estus mordinta sian langon.) Nun temas pri la disciplino. Subite li ekflamiĝis.

—Leŭtenanto Petroff, ĉu vi ne aŭdis mian ordonon? Iru kaj bandaĝu la kruron de tiu hundo, poste—se plaĉos al vi—vi povos eltordi ĝian koln, sed mi ne toleros maldisciplinaĵon. Ĉu komprenite?

Leŭtenanto Petroff, iom pala, poste ruĝa pro la retenita kolero kaj englutita sakrado, soldate salutis la kolonelon. Returninte sian ĉevalon li orgalopis por plenumi la kaprican ordonon. La ekflamiĝinta kolero de Podenko tuj cindriĝis. Li ŝultrolevis kaj lignomiene filozofadis.

—Hja, milito estas milito. Kion fari?

Petroff furioze galopis, sakradis, deziris galkrevon[40] al la "kolbaskolonelo" kaj enpense decidis doni dek vangfrapojn al sia servisto Miĥaelo Mihok. Vere, la malfeliĉa militkaptito estis ja tute senkulpa pri la okazaĵo, sed iamaniere li devos retrankviligi sin. Feliĉe la rajdado, la metafore poluritaj blasfemesprimoj iom post iom absorbis la venen-aŭmon de lia kolero kaj kiam li aperis antaŭ la surprizita ĥino kaj vidis les timplenan palpebrumon, li tuj pensis pri ŝerca rebato[41] de la ordono.

La ĥino, kaŭranta en la fosaĵo, jam lertamane bandaĝis la rompitan kruron per la poŝtuko de la kolonelo. La besto danke rigardis la mig-

pro tio, ĉar, for the reason that   [35]**dent/kurac/ist/o = dentisto**

Jes, sinjoro kolonelo, Yes, sir   [37]**bon/vol/as,** is pleased to

infan/aĝ/o, childhood   [39]**super/ul/o,** a superior   [40]**gal/krev/i,** to burst or biliousness   [41]**re/bat/i,** to hit back, "get even"

dalokulan samaritanon, sed ekvidante la uniformon de Petroff ĝi koler‹
ekbojis, minace montris siajn dentojn. Petroff nevole ekridis.

—Sanajn dentojn ĝi havas. Certe ĝi estas bolŝevika hundo, ĉar ĝ
abomenas la oficiran uniformon. Des pli bone! Laŭ la militaj reguloj l
vunditoj devas esti portataj en la hospitalon—kaj Petroff saltante de su‹
la selo imagis al si la mienon de la kolonelo, kiam li raportos al li, ke l
vunditan bolŝevikan hundon bandaĝita li eskortis al la milita hospitalo
—Nu, homo, helpu!— Li turnis sin al la ĥino kaj preninte botelon d
sublimato,* paketon da bandaĝo el sia selosako li komencis ekzameni l‹
rompitan kruron. La ideo pri la bona ŝerco stimulis lin je senvoĉa rido k‹
volonte li oferis sian krajonon por fari el ĝi firmigilon.[42] Per tranĉilo l
disduigis ĝin.

La ĥino ne komprenis la celon de tiuj preparoj, sed la rido ĉe liaj lipo
trankviligis lin. Certe tiu ĉi oficiro ne volas ion malbonan. Petroff paŝi‹
al la hundo. Ĝi minace montrante sian dentaron murmuris.

Ho, ĥino, tenu forte la beston, ĉar se ĝi mordos min, mi mortpafos vi‹
Ĉu komprenite? Kunpremu forte ĝian buŝon!... Se la homoj havus tiaj
dentojn, ĉiu dentisto mortus pro malsato.... Hahaha! Sinjoro kolonelo, l
ŝerco nun komenciĝas.... —De kie vi prenis tiun ĉi delikatan poŝtukon‹

—Bona kapitano doni al Lio Fu Peng. Malbona kapitano pafi la hundo
bona kapitano doni blanka ĉifono.

Petroff devolvis la poŝtukon. Stranga kaprico, li pensis. La senpove
pendanta kruro de la hundo, la elstarantaj ostoj naŭze efikis. Lia rigard‹
ĵetiĝis al la mieno de la ĥino, kiu plenforte tenis la buŝon de la besto. Petro‹
sentis forvaporiĝi sian bonhumoron. Kiel emociite[44] rigardas tiu ĉ
flavvizaĝulo? Iom pli zorge ol li mem volis, li prenis la sublimaton, lavi
la vundon, kunmetis la rompitan kruron, bandaĝis ĝin alfiksante l
krajonduonojn, intertempe blasfeme li esprimis sian opinion pri la mondo
en kiu la homoj havas pli da kompato al la besto ol al siaj fratoj.

—Nu, ni estas pretaj. Ĉio en ordo...kaj nun, estimata bolŝevika hund‹
ci[45] estos portata al la milita hospitalo. Hahaha!

Petroff rigardis la beston. Ĝi ŝajnis esti fortika grizfela domgardanto
La ĥino jam ne kunpremis ĝian buŝon. Ĝia lango inerte pendis kiel long
ruĝa ĉifono kaj ĝiaj okuloj kun danka esprimo ripozis ĉe Petroff. Tiu besto
dankemo malagrable tuŝis lin. Tiel ĝi rigardas, kiel suferanta homo. Je

*Mercuric chloride, a dangerous poison and disinfectant

u ĉi hundo havas okulojn, similajn al tiuj de homo. Subite Petroff sentis krupulojn pri la bonkora akcepto de la vundita besto en la milita hospitalo.

—Al la diablo la sentemecon![46]... Hm, homajn okulojn ĝi havas…. Nu aj kio? La homo havas… la homo havas… Kion la homo havas? Hahaha! ‚a homo havas hundan koron… aŭ eĉ ne hundan… He, ci flavvizaĝa, portu or cian hundaĉon, ĉar tuj mi sendos kuglon en ĝian kapon!

La ĥino larĝe ridetis. Tiu ĉi rido esprimis koran dubon, tamen li fervore apjesadis.[47]

—Kien Lio Fu Peng polti hundo? Hundo ne apalteni al Lio Fu Peng. Iundo apalteni al neniu.

—Portu ĝin en la inferon al la diablo!— Leŭtenanto Petroff surseliĝis. a brava hufulo[48] ekgalopis, sed la buŝumilo[49] haltigis ĝin ĉe la angulo de tombejo. De tie Petroff rekriadis al la ĥino. —He, ĥino, portu tiun albenitan hundon al Puŝkinskaja[50] n-ro 15 kaj transdonu al mia ervisto…. Espereble ĝi mortaĉos[51] baldaŭ…. Nu kaj nun post la rolo de molkora veterinaro ni iru por ĉasadi—homojn. Pro diablo!

firm/ig/il/o, splint [43]**sen/pov/e,** helplessly [44]**emoci/it/e,** moved, ouched [45]**ci,** thou (see below) [46]**sent/em/ec/o,** sentimentality **kap/jes/i,** to nod "yes" [48]**huf/ul/o,** steed [49]**buŝ/um/il/o,** bit **Puŝkinskaja n-ro 15,** 15 Pushkinskaya (St.) [51]**mort/aĉ/i,** to "croak"

PRI-

Used as a prefix, **pri** may have its usual meaning, "about, concerning": **riparoli,** to talk about, discuss; **pripensi,** to think about, ponder; **riplori,** to cry about, deplore; **priridi,** to poke fun at; **prijuĝi,** to criticize; **risilenti,** to keep quiet about; **priskribi,** to describe; etc.

Sometimes, prefixing **pri** widens the scope of an action, and/or shifts ie focus of the action to a different—but concerned—object: **lumi,** to give ff light, **prilumi,** to illuminate; **demandi,** to ask a question, **pridemandi rimulon,** to interrogate a criminal; **planti florojn,** to plant flowers, but **riplanti ĝardenon,** to put in a garden; **serĉi armilojn,** to look for eapons, but **priserĉi kaptiton,** to search a prisoner; **rabi monon,** to take ioney by force, but **prirabi la loĝantaron,** to rob the populace.

BLEKI

Bleki is a general word for the cry of any animal: **ŝafbleki**, to ba~~~~ **bleki ĉevale,** to neigh like a horse; **la blekado de bovino,** the mooing ~~~~ a cow. **La vundita hundo veblekis;** the injured dog yelped.

CI

Ci (thou), **cia** (thy, thine), and **cin** (thee) are not much used i~~~~ Esperanto. As in English, they may be used in addressing deity or in poetry~~~~ but sound rather affected when they are. In some countries, peopl~~~~ regularly use "thou" in addressing children, servants, animals, clos~~~~ friends, and relatives; and occasionally this practice is imitated in Espe~~~~ ranto. For example, in the selection above, Lt. Petroff's use of **ci** to th~~~~ wounded dog is a form of endearment.

ESPERANTO SLANG

Slang is colorful but informal language not found in a normal dictio~~~~ ary. Slang expressions come and go, and not everyone understands them~~~~ As such, they obviously are no asset in a language that strives f~~~~ universality.

On the other hand, slang serves to freshen up a language with expre~~~~ sions that are new and imaginative, zesty and often insightful. Withou~~~~ them, language would be bland as a meal with no spices.

In Esperanto, this positive function of slang is filled by the creative us~~~~ of the language's limitless word-building possibilities. Accomplishe~~~~ Esperantists sprinkle their speech and writings with new-coined expre~~~~ sions that are fresh, witty, and striking, and yet logical and comprehen~~~~ sible.

We've seen examples of this earlier, as in the poems beginning on pag~~~~ 289. In the Baghy story above, notice his innovative use of **statisti** an~~~~ **frukti** as verbs, and such tongue-in-cheek inventions as **armestomak**~~~~ **elkulerigi,** and **hufulo.**

48. Barbro kaj Eriko—XVIII

Rud 1.7.19..

ara,

Pro ĝojo mi ne scias, kion diri. Kia surprizo! Dum longe mi ne estis el feliĉa. Vi do venos en mian landon…. Ho, mi preskaŭ timas, ke ĉio stas nur songo. Sed ne, mi relegas vian leteron, estas vero: vi venos.

Senlime mi ĝojas, sed samtempe timetas. Ĉu vi ne elreviĝos[1] pri mi? Iur simpla knabino kampara, nesperta, malsaĝa mi estas.

Kiam, proksimume, vi venos? Certe vi survoje sendos vivsignojn[2] al ia fratino, kiu tiel streĉe atendas vin. Mi antaŭĝojas[3] la belajn tagojn de ia kunesto, de nia babilado,—sed la grizan tagon de via foriro mi ne volas ripensi. Ne, ne! Nur ĝojo nun! Ŝajnas al mi, ke miaj kaktoj komencas ntiri siajn dornojn por pli amikaj aspekti….

Mi ne forgesu diri, ke mia patro sendas bonvensalutojn al vi ambaŭ. Nun mi ja tuj devas ekstudi Esperanton, alie mi ja staros kiel surdmutulo ntaŭ la aŭstroj," li ridetante diris. Mi klinis min,[4] proponante min mem iel instruonton, kaj jam ĉivespere la unua leciono okazos. Certe ni multe dos, paĉjo estas tiom ŝercema.

Ĉar ni baldaŭ havos okazon, buŝe interparoli, mi nur aldonas salutojn lej korajn por vi kaj via frato. Sincere kaj varme mi diras:

BONVENON!
Ĝis la unua renkonto!

Via

Barbro

l/rev/iĝ/i, to become disillusioned, "come to" after a daydream
endi viv/sign/o/j/n, to let someone hear from you
antaŭ/ĝoj/i, to look forward to   [4]klini sin, to bow

A Key to the Lesson Dialogues

Lesson One

arles: Hi, Mary. **Mary:** Hi, Charles. How are you? **Charles:** Very well, nks. What's that? **Mary:** What's that? It's a long letter from my father. It came the mail just today, from Paris. **Charles:** From Paris! Really? Your father is in ris? **Mary:** Yes, he's there for a big international conference. **Charles:** Your her is a lawyer, isn't he? **Mary:** No, my mother's a lawyer. My father's a teacher languages at the university. **Charles:** Oh yes, I remember now. And he's an perantist, too, isn't he? **Mary:** Yes, he's president of the local Esperanto club. **arles:** Oh, that's a great honor! **Mary:** Honor? Yes, but it's also a lot of work! **arles:** Yes, of course. Well, I have to hurry now. So long, Mary. **Mary:** So long, **arles.

Lesson Two

b Driver: Where to? **Prof. Miller:** I want to go to the café *Smeraldo,* on the eet Bourbon. **Cabby:** OK, I know the place. **Miller:** The Esperantists are ving a meeting there. **Cabby:** Esperantists! Do you speak Esperanto? **Miller:** 1, yes. I speak it. I also teach it. **Cabby:** In a school? **Miller:** No, in a university. the United States. **Cabby:** What are you doing in Paris, Sir? **Miller:** I gave eport at an international conference of linguists. **Cabby:** Do you like Paris? **iller:** Oh yes, but the weather is very warm now. Have you ever been in the ited States? **Cabby:** No, I've never been there. **Miller:** Too bad. **Cabby:** ell, where's your café? Didn't you say on Bourbon Street? Oh, now I see it. It's ;ht there. Will I see you tomorrow, Sir? **Miller:** No. Tomorrow I have to fly to U.S.A. **Cabby:** Too bad! Well, good night, Sir. And thank you.

Lesson Three

ssenger: Pardon me, Sir. Is anyone sitting there? **Prof. Miller:** No, Sir. Sit wn, please. **Passenger:** Thank you. Are you a Parisian? **Miller:** No. I'm an nerican. I come from Chicago. **Passenger:** Oh, a Chicagoan! I was in Chicago, ce. **Miller:** What were you doing there? **Passenger:** I went there after the war, d worked for my brother. He has a store there. **Miller:** What does he sell? **ssenger:** Oh, he sells everything. Whatever you want to buy, he has it. It is a huge **re. A beautiful store! But I came back to Paris. **Miller:** Why? I don't derstand. Didn't you like Chicago? **Passenger:** Oh, I liked it, but I hated the nd there. I was very unhappy. And I'm a real Parisian, who loves only Paris. **iller:** And where are you going now? **Passenger:** I'm flying to New York for ·isit. My other brother is a worker there. **Miller:** Well, we'll take off soon. Are u ready? **Passenger:** No, I can't find my belt. Where the dickens is it? **Miller:** cuse me, Sir, but you're sitting on it, aren't you? **Passenger:** Ah, yes! Thank u. There it is. Now I'm ready. But what an embarrassment! Just think, I was a ·er myself, during the war! **Miller:** It doesn't matter. We're taking off now. >odbye Paris! Soon we'll be arriving in New York.

Lesson Four

Prof. Miller: Oh, how happy I am to be home again! When I was in Paris— **Mr**
Miller: Wait a little bit, dear. I'm preparing the dinner (literally: evening mea
Miller: Yes, but I only wanted to say that in my hotel— **Mary:** Father, Geor
took my new comb and doesn't want to give it back! **Mrs. Miller:** Give your sist
her comb, George. **George:** I don't have it. **Mary:** Of course he has it. He
always taking my things! **Miller:** Listen, something funny happened in the ta
when I— **George:** When are we going to eat? **Mrs. Miller:** The meal is almo
ready. Are your hands clean? **Mary:** No, they aren't clean! Look how dirty th
are. They were dirty during lunch, too! **Mrs. Miller:** Go and wash your hand
George. And hurry, do you understand? We're going to start to eat now. **Mille**
That reminds me of something. After my report to the conference— **Mrs. Mille**
Sit down, dear. You can tell us all about Paris later on. **Mary:** Oh, I almost forg
Right after dinner I have to go visit a girlfriend. We have a very important exa
at the university tomorrow, and we have to study for it. **Mrs. Miller:** Fine. B
come back early. Where is your brother? Ge-orrr-ge! Where are you? **George:** I
coming. But I'm not hungry. I already ate at Henry's house. Can I go in the livi
room? I want to watch an important soccer game on TV. **Miller:** But don't y
want to hear about my flight in a big jet plane, and about the pretty parks, and
George: Later on, Father, they're already starting to play. **Miller:** Well, dear,
least you'll get a kick out of (literally: burst out laughing about) the man who s
next to me in the jet. Just think, he was a flyer himself during the war, but— **Mr**
Miller: Oh, I'm very sorry, but I have to go out now. I promised to help a clie
correct legal papers. I'm already late. You'll find some cake in the refrigerator. S
long!

Lesson Five

Mrs. Miller: Good morning, Mary. How are you? **Mary:** In fact, not very we
I'm afraid I'm a little bit sick. My throat hurts like everything. **Mrs. Miller:** T
bad. I'm sorry. Do you want to see (literally: visit) the doctor? **Mary:** No, no
think it's not important. If I don't go to the exam, they'll certainly think I did
study, and wasn't ready for it. **Mrs. Miller:** Maybe you're right, but good heal
is more important than a hundred exams. **George:** I know why she's sic
Yesterday, when it was raining cats and dogs, she was out walking without a co
She always does that, even when it's snowing! **Mary:** George! Do you have
tell the whole world everything about me? **George:** She was smoking cigarett
with Henry's sister, too. **Mary:** You— you— bad boy! Just wait, I'll teach y
how to act! **Mrs. Miller:** Mary, you go to Doctor Smith right after the exam. He
very capable, and he knows your father well. He won't be angry if you visit hi
in his home after school hours. He'll certainly make you well again very quick
Mary: If you insist. But I don't know his address. Where does he live? **Mr**
Miller: He lives on the hill by 37th Street, in the beautiful house on the left sid
Mary: Ah yes, I know. **George:** Ask him to examine your head, too. There m
be a brain in it, somewhere. **Mary:** I'll examine *your* head, if you don't watch o
Mrs. Miller: (That's) enough! I advise you both to watch your tongues. Georg
isn't there something good on television? **George:** It's broken down. **Mr**
Miller: Broken down? What's the problem? **George:** I don't know. I just open
the cover a little bit, and hid my new knife in it. There was a big flash, and now
doesn't work. **Mrs. Miller:** Oh, no! Now I think I'm going to be sick, too!

Lesson Six

Mary: What a pretty car! Whose is it? **Charles:** Actually, my father bought it just yesterday. Get in! Let's drive around a little bit and then I'll drive you home. **Mary:** Do we have time? What time is it? **Charles:** Just 5:45. Let's go! I'll even hold the door for you. **Mary:** Well, OK. Wait, I'll put my books in the trunk. But Charles, I didn't know you knew how to drive! **Charles:** Oh, it's easy to drive a car. You just have to sit behind the wheel, turn the key, and steer. **Mary:** I very (much) like the smell of a new car. Look, even the ash trays are empty. I hope you have enough gas? **Charles:** Of course. I just filled the gas tank. Oh, there's the freeway. Let's see how fast it will go! **Mary:** Watch out, there's a lot of traffic here. Not too fast. Charles, be more careful! **Charles:** Man! We've already got a policeman behind us! He wants me to stop. **Policeman:** Good evening, young man. Will you please show (me) your license? **Charles:** My— er, I mean— **Policeman:** That you don't have a license? Well, that's an important offense. Did you know you were driving 72 miles an hour while the speed limit is 55? Well? Why don't you answer? Don't you speak English? **Mary:** Don't worry, Charles. 'll visit you every week and send you a cake with a saw in it.

Lesson Seven

Mr. Ballard: Good day to you, Mrs. Miller! How can I serve you today? **Mrs. Miller:** Good day, Mr. Ballard. I have a long list here. First, I need 2 kilograms of potatoes. How much do they cost? **Ballard:** 60¢ a kilogram. **Mrs. Miller:** Ouch! How the prices keep going up. Well, give me one dollar's worth. Give me a dozen eggs, too. And a bottle of milk. **Ballard:** Very well. And I have some really pretty apples today. Do you want a few? **George:** Give (us) two dollars' worth, also a box of cookies, also that big box of candy, also— **Mrs. Miller:** (That's) enough, George! We don't need apples, nor cookies, nor candy. Behave yourself more properly, or I'll send you home. **Ballard:** Don't blame the boy, Mrs. Miller. Allow me to give you an apple apiece, as a gift. I see there are only a few left. **Mrs. Miller:** Well, many thanks, Mr. Ballard. What do *you* say, George? **George:** Can I have the cookies too? **Ballard:** (Laughs.) That reminds me. Did you hear about the crime that just occurred at the supermarket across the street? **Mrs. Miller:** Heavens! What crime? **Ballard:** Some young thief went in and wanted to take all their money. But a policeman came in just then, and the young fellow took to his heels. They're looking for him everywhere, but so far (literally: until now) he's nowhere to be found. **George:** Do you know what I'd do if he came here? **Ballard:** No, George, what would you do, then? **George:** I'd hit him on the head with one of these tin cans, then I'd tie him up with some of your cord, then I'd call the police. **Ballard:** Yes, I believe you would do that. Just for that, I want to give you something else. Here. Take the cookies. **Mrs. Miller:** Well, George, what do you say to that? **George:** Can I have the candy too?

Lesson Eight

Mrs. Miller: Hello? **Feminine Voice:** Hello. I want to talk with Pete. **Mrs. Miller:** Who? Pete? Probably you have the wrong number. **Voice:** Isn't that Prof. Peter Miller's house? **Mrs. Miller:** Yes, but— **Voice:** Would you please tell Pete, then, that Liz is on the phone. **Mrs. Miller:** Well, Liz, the professor hasn't come back from the university yet. **Voice:** Oh, too bad. I'm only in town for a few hours, and because he gave me his number, and said if I ever came to Chicago— **Mrs. Miller:** Wait a minute, I hear him at the door now. **Prof. Miller:** Hi, Darling. What's going on? Why are you looking at me like that? **Mrs. Miller:** One of your many (female) admirers wants to speak with you, "Pete." **Miller:** Are you joking? Who could that be? Hello? **Voice:** Pete! Hello! Do you know who this is? **Miller:** Probably one of my (female) students, but— **Voice:** It's Liz! The stewardess on the plane to Paris! **Miller:** Ah yes, Miss Larsen, of course. How are you, Liz? **Voice:** Thank you, very well. Stopping here between flights, I decided to call you. Isn't that a nice surprise? **Miller:** Yes, it certainly is a surprise. Well, Liz, it would be nice to see you again. Would you like to come to our house right away and have supper with us? I'm sure my wife has prepared a very nice meal and we can have an interesting conversation. **Voice:** Pete! Could I? I'll be very happy to do that. **Miller:** Then come! We eat at six. It's now 5:30. You have just 30 minutes. **Mrs. Miller:** Wait, dear, I— **Miller:** (Sh!) Fine, we'll see you soon. Until then! **Voice:** So long! **Miller:** (To Mrs. M.) But Darling, why are you looking at me like that? Are you mad at me? What have I done? **Mrs. Miller:** First of all, you invited that young woman to have supper with us and didn't ask me beforehand. Secondly, you were probably flirting with her on the plane. **Miller:** Sweetheart, please! The whole thing is ridiculous. A simple misunderstanding. Let's change the subject. I have an enormous appetite. What do we have for supper? **Mrs. Miller:** Nothing! Have you forgotten? Today it's *your* turn to prepare supper!

Lesson Nine

Prof. Miller: What good food! Now I can't eat any more. I'm full. **Mrs. Miller:** Me, too. The pork was excellent, wasn't it? We certainly aren't hungry for dessert, are we? **Mary:** Shall we drink one cup of coffee perhaps? Or do you prefer tea? **George:** I don't want *either* coffee *or* tea! I want to have dessert. The biggest (one) with lots of ice cream and whipped cream and chocolate and— **Mrs. Miller:** Oh, George! Where do you find so much room? You didn't even leave (any) crumb on your plate. **Miller:** What time is it? Maybe we have time to see a movie? **Mrs. Miller:** Oh, yes! There's a film very (much) worth seeing at the Fox movie theater now. It's really romantic. It's about a sweet young girl who has come from a small village to New York, where she finds a young dancer who doesn't know that she is really the daughter of an important producer of stage plays on Broadway. They fall in love, and— **George:** Can't we go to the Varsity? They have a movie there about flying saucers (literally: little flying plates), and here come (some) strange men from outer space, and they look like huge mosquitos, and— **Mary:** Be quiet, George! I don't want to hear even one word further about those stupid mosquitos. Besides, I want to see that new movie about a band of young musicians who have to go to San Francisco where they are going to play a big concert, but they're kidnapped by gangsters, who— **Miller:** Wait, I was thinking about that hit movie about the boxer who's beaten all his opponents, and now he has to fight (literally: box against) the champion, but just then he found out that while he was away training for the boxing match his fiancee had fallen in love with a man who is a police detective. Well, a few crooked gamblers that the detective wants to catch suggest to the boxer that he— **Mrs. Miller:** Look, dear ones, if we don't decide right away and go buy our tickets, we'll end up seeing *none* of these movies! **Miller:** Yes, let's hurry. I don't like to arrive at a movie theater in the middle of

308

ovie. Waiter! Bring our bill, please. **Waiter:** Yes, Sir. Here it is. **Miller:** And ere is your money. **Waiter:** Thank you, Sir. Will you need a taxi? **Miller:** Oh o, we can walk. Well, how shall we make our decision about the movie? **Mary:** ince we don't have a lot of time, I suggest that we go to the nearest movie theater, hichever it is. **Mrs. Miller:** OK, I agree. I think there's a movie theater just across e street. Open the door, Mary, and read the sign. **Mary:** Oh, no! It's "The osquitos from Outer Space"!

Lesson Ten

nnouncer: Your attention, please, Ladies and Gentlemen. European Airways nnounce the arrival of their flight No. 298 from London and Paris. Passengers will xit by gate 6 for Customs and Immigration inspection. Thank you. **Prof. Miller:** ardon (me), Sir. You're the Customs man, aren't you? I'm waiting for a friend hose arrival was just announced. He doesn't speak the English language very ell. May I wait (for him) here? It's possible that I'll be able to interpret for you. **nspector:** I'm sorry, Sir. It's not permitted to stay here. You'll have to stand on e other side of the barrier. But if I should need help, then I would call you. **Miller:** ine. Thanks. Ah, here he comes now. Mr. Dupont! Welcome to the United States! ow are you? Did you have a good flight? It's good to see you again. **Inspector:** ne moment. I have to ask (literally: make) you a few questions. Could I see your assport? **Dupont:** What? I don't understand. What does he want? **Miller:** He's sking for your passport. **Dupont:** Oh, of course. Here it is. **Inspector:** Thanks. hat is your name? **Dupont:** What? My name? Robert Dupont. **Inspector:** hen were you born? **Dupont:** ??? **Miller:** He's asking your age. **Dupont:** I'm 2. My birthday is the fifth of this month. **Inspector:** Are you married? **Dupont:** lease? **Miller:** Inspector, he has a charming wife and three pretty children. **nspector:** How long will you be staying in the U.S.A., Mr. Dupont? **Dupont:** ow long? In the U.S.A.? Only two weeks, unhappily. **Inspector:** Is that all of our baggage? **Dupont:** Yes, that baggage belongs to me. Look, my name is amped on it. **Miller:** No, he's wondering if you have (any) other baggage besides at. **Dupont:** Oh, I misunderstood. Excuse me. No, that's all of it (literally: the hole thing, "the lot"). I have nothing else at all. **Inspector:** All right. Here's your assport. Please sign this slip. Thanks. You may pass. And thanks to your friend r the interpreting. **Miller:** Don't mention it! It was my pleasure. Well, Bob, ouldn't it be a lot easier for the travellers, if all the customs and immigration spectors could speak Esperanto? **Dupont:** My young friend! Allow me to rrect that remark somewhat. It would be much easier for the whole world, if eryone could speak Esperanto. Do you agree?

Key to the Exercises

Lesson One

Ex. #1: 2. Jes, la blua birdo estas tre amuza. 3. Jes, ĝi estas granda honoro por l
4. Jes, li venis de la loka klubo. 5. Jes, la longa boato estas tie. 6. Jes, lia grand
familio estas en Parizo. 7. Jes, li estas ĉe internacia konferenco. 8. Jes, ĝi anka
estas multa laboro. 9. Jes, tio estas lia amuza ideo.

Lesson Two

Ex. #1: 2. Ĉu la letero venis de Mario? 3. Ĉu la dentisto estas prezidanto de l
klubo? 4. Ĉu tio estas tre granda honoro? 5. Ĉu Karlo devas rapidi nun? 6. Ĉ
la pipo estas tre amuza? 7. Ĉu mia kato estas ĉe granda internacia konferenco? ξ
Ĉu lia familio estas ĉe la klubo? 9. Ĉu ĝi estas multa laboro? 10. Ĉu la birdo esta
tre amuza? **Ex. #2:** 2. Ne, la instruisto iris al Parizo hieraŭ. 3. Ne, mi iris al l
klubo hieraŭ. 4. Ne, la dentisto decidis hieraŭ. 5. Ne, la prezidanto estis hejm
hieraŭ. 6. Ne, mi devis rapidi hieraŭ. 7. Ne, mia patro memoris hieraŭ. 8. N
li iris al la universitato hieraŭ. **Ex. #3:** 2. Jes, mi devis decidi hieraŭ. 3. Jes, n
devis labori ĉe la universitato. 4. Jes, mi devis rapidi al Parizo. 5. Jes, mi dev
resti hejme hieraŭ. 6. Jes, mi devis iri al la dentisto hodiaŭ. **Ex. #4:** 2. Jes, mi vol
decidi hieraŭ. 3. Jes, mi volis labori ĉe la universitato. 4. Jes, mi volis rapidi ε
Parizo. 5. Jes, mi volis resti hejme hieraŭ. 6. Jes, mi volis iri al la dentisto hodia

Lesson Three

Ex. #1: 2. Ne, la letero estis mallonga. 3. Ne, li amas ŝin malmulte. 4. Ne, l
raporto estis malvera. 5. Ne, la taksio estas malrapida. 6. Ne, mia kato esta
malgranda. 7. Ne, la vetero estis malvarma hieraŭ. 8. Ne, Parizo estas granda urb
9. Ne, la raporto estas longa. 10. Ne, tio estas multa laboro. **Ex. #2:** 2. Ne, se
mi vidis la fratinon. 3. Ne, sed mi vidis la dentistinon. 4. …la virinon. 5. …l
sinjorinon. 6. …Sinjorinon Adams. 7. …la instruistinon. 8. …la muzikistino
9. …la edzinon. 10. …la laboristinon. **Ex. #3:** 2. Ne, mi ne ricevis la letero
3. Ne, mi ne venis en taksio. 4. …iris al la klubo. 5. …ŝatis la lernejon. 6. …est
bakisto. 7. …havis katon. 8. …ŝatis la muzikon. 9. …iris Parizon hieraŭ. 1
…falis sur la plankon. 11. …vidis la libron.

Lesson Four

Ex. #1: 2. Ne, ĝi estas mia kato. 3. Ne, ĝi estas mia ĵurnalo. 4. …mia poŝto.
…mia taksio. 6. …mia pipo. 7. …mia tablo. 8. …mia domo. **Ex. #2:** 4. N
tio estas la ĵurnalo de Prof. Miller. 5. Ne, tio estas la kato de la bakisto. 6. …
libro de Mario. 7. …la domo de la taksiisto. 8. …la kombilo de ŝia patrino.
…la letero de lia fratino. 10. …la hejmo de la muzikisto. **Ex. #3:** 2. Ne, t
lingvistoj flugis Parizon. 3. Ne, kvar leteroj venis en la poŝto. 4. Ne, kvin kat
iris en la domon. 5. Ne, ses dentistoj iris al la konferenco. 6. Ne, sep taksioj rapid
al la klubo. 7. Ne, ok instruistoj estis en la lernejo. 8. Ne, naŭ laboristoj estis ĉ
la kunveno. 9. Ne, dek poŝtistoj iris al kafejo. **Ex. #4:** 3. Ankaŭ vi trovu taksio
mi petas. 4. Ankaŭ vi helpu la novajn najbarojn, mi petas. 5. Ankaŭ vi aĉetu nova
domon,… 6. Ankaŭ vi donu bonan libron al la klubo,… 7. Ankaŭ vi iru Parizo,.
8. Ankaŭ vi invitu lin al la klubo,… 9. Ankaŭ vi promenu en la urbo,… 10. Anka

vi vendu ĉion en la domo,.... 11. Ankaŭ vi aĉetu novan kombilon,.... 12. Ankaŭ vi invitu du bonajn ĵurnalistojn al la konferenco,.... 13. Ankaŭ vi pensu pri ŝia nova ideo,.... 14. Ankaŭ vi fermu la pordon dum la kunveno,.... **Ex. #5:** 2. Ne, la lingvistoj mem donis la raporton. 3. Ne, la instruisto mem redonis la libron. 4. Ne, mia patrino mem iris al la vendejo. 5. Ne, la ĵurnalistoj mem aĉetis kafon. 6. Ne, la klubanoj mem fermis la pordon.

Lesson Five

Ex. #1: 2. Karlo diris, ke la instruisto ne venos hodiaŭ. 3. S-ro Adams diris, ke li neniam estis en Parizo. 4. La dentisto diris, ke mi havas tre malbonajn dentojn. 5. Prof. Miller diris, ke li kredas, ke baldaŭ neĝos. 6. La bakisto diris, ke li ne memoras. 7. La instruisto diris, ke oni ne povas fumi tie. 8. S-ino Adams diris, ke certe pluvos. 9. La prezidanto diris, ke estas tempo fermi la kunvenon. 10. La profesoro diris, ke mi tre bone lernas Esperanton. **Ex. #2:** 2. ...kvindek tri raportoj. 3. ...sepdek kvin libroj. 4. ...sepdek sep bovinoj. 5. ...cent viroj. 6. ...kvindek unu jetoj. 7. ...okdek matĉoj. 8. ...tridek ses parkoj. 9. ...naŭdek naŭ roboj. 10. ...kvindek hoteloj. 11. ...naŭdek kvin dentistoj. 12. ...sepdek ses novaj amikoj. 13. ...dudek kvin malbonaj kukoj. 14. ...tridek du amuzaj faktoj. 15. ...naŭdek ses gravaj avantaĝoj. **Ex. #3:** 2. Ne, mi estas en la unua jaro ĉe la universitato. 3. Ne, tio estas la dudek-tria raporto al la konferenco. 4. Ne, tio estos la tridek-naŭa kunveno de la klubo. 5. Ne, mi ricevis mian naŭdek-naŭan honoron. 6. Ne, tio estis mia dudek-sepa letero de ŝi. 7. Ne, tio okazis dum mia kvardek-sesa flugo al Parizo. 8. Ne, hodiaŭ estas la naŭdek-kvina tago. 9. Ne, mi televidas a dek-naŭan matĉon. 10. Ne, mi estis en la Dudek-unua Armeo. **Ex. #4:** 3. Ne, oni feliĉigis lin hieraŭ. 4. Ne, oni beligis ĝin hieraŭ. 5. Ne, oni purigis ĝin hieraŭ. 6. Ne, oni memorigis lin pri ĝi hieraŭ. 7. Ne, oni varmigis ĝin hieraŭ. 8. Ne, ŝi longigis ĝin hieraŭ. 9. Ne, oni iomete grandigis ĝin hieraŭ. 10. Ne, oni bonigis ilin hieraŭ. **Ex. #5:** 2. Jes, oni ridegis pri mia amuza raporto. 3. Jes, ni havis ventegon en la urbo hieraŭ. 4. ...mi devos laboregi ĉe la vendejo nun. 5. ...Parizo estas urbego. 6. ...la matĉo de futbalo estis bonega. 7. ...la kuko en la fridujo estis malvarmega. 8. ...la doktoro havas grandegan hejmon. 9. ...pluvegis hieraŭ. 10. ...ŝi diris, ke liaj manoj estas malpuregaj. **Ex. #6:** 2. Ne, ne mi instruis Esperanton al Karlo. 3. Ne, ne mi ridis pri lia raporto. 4. Ne, ne mi diris, ke pluvos. 5. Ne, ne mi helpis S-inon Adams fini la robon. 6. Ne, ne mi iris hieraŭ al la dentisto. 7. Ne, ne mi fermis la kunvenon. 8. Ne, ne mi iris al la laborejo en taksio. **Ex. #7:** 2. Mi vidis Marion ankaŭ en nia lernejo! 3. La dentisto ridegis ankaŭ en la klubo! 4. Oni vendis ĉion ankaŭ en la kafejo! 5. La ventego malpurigis ankaŭ la bakejon! 6. Oni kunvenis ankaŭ en nia domo! 7. La poŝtisto falis ankaŭ sur la strato! 8. Du taksioj rapidis ankaŭ al la poŝtejo! 9. Li lernis pri tio ankaŭ en la universitato! **Ex. #8:** 2. Ne, sur mia strato estas nur dometoj. 3. Ne, ni havis nur ventecon en la urbo hieraŭ. 4. ...Prairieville estas nur urbeto. 5. ...la vetero en Ĉikago estas nur varmeta nun. 6. ...la malgranda birdo povis nur flugeti. 7. ...la tagmanĝo estis nur varmeta. 8. ...estas nur saloneto en mia domo. 9. ...mi devis nur studeti por la ekzameno. 10. ...estas nur montetoj apud la urbo. **Ex. #9:** 1. konas 2. scias 3. scias 4. konas 5. scias 6. scias 7. konas 8. konas...scias 9. konas 10. scias

311

Lesson Six

Ex. #1: 2. ...estas pli bona dentisto ol Doktoro Adams. 3. ...havas pli grandan fridujon ol via familio. 4. ...flugis en pli granda jeto ol Mario. 5. ...ludas futbalon pli bone ol via patro. 6. ...loĝas en pli granda domo ol S-ro Smith. 7. ...havas pli belan salonon ol Karlo. 8. ...parolas Esperanton pli bone ol S-ino Miller. 9. ...havas pli purajn manojn ol via frato. 10. ...estas pli kapabla ol la nova instruisto. **Ex. #2:** La ĉefo de la kompanio volas, ke mi lernu la tutan raporton. 3. La familio de Mario deziras, ke mi flugu al Nov-Jorko kun ŝi. 4. Mia instruisto proponas, ke mi faru la laboron hejme. 5. Oni postulas, ke mi ne fumu en la lernejo 6. Karlo petas, ke mi televidu la matĉon kun li. 7. La klubo volas, ke mi estu la prezidanto. 8. La doktoro konsilas, ke mi studegu por la ekzameno. 9. La parizano petegas, ke mi helpu lin. 10. Mia patro insistas, ke mi ne parolu al li nun. **Ex. #3:** 2. Mi plej bone lernu la tutan raporton. 3. Mi plej bone flugu al Nov-Jorko kun Mario. 4. Mi plej bone faru la laboron hejme. 5. Mi plej bone ne fumu en la lernejo 6. Mi plej bone televidu la matĉon kun li. 7. Mi plej bone estu la prezidanto. 8. Mi plej bone studegu por la ekzameno. 9. Mi plej bone helpu la parizanon. 10. Mi plej bone ne parolu al li nun. **Ex. #4:** 2. Ne, mia jeto ekflugos je la naŭa kaj duono. 3. ...oni finis la raporton je la sesa kaj tri kvaronoj. 4. ...ili ekludis la matĉon je la deka kaj kvindek minutoj. 5. ...ŝi finis la robon je la unua kaj duono. 6. ...mi volas iri al la vendejo je la kvina. 7. ...li televidos la matĉon je la dua kaj duono. 8. ...vi revenu je la tria kaj kvardek kvin. 9. ...mia patro falis je kvarono post la sepa. 10. ...la armeo atakos je la dekunua.

Lesson Seven

Ex. #1: 2. Dudek viroj estis ĉe la dentisto. 3. Karlo volis havi multajn kukojn. 4. Nur du horoj restas. 5. Kvarona horo restas. **Ex. #2:** 2. Li volas unu glason da akvo. 3. Ŝi aĉetis du funtojn da sukero. 4. Ili lernis grandan nombron da lecionoj. 5. Mi bezonas ok kilogramojn da terpomoj. 6. La doktoro bezonis multe da tempo por resanigi ŝin. 7. Estas iomete da pano en la domo. 8. Li havas kelke da fratinoj. 9. Ŝi fumas nemulte da cigaredoj ĉiutage. 10. Estas pli ol du boteloj da lakto en mia fridujo. **Ex. #3:** 2. Nur unu el niaj instruistoj iris al la konferenco. 3. Kelkaj el la terpomoj estas bonaj. 4. Pli ol dek el la viroj parolas angle. 5. Li invitis dek-duon el la virinoj. 6. Georgo manĝis multajn el la kukoj. 7. Mi scias pli multajn el la vortoj nun. **Ex. #4:** 1. Li diris, ke tio estas.... 2. Ŝi demandis, ĉu mi volas.... 3. Ili trovis la monon en la loko, kie la junulo.... 4. Oni ridetis, kiam mi legis.... 5. La knabino, kiun mi amas, estas.... 6. La homoj, kiuj venas de Eŭropo, parolas.... 7. Ŝi diris, ke la prezoj.... 8. La raporto, kiun vi legis,.... 9. La poŝto, kiun mi ricevis hieraŭ,.... 10. La leteroj, kiuj venis,.... **Ex. #5:** 2. Bonvolu meti la sukeron en la sukerujon. 3. Bonvolu meti la benzinon en la benzinujon. 4. Bonvolu meti la monon en la monujon. 5. Bonvolu meti la panon en la panujon. 6. Bonvolu meti la cindrojn en la cindrujon. 7. Bonvolu meti la lakton kaj la ovojn en la fridujon. **Ex. #6:** 2. Jes, efektive mi vidas tutan boataron. 3. ...mi vidas tutan birdaron. 4. ...mi vidas tutan jetaron. 5. ...mi vidas tutan arbaron. 6. ...mi vidas tutan libraron.

Lesson Eight

Ex.#1: 2. Mi vidis min en la spegulo. 3. Mario vidis sin en la spegulo. 4. Vi vidis vin en la.... 5. La nova edzo vidis sin en la.... 6. Mia patro vidis sin en la.... 7. La amuza junulo vidis sin en la.... 8. Ili vidis sin en la.... 9. Miaj amikoj vidis sin en la.... 10. Ŝia pli juna frato vidis sin en la.... 11. Oni povis vidi sin en la.... **Ex. #2:** 2. Ĉu vi bonvolus fari mian hejman laboron kun mi? 3. Ĉu vi bonvolus plenigi la benzinujon kun mi? 4. Ĉu vi bonvolus viziti la doktoron kun mi? 5. Ĉu vi bonvolus purigi la novan aŭton kun mi? 6. Ĉu vi bonvolus paroli al la profesoroj kun mi? 7. Ĉu vi bonvolus kaŝi la trancîlon kun mi? 8. Ĉu vi bonvolus instrui Esperanton al la klubo kun mi? 9. Ĉu vi bonvolus flugi al la konferenco kun mi? 10. Ĉu vi bonvolus rigardi en la spegulo kun mi? **Ex. #3:** 2. Ĉu ankaŭ mi devus flugi al Parizo? 3. Ĉu ankaŭ mi devus paroli al la instruisto? 4. Ĉu ankaŭ mi devus respondi al lia demando? 5. Ĉu ankaŭ mi devus veturi al Nov-Jorko? 6. Ĉu ankaŭ mi devus meti miajn librojn en la kofrujon? 7. Ĉu ankaŭ mi devus lerni Esperanton? 8. Ĉu ankaŭ mi devus skribi al la policano? 9. Ĉu ankaŭ mi devus iri al ŝia hotelo? 10. Ĉu ankaŭ mi devus aĉeti la ĵurnalon ĉiusemajne? **Ex. #4:** 2. Ĉu ankaŭ mi povus veturi al Parizo? 3. Ĉu ankaŭ mi povus paroli al la instruisto? 4. Ĉu ankaŭ mi povus respondi al lia demando? 5. Ĉu ankaŭ mi povus veturi al Nov-Jorko? 6. Ĉu ankaŭ mi povus meti miajn librojn en la kofrujon? 7. Ĉu ankaŭ mi povus lerni Esperanton? 8. Ĉu ankaŭ mi povus skribi al la policano? 9. Ĉu ankaŭ mi povus iri al ŝia hotelo? 10. Ĉu ankaŭ mi povus aĉeti la ĵurnalon ĉiusemajne? **Ex.#5:** 2. La studanto estas mia frato. 3. La laboranto estas mia frato. 4. La aŭskultanto estas mia.... 5. La instruanto estas mia.... 6. La stiranto estas mia.... 7. La manĝanto estas mia.... 8. La ludanto estas mia.... 9. La rigardanto estas mia.... 10. La esperanto estas mia.... **Ex. #6:** 2. Ho jes, ĉiuj el la junuloj fine revenis. 3. Ho jes, ĉiuj el la fremduloj fine revenis. 4. Ho jes, ĉiuj el la gravuloj.... 5. Ho jes, ĉiuj el la feliĉuloj.... 6. Ho jes, ĉiuj el la malsanuloj.... 7. Ho jes, ĉiuj el la novuloj.... 8. Ho jes, ĉiuj el la prudentuloj.... 9. Ho jes, ĉiuj el la kapabluloj.... 10. Ho jes, ĉiuj el la amuzuloj.... **Ex.#7:** 2. Ne, mi malamas la laboradon. 3. ...mi malamas la korespondadon. 4. ...mi malamas la kantadon. 5. ...mi malamas la promenadon. 6. ...mi malamas la paroladon. 7. ...mi malamas la bakadon. 8. ...mi malamas la flugadon. 9. ...mi malamas la instruadon. 10. ...mi malamas la studadon. 11. ...mi malamas la lernadon.

Lesson Nine

Ex. #1: 2. Jes, mi aŭdas la kantintan junulinon. 3. Jes, mi rigardas la flugantan birdon. 4. Jes, mi konas la manĝintan viron. 5. Jes, mi resanigos la falintan birdon. 6. Jes, mi konas la parolontan viron. 7. Jes, mi helpos la atakontan armeon. 8. Jes, mi bezonis la falintan botelon. 9. Jes, mi deziras la restontan monon. 10. Jes, mi serĉas la forkurintan rabiston. **Ex. #2:** 2. La manĝonto estas mia patro. 3. La reveninto estas mia patro. 4. La forironto estas mia patro. 5. la vokinto estas mia patro. 6. La restinto estas mia patro. 7. La veturinto estas mia patro. 8. La ludonto estas mia patro. 9. La respondinto estas mia patro. 10. La petinto estas mia patro. 11. La laboronto estas mia patro. 12. La flugonto estas mia patro. **Ex. #3:** 3. Je la deka mi estis skribinta.... 4. Je la naŭa kaj kvindek mi estis skribanta.... 5. Je la oka kaj dudek mi estis skribonta.... 6. Je la naŭa kaj kvardek mi estis skribinta.... 7. Je la oka kaj kvardek-kvin mi estis skribanta.... 8. Je la oka kaj dek-kvin mi estis skribonta.... 9. Je la naŭa kaj kvindek mi estis skribinta.... 10. Je la naŭa kaj dek

313

mi estis skribanta…. **Ex. #4:** 2. Je la kvara mi estos fluginta al Nov-Jorko. 3. J‹ la dua kaj dek-kvin mi estos flugonta al Nov-Jorko. 4. Je la tria kaj dek mi esto‹ fluganta…. 5. Je la dua kaj dudek-kvin mi estos flugonta…. 6. Je la tria ka‚ kvardek-kvin mi estos fluginta…. 7. Je la tria kaj tridek-kvin mi estos fluginta… 8. Je la dua mi estos flugonta…. 9. Je la tria kaj kvardek mi estos fluginta… 10. Je la dua kaj kvardek mi estos fluganta…. **Ex. #5:** 2. Jes, kompreneble, ĉa‹ ĝi estas vere aĉetinda. 3. Jes, kompreneble, ĉar ĝi estas vere lerninda. 4. …ĉa ĝi estas vere memorinda. 5. …ĉar ĝi estas vere uzinda. 6. …ĉar ĝi estas vere‹ dezirinda. 7. …ĉar ĝi estas vere studinda. 8. …ĉar li estas vere koninda. 9. …ĉa‹ ĝi estas vere vidinda. **Ex. #6:** 2. …ĝi ne estis manĝebla. 3. …ĝi ne estis vendebla‹ 4. …ĝi ne estis lernebla. 5. …ĝi ne estis memorebla. 6. …ĝi ne estis trinkebla‹ 7. …ĝi ne estis aŭdebla. 8. …ĝi ne estis trovebla. 9. …ĝi ne estis televidebla.‹

Lesson Ten

Ex. #1: 4. Je la dudeka de septembro mia nova domo estis konstruata. 5. Je l‹ dudek-dua de oktobro mia nova domo estis konstruita. 6. Je la oka de aŭgusto mi‹ nova domo estis konstruota. 7. Je la dek-naŭa de septembro mia nova domo esti‹ konstruata. 8. Je la kvina de oktobro mia nova domo estis konstruita. 9. Je la dek unua de septembro mia nova domo estis konstruata. 10. Je la tridek-unua d‹ aŭgusto mia nova domo estis konstruota. **Ex. #2:** 4. Je la naŭa kaj dek-kvin, l‹ kunvenejo de nia klubo estos purigita. 5. Je la oka kaj kvardek-kvin, l‹ kunvenejo…estos purigata. 6. Je la deka, la kunvenejo…estos purigita. 7. Je l‹ naŭa kaj dudek, la kunvenejo…estos purigita. 8. Je la sepa kaj dudek-kvin, l‹ kunvenejo…estos purigota. 9. Je la sesa kaj kvardek-kvin, la kunvenejo…esto‹ purigota. 10. Je la naŭa kaj kvin, la kunvenejo…estos purigita. **Ex. #3:** 3. L‹ kunveneio estos purigita je lundo. 4. La aŭtomobilo estis vendita hieraŭ. 5. L‹ televido estis inventita en 1923. 6. La polico estis vokita je la kvina. 7. La krimul‹ neniam estis ligita. 8. La rabisto estis trovita en la vendejo. 9. La kofro estos metit‹ en la kofrujon. 10. La polico estis sciigita per telefono. **Ex. #4:** 3. Diru al Paŭl‹ ion ajn. 4. Baku la kukon iel ajn. 5. Serĉu la krimulon ie ajn. 6. Donu al la ĉef‹ ion ajn. 7. Metu miajn aĵojn ien ajn. 8. Skribu la leteron iam ajn. 9. Sendu al l‹ vendejo iun ajn.

A SELECTED BIBLIOGRAPHY

This listing of important source materials in English is chiefly drawn, with thanks, from H. S. Tonkin's exhaustive *Esperanto and International Language Problems: A Research Bibliography,* 4th ed., revised (Washington: Esperantic Studies Foundation) 1977.

I. Linguistics—Language, Language Learning, and Language Problems

Abrahams, R. D. and R. C. Troike. *Language and Cultural Diversity in American Education.* Englewood Cliffs, N. J.: Prentice Hall, 1972.

Deutsch, K. W. *Nationalism and Social Communication.* Cambridge, Mass.: M.I.T. Press, 1953.

Dodge, James W., ed. *The Case for Foreign Language Study: A Collection of Readings.* New York: Modern Language Association of America, 1971.

Esperantic Studies Foundation. *The American Lag in Solving the Language Problem.* Washington: Esperantic Studies Foundation, 1969.

Fishman, J. A. *Sociolinguistics: A Brief Introduction.* Rowley, Mass.: Newbury House, 1971.

———. *Language and Nationalism.* Rowley, Mass.: Newbury House, 1973.

———. *Language Problems of Developing Nations.* New York: Wiley, 1968.

Goldberg, Isaac. *The Wonder of Words.* New York: Appleton-Century, 1938.

Graves, Mortimer. "The Language Barrier to International Understanding." *Annals of the American Academy of Political and Social Science,* 250 (1947), 12–16.

Haugen, E. and M. Bloomfield, eds. *Language as a Human Problem.* New York: Norton, 1974.

Hymes, Dell, ed. *Language in Culture and Society.* New York: Harper and Row, 1964.

Lapenna, Ivo. *The Language Problem in International Relations.* Centre for Research and Documentation on the World Language Problem (London and Rotterdam). Document CRD A/II/5, rev. ed., 1972. CRD documents are available from ELNA or the World Esperanto Association.

Makkink, G. F. *The World Communication Problem.* CRD document A/II/3, 1970.

Mencken, H. L. *The American Language.* 4th ed., New York: Knopf, 1936.

Modern Language Association. *International Bibliography.* New York: Modern Language Association of America, published annually.

Parker, W. R. *The Language Curtain and Other Essays on American Education.* New York: Modern Language Association of America, 1966.

Pei, Mario. *The Story of Language.* New York: Mentor, 1949.

———. *The Story of English.* 1952; rpt. New York: Fawcett, 1965.

Sollenberger, H. E. "Does Everybody There Speak English?" *Publications of the Modern Language Association of America,* 77 (1962), 23–27.

Steiner, George. *After Babel: Aspects of Language and Translation.* London: Oxford University Press, 1975.

Tamers, M. A. "The Language Gap: Must We All Speak English?" *Bulletin of the Atomic Scientists,* March 1971, 38–40.

Auld, William. "Esperanto as a Literary Language." CRD D/I/3, 2nd ed., 1964.

———. "The International Language as a Medium for Literary Translations." CRD 6-3 1960.

———. "The Development of Poetic Language in Esperanto." *Esperanto Document* 4-A, 1976. Esperanto Documents are available from the World Esperanto Association.

———. *Myth and Fact About Esperanto.* CRD document A/IV/7, 1964

Boulton, Marjorie. *Zamenhof, Creator of Esperanto.* London: Routledge, 1960.

———. "Zamenhof." *The Encyclopedia Britannica,* 14th ed.

Centre for Research and Documentation on the World Language Problem. *Basic Facts about the International Language Esperanto.* 3rd ed., London and Rotterdam: CRD, 1972.

Clark, W. J. *International Language: Past, Present and Future.* London: Dent, 1907.

Culbert, S. S. "Remarks on the Semantic Structures of Certain Proposed Interlanguages." *Journal of Communication,* 5 (1955).

Durrant, E. D. *The Language Problem: Its History and Solution.* Rickmansworth: Esperanto Publishing Company, 1943.

Eichholz, Rüdiger and Vilma, eds. *Esperanto in the Modern World.* Bailieboro, Ontario: Esperanto Press, 1982.

Forster, Peter G. *The Esperanto Movement.* The Hague: Mouton, 1982.

Gilbert, William, trans. D. Charters. *Problems of Languages Planned for International Use.* 1971; available from ELNA.

Guérard, A. L. *A Short History of the International Language Movement.* New York: Boni and Liveright, 1922.

Jacob, H., ed. *On the Choice of a Common Language.* London: Pitman, 1946.

Jespersen, Otto. "Interlinguistics." In *Selected Writings.* London: Allen and Unwin, 1962.

Johnson, Julia E., ed. *Basic English.* New York: H. W. Wilson, 1944.

Knowlson, James. *Universal Language Schemes in England and France, 1600–1800.* Toronto: University of Toronto Press, 1975.

Large, Andrew. *The Artificial Language Movement.* Oxford: Basil Blackwell, 1987.

Lins, Ulrich. "The Contribution of the Universal Esperanto Association to World Peace." *Esperanto Document* 5-A, 1976.

Markarian, R. H. M. "The Educational Value of Esperanto Teaching in the Schools." CRD document B/I/2, 1964.

Ornstein, Jacob. "Passport from Babel." *Texas Quarterly,* 3 (1960).

Parsons, Lavina M. *An Esperanto Curriculum Guide for Elementary Schools.* San Francisco State College, 1963. Rpt. available from ELNA.

Pei, Mario. *One Language for the World.* Rpt. New York: Biblo and Tannen, 1968.

Sadler, Victor and Ulrich Lins. "Regardless of Frontiers: A Case Study in Linguistic Persecution." *Man, Language and Society.* Ed. Samir K. Ghosh. The Hague and Paris: Mouton, 1972.

Tonkin, H. "Introduction to Esperanto Studies." *Esperanto Document* 6A, 1976.

Vallon, Doris. "Teaching the Universal Language." *California Teachers Association Journal,* May 1968; rpt. *Congressional Record,* Sept. 17, 1968, p. E8013f.

Verloren van Themaat, W. A. "Whorfian Linguistic Relativism and Constructed Languages." *International Language Reporter,* No. 3, 15 (1969), 19–24.

III. Textbooks and Dictionaries

Butler, M.C. *Step by Step in Esperanto.* Orelia (Australia): Esperanto Publishing Co., 8th ed. 1979.

Butler, M.C. *Esperanto-English Dictionary.* London: British Esperanto Association, 1967.

Cresswell, John and John Hartley. *Teach Yourself Esperanto.* Sevenoaks: Hodder & Stoughton, 3rd ed. rev. by J. H. Sullivan 1987.

Fulcher, F. and B. Long. *English-Esperanto Dictionary.* London: British Esperanto Association, Rev. ed. 1985.

Stuttard, Mason. *The Esperanto Teacher.* Rickmansworth: Esperanto Publishing Co., 1973.

Wells, J.C. *Jen Nia Mondo* (text and cassette). Middlesex: Group Five Esperanto in Radio and Television, 1975.

Wells, J.C. *The Esperanto Dictionary.* Sevenoaks: Hodder & Stoughton, 1969.

The following materials in Esperanto are also important for the serious researcher.

IV. Esperanto in Action: Language, History, and Culture

Auld, W. *Enkonduko en la Originalan Literaturon de Esperanto.* Saarbrucken: Artur E. Iltis, 1979.

———, ed. *Esperanta Antologio: Poemoj 1887-1981.* Rotterdam: World Esperanto Association, 1984.

Boulton, Marjorie. *Ne Nur Leteroj de Plumamikoj.* Stockholm: Sveda Esperanto-Federacio, 1984.

Gregor, D.B. "La Fontoj de Esperanto." *Scienca Revuo,* 9 (1958), 92-110; rpt. Purmerend: Muusses, n.d.

Holzhaus, Adolf. *Doktoro kaj Lingvo Esperanto.* Helsinki: Fondumo Esperanto, 1969.

Kalocsay, K. *Lingvo, Stilo, Formo.* 1931; rpt., with corrections, Oosaka: Pirato, 1970.

———, and G. Waringhien. Plena Analiza Gramatiko de Esperanto. 5th ed., rev. Rotterdam: World Esperanto Association, 1985.

———, and G. Waringhien. *Parnasa Gvidlibro.* 3rd ed., with additions by R. Bernard. Pisa: Edistudio, 1984.

Kokeny, L. and V. Bleier, eds. *Enciklopedio de Esperanto.* 2 vols. Budapest: Literatura Mondo, 1933-4; repr. Budapest: Hungara Esperanto-Asocio, 1980.

Kralj, Drago. *Kvar Prelegoj pri Esperanta Literaturo.* Ljubljana: Slovenia Esperanto-Ligo, 1960.

Lapenna, Ivo, et al. *Esperanto en Perspektivo.* London and Rotterdam: CRD and World Esperanto Association, 1974.

Melnikov, Aleksandr. "Specifeco de fonaj scioj de la personoj uzantaj Esperanton." *Acte Interlinguistica,* 11 (1984),97-160.

Privat, Edmond. *Historio de la Lingvo Esperanto: 1887-1927.* The Hague: Internacia Esperanto-Instituto, 1982.

————. *Vivo de Esperanto.* Orelia (Australia): Esperanto Publishing Company, 1977.

Waringhien, G., ed. *Plena Ilustrita Vortaro de Esperanto.* Paris: Sennacieca Asocio Tutmonda, 4th ed. with suppl. 1987.

————. *Lingvo kaj Vivo.* La Laguna: Stafeto, 1959.

————. *1887, kaj la Sekvo.* Antverpeno: Stafeto, 1980.

Wells, J. C. *Lingvistikaj Aspektoj de Esperanto.* Rotterdam: World Esperanto Association, 1980.

Zamenhof, L. L. *Fundamento de Esperanto.* 1905; 9th ed., with commentary by André Albault, Marmande: Esperantaj Francaj Eldonoj, 1963.

————. *Originala Verkaro.* J. Dietterle, ed. Leipzig: Ferdinand Hirt & Sohn, 1929, repr Den Haag: Internacia Esperanto-Instituto, 1984.

————. *Fundamenta Krestomatio.* 17th ed., Rickmansworth: Esperanto Publishing Co., 1954.

————. *Iam Kompletigota Plena Verkaro de L. L. Zamenhof.* Ito Kanzi, ed. Kyoto: Ludovikito, 1970-present. Sixteen volumes of a projected twenty-one have so far appeared in this series.

————. *Lingvaj Respondoj.* Ed. G. Waringhien. Marmande: Esperantaj Francaj Eldonoj 1962.

————. *Leteroj de L. L. Zamenhof.* G. Waringhien, ed. 2 vols. Paris: Sennacieca Asocio Tutmonda, 1948.

————. *Leteroj.* Adolf Holzhaus, ed. Helsinki: Fondumo Esperanto, 1975.

ESPERANTO-ENGLISH

This is a necessarily abridged vocabulary for use with the lessons and readings in this book. The serious student is urged to obtain one of the good Esperanto-English and English-Esperanto dictionaries currently available.

Abbreviations: **abb.** abbreviation, **accus.** accusative, **anat.** anatomy, **arch.** architecture, **arith.** arithmetic, **conj.** conjunction, **correl.** correlative, **den.** denoting, **elec.** electricity/electronics, **fin.** finance, **intr.** intransitive verb, **mech.** mechanics, **mil.** military, **mus.** music, **naut.** nautical, **phot.** photography, **pol.** politics, **pref.** prefix, **relig.** religion, **suff.** suffix, **tech.** technology, **tr.** transitive verb.

abak/o abacus
abat/o abbott
abdik/i abdicate, resign
abel/o bee, **~ujo** ~hive
abi/o fir (tree)
abism/o abyss, chasm
abol(ici)/i abolish
abomen/i abhor, loathe, **~ajo** abomination, **~inda** abominable
abon/i subscribe, **~o** subscription
abort/i miscarry, **~igi** abort
abrupt/a abrupt
absces/o abscess
absolut/a absolute, **~e** ~ly
absolv/i absolve, **~o** absolution
absorb/i absorb
abstin/i abstain
absurd/a absurd
abund/a abundant, **mal~a** in short supply, **~i** abound
acer/o maple
acid/a acid, sour, **~o** acid, **dolĉ~a** bittersweet
~aĉ/ (suff. den. disparagement; see p. 277), **~a** no good, "lousy"
aĉet/i buy, **~(aĵ)o** purchase, **el~i** redeem, ransom, **sub~i** bribe
~ad/ (suff. den. continuation; see p. 143) **~e** continually
adapt/i adapt (tr.)
adept/o adept
adiaŭ farewell
adici/i add (arith.)
adjektiv/o adjective
administr/i manage, administer
admir/i admire, **~ant(in)o** admirer, **~inda** admirable
admon/i admonish, scold, "tell off"
adopt/i adopt
ador/i adore, worship
adres/o address, **~aro** address list
adult/i commit adultery

adverb/o adverb
advokat/o lawyer
aer/o air, **~umi** air out, ventilate, **~vojo** ~way
aeroplan/o airplane
afabl/a kind, good-natured, **~eco** kindness
afer/o matter, thing, affair, business deal, **~isto** businessman
afiŝ/o poster, sign(board), notice
aflikt/i afflict, **~o** affliction
afrank/i prepay (letter or package), put on stamp(s)
Afrik/o Africa
ag/i, ~o act, **~ema** ~ive, **~ado** ~ivity, **re~i** re~
agend/o agenda, appointment book
agit/i agitate, stir up
agl/o eagle
agnosk/i acknowledge, formally recognize
agoni/o death throes, **~i** be near death
agord/i tune (tr.)
agrabl/a pleasant, agreeable
agraf/o hook, clasp
agres/o aggression, **~i** commit ~, **~(em)a** aggressive
aĝ/o age, **pli~a** older, elder, **plen~a** grown-up, **grand~a** elderly
aĥ! oh! ow! (dismay)
aj! ouch! (pain)
ajl/o garlic
ajn ~ever, ~at all (see p. 164)
~aĵ/ (suff. den. concrete thing; see p. 154), **~o** a thing
akademi/o academy
akapar/i monopolize, corner
akcel/i accelerate, speed (somebody or something) up, **~ilo** accelerator
akcent/o accent, stress
akcept/i accept, receive (guest, etc.)
akcident/o accident, **~i** have an ~
akcipitr/o hawk
akir/i acquire, get, **~ebla** obtainable

319

aklam/o, ~i acclaim
akn/o pimple, passing blemish
akomod/i accommodate (tr.)
akompan/i accompany, ~(aĵ)o ~iment
akord/o chord, accord
akr/a sharp, ~atona sharp-toned, shrill, ~igi sharpen
akr(e)/o acre
akrid/o locust
aks/o axle, axis
aksel/o armpit
aktiv/a active, ~o assets
aktor/o actor, ~i act
aktual/a current, present-day
akupunktur/o acupuncture
akurat/a punctual, on time
akustik/o acoustics
akuŝ/i labor (giving birth), ~istino midwife
akuz/i accuse, ~o accusation
akv/o water, ~umi water, irrigate, ~ero drop (of water), fal~o, ~falo waterfall
akvari/o aquarium
al to(wards), ~veni arrive, ~iĝi join, ~porti bring, fetch, ~doni add, ~meti attach, put onto, ~teriĝi land, ~trudi impose upon, force, ~proksimigi bring close together
alfabet/o alphabet
algebr/o algebra
ali/a (an)other, else, ~igi, ~iĝi change, alter, ~landano citizen of another country, alien
alk/o elk, moose
alkohol/o alcohol
almenaŭ at least
almoz/o alms, "handout," ~ulo beggar
alp/o alp, mountain pasture, ~ismo mountaineering
alt/a high, tall, ~eco height, ~statura lanky, of high stature, ~en into the heights
altern/i alternate, ~a alternating
alternativ/o alternative, option
alud/i allude, refer to, ~o allusion
alumet/o match (fire)
alumini/o aluminum
am/i, ~o love, ~ant(in)o ~r, mal~i hate, ~inda lovable, ~indumi woo, court, pac~a peaceloving
amar/a bitter
amas/o heap, pile, mass, hom~o crowd, ~igi pile up, ~fabriki mass produce
amator/o, ~a amateur
Amazon/o Amazon

ambasad/o embassy
ambasador/o ambassador
ambaŭ both
ambici/o ambition, ~a ambitious
Amerik/o America
amik/o friend, ~a ~ly, ~eco ~ship, mal~o enemy
amor/o sexual love, ~i make love
amortiz/i amortize, deaden, ~ilo shock absorber
ampleks/o extent, dimension, ~a extensive, ample
ampol/o bulb (elec.)
amput/i amputate
amuz/a amusing, funny, ~i amuse, ~(ad)o amusement, fun, ~iĝi have a good time
-an/ (suff. den. citizen, member; see p. 94), ~o citizen, member, ĉikag~o Chicagoan, uson~o U.S. citizen, krist~o, krist~a Christian
analfabet/a, ~o illiterate
analiz/i analyze, ~o analysis
analog/a analogous
ananas/o pineapple
anas/o duck
anemi/o anemia, ~a anemic
anemon/o anemone
angil/o eel
angl/o Englishman, ~a English, ~e in English, ~ujo/~io/~olando England, ~ismo anglicism
angor/o anguish, agony
angul/o corner, angle
anĝel/o angel, ~a ~ic
anim/o soul, grand~a magnanimous, unu~a unanimous, ~i animate, act as master of ceremonies
ankaŭ also, too, ankaŭ mi me too
ankoraŭ still, yet, ankoraŭ ne not yet, ~foje once more
ankr/o, ~i anchor
Ann/o, ~a Anne
anonc/i announce, advertise, give notice, ~isto announcer, ~eto want ad
anonim/a anonymous
ans/o handle
anser/o goose, ~vice single file
anstataŭ instead of, ~e instead, ~i take the place of, ~igi substitute, replace
antaŭ before, in front of, ~e formerly, in front, ~vidi foresee, ~parolo foreword, ~ĝoji look forward to, ~tagmeze a.m., mal~ behind, ~ ol before (conj), ~ tri tagoj 3 days ago

anten/o antenna
anticip/i anticipate, think or act ahead
antikv/a antique, ancient
Antverpen/o Antwerp
apaĉ/o apache, ruffian, "hood"
aparat/o apparatus, set
apart/a apart, separate, special, ~igi separate
apartament/o apartment
aparten/i belong
apati/o apathy, ~a apathetic
apel(aci)/i, ~o appeal (law, etc.)
apenaŭ just barely, hardly
apendic/o appendix, ~ito appendicitis
aper/i appear, be published, mal~i disappear, ~o appearance
apetit/o appetite, bonan ~on enjoy your meal
aplaŭd/i applaud, clap
aplik/i apply (tr.)
aplomb/o aplomb, self-assurance, "nerve"
apog/i lean, support, rest against (tr.), ~ilo support, prop
apostol/o apostle
apotek/o pharmacy, drugstore
aprec/i, aprez/i appreciate (as a connoisseur)
April/o April
aprob/i approve, ~o approval
apud by, beside, ~e nearby
-ar/ (suff. den. collection; see p. 132)
arab/o Arab, ~a ~ic, ~ian, ~e in Arabic, ~io/~ujo ~ia
arakid/o peanut
arane/o spider, ~ajo ~web
aranĝ/i arrange, ~o ~ment
arb/o tree, ~aro forest, woods, ~eto shrub, bush
arbust/o shrub, bush, ~aro shrubbery
ard/i glow with heat, ~a ardent, ~o heat, passion
are/o area
arest/i arrest
argan/o crane (mech.)
argil/o clay
arĝent/a, ~o silver
arĥiv/o = arkivo
arkaik/a archaic, obsolete
arkitekt/o architect
arkiv/o archives, records, files, ~ejo record office
arkt/a Arctic, ~o the Arctic
arleken/o jester, buffoon
arm/i arm (weapons), ~ilo weapon, sen~a

unarmed, sen~igi, sen~iĝi disarm
arme/o army, mar~o navy, flug~o air force
arogant/a arrogant
art/o art, ~a ~ificial, ~istic, ~efarita artificial
artifik/o subterfuge, trick(ery), ~a contrived, by trickery
artik/o joint (anat., tech.), el~igi dislocate
artikol/o article
artiŝok/o artichoke
as/o ace (cards, etc.)
asert/i assert
asfalt/o asphalt
asist/i assist (officially)
asoci/o association
aspekt/i appear, look, ~o aspect, appearance
aspir/i aspire (to), hope for
astm/o asthma
astr/o heavenly body, ~onaŭto astronaut, spaceman
atak/i, ~o attack, assault
atenc/i assault, violate
atend/i wait (for), expect, ~ejo waiting room
atent/i pay attention, ~igi draw attention to, point out, ~on! attention! look out!
atest/i attest, testify, bear witness, ~anto witness, ~o testimony, certificate
ating/i attain, reach
atlet/o athlete, ~a ~ic, ~ismo athletics
atm = antaŭtagmeze, a.m.
atmosfer/o atmosphere
atom/o atom, ~a ~ic, ~bombo atom bomb
atut/o, ~i trump (cards, etc.)
aŭ or, aŭ...aŭ... either...or...
aŭd/i hear, ~antaro audience, ~iĝi be heard, aŭd-vida audio-visual, dis~igi broadcast
aŭdac/i dare, ~a daring
Aŭgust/o August
aŭkci/o auction
aŭroro aurora, dawn
aŭskult/i listen, ~ilo earphone
aŭstr/o Austrian, ~ujo/io Austria
Aŭstrali/o Australia, ~ano Australian
aŭt(omobil)/o car, ~vojo freeway, expressway
aŭtobus/o bus, ~haltejo bus stop
aŭtomat/a automatic, ~igi automate
aŭtor/o author
aŭtoritat/o authority, ~a authoritative
aŭtun/o autumn

321

av/o grandfather, ~ino grandmother, pra~o great-grandfather
avantaĝ/o advantage
avar/a miserly, stingy, mal~a generous
aventur/o adventure
avenu/o avenue
avert/i warn, caution, ~o warning
aviad/o aviation, ~ilo aircraft
avid/a eager for, greedy, ~i covet
aviz/i notify, advise, ~o notification
azen/o donkey
Azi/o Asia, ~a ~n, ~tic, Mez~o Central Asia
azil/o asylum, sanctuary

ba! "nuts!"
babil/i chatter, "shoot the breeze"
babord/o port side (naut.)
bagatel/a trifling, insignificant
bak/i bake, ~aĵo ~ed goods, ~ejo ~ry
bal/o dance, ball
bala/i sweep, ~ilo broom
balanc/i rock, swing (see p. 214)
balast/o ballast
balbut/i stammer, stutter
baldaŭ soon
Baldearaj Insuloj Balearic Islands
baled/o ballet
balen/o whale
balkon/o balcony
balon/o balloon
ban/o bath, ~i ~e (tr.), ~ĉambro ~room, ~kostumo ~ing suit, ~urbo spa
banal/a trite, commonplace
banan/o banana
band/o band, gang
bandaĝ/o bandage
banderol/o wrapper (for mailing, etc.)
bangal/o bungalow
banĝ/o banjo
banjan/o banyan (tree)
bank/o bank, ~noto, ~bileto bank note, paper money
banked/o banquet, ~ĉambro ~ room
bankrot/i go broke, be bankrupt
bapt/i baptize, christen, ~opatro godfather
bar/i bar, obstruct, ~ilo fence, barrier, ~ilpordo gate
barak/o barrack, shanty, shack
barakt/i writhe, flounder, move convulsively
barb/o beard, ~isto barber
barbar/o barbarian, ~a ~ic
barbiro = barbisto

Barbr/o, ~a Barbara
barĉ/o borscht (soup)
barel/o barrel
baston/o stick, cane, baton, lam~o crutch
bat/i hit, beat, ~o a blow
batal/o, ~i battle
baz/o base, basis, ~i base (tr.)
bazar/o bazaar, fair, street market
beb/o baby
bedaŭr/i regret, be sorry about, ~inde unfortunately, regrettably
bek/o beak, bill
bel/a pretty, fine, good-looking, ~ega exquisite, gorgeous, ~sona pretty-sounding
belg/o, ~a Belgian, ~ujo/~io Belgium
bemol/o flat (mus.)
ben/i bless, ~o ~ing, mal~i curse
bend/o tape (recording, adhesive, etc.), strip, binding, ~i tape (tr.)
benk/o bench
benzin/o gasoline, ~ujo gas tank
ber/o berry
best/o animal, beast
bet/o beet
betul/o birch (tree)
bezon/i need, require
Bibli/o Bible
bibliotek/o library
bicikl/o bicycle
bien/o estate, farm, property, ranch, ~isto rancher, farmer
bier/o beer
bifstek/o (beef)steak
bikin/o bikini
bilard/o billiards
bild/o picture
bilet/o ticket, bill, note
bind/i bind (books)
binokl/o binoculars
bird/o bird
bis! encore! one more time!
bizar/a bizarre, odd, weird
blag/i kid, pull someone's leg, ~o sly joke
blank/a white, blank
blanket/o blank check, carte blanche
blasfem/i cuss, blaspheme
blek/i bleat, bellow, neigh, etc. (general word for animal cries)
blind/a blind, ~ulo sightless person, ~umi dazzle
blok/i block, ~o block, pad (paper)
blond/a blond, fair, ~ul(in)o a blond
blov/i blow, ~instrumento wind–

instrument
lu/a blue
o/ (pref. den. relation by marriage; see p. 193)
oa/o boa (snake)
oat/o boat
obel/o, ~i bubble
oben/o bobbin, spool, coil
oj/i bark
oks/i box, **~o** ~ing
ol/i boil (intr.), **~eti** simmer
Bolivi/o Bolivia
olŝevik/o, bolŝevist/o Bolshevik
omb/o, ~i bomb
ombon/o bonbon, piece of candy
on/a good, nice, **~e** well, OK, **~ega** excellent, **~ulo** nice guy, **~eco** goodness, **~volu, ~vole** please, **~venon** welcome, **~ŝancon** good luck, **~deziroj** good wishes, **pli~igi** improve, **mal~a** bad
or/i bore, drill
ord/o bank (of river), shore, edge
ors/o stock exchange
ot/o boot
otel/o bottle, **en~igi** to bottle
ov/o bovine animal: ox, cow, etc., **~ajo** beef, **~ido** calf
rajl/o Braille
rak/o arm, **~umi** embrace, **~seĝo** armchair
ranĉ/o branch, bough, **~eto** twig
rand/o brandy
rankard/o stretcher
rasik/o cabbage
rav/a gallant, worthy, **~e!** bravo!
razil/o Brazil
reĉ/o breach, gap
rems/o brakes, **~i** brake
ret/o shelf, **~aro** set of shelves, cabinet
rid/o, ~i bridle, restrain(t), check
rik/o, ~a brick, **~eto** bar (candy etc.)
ril/i shine (intr.), **~a** bright, brilliant, **ek~i** flash
rit/a British, **~ujo/io** Britain
rod/i embroider
rog/i scald
rokant/a secondhand, **~i** deal in ~ goods, **~isto** ~ dealer
ronz/o, ~a bronze
ros/o, ~i brush
roŝur/o paperback booklet, pamphlet, leaflet, **~(it)a** paperbacked
rov/o (eye)brow
ru/o noise, **~i** make a ~, **a** noisy

brul/i burn (intr.), **~ajo** fuel, **~ema** flammable
brun/a brown, **~hara** brunette, **~okula** ~eyed
brust/o chest, breast
brut/o head of cattle, **~aro** livestock
bub/o kid, brat, urchin; jack (cards)
buĉ/i butcher, slaughter, **~isto** butcher
bud/o booth, stall
budĝet/o, buĝet/o budget
buf/o toad
bufed/o buffet
buk/o, ~i buckle
buked/o bouquet
bukl/o, ~i curl (hair)
bul/o lump, clod, chunk
buldoz/o bulldozer
bulk/o roll (bread)
bulten/o bulletin
bulvard/o boulevard
bunkr/o bunker, shelter (mil.)
bunt/a multicolored
burd/o bumblebee
burĝ/a middleclass, **~o** middleclass citizen, **et~a** lower middleclass, **~aro** bourgeoisie
burĝon/o, ~i bud
bus/o bus
buŝ/o mouth, **~a** oral, **~umi** muzzle, **~tuko** napkin
buter/o butter, **~pano** bread and butter
butik/o boutique, shop, store, **~umi** go shopping
buton/o button, **~(um)i** button (tr.)

car/o czar
ced/i give way, yield, give up
cedr/o cedar
cel/o aim, goal, purpose, **~i** aim (gun, etc.), intend, **~ilo** (gun)sight
celebr/i celebrate
cend/o cent
cent hundred, **~milo** 100,000, **jar~o** century, centennial
centr/o center, **~a** central
central/o power station; telephone or telegraph exchange, "nerve center"
cenzur/i, ~o censor
cep/o onion
cerb/o brain, **~umi** puzzle over, rack one's brains
ceremoni/o ceremony
cert/a certain, **~e** ~ly, **~igi** make certain, certify, **~(a)grade** to a certain degree

323

cerv/o deer
ceter/a rest of, additional, remaining, ~e besides, moreover, what's more, ~o remainder
ci thou (see p. 302)
cibernetik/o cybernetics
cic/o nipple (human), ~**umo** nipple (artificial)
cidr/o cider
cifer/o numeral, digit, ~**plato** dial, **rond**~e in round numbers
cigan/o, ~a Gypsy
cigar/o cigar, ~**eto** ~illo
cigared/o cigarette
cign/o swan
cikatr/o scar
cikl/o cycle
cikoni/o stork
cilindr/o cylinder; roller (printing press, etc.)
cim/o bug; bedbug
cindr/o ash, cinder, ~**ujo** ashtray, ~**igi** incinerate
cinik/a cynical
cir/o, ~i wax, polish
cirk/o circus
cirkl/o circle
cirkonstanc/o circumstance
cirkul/i circulate (intr.), ~**ado** circulation; traffic
cirkumcid/i circumcise
cirkvit/o circuit (elec.)
cit/i cite, quote, ~**ajo** quotation
citron/o lemon
civil/a civilian, non-military
civiliz/i civilize, ~**(ad)o** civilization
civit/a civic, ~**o** incorporated town; city-::tate, ~**ano** citizen
col/o inch

ĉagren/i annoy, grieve (tr.), ~**o** annoyance, grief, disappointment
ĉam/o chamois (European mountain antelope)
ĉambr/o room, chamber, ~**aro** apartments
ĉampan/o champagne
ĉampion/o champion
ĉan/o trigger
ĉap/o cap
ĉapel/o hat
ĉapitr/o chapter (book, etc.)
ĉar because, since, for
ĉar/o cart, chariot, ~**eto** carriage (typewriter), ~**umo** wheelbarrow

ĉarlatan/o charlatan, quack, imposter
ĉarm/o, ~i charm, ~**a** charming
ĉarpent/i build from wood, ~**isto** carpenter
ĉas/i hunt, chase, ~**isto** hunter
ĉe at, with, ~**esti** be present, attend
ĉef/a chief, main, ~**o** "boss," ~**urbo** capit city, ~**ministro** prime minister
ĉeĥ(oslovaki)/a, ~o Czech(oslovakian)
ĉek/o check (bank)
ĉel/o cell
ĉemiz/o shirt
ĉen/o chain, ~**ero** link
ĉeriz/o cherry
ĉerk/o coffin
ĉerp/i draw (from a source—water, etc.), **el**~**ita** exhausted, used up; out of print
ĉes/i cease, stop (intr.)
ĉeval/o horse, ~**ejo** stable
ĉi (den. nearness; see p. 127) ~**kune** herewith, ~**momente** at this moment
ĉi/ (forms correl.; see p. 127)
ĉiel/o sky, heaven, ~**(glor)a** heavenly, ~**arko** rainbow
ĉif/i crumple (tr.), crease
ĉifon/o rag, scrap, ~**isto** ragpicker
ĉifr/o secret code, **en**~**i** encipher, **de**~**i** decipher
Ĉikag/o Chicago, ~**ano** ~an
ĉikan/i quibble about, carp at; haze
Ĉili/o Chile
ĉin/o, ~a Chinese, ~**ujo/~io** China
ĉirkaŭ around, about, ~**i** surround, ~**e** roundabout, ~**ajoj** surroundings, ~**preni** embrace, hug
ĉiz/i chisel, carve, ~**ilo** chisel, graving too
-ĉj/ (suff. used with names; see p. 168)
ĉokolad/o, ~a chocolate
ĉu whether; makes a question (see p. 174 **Ĉu ne?** Isn't that so?

da of (with expressions of quantity; see p. 123)
dafn/o daphne
daktil/o date (fruit)
dam/o dame (notable lady), queen (cards chess), king (checkers), ~**oj, ~ludo** checkers
damaĝi, ~o damage
damn/i damn, ~**e** damn!
dan/o Dane, ~**a** Danish, ~**ujo/~io/~lando** Denmark
danc/i, ~o dance, ~**ist(in)o**, ~r
dand/o dandy, fop, dude

324

anĝer/o danger, ~a ~ous
ank/i thank, ~on ~s, ~' al thanks to,
~(em)a thankful, ne~inde don't mention
it, you're welcome
dat/o date (time), ~i date (letter, etc.),
~reveno anniversary
aŭr/i endure, last, continue on (intr.), ~e
continuously, ~a lasting, ~igi continue
(tr.), ~igota to be continued, mallong~a
short-lived
e of, from, by (see p. 293), ~longe for a
long time now, ~post since, ~meti
put/take off, ~preni take away, deduct,
~nove (all over) again, ~veni originate,
come from
ec/a fitting, proper, ~e decently, properly,
~i be fitting
ecembr/o December
ecid/i decide, ~o decision, ~iĝi make up
one's mind, ~(ig)a decisive
ediĉ/i dedicate, devote
efend/i defend, (sin)~o defense
efi/o, ~i challenge
efinitiv/a definite, definitive, ~e
definitely, positively
egel/i thaw, melt (intr.), ~(iĝ)o thaw,
melting
ejor/i be on duty
ek ten, ~a, ~ono ~th, ~ope by tens
ekan/o dean (college, etc.)
eklam/i recite (poetry, etc.), declaim
eklar/i declare, state, ~o declaration,
statement
eklar(aci)/o declaration, proclamation
ekliv/o slope, hillside
ekor/i decorate
ekor(aci)/o decor, decoration
ekret/o, ~i decree
ekstr/a right(hand), ~en to the right,
mal~a left, ~ulo right-hander, ~ume
clockwise
eleg/i to delegate, ~ito a delegate
elegaci/o delegation
likat/a delicate, fine, dainty, mal~a
coarse, crude
lir/i be delirious, ~o delirium
mand/i ask (question), pri~i interrogate
misi/i resign (an office)
mokrat/o democrat, ~a ~ic
mokrati/o democracy
mon/o demon, ~a ~ic
monstr(aci)/i demonstrate, ~o
demonstration
ns/a dense, thick, concentrated

dent/o tooth, ~a dental, ~isto dentist,
~rado cogwheel, gear
departement/o department (gov't, etc.)
depend/i = de/pendi depend
deprim/i depress, ~o ~ion
depost = de/post (ever) since
des (see ju), des pli all the more
desegn/i draw, design, ~(aj)o drawing,
design
desert/o dessert
destin/i destine, ordain, earmark, ~o
(usually with la) fate, destiny
detal/o detail, ~e in detail, retail, (po)~isto
retailer
detektiv/o detective
determin/i determine, fix
detru/i destroy, ~(ad)o destruction
dev/o a duty, ~i have to, must, ~igi
compel, ~iga compulsory
deviz/o watchword, motto, slogan; foreign
exchange, draft on foreign bank
dezert/o desert
dezir/o, ~i desire, wish, want
Di/o God, ~a divine, ~servo worship
service
diabl/o devil, ~a ~ish, diabolical, ~e!
darn! the dickens!
diafilm/o film strip
diakon/o deacon
dialekt/o dialect
dialog/o dialog
diamant/o diamond
diboĉ/i live or act dissolutely, ~o loose
living, dissipation, debauchery, ~igi
corrupt
dies/o, ~a sharp (mus.)
diet/o diet, ~a ~ary
difekt/i spoil, damage, injure
diferenc/i differ, be different, ~o
difference, ~igi differentiate
difin/i define, ~o definition, ~ita definite
dig/o dike, embankment, ~i dam up, form
an embankment
dign/o dignity, ~a dignified
dik/a thick; corpulent; bold (type), ~eco
thickness, mal~a thin, ~fingro thumb
dikt/i dictate
diktator/o dictator
diktatur/o dictatorship
dilem/o dilemma
diletant/o dilettante, dabbler
diligent/a diligent, hardworking
diluv/o flood, deluge, antaŭ~a
antediluvian; very ancient

dimanĉ/o Sunday
diplom/o diploma, **~ito** a graduate, **~iĝi** graduate, **~ita** certificated
diplomat/o diplomat
dir/i say, tell, **antaŭ~i** foretell, **kontraŭ~i** contradict, **laŭ~e** allegedly, so-called, **oni~o** rumor
direkt/i direct, manage, steer, **~ilo** rudder, helm, handlebars, **~o** direction
direktor/o director, manager
dis/ (pref. den. dispersal or separation; see p. 179) **~igi** separate, divide
disciplin/o discipline
disĉipl/o disciple
disk/o disc, (phonograph) record, (telephone) dial, **~i** dial (on telephone)
diskut/i discuss, **~(ad)o** ~ion
dispon/i (pri) have at one's disposal, have available to use or dispose of, **~o** disposition, **~igi** make available
disput/i dispute, argue
distanc/o distance
disting/i distinguish, **~a** distinctive, **~o** renown, distinction
distr/i distract, divert, entertain, **~ita** distracted, absent-minded
distribu/i distribute
distrikt/o district
divan/o divan, couch
diven/i guess right, find out by guessing
divers/a varied, various
divid/i divide, separate; share
divizi/o division (mil.)
do so, then, therefore
dogan/o customs, duty (at border), **~ejo** ~house
dogm/o dogma
dok/o dock
doktor/o doctor (title)
dokument/o document
dolar/o dollar
dolĉ/a sweet; gentle, soft, tender, **~ajo** candy, **~ul(in)o** sweetheart, **~e!** take it easy!
dolor/o pain, **~i** be painful, hurt (intr.), **~igi** hurt (tr.); N.B. **La dorso doloras al mi,** or **La dorso doloras min,** My back is hurting me; but **Mi dolorigis la dorson,** I've hurt my back.
dom/o house, building, **~eto** cottage, **~ego** mansion
domaĝ/i begrudge or regret; wish to spare (some misfortune, expense, etc.), **~o** a pity, **~e** what a pity, that's too bad

don/i give, **el~i** publish, issue, **re~i** give back, return, **al~i** add, **dis~i** distribute, deal (cards), **sin~(em)a** devoted, selfless
donac/i give (present), **~o** gift, present, **~** as a gift, gratis
Donjuan/o, donjuan/o a Don Juan, woman-chaser
dorlot/i pamper, pet, coddle
dorm/i, ~o sleep, **~ema** ~y, **~igi** put to sleep, **en~iĝi** go to sleep, **~eti** nap
dorn/o thorn
dors/o back
dot/o dowry, **~i** endow
doz/o dose, **~i** measure out (medicine, etc.)
drak/o dragon
dram/o drama
drap/o (woolen) cloth
drapir/o drape(ry), cloth covering (window, bed, etc.), **~i** drape
drast/a drastic
draŝ/i thresh
drat/o wire, **pik~o** barbed wire
dres/i tame, train (animals)
drink/i drink (to excess), **~ajo** "booze," **~(em)ulo** a boozer, alcoholic
driv/i drift
drog/o drug
dron/i drown (intr.), **~igi** drown (tr.)
du two, **~a** second, **~ono** half, **~ope** by twos, **~obla, ~obligi** double
dub/i, ~o doubt, **~inda** ~ful, **sen~e** no doubt
duk/o duke
dum during, while, **~e** meanwhile, in the meantime
dung/i hire, employ, **mal~i** fire, **~ito** employee
duŝ/o shower, **~ejo** ~stall, **~ilo** ~head, **sin~i** take a shower

eben/a level, even, smooth, **~ajo** plain
ebl/a possible, **~(ec)o** possibility, **~i** be possible, **~e** maybe (also as suff.; see p. 154), **Kiel eble plej baldaŭ** As soon possible
ebri/a drunk, **~o** ~enness, **~ulo** a drunk, **~iĝi** get drunk
-ec/ (suff. den. a quality; see p. 186), **~o** quality
eĉ even
edelvejs/o edelweiss
eduk/i educate, bring up
edz/o husband, **~ino** wife, **~(in)iĝi** get

married, **eks~iĝi** get divorced, **ge~oj** married people, a couple
fekt/o effect, impression produced
fektiv/a actual, real, **~e** in fact, actually, **~igi** bring about, **~iĝi** come to pass, come true
fik/i have effect, be effective, **~o** effect
eg/ (suff. den. augmentation; see p. 104) **~e** extremely
gal/a, ~i equal, **~e** ~ly, all the same; it doesn't matter, **~eco** equality; a draw (tied score)
ĥ/o echo
ej/ (suff. den. place; see p. 82) **~o** place
k/ (pref. den. moment of beginning; see pp. 92, 211) **ek!** away we go, let's start! **~de** since, beginning as of
kip/i equip, **~(aĵ)o** ~ment
klezi/a ecclesiastic, **~o** church (institution, not building)
konomi/o economy
konomik/o economics, **~a** economical
kran/o screen
ks/ (pref. den. former, ex-; see p. 220) **~iĝi** resign, **~igi** fire, discharge
kscit/i excite, **~a** exciting, **~o** excitation, excitement
ksklud/i exclude
kskluziv/a exclusive
kskurs/o excursion, sightseeing trip, outing
ksped/i dispatch, ship, send off
kspedici/o expedition
ksperiment/o, ~i experiment, **~a** ~al
kspert/o expert, specialist
ksplod/i explode (intr.), **~o** explosion, **~motoro** internal combustion engine, **~ilo** explosive device, **~aĵo** explosive, **~igi** blow up (tr.)
kspluat/i exploit, utilize
kspon/i exhibit, demonstrate; expose (phot.)
ksport/i export
kspres/o express (train, messenger)
kstaz/o ecstasy, **~a** ecstatic
kster outside of, **~a** outer, external, **~(aĵ)o** exterior, **~e** outside, **~lando, ~lande** abroad, **~ordinara** extraordinary
stravaganc/a extravagant, high-flown
kstrem/a extreme
kvator/o equator
kvilibr/o equilibrium, balance
kvivalent/o, ~a equivalent
kz. abb. for **ekzemple**

ekzamen/i examine, **~o** examination, test
ekzekut/i execute (criminal)
ekzempl/o example, **~e** for example
ekzempler/o copy (of book, etc.)
ekzerc/i, ~o exercise, **sin ~i** practice
ekzist/i exist, **~o** ~ence
ekzotik/a exotic
el out of, from (also as pref.; see p. 253), **~iri** exit, go out, **~uzi** use up, wear out, **~paroli** pronounce, **~lerni** master (learn completely)
elast/a elastic
elegant/a elegant, **mal~a** coarse, crude
elekt/i choose, elect, pick out, **~o** choice, election
elektr/a electric, **~o** ~ity
elektron/o electron
elektronik/a electronic, **~o** ~s
element/o element, **~a** ~ary, ~al
elimin/i eliminate
elizi/i elide, **~o** elision
elokvent/a eloquent
-em/ (suff. den. inclination; see p. 197) **~i** have a tendency to
embaras/o embarrassment, perplexity, difficult situation, **~i** embarrass, put in a "difficult spot"
embusk/o, ~i ambush
emerit/a retired, **~o** retired person
emfaz/o emphasis, **~a** emphatic, **~i** emphasize
eminent/a eminent
emoci/o emotion, **~i** move, stir emotionally
en in, into, **~iri** enter, go in, **~landa** domestic, **~havi** contain, include, **~havo** contents, **~iĝi** get in, **~igi** insert, **~migri** immigrate
enciklopedi/o encyclopedia
-end/ (suff. den. compulsion; see p. 245) **far~aĵoj** things that need to be done
energi/o energy, **~a** energetic
enigm/o enigma, puzzle, riddle
enket/o inquiry, investigation, **~i** investigate
entrepren/i undertake, take it upon oneself to do, **~o** enterprise, **~ema** enterprising
entuziasm/o enthusiasm, **~a** enthusiastic
enu/i be bored, be tired (of something), **~iĝi** get bored, **~(ig)a** boring
envi/i, ~o envy, **~a** envious
episkop/o bishop, **~a** episcopal
epizod/o episode

327

epok/o epoch, era, age
epope/o epic poem, **~a** epic
-er/ (suff. den. single element; see p. 154)
~o item, particle, element **dis~igi**
disintegrate
erar/i err, make a mistake, **~o** error
erik/o heather, **~ejo** heath
ermit/o hermit
erotik/a erotic
escept/i except, exclude, **~o** exception, **~e**
de with the exception of
esenc/o essence, **~a** essential
eskal/o ladder, **~i** scale (walls, etc.)
eskalator/o escalator
eskap/i, ~o escape
eskort/i, ~o escort
esper/i, ~o hope, **~anto** Esperanto, **~eble**
~fully, **mal~i** despair
esplor/i explore, investigate, research,
~(ad)o exploration, etc.
esprim/i express, **~o** ~ion
est/as am, is, are, **~i** to be, **kio ~as?** what's
wrong?, **~onta, ~ont(ec)o** future, **for~o**
absence
establ/i establish, **~o** ~ment
estim/i esteem, think well of, **~ata Sinjoro**
Dear Sir, **mal~i** despise, **mal~o** contempt
esting/i extinguish, put out (light, fire,
etc.)
-estr/ (suff. den. chief person; see p. 212)
~o leader, chief, "boss," **~i** head up, **~aro**
board of directors
estrad/o platform, stage
eŝafod/o scaffold (for executions)
-et/ (suff. den. diminution; see p. 104) **~a**
tiny
etaĝ/o story, floor, **tri~a** 3-storied, **ter~o**
ground floor
etap/o stage in a process or trip
etend/i extend, stretch out (tr.)
etern/a eternal, **~(ec)o** ~ity, **La Eternulo**
The Lord
etik/o ethic(s), **~a** ethical
etiked/o label
etiket/o etiquette
etos/o atmosphere, mood (of a place, etc.)
Eŭrop/o Europe, **~a** ~an
evaku/i evacuate (tr.)
evangeli/o gospel, **~a** evangelical
event/o event
eventual/o eventuality, contingency, **~e** if
the occasion arises, "if and when," **~a**
contingent, possible under certain
circumstances, "if any"

evident/a obvious, evident
evit/i avoid, evade
evolu/i evolve, develop (intr.), **~(ad)o**
evolution, **~lando** developing nation

fab/o bean
fabel/o story, (fairy)tale
fabrik/o factory, **~i** manufacture, fabrica■
facil/a easy, **~igi** facilitate, **~anima**
impulsive, flighty
faden/o thread
fajf/i whistle
fag/o beech
fajr/o fire, **~ero** spark, **~ilo** lighter, **~ajo**
~works, **~ujo** ~box, **donu al mi ~on** gi■
me a light
fak/o compartment, pigeonhole,
department, speciality, **~ulo** specialist,
expert, **~aro** files (cabinet, etc.)
fakt/o fact, **~a** ~ual, **~e** in fact
faktur/o, ~i invoice
fakultat/o faculty (university, etc.)
fal/i fall (down), drop (intr.), **~igi** drop
(tr.), **~eti** stumble
falĉ/i mow, cut (hay, etc.), **~ilo** scythe
fals/a false, **~igi** falsify, **~ajo** counterfeit
fam/o fame, repute; hearsay, **~a** famous,
bon~a of good repute
famili/o family
fanatik/a fanatical
fand/i melt (tr.)
fanfar/o fanfare, flourish
fanfaron/i brag
fantazi/o fantasy, **~a** fantastic, of fantas■
fantom/o ghost, phantom, **~i** haunt
far/i make, do, **~o** deed, **~iĝi**
be(come)(made); (for **far, far', fare de**
see p. 293)
farb/i, ~o paint (house, etc.)
farĉ/i stuff (cooking), **~o** ~ing
farm/i, ~o farm, **~igi** farm out, **~isto**
farmer (properly refers to working land
for another)
fart/i fare, **kiel vi ~as?** how are you?
bon~o well-being
farun/o flour, meal, **~ajo** pastry; bakery
item (any food made from flour)
fasad/o facade, "front"
fascin/i fascinate, **~a** fascinating
fask/o bundle, sheaf
fatal/o (ill) fate, **~a** ill-fated
faŭk/o jaws, maw, **~i** gape, yawn
favor/o, ~i favor, **~a** ~able, advantageou■
~ata ~ite

az/o phase
fe(in)/o, ~a fairy
febr/o fever, ~a ~ish, ~i have a fever
februar/o February
federaci/o federation
federal/a federal
fek/i defecate, ~(aĵ)o excrement, dung
fekund/a fertile
fel/o fur, hide, skin (animal)
feliĉ/a happy, ~(ec)o ~ness
femur/o thigh
fend/i split (tr.), ~(aĵ)o crack, crevice
fenestr/o window, ~umo shutter
fenomen/o phenomenon, ~a phenomenal
fer/o, ~a iron, ~vojo railway
ferdek/o deck (ship, etc.)
feri/o holiday, la ~oj vacation
ferm/i close (tr.), ~iĝi close (intr.), mal~i open
ferment/i ferment, ~ilo yeast, leaven, ~aĵo "starter" dough
feroc/a fierce
fervor/o zeal, fervor, ~a zealous, ~i be zealous
fest/i celebrate, ~o celebration, party
festen/o banquet, feast
feŭd/o fief, ~a feudal, ~ulo vassal
fi! shame! ~rakonto dirty story, ~fama of ill repute (see p. 277)
fianĉ(in)/o fiancé(e)
fiask/o fiasco, failure, ~i fail
fibol/o safety pin
fibr/o fiber
fid/o faith, trust, ~i (je) have faith (in), rely on, ~inda trustworthy, reliable, mem~a confident, self-assured
fidel/a faithful
fier/a proud, ~o pride, ~i (pri) be proud (of)
figur/o figure; representation, image, diagram, ~i represent, depict, ~a figurative, ~anto extra (performer in a play, etc.)
fikci/o fiction, ~a ~al, fictitious
fiks/i make fast, attach, determine, fix (incl. phot.), ~a fixed
fil/o son, ~ino daughter
filatel(i)/o philately (stamp-collecting)
fili/o branch, affiliate, ~igi, iĝi affiliate
filik/o fern
film/o film
filozof/o philosopher, ~i philosophize, ~io philosophy
filtr/i, ~ilo filter

fin/i finish, end (tr.), ~o end, ~aĵo ending, ~a final, ~e finally, at last, fin~fine at long last, ~iĝi end up, come to the end, ~stacio end-of-the-line
financ/o, ~i finance, ~a financial
fingr/o finger, dik~o thumb, pied~o toe, ~ingo thimble, ~umi finger, handle
finn/o Finn, ~a ~ish, ~ujo/~io/~lando Finland
firm/a firm, stable, ~(aĵ)o a firm (commercial business)
fiŝ/o, ~i fish, ~kapti go ~ing
fizik/o physics, ~a physical
fizionomi/o physiognomy (face)
fjord/o fjord, inlet
flag/o flag, banner
flagr/i flare (up), ek~i burst into flames, ~eti flicker
flam/o, ~i flame, ~kapa hot-headed
flan/o any flat, thin pastry (pancake, etc.)
flanel/o, ~a flannel
flank/o side, ~a side, incidental, ~en to the side, ~e(n) de alongside, de~iĝi go astray, get off the track, ~okupo sideline, unu~a unilateral
flar/i smell (with nose)
flat/i flatter, ~(ad)o ~y
flav/a, ~o yellow
fleg/i nurse, tend to, ~ist(in)o nurse
flegm/o phlegm; indifference, ~a passive, stolid, indifferent
fleks/i bend (tr.), ~ebla flexible
flik/i patch (up), mend, ~aĵo patch
flirt/i flutter, flit; flirt
flor/o, ~i flower, bloom, ek~i come into bloom
flos/o raft, ~i float
flu/i flow, ~o current, stream, ~a fluent, ~aĵo fluid, ~linia streamlined, super~a overflowing; superfluous
flug/i fly, ~o flight, ~ilo wing, ~haveno airport, ~maŝino aircraft, ~folio flier (leaflet)
fluid/a, ~(aĵ)o liquid
flus/o, ~a flood (tide), mal~a, mal~o ebb
flustr/i, ~o whisper
foir/o fair (market)
foj/o time, occasion, ~a occasional, ~e on occasion, once, sometimes, unu~e on one occasion, one time, unua~e for the first time, kelk~e several times
fojn/o hay, ~amaso ~stack
fok/o seal (animal)
fokus/o focus

foli/o leaf, sheet (paper), **~aro** foliage, **~umi** leaf through
folklor/o folklore
fon/o background
fond/i found, establish, **~ajo** foundation
fondus/o fund
fonetik/a phonetic, **~o ~s**
fonograf/o cylinder phonograph
font/o source, spring, **~i** spring, well up, **~oplumo** fountain pen
fontan/o fountain
for away, **~a** distant, **~igi** remove, get rid of, **~iri** go away, **~preni** take away, **~lasi** leave, abandon, **~manĝi** eat up, **~esti** be absent, **~permeso** furlough, leave
forges/i forget
fork/o fork
form/o, ~i form, shape, **re~i** reform, **ali~igi, trans~i** transform, **unu~a** uniform
formal/a formal
formik/o ant, **~i** feel "pins and needles"
formul/o formula, **~i** formulate, **~aro** blank, form (to be filled in)
forn/o stove, oven, furnace, kiln
fort/a strong, **~(ec)o** strength, force, **(pli)~igi** fortify, **super~i** prevail over, **per~i** violate, **per~o** violence, **~ostreĉo** exertion
fortik/a sturdy, robust, **~ajo** fortification
Fortun/o Fortune
forum/o forum
fos/i dig, **~ajo** pit, hole, ditch, etc., **~ilo** spade, **sub~i** undermine, subvert, **sub~a** subversive
fosfor/o phosphorus
fosforesk/a phosphorescent, **~i** glow in the dark
fost/o post, stake, stanchion (any such vertical support)
fot(ograf)/i photograph, **~isto** ~er, **fot(ografaj)o** photo
frag/o strawberry
fragment/o fragment, **~a** ~ary
frak/o evening dress, "tails"
frakas/i shatter, smash
frakci/o fraction
fraksen/o ash (tree)
framason/o (free)mason, **~a** masonic
framb/o raspberry
franc/o Frenchman, **~a** French, **~ujo/~io** France
frand/i relish, eat (some delicacy) for pleasure, **~ajo** tidbit, delicacy

franĝ/o fringe
frap/i hit, knock, **~eti** tap
frat/o brother, **~ino** sister
fraŭd/i defraud, swindle
fraŭl/o bachelor, **~ino** unmarried woman, Miss
fraz/o sentence
frekvent/i frequent, visit regularly
fremd/a foreign, strange, **~ulo** foreigner, stranger
frenez/a crazy, insane, **~i** rave, act crazy, **~iĝi** go crazy, **~ulo** lunatic, **~ulejo** insane asylum
freŝ/a fresh, recent, **mal~a** stale, **re~igi** refresh
frid/a frigid, cold, **~igi** refrigerate, **~ujo** refrigerator
fripon/o crook, cheat(er), **~i** do something crooked, cheat (intr.), **pri~i** cheat (tr.)
frit/i fry (tr.)
frivol/a frivolous, **~o** frivolity
friz/i curl, "do" (hair), **~o** hair-do, **~isto** hairdresser
fromaĝ/o cheese
front/o (battle)front, frontage, **(al)~i** face
frost/o, ~a freezing cold, **~igi** freeze, **~igilo** freezer, **~ovundo** frostbite
frot/i rub, **~(ad)o** friction
fru/a early, **mal~a** late, **mal~i** be late, **pl mal~e** later (on)
frukt/o fruit, **~i** bear fruit, **~odona, ~oporta** fruitful
frunt/o forehead
frustr/i frustrate
fuĝ/i flee, run away
fulg/o soot
fulm/o lightning
fum/o, ~i smoke, **~tubo ~**stack, **ne fumi** no smoking
fund/o bottom, foundation, **ĝis~a** thoroughgoing
fundament/a fundamental, **~o** foundation
funebr/i mourn, **~a** ~ful, **~o** ~ing, **~ajoj** funeral services
funel/o, ~i funnel
fung/o mushroom, fungus
funkci/i function, "work," **~o** function, **~ulo** functionary, **mal~(iĝ)i** be/go on the blink, malfunction
funt/o pound
furioz/a furious
furor/o hit, craze, an "in thing," **~i** be a hit, be "in," **~libro** bestseller
furz/i, ~o fart

330

usil/o rifle
uŝ/i bungle, botch, "screw up"
ut/o foot (12 inches)
utbal/o soccer, **usona ~o** football

abardin/o gabardine
ael/a Gaelic
aj/a cheerful, merry, **mal~a** sad, dreary
ajn/i gain, earn, win
al/o gall, bile
aleri/o gallery
aljon/o galloon, gold braid; stripe (uniform)
alop/i, ~o gallop
aloŝ/o galosh, overshoe
am/o gamut, scale, key (music)
amb/o whole leg (see p. 278)
angster/o gangster, hoodlum
ant/o glove, mitten
ap/i gape, gawk, look about stupidly
araĝ/o garage, **~i** put away (car), dock (boat)
aranti/o, ~i guarantee, warrant, **~ajo** pledge (pawn), security (loan), **~ulo** hostage
ard/i guard, watch over, **sin~i** take care, **sin~ema** cautious, careful, **~u vin!** look out! (mil.: "Atten-*tion!"*)
argar/i gargle; rinse (dishes, etc.)
arn/i garnish, trim, fit out
arnizon/o garrison
ast/o guest, **~i** be a guest, receive hospitality, stay with, **~igi** entertain, put (somebody) up, **~iganto** host, **~ama** hospitable, **~ameco** hospitality, **~ejo** inn, hostel
azet/o gazette, periodical, (small) magazine, **~aro** press
azon/o lawn
e/ (pref. den. both sexes; see p. 167)
encian/o gentian
ener/i generate, beget, **~a** genital
eneraci/o generation
eneral/o general (mil.)
eni/o genius, **~a** ingenious, **~ulo** genius
ent/o clan, race, ethnic group
enu/o knee, **~(iĝ)i** kneel
eograf/o geographer
eografi/o geography
eolog/o geologist
eologi/o geology
erman/o, ~a German, **~ujo/~io** ~y
est/o, ~i gesture, **~lingvo** sign language
ĉet/o window (ticket-seller's, bank, etc.)

gigant/o giant, **~a** gigantic
gimnazi/o secondary school (see p. 258)
gingiv/o gum (mouth)
gips/o gypsum, plaster of Paris
girland/o garland, wreath
gist/o yeast
gitar/o guitar
glaci/o ice, **~a** icy, **~ajo** ~cream, **~monto** ~berg, **~ejo** glacier
glad/i iron (clothes), **~ilo** iron, **~otabulo** ~ing board
glas/o glass (also plastic, metal, etc., for drinking)
glat/a smooth, **~igi** (make) smooth, **~umi** pet, rub soothingly, stroke
glav/o sword, **~ingo** scabbard
glazur/o, ~i glaze (pottery)
glis/i glide (through air), **~ilo** glider, sailplane, **pend~ilo** hang-glider
glit/i slide, slip, **~kuri, ~(kur)ilo** skate, **~(iĝ)a** slippery, **~pilko** hockey
glob/o globe; ball (billiard, bowling, etc.); ball-bearing; **~eto** marble; corpuscle, **~krajon/o** ballpoint pen, **~lud(ad)o** bowling, **~trotulo** globe-trotter, **ter~o** the globe (earth)
glor/o glory, **~a** glorious, **~i** glorify (tr.), **~kanto** paean
glos/o a gloss, **~aro** glossary
glu/i glue, stick (tr.), **~(aj)o** glue, **~marko** sticker
glut/i swallow, **en~i** swallow up, engulf, **~egi** gulp down
golf/o gulf, bay; golf
gorĝ/o throat
goril/o gorilla
grac/o grace (of God)
graci/a graceful, **~(ec)o** grace(fulness), **mal~a** awkward
grad/o degree, grade, (laŭ)**~a** gradual
graf/o count, **~lando** ~y (in Europe)
grafik/o graphic arts, **~a** graphic, **~ajo** graph
grajn/o grain
grak/i caw, croak
gram/o gram (weight)
gramatik/o grammar
gramofon/o phonograph, record-player
grand/a big, great, **~ega** huge, **mal~a** small, **~(ec)o** size, **po~e** wholesale, **~anima** magnanimous, **pli~igi** enlarge
gras/o grease, fat, **~a** greasy, fatty, **~i** grease
grat/i scratch

331

gratul/i congratulate, ~o congratulation
grav/a important, serious, ne ~as it
    doesn't matter
graved/a pregnant, ~iĝi conceive
gravit/o gravity
gravur/i engrave, ~(aĵ)o engraving
greg/o flock, herd
grek/o, ~a Greek, ~ujo/~io Greece
gren/o grain (of wheat, etc.)
grenad/o grenade
gril/o cricket (insect)
grimac/o, ~i grimace
grimp/i climb
grinc/i grind, gnash (teeth), grate, creak
grip/o flu, influenza
griz/o, ~a gray
groŝ/o groschen (small coin)
grot/o grotto, cave
grotesk/a grotesque
gru/o crane (bird, machine)
grumbl/i grumble, growl
grund/o ground, soil
grup/o group
gruz/o gravel, grit
guberni/o province (E. Europe)
gudr/o, ~i tar
gulaŝ/o goulash, stew
gulden/o guilder (Dutch money)
gum/i erase, ~o ~r, gum, maĉ~o chewing
    gum
gurd/o hurdy-gurdy, barrel organ, ~isto
    organ grinder, ~ita hackneyed, "corny"
gust/o taste, ~i taste (intr.), ~igi season,
    flavor, ~umi taste (food, etc.), bon~o
    good taste, bon~a tasty, sen~a tasteless,
    ~umo (sense of) taste (see p.228)
gut/o drip, drop, ~i drip, ~eto droplet
guvern/i teach privately, coach, ~isto
    tutor, ~istino governess
gvardi/o guard (elite mil. corps, not
    sentry)
gvat/i spy on, keep an eye on, ~sekvi
    shadow, "tail"
gvid/i guide, lead, show the way, ~ilo
    guide-book, ~isto guide

ĝangal/o jungle
ĝarden/o garden
ĝem/i groan, moan
ĝemel/o, ~a twin
ĝen/i bother, trouble, disturb, sen~a free
    and easy, without ceremony, sin~a shy,
    self-conscious
ĝendarm/o gendarme, patrolman

ĝeneral/a general
ĝenr/o genre
ĝentil/a polite, courteous, well brought u̇
ĝerm/o germ (beginning of growth), ~i
    ~inate
ĝi it, ~a ~s
ĝib/o hump, ~(hav)a hunch-backed, ~ulo
    hunchback
ĝin/o gin (drink)
ĝir/i endorse (check, etc.), ~o ~ment,
    ~anto ~r, ~ato ~e
ĝis until, ĝis la revido so long, goodbye,
    ĝis morgaŭ until tomorrow, by tomorrow
    ĝis! So long!
ĝoj/i be glad, ~(ec)o gladness, joy, ~a
    glad, mal~a sad, mal~o sorrow, sadness
    ~igi make (someone) glad
ĝu/i enjoy, delight in
ĝust/a right, exact, ~e just, exactly,
    (al)~igi put right, adjust, mal~a wrong,
    ~atempe at the right time

ha! ah! Ha lo? Hello? (telephone)
Hag/o The Hague
hajl/o hail, ~ero ~stone
hak/i chop, hack, ~ilo axe, ~eti mince,
    dice, chop (food), ~viando hamburger
    meat
hal/o hall (great room)
haladz/o fume(s), gassy odor, ~a fumy,
    gassy, ~i fume, give off a noxious odor
halt/i come to a halt, ~o stop, bus~ejo
    busstop, ~igi stop (tr.)
hant/i haunt
har/o a hair, ~oj, ~aro hair
hard/i harden, temper
harem/o harem
harmoni/o harmony, ~a harmonious, ~i
    harmonize
harp/o harp
haŝiŝ/o hashish, marijuana
haŭt/i skin, sen~igi skin
hav/i have, mal~i lack, ~igi procure, get,
    ~ebla available, en~o contents,
    nemal~ebla indispensable
haven/o harbor, port
hazard/o chance, "luck of the draw," ~e
    by chance, ~a random, chance
he! hey!
hebre/o, ~a Hebrew, Jew(ish)
heder/o ivy
heĝ/o hedge
hejm/o home, ~e at home, ~eca ~y
hejt/i heat; stoke, ~ilo heater, ~aĵo fuel

l/a bright, clear, light(colored), **mal~a**
ark
lebor/o hellebore
lic/o helix, propeller
lik/o snail
lp/i help, ~o aid, **unua** ~o first aid, ~a
uxiliary, ~ema ~ful, **mal~i** hinder
misfer/o hemisphere
n/i whinny
pat/o liver
rb/o grass, ~ejo ~y place, meadow
red/i inherit, ~ajo ~ance, ~igi bequeath,
ave
rez/o heresy, ~a heretical, ~ulo heretic
ro/o hero, ~a ~ic, ~ino ~ine
roin/o heroin
rold/o, ~i herald
rpet/o herpes
zit/i hesitate, ~o hesitation
erau̯ yesterday, **antau̯~** day-before-
esterday, ~a of yesterday
gien/o hygiene, ~a hygienic
mn/o hymn, anthem
nd/o, ~a Indian (Asia), ~ujo/~io India
ndu/o, ~a Hindu
pnot/o hypnotic trance, ~igi hypnotize,
isto hypnotist
pokrit/i dissemble, ~a hypocritical, ~ulo
ypocrite
potez/o hypothesis, ~a hypothetical, ~i
ypothesize
rt/i bristle (hair, etc.), ~a bristling,
ntidy, standing on end, ~igi tousle
rund/o swallow (bird)
s/i hoist, run up (flag, etc.), ~ilo halyard
span/o Spaniard, ~a Spanish,
ujo/~io/~lando Spain
steri/o hysteria, ~a hysterical
stori/o history, story
nm! hmm!
! oh!
bi/o hobby
boj/o oboe
diau̯ today, ~a present-day, **la ~a tempo**
owadays
j! ahoy!
k/o, ~a hook
ke/o hockey
la! hey, there! hold on!
land/o Holland, ~ano ~er, Dutchman,
a Dutch
m/o human being, "man," ~aro
ankind, humanity, ~amaso crowd
nest/a honest

honor/i, ~o honor
hont/i be ashamed, ~o shame, ~a
ashamed, ~igi put to shame, ~inda
shameful, ~e al… shame on…
hor/o hour, time (of day), ~aro time-table,
schedule (bus, etc.)
horde/o barley
horizont/o horizon
horizontal/a horizontal
horloĝ/o clock, watch, **brak~** wrist-watch
horor/o horror, ~i be horrified
hospital/o hospital
hotel/o hotel
hu! boo!
huf/o hoof, ~fero horseshoe
human/a humane, ~isto humanist
humid/a humid, moist, damp
humil/a humble, ~eco humility
humor/o humor (mood, temper)
humur/o humor (wit), ~a ~ous
hund/o dog, ~a canine
hungar/o, ~a Hungarian, ~ujo/~io/-lando
Hungary
hura! hurrah! ~i, ~o cheer
hurl/i, ~o howl

ĥaos/o chaos, ~a chaotic
ĥemi/o chemistry, ~isto chemist (preferred
form: **kemio,** etc.)
ĥimer/o chimera, ~a chimerical
ĥin/o, ~a Chinese (preferred form: **ĉino,**
etc.)
ĥirurg/o surgeon, ~a surgical, ~io surgery
(the science)
ĥoler/o cholera
ĥor/o choir, chorus, ~ejo choir loft

i- (forms correl.; see p. 127)
-id/ (suff. den. offspring; see p. 212), ~aro
descendants
ide/o idea
ideal/o, ~a ideal, ~isto idealist
ident/o identity, ~a identical, ~igi identify
ideografi/o picture writing
ideologi/o ideology
idiom/o tongue, language
idiot/o idiot, ~a ~ic, ~eco idiocy
idiotism/o idiom
idol/o idol, ~ano ~ator
-ig/ (suff. den. cause; see pp. 103, 201), ~i
cause (to be), make
ignor/i ignore
-iĝ/ (suff. den. becoming; see pp. 117,
208), ~i become, "get"

333

iks/o the letter X, **~radioj** X-rays
-il/ (suff. den. instrument; see p. 117), **~o** tool
ileks/o holly
ili they, **~a** their
ilumin/i illuminate, enlighten
ilustr/i illustrate, **~ajo** illustration
iluzi/o illusion, **~a** misleading, **~i** delude, **~isto** magician, **sen~igi** set (someone) straight, **sen~iĝi** become disillusioned
imag/i imagine, **~o** imagination
imit/i imitate, **~(ad)o**, **~ajo** imitation
imperi/o empire, **~estro** emperor, **~ismo** imperialism, **~isto** imperialist
imperialism/o imperialism
impertinent/a impertinent, **~eco** impertinence, **~ulo** boor
impet/o rapid or strong forward movement, **~i** move forward with great energy
implic/i imply
implik/i implicate, entangle
impon/i impress forcibly, strike, **~a** imposing
impost/o, **~i** tax, **~isto** tax collector, revenue agent, **~ebla** subject to tax
impres/o impression, **~i** make an impression on, **~ebla**, **~iĝema** ~able
impuls/o impulse, impetus, **~i** impel
imun/a immune
-in/ (suff. den. feminine; see p. 82), **~o**, **~a** female
inaŭgur(aci)/i inaugurate, **~o** inauguration, **~a** inaugural
incendi/o conflagration, fire, **~a** incendiary
incens/o incense
incit/i incite, provoke, excite, **~eti** tease
-ind/ (suff. den. worth; see p. 154), **~a** worthy
indeks/o, **~i** index (by alphabet)
indian/o, **~a** (American) Indian
indiferent/a indifferent; immaterial
indign/i be indignant
indiĝen/o, **~a** native
indik/i indicate, **~o** indication
individu/o, **~a** individual
indulg/i indulge, be lenient with, spare
industri/o industry, **~a** industrial, **~isto** industrialist
inert/a inert
infan/o child, **~(ec)a** ~ish
infanteri/o infantry
infekt/i infect, **~o** ~ion, **sen~igi** dis~
infer/o hell, **~a** infernal

infest/i infest, **~o** ~ation
inflaci/o inflation (fin.)
influ/o, **~i** influence
inform/i inform, make known, **~(aj)o** information, **~iĝi** find out, be advised, **~ado** publicity
-ing/ (suff. den. holder or socket), **glav~**◖ scabbard, **kandel~o** candlestick, **fingr~**◖ thimble, **~o** socket, holder
ingven/o groin
inĝenier/o engineer
iniciat/i initiate (a thing), start
injekt/i inject, **~ilo** (hypodermic) syring◖
ink/o ink, **~ujo** well
inkandesk/a incandescent
inklin/o inclination, disposal (toward), **~**◖ be inclined (toward something)
inkluziv/i include, **~a** inclusive, **~e** inclusively, **~e** (+ accus.), **~e de** includi◖
inkub/o incubus; nightmare, **~a** nightmarish
insekt/o insect
insid/a insidious, **~o** snare, **~i** set a snare◖ or trap (for)
insign/o badge; coat-of-arms
insist/i insist
inspekt/i inspect, **~(ad)o** ~ion, **~isto** ~or◖
inspektor/o = inspektisto
inspir/i inspire, **~a** inspiring, **~(aj)o** inspiration
instanc/o court, competent official authority
instig/i urge, spur on, impel, encourage ◖
instinkt/o instinct
instituci/o institution
institut/o institute
instru/i instruct, teach, **~isto** teacher
instrukci/o instructions, directions
instrument/o instrument
insul/o island, **duon~o** peninsula, **~aro** archipelago
insult/i "cuss out," insult, **~o** verbal abus◖
integr/a integral
intelekt/o intellect, **~a**, **~ulo** ~ual
inteligent/a intelligent, **~o** intelligence
intenc/i intend, **~o** intention, **~a** intentional, **~e** on purpose
intendant/o superintendent, steward, **~i**◖ matron
intens/a intense, intensive
inter between, among, **~nacia** international, **~ŝanĝi** exchange, **~rompi**◖ interrupt, **~paroli** converse, **~kompren**◖ mutual understanding, **~veni** intervene

334

teres/i, ~o interest, -a ~ing, ~iĝi take an interest (in); see p. 287

termit/a intermittent, ~i occur intermittently, go on and off

tern/a internal, inner, ~o inside, interior

terpret/i interpret, ~o ~ation, ~isto ~or

terpunkci/o punctuation, ~i punctuate

terval/o interval

tervju/i, ~o interview

test/o intestine

tim/a intimate, close

tr.ig/i intrigue, ~o plot

und/i, ~o flood

vad/i invade, ~o invasion

valid/o disabled person, ~a disabled

vent/i invent, ~ajo ~ion, ~isto ~or

ventar/o inventory

vers/a the other way around, reversed, ~e vice-versa

vit/i invite, ~o invitation

silon/o the letter Y

/i go, **al~i** approach, **antaŭen~i** go forward, **ĉirkaŭ~i** go around, circumvent, **ek~i** start out, **el~i** go out, exit, **El~o** Exodus, **en~i** enter, go in, **for~i** leave, go away, **re~i** go back, return, **sub~i** go down, set (sun), **supren~i** go up, ascend, **trans~i** cross, **el~ejo** exit, way out, **pied~i** go on foot, **pied~anto** pedestrian

ran/o Iran, ~a, ~ano ~ian

rland/o Ireland, ~a Irish, ~ano Irishman

roni/o irony, ~a ironic

slam/o Islam, ~a ~ic

sland/o Iceland, ~a ~ic

ism/ (suff. den. an ism; see p. 208)

ist/ (suff. den. occupation; see p. 82)

tal/o, ~a Italian, ~ujo/~io Italy

zol/i isolate, seclude, insulate, ~a isolated, secluded, ~ilo insulator

zrael/o Israel, ~a, ~ano ~i

a indeed; emphatic particle

ad/o, ~a jade

aguar/o jaguar

aĥt/o yacht

ak/o jacket

akt/o = **jaĥto**

am already, **jam ne** no longer, **jam nun** right now

anuar/o January

apan/o, ~a Japanese, ~ujo/~io/~lando Japan

ar/o year, (ĉiu)~a annual, ~cento century, ~deko decade, **super~o** leap year

jard/o yard (3 feet)

Jav/o Java

jaz/o jazz

je at, on, by, etc. (see p.152)

Jehov/o Jehovah

jen behold (calls attention to; see p. 117)

jen/o yen (Japanese money)

jes yes, ~i assent, say yes, ~o assent

Jesu/o, Jezu/o Jesus

jet/o jet plane

jid/a Yiddish

Joĉj/o Johnny

jod/o Iodine

jodl/i yodel

jog/o yoga

jogurt/o yoghurt

Johan/o John

jot/o iota, jot

ju...des... the...the...., **ju pli granda, des pli bona** the bigger the better

jubil/a jubilant, ~o jubilation, exultation, ~i exult

jubile/o, ~a jubilee

jud/o Jew, ~a ~ish, ~ismo Judaism

jug/o, ~i yoke

jugoslav/o, ~a Yugoslav(ian), ~ujo/~io Yugoslavia

jugland/o walnut

juĝ/i, ~isto judge, ~o ~ment, ~ejo court(room), **antaŭ~o** prejudice

juk/i, ~o itch

Jul/o Yule

Juli/o July

jun/a young, ~eco, ~ulo youth

jung/i, ~ilaro, ~ajo harness

Juni/o June

jup/o skirt, **sub~o** petticoat

jur/o law (legal system or profession), jurisprudence, ~isto jurist

just/a just, fair, righteous, ~eco justice, righteousness

juvel/o jewel

jaluz/a jealous, ~o ~y, ~i be jealous

jargon/o jargon

jaŭd/o Thursday

jazo = jazo

jet/i throw, ~kuboj dice, ~eti toss

jongl/i juggle, ~isto ~r

jur/i swear, ~o oath

jurnal/o newspaper, ~isto journalist

jus just (now), just before

kaban/o cabin, hut, shack

335

kabared/o, kabaret/o cabaret
kabinet/o cabinet; room for study
kabl/o cable, **~gramo** ~gram
kaĉ/o mush; mess
kadavr/o cadaver, corpse
kadr/o frame(work); cadre, **en~igi** frame
kaduk/a decayed, decrepit, dilapidated; (law) lapsed
kaf/o coffee, **~ejo** café
kaftan/o caftan (Oriental garment)
kaĝ/o cage
kaj and; **kaj...kaj...** both...and...
kaj/o quay, platform
kajer/o exercise-book; folder
kajut/o cabin (ship, etc.)
kakt/o cactus
kal/o corn (feet)
kaldron/o cauldron, kettle, boiler
kalembur/o pun
kalendar/o calendar
kalik/o chalice, goblet
kalk/o lime, **~i, ~ajo** white-wash
kalkan/o heel (foot), **~umo** heel (shoe)
kalkul/i calculate, count, figure, **~o** calculation; bill (restaurant, store, etc.)
kalson/o underpants, drawers, panties, **~eto** briefs, bottom half of bikini
kalumni/i slander, libel, bad-mouth
kalv/a bald
Kalvari/o Calvary
kamarad/o pal, buddy, comrade
kambi/o bill of exchange
kamel/o camel
kamen/o fireplace, hearth; **~tubo** chimney, smokestack, **~breto** mantel(piece)
kamer/o small room; dark-room
kamion/o truck, **~eto** van
kamp/o field, **~aro** countryside, **~ara** rural, **~arano, ~ulo** country-dweller, farmer, peasant, **~(um)i, ~loĝi** camp out
kampanol/o Canterbury bell, bellflower
kan/o cane, reed
Kanad/o Canada, **~a, ~ano** Canadian
kanajl/o scoundrel, rogue, **~aro** rabble, riff-raff
kanal/o canal, channel
kanap/o couch
kancer/o cancer; canker
kandel/o candle, **~ingo** ~holder
kandidat/o candidate, **~i** run for election
kanibal/o cannibal
Kanj/o Cathy
kanjon/o canyon
kanon/o cannon

kanot/o small open boat
kant/i sing, **~o** song, **~aro** songbook
kanzon/o chanson, light-hearted ballad
kaos/o chaos
kap/o head, **~jesi** nod, **~nei** shake one's head, **~turn(ig)a** dizzy(ing)
kapabl/a capable
kapel/o chapel
kapital/o capital (money), **~isto ~ist**
kapitan/o captain
kapitol/o capitol
kapitulac/i capitulate, surrender
kaporal/o corporal
kapot/o hood (car); large coat with hood
kapr/o goat
kapric/o whim, **~a** capricious
kapriol/i caper, frolic about
kapsul/o capsule; firing cap
kapt/i catch, capture, **~ilo** snare, trap
kapuĉ/o hood, cowl
kar/a dear, **~ul(in)o** darling
karaf/o carafe, decanter
karakter/o character, personality, natu
karakteriz/i characterize, **~a, ~ajo** characteristic
karapac/o carapace, protective shell
karavan/o caravan; group traveling together
karb/o coal, **~papero** carbon paper
karcer/o jail cell
kares/i caress, fondle, stroke
karier/o career
karitat/o charity, **~a** charitable
Karl/o Charles
karmezin/o, ~a crimson
karn/o flesh, **~a** carnal
karnaval/o carnaval
karot/o carrot
kart/o card; menu, map
kartoĉ/o cartridge
karton/o cardboard
karusel/o merry-go-round, carousel
kas/o money box, till, cashier's stand; fund; **~isto** cashier
kaserol/o casserole, saucepan
kaset/o, kased/o cassette
kask/o helmet
kastel/o castle
kastor/o beaver
kastr/i castrate
kaŝ/i hide, conceal, **mal~i** reveal, **mal~e** openly, frankly, **~ludo** hide-and-seek
kaŝtan/o chestnut
kat/o cat, **~ido** kitten

talog/o, ~i catalog
tarin/o Catherine
astrof/o catastrophe, ~a catastrophic
edr/o professorial chair or platform;
  ..lpit
edral/o cathedral
egori/o category
ten/o, ~i fetter, shackle
olik/o, ~a catholic, ~ismo ~ism
ŭĉuk/o, ~a rubber
ŭr/i crouch, squat, cower
ŭz/o cause, reason, ~i cause
v/o cavity, ~a hollow, concave
valeri/o cavalry
valir/o cavalier, knight
vern/o cave, cavern, den
z/o case
zern/o barracks
zin/o casino
  that (subordinate conjunction)
l/o cellar, basement
lk/a(j), ~e da some, a few, ~foje
  ..metimes
lner/o waiter
rn/o core, pit (fruit, etc.), nucleus
st/o chest, large box
  (forms correl.; see p. 127)
uc/o kibbutz
ometr/o kilometer
mr/a Welsh, ~o ~man, ~ujo Wales
n/o cinema, ~ejo movie theater
ras/o armor
rl/i stir, whirl, curl; froth, whip (food)
rurg/o = ĥirurgo
rurgi/o = ĥirurgio
s/i, ~o kiss
tel/o overalls, smock
aĉ/i, ~o gossip
ak/i clap, rattle, make clicking sound
ar/a clear, plain, ~igi clarify, explain
as/o class, en~igi classify
asik/a classic
aŭn/o clown
av/o key (piano, typewriter, etc.), ~aro
  eyboard
er/a learned, well-informed, cultured
ent/o client, customer, ~aro clientele
mat/o climate, ~a climatic
in/i (tr.) bend, incline, tilt
ng/o (knife, etc.) blade
nik/o clinic
ŝ/o (printer's) cut, half-tone; (photo)
  egative, ~(aj)o cliché, stereotype
oak/o sewer

klopod/i take steps, try (see p. 255)
klub/o club, society, ~ano club member
knab/o boy, ~(ec)a ~ish, ~ino girl
knar/i creak, grate, make screeching noise
kned/i knead
kobold/o imp, goblin
kobr/o cobra
kod/o code, (en)~igi encode, de~igi
  decode
kofr/o trunk, large suitcase, ~ujo trunk (of
  car)
kojn/o, ~i wedge
kok/o rooster, cock, ~ino hen, ~batalo
  cockfight, ~ido chick
kokain/o cocaine
kokcinel/o ladybug
koket/a coquettish, ~i flirt
kokon/o cocoon
kokos/o coconut
koks/o hip
koktel/o cocktail
kol/o neck, ~umo collar
kolbas/o sausage
koleg/o colleague
kolegi/o college
kolekt/i collect, gather, ~iĝi gather
  together
kolektiv/o, ~a collective
koler/a angry, ~i be angry, ~iĝi get angry,
  ~o anger
kolizi/i collide, ~o collision
kolomb/o pigeon, dove, ~umi "bill and
  coo"
kolon/o pillar, (arch.) column
kolonel/o colonel
koloni/o colony, settlement, ~a colonial
kolor/o color, ~igi color, paint
kolos/a colossal, ~o colossus
kolport/i peddle, sell door-to-door
kolumn/o column (type, figures, soldiers,
  etc.)
kom/o comma
komand/i be in command
komb/i, ~ilo comb
kombin/i combine, ~ajo combination
komedi/o comedy
komenc/i (tr.) begin, ~o ~ning, ~iĝi begin
  (intr.), ~a initial
koment/i, ~o comment, ~aro ~ary
komerc/o commerce, business, ~i do
  business, ~isto merchant
komfort/o comfort, ~a ~able
komik/a comic(al)
komisar/o commissar

337

komisi/o errand, commission, **~i** entrust with a task, **~ito** commissioner
komitat/o committee
komiz/o clerk
komod/o dresser, chest of drawers
komodor/o commodore
kompakt/a compact
kompani/o company
kompar/i (tr.) compare, **~o** comparison, **~e** comparatively
kompas/o compass
kompat/o compassion, pity, **~i** have compassion on, pity, **~inda** pitiful, "poor"
kompetent/a competent, **~ulo** expert
kompil/i compile, **~(aĵ)o** compilation
komplet/a complete, **~o** set, suit (clothes, furniture, etc.), **~igi** complete
komplez/o favor, **~(em)a** kind, obliging, **~i** do a favor
komplik/i complicate, **~a** ~d
kompliment/o, ~i compliment
komplot/o plot, conspiracy
kompon/i compose (music), **~isto** ~r, **~aĵo** composition
kompost/i set in type
kompren/i understand, **~ebla** ~able, **~ema** ~ing, **~eble** of course
komput/i compute, **~ilo = komputero**
komputer/o computer
komun/a (in) common, **~umo** community, **~isto** Communist
komuni/o Communion
komunik/i communicate, **~(aĵ)o** communication
kon/i know (be acquainted), **~ato** acquaintance, **ne~ata** unknown, **re~i** recognize
koncept/o concept
koncern/i concern, **~a** ~ed, in question
koncert/o concert
koncip/i conceive (a child)
konciz/a concise
kondamn/i condemn; sentence
kondiĉ/o condition, stipulation, **~i** stipulate, set conditions
kondolenc/o condolences, **~i** express condolences
konduk/i lead, conduct, take; drive (vehicle), **~isto** driver
kondut/i behave, conduct oneself, **~o** behavior, conduct
konekt/i connect up, plug in, **~o** connection
konferenc/o conference

konfes/i confess, **~o** ~ion, **~e** admittedl
konfid/i trust, confide, have confidence
konfidenc/o a confidence, secret, **~a** confidential
konfirm/i confirm, corroborate, **~o** confirmation
konfisk/i confiscate
konflikt/o conflict
konform/i conform, **~a** ~ing, **~iĝi** conform, "shape up"
konfuz/i confuse, **~a** ~d, jumbled up, **~** confusion
kongres/o congress, convention, **~i** hol or attend a congress
kongru/a congruent, **~i** coincide, fit together
konjak/o cognac, brandy
konjekt/i conjecture, surmise, **~o** conjecture, guess(work)
konk/o shell (clam, snail, etc.)
konker/i conquer
konklud/o, ~i (come to a) conclusion, infer(ence)
konkret/a concrete (not abstract)
konkur/i compete, rival, **~(ad)o** rivalry (personal) competition
konkurenc/o (business, etc.) competiti
konkurs/o contest
konsci/i be conscious/aware of, **~o** consciousness, awareness, **~a** consciou aware, **sen~a** unconscious
konscienc/o conscience, **~a** conscientio
konsekvenc/a consistent, **~o** consistenc consequence, **ne~a** inconsistent
konsent/i consent, agree, **~o** agreement consent, **~ite** OK, agreed
konserv/i conserve, keep, **~ema, (em)u** conservative
konsider/i consider, **~inda** ~able
konsil/o advice, counsel, **~i** advise, **~an** counsellor, **~inda** advisable
konsist/i consist, **~o** ~ency, **~igi** make u constitute
konsol/i console, comfort, **~o** consolati
konspir/i conspire, **~o** conspiracy
konstant/a constant, permanent
konstat/i realize to be a fact, ascertain, take note
konstern/i dismay, appall, **~o** consternation
konstip/i constipate, **~ita** ~d
konstituci/o constitution, **~a** ~al
konstru/i construct, build, **~aĵo** buildin
konsul/o consul

onsult/i consult, ~o ~ation
onsum/i consume, use up, ~anto consumer
ont/o account (fin.)
ontakt/i, ~o contact, **fuŝ~o** short circuit
ontant/o cash money, ~a, ~e in cash
ontent/a content, satisfied, pleased, ~igi satisfy, ~o contentment, satisfaction
ontinent/o continent, mainland
ontor/o (business) office
ontraband/i smuggle, ~isto ~r, ~o contraband, "hot goods"
ontrakt/o contract, ~i make a contract
ontralt/o contralto
ontrast/o, ~i contrast
ontraŭ against, across from, opposed to, in exchange for, ~e on the contrary, ~i oppose, ~stari withstand, stand up to, ~ulo opponent, ~vole against one's will, ~diri contradict
ontribu/i contribute, ~(aj)o contribution
ontrol/i check up on, audit, verify, supervise
ontur/o contour, outline
ontuz/o, ~i bruise
onven/i be appropriate, be suitable, ~a suitable, seemly, as it should be, **mal~a** unseemly, not fitting
onversaci/i converse, ~o conversation
onvink/i convince, persuade, ~o conviction, belief
onvuls/o convulsion
opi/i, ~o copy (see p. 285)
or/o heart, ~a cordial, hearty; cardiac, ~ligita close, dear to the heart, ~tuŝa touching, moving
Koran/o Koran
orb/o basket
ord/o string (mus.), cord (anat.)
Kore/o, ~a Korean, ~ujo/~io Korea
orekt/i correct
orespond/i correspond, ~anto ~ent, penpal
oridor/o corridor, passage
orn/o horn (animal, etc.)
ornik/o crow
orp/o body
orporaci/o corporation
ort/o court(yard), ~ego, ~umo court (see p. 239)
orupt/i, ~ilo bribe
orv/o raven
osm/o cosmos, ~a **spaco** outer space
ost/i, ~o cost, **multe~a** expensive

kostum/o costume; suit (clothes); outfit, what one is wearing
kot/o mud
kotiz/i subscribe to (publication, fund), ~o subscription; dues
koton/o cotton
kov/i sit (as hen), incubate, **el~i** hatch out
kovert/o envelope
kovr/i cover, ~ilo lid, cover, **mal~i** uncover, discover
kraĉ/i spit
krad/o grill, grid, grate
krajon/o pencil
krak/i, ~o crack (sound), ~eti ~le
kramp/o, ~i clamp, staple, ~oj brackets, parentheses
kran/o faucet, tap
krani/o skull
kravat/o necktie
kre/i create, ~it(aj)o creature
kred/i believe, ~o belief, ~eble probably, ~ema credulous
kredit/o credit
krem/o cream
kremaci/o cremation, ~i cremate
kren/o horseradish
krepusk/o twilight
kresk/i (intr.) grow, ~igi grow (tr.), raise, ~ajo plant
krestomati/o chrestomathy (book of model readings)
kret/o chalk
krev/i (intr.) burst
kri/i cry out, shout, ~egi yell, ~signo exclamation point
kribr/i sift, ~ilo sieve
krim/o crime, ~a, ~ulo criminal
kripl/a crippled, infirm
Krist/o Christ, ~ano ~ian, ~anismo ~ianity, ~nasko ~mas, ~(nask)arbo ~mas tree
kristal/o, ~a crystal
kritik/i criticize, ~o criticism
kriz/o crisis, emergency, (fin) depression, ~a critical
kroĉ/i hook (onto), **al~iĝi** cling to, get caught on, ~ilo hook
krokodil/o crocodile, ~i speak one's national language among Esperantists
krom besides, apart from, ~e besides, ~a additional, ~tubo spare tire, ~virino concubine, **krom se** unless
kron/o, ~i crown, ~ado coronation
kronik/o chronicle, ~isto ~r, historian

339

kroz/i cruise
kruc/o, ~i cross, ~a crucial, ~umi crucify,
 ~osigni make the sign of the cross,
 ~vortenigmo crossword puzzle
kruĉ/o jug, pitcher
krud/a raw, crude, rough
kruel/a cruel, fierce
krur/o leg (see p. 278)
krut/a steep, abrupt
ksenofob/o xenophobe, ~a xenophobic,
 ~io xenophobia, fear of foreigners
k.t.p. = kaj tiel plu etc.
kub/o cube
Kub/o Cuba, ~a, ~ano ~n
kubut/o elbow
kudr/i sew, ~ero stitch, ~ilo needle,
 kun~(aj)o seam
kugl/o bullet
kuir/i cook, ~ejo kitchen
kuk/o cake, ~eto cup~
kukol/o cuckoo
kukum/o cucumber
kukurb/o pumpkin, squash, gourd, etc.
kul/o gnat
kuler/o spoon
kulis/o flat (theater), post la ~oj behind
 the scenes
kulp/o blame, fault, guilt, ~a guilty, ~igi
 blame, ~ulo culprit
kultur/o culture, ~i cultivate
kun with, ~e together, ~veno, ~sido
 meeting, ~porti bring along, take, ~iĝi
 come together, ~igi unite (tr), join, ~ulo
 companion, ~labori cooperate, ~voki
 convoke, ~e kun together with, ĉi~e
 herewith
kunikl/o rabbit
kupe/o compartment (train), coupé (short
 wagon or car)
kupl/i couple (mech.)
kupol/o cupola, dome
kupon/o coupon
kupr/o, ~a copper
kur/i run, ek~i start running, take to one's
 heels
kurac/i treat medically, ~ilo medicine,
 ~isto physician
kuraĝ/o courage, ~a ~ous, brave, ~i dare,
 ~igi encourage
kurb/o curve, ~a ~d, ~igi bend
kurioz/a curious, quaint
kurs/o class (school), course
kurten/o curtain
kurz/o rate of exchange

kusen/o cushion, lit~o pillow
kuŝ/i lie, recline, ek~i, ~iĝi lie down, ~igi
 lay
kutim/o custom, habit, ~e ordinarily, ~i b
 in the habit of, al~iĝi become
 accustomed, get in the habit of
kuv/o tub, vat
kuz/o, ~ino cousin
kvadrat/o, ~a square
kvaker/o, ~a Quaker
kvalit/o quality
kvankam although
kvant/o quantity
kvar four, ~a, ~ono ~th, ~ope by fours
kvartal/o district, neighborhood (of town
kvazaŭ as if, as though; in a way
kverel/i quarrel, wrangle
kverk/o, ~a oak(en)
kviet/a, ~o quiet, calm
kvin five, ~a, ~ono fifth
kvit/a paid up, free and clear, obligation
 satisfied
kvitanc/o, ~i receipt

la the
labor/i, ~o work, labor, ~ejo workplace,
 ~isto worker, laborer, el~i work out,
 kun~i cooperate, per~i earn, ~ema
 hardworking, mal~ema slothful
laboratori/o laboratory
lac/a tired, ~iĝi get tired
laĉ/o (shoe)lace
lad/o , ~a sheet metal, tin, tin plate,
 ~skatolo, en~igi can (food, etc.)
laf/o, ~a lava
lag/o lake
lagun/o lagoon
laik/a, ~o lay(man)
lak/o, ~i lacquer
laks/a loose (bowels), mal~a constipated,
 ~igilo laxative
lakt/o milk
laktuk/o lettuce
lam/a lame, ~i limp, ~bastono crutch
lament/i wail, lament
lamp/o lamp
lan/o, ~a wool
land/o land, country, ~strato highway,
 ~limo border, ekster~e abroad,
 (sam)~ano compatriot
lang/o tongue
lant/a (poetic word for) slow
lantern/o lantern
lanug/o fluff, down

apon/o, ~a Lapp, Laplander
ard/o bacon
arĝa wide, broad, mal~a narrow, laŭ~e crossways
arik/o larch
aring/o larynx, ~ito laryngitis
arm/o tear, ~i shed tears, weep
arv/o larva, grub
as/i leave, allow, let, for~i abandon, forsake, post~i leave behind, preter~i leave out, overlook
ast/a last, ~atempe lately
at/o lath, slat, ~kurteno Venetian blind
atin/a Latin, ~ida Romance
atrin/o latrine
atun/o, ~a brass
atv/o, ~a Latvian, ~io Latvia
aŭ according to, along, ~longe lengthwise, ~plaĉe as one pleases, ~vole as you wish, ~vorta literal, ~dire as is being said, ~moda fashionable, ~vide by sight, ~leĝa legal
aŭd/i, ~o praise
aŭr/o laurel
aŭt/a (a)loud
av/i wash (tr.)
avang/o avalanche
ecion/o lesson
ed/o, ~a leather
eg/i read, ~ajo ~ing matter, ~ebla legible, ~inda worth reading, ~scio reading ability
egend/o legend, (laŭ)~a legendary
egi/o legion
egitim/i legitimize, prove identity, ~ilo I.D.
egom/o vegetable
eĝ/o law, laŭ~a legal
eĝer/a (poetic word for) light(weight)
ek/i lick
ekant/o marguerite, ~eto daisy
ekci/o, ~i lecture
ektor/o lector (title given teachers in some countries)
ens/o lens
entug/o freckle
eon/o lion
eontod/o dandelion
eopard/o leopard
epor/o hare, rabbit, ~hundo greyhound
epr/o leprosy, ~ulo leper
ern/i learn, ~ejo school, ~olibro textbook
ert/a skillful, clever, dexterous, mal~a awkward

letargi/o lethargy
leter/o letter, ~kesto mailbox
leŭtenant/o lieutenant
lev/i lift, raise, ~iĝi arise, get up
li he, ~a his
Liban/o Lebanon, ~a Lebanese
liber/a free, ~tempo spare time, time off, ~vola voluntary, mal~ejo prison, mal~ulo prisoner
liberal/a liberal
libr/o book, ~eto ~let, ~(ovend)ejo ~store, ~otenado ~keeping, ~aro book collection (e.g., private library)
licenc/o licence
lift/o elevator
lig/i tie, bind, ~o league, connection, ~ilo bond
lign/o wood, timber
likvid/i liquidate
likvor/o liquor
lilak/o lilac
lili/o lily
lim/o limit, boundary, ~igi limit, restrict
limak/o slug, snail
limonad/o lemonade
lin/o flax, ~ajo linen, ~oleo linseed oil, ~oleumo linoleum
lingv/o language, ~isto linguist
lini/o line, ~ilo ruler, straightedge
lip/o lip, ~haroj moustache
Lisbon/o Lisbon
lisp/i lisp
list/o list, ~igi (make a) list
lit/o bed, ~kovrilo blanket, ~tuko sheet, en~iĝi go to bed
litani/o litany
liter/o letter (alphabet), ~umi spell
literatur/o literature, ~a literary
litov/o, ~a Lithuanian, ~ujo/~io Lithuania
litr/o liter
liturgi/o liturgy
liut/o lute
liver/i deliver, supply, furnish
lo! hey there! Ha lo Hello (telephone)
log/i lure, attract, al~a attractive, ~ilo, ~ajo bait, de~i seduce, entice
logik/o logic, ~a ~al
loĝ/i live (dwell), ~ejo place to live, dwelling, ~anto inhabitant, ~antaro population
lojal/a loyal
lok/o location, place, spot, ~i locate, ~a local, sid~o seat, place to sit
lokomotiv/o locomotive

341

lokust/o grasshopper
long/a long, ~(ec)o length, de~e for a long time, laŭ~e lengthwise, mal~a short, mal~igi shorten, mal~igo abbreviation
longitud/o longitude
lorn/o field glass, binoculars
lot/i draw lots, ~umi allot
loteri/o lottery, raffle
lotus/o lotus
lu/i rent, ~ebla for rent, ~igi rent out, ~anto renter, tenant, ~prezo rent money
lucern/o hanging (e.g., temple) lamp
lud/i play, ~o game, ~ilo toy
luk/o skylight; porthole
luks/a luxurious, deluxe, ~ajo, ~(ec)o luxury
lukt/i wrestle, struggle
lul/i lull, rock (baby), ~ilo cradle, ~kanto lullaby
lum/o light, ~i shine, ~turo ~house
lun/o moon, ~a lunar
lunĉ/o lunch, snack
lund/o Monday
lup/o wolf
lupe/o magnifying glass
lustr/o chandelier
lut/i, ~o solder

mac/o matzoh, unleavened bread
maĉ/i chew, re~ulo ruminant, ~gumo ~ing gum
magazen/o department store; warehouse
magazin/o popular magazine covering a variety of subjects
magi/o magic, ~a ~al
magistr/o Master (of Arts, etc.)
magnet/o magnet, ~a ~ic, ~igi ~ize, ~ismo ~ism
magnetofon/o tape recorder (sound)
magnetoskop/o video recorder
magr/a meager, skinny, skimpy
maĥ/o Mach (aerospace)
maiz/o corn
Maj/o May
majest/a majestic, ~(ec)o majesty
major/o major (rank)
majoritat/o majority
majstr/o maestro, master (of an art, trade, etc.)
majuskl/o capital letter
makler/i act as middleman, ~isto broker, ~ajo brokerage, commission
makrop/o kangaroo
maksimum/o, ~a maximum, ~e at the most

makul/o, ~i spot, stain
makzel/o jaw(bone)
mal/ (pref. den. direct opposite; see p. 82) ~e on the contrary
malari/o malaria
maleol/o ankle
malgraŭ in spite of
malic/a malicious, mischievous
mam/o breast, teat, ~besto, ~ulo mamma ~nutri suckle, ~pinto nipple, ~zono bra
man/o hand, ~plato palm, ~premi shake hands, ~sak(et)o handbag, ~signi wave, ~umo cuff
mandat/o mandate, poŝt~o money order
mangostan/o mangosteen
manĝ/i eat, ~o meal, ~ajo food
Manĝuri/o Manchuria
manier/o manner, way
manifest/o manifest, ~i manifest
manifestaci/o demonstration (pol.), ~i demonstrate
manik/o sleeve
manipul/i manipulate, handle
mank/i be lacking, be missing, ~o lack, shortage, shortcoming
manovr/i, ~o maneuver
mansard/o attic, garret
mantel/o cloak, mantle
manuskript/o manuscript
map/o map, ~aro atlas
mar/o sea, ~armeo navy, ~bordo shore, seaside, ~isto sailor
marĉ/o marsh, swamp
marĉand/i haggle, bargain
mard/o Tuesday
Margaret/o, ~a Margaret
marĝen/o margin
Mari/a Mary, ~o Mary; Marius, Mario
marionet/o marionette, puppet
mark/i mark, ~o mark; Mark (name; also money); stamp (postage); poŝt~o postage stamp
marmelad/o marmalade, jam
marmor/o, ~a marble
Mars/o Mars
marŝ/i walk, march
Mart/o March
martel/o, ~i hammer
martir/o martyr
mas/o lump, mass
masaĝ/o, ~i massage
masakr/o, ~i massacre
masiv/a massive

342

mask/o, **~i** mask, **~(ar)ado** masquerade

mason/i build with stone, etc., **~isto** mason

mast/o mast

mastr/o master (over household, servants, etc.), **~i** be master over, dominate, **~umi** keep house, manage

maŝ/o mesh (of net), loop

maŝin/o machine, engine, **~aro** machinery

matĉ/o match, game (sports)

matematik/o mathematics, **~a** mathematical, **~isto** mathematician

maten/o morning, **~manĝo** breakfast

materi/o matter, **~a** material

material/o material, data, **krudaj ~oj** raw materials

matur/a mature, ripe, **~iĝi** ripen

mebl/o piece of furniture, **~aro** furniture, **~i** furnish

meĉ/o wick; fuse (explosives)

medal/o medal

medi/o environment

medicin/o (practice of) medicine

medikamento medicine

medit/i meditate, think to oneself

meger/o shrew (woman), **~a** ~ish, "bitchy"

meĥanik/o = mekaniko

mejl/o mile

mekanik/o mechanics, **~a** mechanical, **~isto** mechanic

melankoli/o, **~a** melancholy

meleagr/o turkey

melk/i milk

melodi/o melody, tune, **~a** tuneful

melodram/o melodrama, **~a** ~tic

melon/o melon

mem (my, your, his, etc.)self, -selves, **~evidenta** self-evident, **~stara** independent, **~vola** willing

membr/o member, **~eco** ~ship

memor/i remember, **~o** memory, **~igi** remind, **~inda** memorable

menci/i, **~o** mention

mend/o order (for goods or services), **~i** order (goods, etc.); book, reserve (restaurant, hotel, etc.)

mens/o mind, **~a** mental

mensog/i, **~o** (tell a) lie

ment/o mint (plant, flavor)

menton/o chin

menu/o menu

merit/i deserve, merit, **~o** merit

merkat/o market (fin.), sales activity (not marketplace)

merkred/o Wednesday

Merkur(i)o Mercury

merl/o blackbird

mes/o Mass (relig.)

mesaĝ/o message

met/i put, place, **(sur)~i** put on (clothes), **de~i** take off, **kun~i** put together, **sub~(iĝ)i** submit

metafor/o metaphor

metal/o, **~a** metal(lic)

mete(or)/o atmospheric phenomenon, **~ologo** meteorologist, **~ologio** meteorology

meteorit/o meteorite

meti/o handicraft, trade, **~ejo** workshop

metod/o method, **~a** ~ical, **~ista**, **~isto** Methodist

metr/o meter, **~a** metric

mev/o seagull

mez/o, **~a** middle, average, **~epoko** Middle Ages, **~aĝa** middle-aged, **~maro** Mediterranean Sea, **~nokto, nokto~o** midnight, **tag~o** noon

mezur/i measure, **~o** ~ment

mi I, me, **~a** my, mine

miel/o honey, **~a** **~monato**, **~luno** honeymoon

mien/o expression (face)

migdal/o almond, **~okula** ~eyed

migr/i migrate, roam, travel about, **el~i** emigrate, **en~i** immigrate, **~ema** migrant; "footloose"

mikrob/o microbe, germ

mikrofon/o microphone

mikroskop/o microscope

miks/i mix; shuffle (cards), **~ajo** mixture

mil thousand, **~jaro, jar~o** millenium

mild/a mild, gentle

milimetr/o millimeter

milit/o war, **~a** military, **~i** wage war

min/i, **~(ej)o** mine, **~isto** ~r

minac/o, **~i** threat(en), menace

mineral/o, **~a** mineral

minimum/o, **~a** minimum, **~e** at the least

ministeri/o Ministry (govt. dept.)

ministr/o minister (head of govt. dept.), **~ejo** office of minister

minoritat/o, **~a** minority

minuskl/o small (lower case) letter

minut/o minute

miop/a short-sighted, near-sighted

miozot/o forget-me-not

mir/i be amazed, marvel, wonder (at), **~igi**

343

amaze, **~inda** wonderful
miraĝ/o mirage
mirakl/o miracle, **~a** miraculous
miriad/o myriad
mis/ (pref. den. error; see p. 167)
  ~kompreni misunderstand, **~paŝo** false
  step, **~kalkuli** miscalculate, **~decidi** make
  bad decision
misi/o mission, **~isto** ~ary
mister/o mystery, **~a** mysterious
mistifik/i trick, hoax, fool
mistik/a mystic(al)
mit/o myth, **~a** ~ical
miting/o (pol. mass) meeting
mitr/o miter (headdress)
mizer/a miserable, wretched, **~o** misery
mobiliz/i mobilize
mod/o mode, fashion, **(laŭ)~a** fashionable,
  eks~a old-fashioned, out of date
model/o, ~a, ~i model
moder/a, ~igi moderate, **~o** moderation
modern/a modern, **~igi** ~ize
modest/a modest, **~(ec)o** ~y
modif/i modify
modl/i model, mold (clay, etc.)
mok/i mock, jeer at, make fun of
mol/a soft
moment/o moment, **~a** ~ary
mon/o money, **~ero** coin, **~bileto** paper
  money, **~ujo** purse, wallet, **~ludi** gamble,
  ~puno fine
monaĥ/o monk, **~ejo** monastery, **~ino** nun
monat/o month, **~a** ~ly
mond/o world, **tut~a** ~wide, **~milito**
  ~war, **~umo** high society
monokl/o monocle
monopol/o monopoly, **~igi** monopolize
monoton/a monotonous
monstr/o monster, **~a** monstrous
mont/o mountain, **~eto** hill, **~aro** (chain
  of) mountains
montr/i show, point (out), **~iĝi** turn out to
  be, **~ofenestro** show window
monument/o monument, **~a** ~al
moped/o moped
mor/o custom, mores
moral/a moral, **~o** ~s, **~eco** ~ity
morbil/o measles
mord/i bite, **~eti** nibble
morgaŭ tomorrow, **post~** day-after-
  tomorrow
mormon/o, ~a Mormon
morn/a mournful, gloomy
mors/a Morse code, **~i** send in Morse code

mort/o death, **~i** die, **~a** dead, **~ema**
  mortal, **~igi** kill
morter/o mortar (for building)
moru/o codfish, **~oleo** ~oil
Mose/o Moses
moske/o mosque
moskit/o mosquito
Moskv/o Moscow
moŝt/o general title for persons of high
  rank
mot/o motto
motel/o motel
motiv/o motive, reason
motor/o motor, engine
mov/i move (tr.), **~ado** ~ment, **~iĝi** mov
  (intr.)
mucid/a musty, moldy
muel/i grind (grain), pulverize, **~ejo** mil
  ~isto miller
muĝ/i roar, howl
muk/o mucus, phlegm, **~a** mucous
mul/o mule
muld/i (cast in a) mold, **~ilo** mold
mult/a much, **~aj** many, **~e da** a lot of,
  ~ekosta expensive, **~peza** weighty,
  ~obligi duplicate (mimeo, etc.)
multiplik/i multiply (arith.)
munici/o (am)munition
munt/i mount, assemble (an apparatus),
  mal~i take apart
mur/o wall
murd/i, ~o murder
murmur/i, ~o murmur
mus/o mouse
musk/o moss
musked/o, musket/o musket
muskol/o muscle, **~a** muscular
mustard/o mustard
muŝ/o fly (insect)
mut/a mute, speechless, **~ulo** mute
muze/o museum
muzik/o music, **~a** ~al, **~isto** ~ian, **~i**
  make music

naci/o nation, **~a** ~al, **~eco** ~ality, **inter~**
  inter~al
nadl/o needle (compass, phono)
naft/o crude oil
naĝ/i swim, **~baseno** ~ming pool
naiv/a naive, **mal~a** sophisticated
najbar/o neighbor, **~a** ~ing, nearby, **~ec**
  ~hood; ~liness
najl/o, ~i nail
najtingal/o nightingale

344

an/o, ~a midget, dwarf
arkot/i, ~ilo, ~ajo drug (narcotic)
ask/i give birth to, ~iĝi be born, ~otago,
~iĝtago birthday
atur/o nature, ~a natural
aŭ nine, ~a ninth
aŭz/o nausea, ~a nauseous, ~i nauseate
avig(aci)/i navigate, ~ado navigation
az/o nose, ~a nasal, ~truo nostril, ~tuko
handkerchief
azi/o, ~a Nazi
e no, not, ~i deny, ~e negatively; as
prefix: non-, un-, in-, etc.: ~ordinara
unordinary, ~atendite unexpectedly,
~venkebla invincible; tute ne not at all
ebul/o fog, mist
eces/a necessary, ~ejo restroom,
bathroom
ederland/o The Netherlands, Holland,
~a Dutch, ~ano Dutchman
eg/i = nei
egativo, ~a negative (photo, etc.)
eglekt/i neglect
egoc/o business deal(ings), ~i engage in
business, negotiate a deal, ~isto
merchant, businessman
egr/o, ~a Negro
eĝ/o, ~i snow, ~ero ~flake, ~homo ~man,
~buli throw snowballs
ek…nek… neither…nor…
ekrolog/o obituary
eni- (forms correl.; see p. 127)
eologism/o neologism (proposed new
word)
eon/o, ~a neon
ep/o grandson, ~ino granddaughter
epr/e without fail, definitely
eptun/o Neptune
erv/o nerve, ~(oz)a nervous
est/o, ~i nest
et/a finalized, cleanly cut; net (weight,
etc.), mal~o (rough) draft (manuscript,
etc.), ~igi finalize, put in finished form,
~e carefully prepared; in the final analysis
eŭtral/a neutral
ev/o nephew, ~ino niece
i we, ~a our(s)
iĉ/o niche
igr/a black
ilon/o, ~a nylon
imb/o nimbus, halo
it/o, ~i rivet
nj/ (suff. used with names; see p. 168)
obel/o nobleman, ~a of noble birth

nobl/a noble, ~eco ~ness
noci/o notion
nod/o knot
nokt/o night, ~a nocturnal, tra~i spend the
night, mez~o, ~omezo midnight
nom/o, ~i name
nomad/o nomad, ~a ~ic
nombr/o number, amount, ~i count
nord/o North, ~a ~ern
norm/o norm, standard, ~a normal
normal/a normal
nostalgi/o nostalgia
not/i (make a) note, ~o note; grade (report
card), ~libro notebook
nov/a new, ~ajo a novelty, something new,
la ~ajoj the news, ~eco newness, re~igi
renew, de~e afresh
Nov-Jork/o New York
novel/o short story
Novembr/o November
nu well, now (interjection)
nuanc/o tint, hue, shade (color); nuance
nub/o cloud, ~a ~y
nud/a nude, naked, bare
nudel/o noodles
nuk/o back of neck
nukle/o nucleus, ~a nuclear
nuks/o nut
nul/o zero, null, "zilch," ~igi cancel, annul
numer/o numeral, number in a series
(house, magazine, etc.), ~i assign a
number
nun now, ~(temp)e nowadays, currently,
~a present, current
nur only, ~a mere
nutr/i feed, nourish, ~ajo food,
nourishment

oaz/o oasis
obe/i obey, ~ema obedient
objekt/o object, thing
-obl/ (Suff. den. multiple; see p. 246)
oblikv/a oblique, slanting
obscen/a obscene
obsed/i obsess, ~o ~ion
observ/i observe
obstakl/o obstacle
obstin/i be obstinate, persist, be stubborn,
~a stubborn, obstinate
obtuz/a obtuse, dull
ocean/o ocean, ~a ~ic
od/o ode
odor/o odor, smell, ~i give off an odor;
smell

345

ofend/i offend, **~iĝi** take offense
ofer/i offer up, sacrifice
ofert/i make an offer of, bid
ofic/o office, function, post, "job," **~isto** officer, official, **~ejo** office, place of work
oficir/o officer (mil., etc.), **sub~o** noncom
oficial/a official
ofset/o offset printing
oft/a frequent, **~e** often, **mal~a** rare
ok eight, **~a** ~h
okaz/i occur, happen, **~(aj)o** event, occasion, occurrence; opportunity, **~e** on occasion; by chance, **~igi** cause to take place, **en ĉiu ~o** in any event, **en la okazo se...** in case...
okcident/o West, **~a** ~ern
oksigen/o oxygen
Oktobr/o October
okul/o eye, **~isto** oculist, ophthalmologist, **~umi** ogle, stare at, **~vitroj** ~glasses
okult/a occult
okup/i occupy, **~ita, ~ata** busy, **~(ad)o** occupation
ol than
ole/o oil
oliv/o olive
om/o Ohm
omaĝ/o homage, **~i** pay homage to
omar/o lobster
ombr/o shadow, shade, **~i** cast a shadow
ombrel/o umbrella
omnibus/o omnibus
-on/ (suff. den. fraction; see p. 115) **~o** fraction
ond/o wave, **~i** undulate, **~umi** wave (hair, etc.), corrugate, **~ego** billow
oni one, "they," people in general, **~diro** rumor
onkl/o uncle, **~ino** aunt
-op/ (suff. den. collective; see p. 209) **unu~e** one at a time, **unu~a** single
opal/o opal
oper/o opera
operaci/o (surgical) operation, **~i** operate
opi/o opium, **~ajo** opiate
opini/o opinion, **~i** opine, think
oportun/a opportune, convenient, **~isto** opportunist
opozici/o opposition, **~i** be in opposition
optimism/o optimism, **~a** optimistic
optimist/o optimist
or/o gold, **~a** ~en, **~igi, ~umi** gild
orakl/o oracle
oranĝ/o, ~a orange (fruit, color)

orator/o orator, **~a** ~ical
orbit/o orbit
ord/o order (sequence, arrangement), **(en)~igi** put in order, arrange, **kun~igi** coordinate, **mal~o** disorder
orden/o order (relig. or decoration)
ordinar/a ordinary, usual, common
ordon/i, ~o order, command
orel/o ear
orf/o, ~a orphan
organ/o organ (anat. or publication)
organik/a organic
organism/o organism
organiz/i organize, **~(aj)o** organization
organizaci/o = organizaĵo
orgen/o organ (mus.)
orgi/o orgy, **~a** orgiastic
orient/o East, **~a** ~ern, Oriental, **~i** orient
origin/i originate, **~o** origin
original/o, ~a original
orkestr/o orchestra, **~umi** ~te
orkide/o orchid
ornam/o ornament, **~a** ~al, **~i** adorn, decorate
ort/a right-angle, square, **~ilo** T-square, carpenter's square
ortodoks/a orthodox
osced/i, ~o yawn
oscil/o oscillate, **~ilo** oscillator, **~ografo** oscilloscope
ost/o bone, **ĝis~a** diehard, dyed-in-the-woo‹
ostr/o oyster
ov/o egg, **~ajo** "eggs" (food)
ovaci/o ovation
oval/a oval
ozon/o ozone

pac/o peace, **~a** ~ful, **~ama** ~loving, **mal~(iĝ)i** (get in a) quarrel
pacienc/o patience, **~a** patient, **-i** be patient
pacient/o patient (medical)
Pacifik/o Pacific Ocean
Paĉj/o (from **patro**) Dad (see p. 168)
pad/o path
padel/o paddle; blade (turbine, etc.), **~i** paddle
paf/i shoot, **~ilo** gun
pag/i pay, **~o** ~ment, **sen~e** free, gratis
pagan/o, ~a pagan
paĝ/o page (book, etc.)
paĝi/o page (person)
pajl/o straw
pak/i pack, **~(et)o** parcel, package, **~ajo**

346

luggage
·al/a pale
·alac/o palace
·aletr/o (painter's) palette
·alis/o stake, **~aro** palisade, fence, **~umi** impale
·alm/o palmtree
·alp/i feel (touch), grope
·alpebr/o eyelid, **~umi** blink
·alt/o heavy coat
·amflet/o (tendentious or scurrilous) pamphlet
·an/o bread, loaf, **~ero** crumb, **~akiranto** ~winner
·ane/i, ~o break-down, malfunction, **sen~igi** fix
·anel/o (control) panel, dash board; wainscot
·anik/o panic
'anj/o (from **patrino**) Mom (see p. 168)
·ans/i dress (wound)
·antalon/o trousers, pants
·antafl/o slipper
·antomim/i, ~o pantomime
·ap/o pope
·apag/o, ~umi parrot
·apaj/o papaya, papaw
·apav/o poppy
·apili/o butterfly
·aprik/o paprika
·ar/o pair, couple, **~a** even(numbered), **mal~a** odd
·arad/i, ~o parade; display, **~a** pretentious
·aradiz/o paradise
·aradoks/o paradox, **~a** ~ical
·aragraf/o paragraph
·aralel/a parallel
·araliz/o paralysis, **~i** paralyze
·arametr/o parameter
·aranoj/o paranoia, **~a** paranoid
·araŝut/o parachute
·arazit/o parasite
·arcel/o parcel (land), lot
·ardon/i pardon, forgive, **~o** pardon, **~peti** ask forgiveness, excuse oneself
·arenc/o a relative, **~a** related, **~eco** relationship
·arentez/o parenthesis, **~e** by the way
·arfum/o, ~i perfume
'ariz/o Paris, **~ano** ~ian
·ark/o, ~i park
·arker/e by heart, **~igi** memorize
·arlament/o parliament, **~a** ~ary, **~ano** member of parliament

paroĥ/o, parok/o parish, **~ano** ~ioner, **~(ism)a** parochial, **~estro** vicar, pastor
parol/i speak, talk, **~ado** speech, **~ema** talkative
part/o part, **~a** ~ial, **~opreni** take part, **~opago** installment payment, **plej~e** mostly, **la plej~o de** most of
parter/o parterre (lower floor of theater)
parti/o party (pol.), side, faction, **~a** partial, biased, **sen~a** impartial
particip/o participle
paru/o titmouse
parvol/o wren
pas/i pass (intr.), **~igi** pass, **~ejo** ~ageway, gangway, gate, **~inteco** past, **trans~i** cross, **preter~i** pass up, go by, **for~i** pass away
pasaĝer/o passenger
paser/o sparrow
pasi/o passion, **~a** ~ate, **sen~e** dis~ately
Pask/o Easter
pasport/o passport
past/o paste, dough
pasteĉ/o pâté; (meat, etc.) pie
pastor/o pastor
pastr/o priest; clergyman
paŝ/o, ~i step, stride, pace
paŝt/i feed (flock), **~isto** shepherd, **~iĝi** graze
pat/o frying pan
patr/o father, **~ino** mother, **~ujo** fatherland, **ge~oj** parents
patriark/o patriarch
patriot/o patriot, **~a** ~ic, **~ismo** ~ism
patrol/o, ~i patrol
patron/o patron, **~i** act as patron
Paŭl/o Paul, **~a, ~ino** Pauline, Paula
paŭz/o pause, recess, intermission, "break," **~i** pause, take a break
pav/o peacock, **~i** strut around, show off
pavilon/o pavilion
pavim/i pave, **~o** ~ment
pec/o piece; spare part
Peĉj/o Pete
pedal/o, ~i pedal
pedik/o louse
peg/o woodpecker
pejzaĝ/o landscape, scenery
pek/i sin, transgress, **~o** sin, transgression
pekl/i pickle
pel/i chase, shoo, **for~i** drive away
pelt/o fur piece, fur coat
pelv/o pelvis; basin
pen/i endeavor, try, make an effort, **~e**

347

with effort

pend/(ig)i hang, ~umi hang (execute), de~i depend, sende~a independent

Penelop/o Penelope

penetr/i penetrate, ne~ebla impenetrable

penik/o paintbrush

penis/o penis

pens/i think, ~o thought, el~i invent, pri~i reflect on, think about

pensi/o pension (retirement), ~ulo pensioner, retiree, ~iĝi retire, go on pension

pension/o boarding house, boarding school

pent/i repent, ~o ~ance, ~ofari do penance

Pentekost/o Pentecost, Whitsunday

pentr/i paint (picture), ~isto ~er, ~ajo ~ing

peon/o pawn (chess, etc.)

pep/i peep, chirp, twitter

per by (means of), with, through, sen~e directly, ~i act as agent, ~anto agent, ~labori earn, ~forti force ~forte by force

perd/i lose, ~o loss, ~iĝi get lost

perdrik/o partridge

pere/i perish, ~igi destroy, ~iĝo, ~igo destruction

perfekt/a, ~igi perfect, ~eco ~ion

perfid/i betray, ~o ~al, treachery, ~(em)a treacherous

periferi/o periphery, outskirts

perimetr/o perimeter, circumference

period/o period (time)

periskop/o periscope

perl/o pearl

permes/i permit, allow, ~o permission, ~ilo permit, license, for~o leave of absence; pass, furlough (mil.)

peron/o front steps of a building; railway platform

perpleks/a perplexed

persekut/i persecute, prosecute, pursue

persik/o peach

persist/i persist, persevere, ~a persistent, ~ado, ~emo perseverance

person/o person, ~a ~al, ~eco ~ality, ~oj people

perspektiv/o perspective

persvad/i persuade, ~o persuasion

perturb/i perturb, disquiet, interfere with, ~o unrest, disquiet, disturbance; interference (radio)

peruk/o wig, hairpiece

pervers/a perverse

pes/i weigh (test weight of), ~ilo scale

pesimism/o pessimism, ~a pessimistic

pesimist/o pessimist

pest/o plague, pestilence

pet/i request, ask, beg, mi ~as please; you're welcome, ~egi beseech, ~skrib petition

petal/o petal

petici/o petition

petol/a petulant, frolicsome, ~i frolic, "horse around," ~ema mischievous, playful

Petr/o Peter

petrol/o petroleum, kruda ~o crude oil lampa ~o kerosene

pez/a heavy, ~i be heavy, weigh, ~o weight (heaviness), ~ilo a weight

pi/a pious

pian/o piano, ~isto pianist

pied/o foot, ~fingro toe, ~bati kick, ~iranto pedestrian, ~pilko football, soccer ball, ~premi step on, ~pasi trea

pijam/o pyjamas

pik/i prick, sting, stab, ~o prick, sting; spades (cards), ~drato barbed-wire

piknik/o, ~i picnic

pilgrim/i go on pilgrimage, ~(ad)o pilgrimage, ~anto pilgrim

pilk/o ball (for playing)

pilol/o pill

pilot/o, ~i pilot

pin/o pine (tree)

pinĉ/i pinch, ~ilo pincers, tong

pingl/o pin; needle (on tree)

pint/o point, peak, summit, ~a pointed

pioĉ/o pick-axe

pionir/o pioneer

pip/o pipe (tobacco)

pipr/o, ~i pepper

pir/o pear

piramid/o pyramid

pirat/o pirate, aer~o skyjacker

pist/i pound, crush, ~ilo pestle

pistol/o pistol; spray gun

piŝt/o piston

pitoresk/a picturesque

pivot/i, ~o pivot

piz/o pea

plac/o public square, plaza

plaĉ/i be pleasing, please, kiel plaĉas al vi…? how do you like…?, ~a pleasing laŭ~e as desired, as you like

plad/o dish, platter; course

plafon/o ceiling

lag/o calamity, scourge, **~i** plague, afflict
laĝ/o bathing beach
lan/i plan, **~o** plan, diagram; plane; **unua ~o** closeup (phot.), **granda ~o** long shot, **antaŭ~o** foreground, **malantaŭa ~o** background
land/o sole (foot), **~umo** sole (shoe)
laned/o planet, **~a** ~ary
lank/o floor
lant/o, ~i plant, **~ejo** ~ation
lasm/o plasma
last/o, ~a plastic
lastr/o plaster (dressing)
lat/a flat, **~o** plate, slab, **~ajo** plateau
latform/o platform
laŭd/i splash, plash, lap
led/i plead (law)
lej most, -est (see p. 111), **~parto** greatest part, great majority
lekt/i plait, wreathe, twine
len/a full, complete, **~igi** fill up, **~umi** fulfill, accomplish, **~luno** full moon, **~aĝa, ~kreska** full-grown, adult, **~plena** full to overflowing, **~buŝo** mouthful, **~mano** handful
lend/i complain, **~o ~t**
lezur/o pleasure, **~iga** pleasurable
li more, -er (see p. 111), **~ poste** later on, **mal~** less, **~mal~** more or less, **~multo** majority, **~igi** increase, **~bonigi** improve, **~altigi** raise
lonĝ/i dive, plunge, **~isto** diver
lor/i weep, cry
lu further, more, **~e** furthermore, **ne ~** no longer, **kaj tiel plu, k.t.p.** etc.
lug/i, ~ilo plough
lum/o feather; pen
lumb/o, ~a lead
lur/aj several, **~a** plural
lus plus, **~o** sur~
luv/i, ~o rain, **~egi** rain cats and dogs, pour
neŭmoni/o pneumonia
o at the rate of (see p. 133), **~grande** wholesale, **~malgrande** retail
odi/o podium, platform
oem/o poem
oent/o point (score)
oet/o poet
oezi/o poetry, **~a** poetic
okal/o goblet; fancy cup
oker/o poker (game)
ol/o Pole, **~a** Polish, **~io/~ujo/~lando** Poland

polemik/o controversy, **~i** engage in controversy
polic/o police, **~ano** ~man, **~estro** chief of police
polis/o (insurance) policy
politik/o politics; policy, **~a** political
polk/o polka
polp/o octopus
polur/o polish, luster, **~i** polish
polus/o (North, South; positive, negative) pole, **~a** polar
polv/o dust, **~osuĉilo** vacuum cleaner
pom/o apple, **ter~o** potato
pomp/o pomp, splendor, **~a** resplendent
ponard/o dagger
pont/o bridge
popl/o poplar
popol/o a people, folk, **~amaso** the masses, **~kanto** folk song, **inter~a** people-to-people
popular/a popular
por for, in order to, **~ ke** so that
porci/o portion, **~umi, ~igi** ration out
pord/o door, gate
pork/o pig, **~ajo** pork
pornografi/o, ~ajo pornography, **~a** pornographic
port/i carry, wear, **al~i** bring, **trans~i** transport, **el~i** carry out, put up with, endure
portik/o portico, ornate porch/entryway
portret/o portrait
posed/i possess, own, **~(aĵ)o** ~ion, property
post after, behind, **~e** afterwards, **~skribo** P.S., **~tagmezo** afternoon, **~lasi** leave behind, **~ajo** backside, rump, **~eulo** successor, **de~** since
posten/o post, duty station, **~i** stand guard, be on duty
postul/i demand, require
poŝ/o pocket, **~tuko** handkerchief
poŝt/o mail, post, **~marko** postage stamp, **~karto** postcard, **~stampo** cancellation, **~(ofic)ejo** post office, **~ajo** a piece of mail, **~isto** mailman
pot/o pot, **~isto** ~ter, **~ajo** ~tery
potenc/o power, **~a** ~ful
poŭp/o stern, poop(deck)
pov/i be able, can, **~o** ability, **ĉeval~o** horsepower, **ĉio~a** almighty
poz/i, ~o pose (picture; pretense)
pozici/o position
pozitiv/a, ~o positive

349

pra/ (pref. den. other generation; see p. 211), **~patro** forefather, **~avo** great-grandfather, **~nepo** greatgrandson, **~tipo** prototype, **~historio** prehistory

praktik/a practical, **~i** practice (profession, etc.), **~o** (actual) practice

pram/o (small) ferry, **~ŝipo** ferryboat

prav/a right, **mal~a** wrong, **~i** be right

precip/e especially, mainly, **~a** principal, predominant

preciz/a precise, **~e** ~ly, exactly, **~eco** precision, exactness

predik/i preach, **~(aĵ)o** sermon, **~isto** preacher

prefer/i prefer

prefiks/o prefix

preĝ/i pray, **~o** ~er, **~ejo** church

preleg/i, **~o** lecture

prem/i (op)press, squeeze, **man~o** handshake

premi/i award a prize, **~o** prize, premium

pren/i take, get, lay hold of, **ek~i** grasp, **~ilo** tongs, **ĉirkaŭ~i** embrace

prepar/i prepare **~a** preparatory, preliminary, **~o** preparation

prepozici/o preposition

preri/o prairie

pres/i print (type), **~aĵo** ~ed matter, **~isto** ~er, **~ilo** press, **~prov(aĵ)o** proof, **~litero(j)** type

preskaŭ almost, nearly

prestiĝ/o prestige, glamor, **~a** prestigious, glamorous

pret/a ready, finished, **~igi** prepare, **~iĝi** get ready

pretekst/o pretext, **~i** pretend, give as an excuse

pretend/i claim, make a pretense, presume to, **~o** claim, pretense, presumption

preter beyond, straight past, **~pasi** pass by, overtake, **~lasi** omit, leave out

prez/o price, **~listo** price~list

prezent/i present, introduce, **~ado** presentation

prezid/i preside, **~anto** president, chairman

pri about, concerning; (as pref. see p. 301), **~skribi** describe, **~paroli** discuss

primitiv/a primitive

primol/o primrose

princ/o prince, **~ido** prince's son, **~ino** princess

princip/o principle, **~e** in principle

printemp/o spring(time)

prism/o prism

privat/a private

privilegi/o privilege, **~a** ~d

pro on account of, for, because of, **~peti** plead for, intercede, **~ tio, ke** for the reason that

probabl/a probable

problem/o problem

proced/i proceed, **~o** process, procedure

procent/o percent(age), interest rate, **~aĵ** commission, **10 procentoj** 10%

proces/o lawsuit, **~i** sue, litigate, go to court

procesi/o procession

produkt/o product, **~i** produce, **~ado** production, **~isto** producer

profan/i profane, defile

profesi/o profession, **~a** ~al

profesor/o professor

profet/o prophet, **~i** prophesy, **~aĵo** prophecy

profil/o profile

profit/i, **~o** profit

profund/a deep, profound, **~(ec)o**, **~ajo** depth

prognoz/o prognosis, forecast, **~i** forecas

program/o program (series of events), **~ero** item on a program

progres/i, **~o** progress

projekci/i project, **~ilo** ~or, **~isto** ~ionist

projekt/o project, plan, scheme, **~i** plan, make a project of

proklam/i proclaim, **~(ad)o, ~aĵo** proclamation

prokrast/i delay, put off, **~o** delay, **~emo** procrastination, **sen~e** without delay

proksim/a near(by), next, **mal~a** distant, **(al)~iĝi** come close(r), **~ume** approximately

prokuror/o public prosecutor, prosecutin attorney

prolet/o proletarian, member of the lowe class, **~aro** the proletariat

proletari/o = proleto

prolog/o prologue

promen/i go for a walk, stroll; (less freq. go for a ride), **~ado** stroll, walk, etc., **~ej** promenade, **~anto** stroller

promes/i, ~o promise

promoci/i promote, **~o** promotion

prononc/i pronounce, **~o** pronunciation

propagand/o propaganda, publicity, **~i** publicize, advertise, **~aĵo** publicity material

propon/i propose, suggest, offer, **~o** proposal, offer
proporci/o proportion, ratio, **~a** proportional
propr/a (my, your, etc.) own, personal, **~ajo** property, **~avole** voluntarily
prospekt/o prospectus
prosper/i prosper, be successful, **~o** prosperity, success, **prosperis al mi...** I managed to...
prostitu/i, ~itino prostitute
protein/o protein
protekt/i protect, **~anto** patron, **~ato** protege, **~(ism)a** protectionist
protest/i, ~o protest
protestant/a, ~o Protestant
protokol/o minutes (meeting)
proton/o proton
prototip/o prototype
prov/i try, test, **~ajo** trial, test
proverb/o proverb
provinc/o province
proviz/i provide, supply **~o** supply
provizor/a temporary, provisional, **~e** for the time being
provok/i provoke, incite
proz/o prose
pru/o prow, bow (ship)
prud/a prudish, **~ul(in)o** prude
prudent/a prudent, reasonable, **~o** good sense
prun/o plum
prunt/i borrow, loan, lend: **~edoni** lend, **~epreni** borrow
pruv/i prove, **~o** proof
psalm/o psalm, **~aro** the Psalms
pseŭdonim/o pseudonym
psik/a psychic
psikiatr/o psychiatrist, **~a** psychiatric, **~io** psychiatry
psikolog/o psychologist, **~a** psychological, **~io** psychology
ptm. = posttagmeze, p.m.
publik/o, ~a public, **~igi** publish
puding/o pudding
pudor/o modesty, chaste behavior
pudr/o, ~i (cosmetic) powder
puf/o puff, swelling, **~igi** puff out, **~iĝi** puff up
pugn/o fist, **~obati** punch
pul/o flea
puli/o pulley
pulm/o lung
pulmonari/o pulmonaria (lungwort plant)

pulover/o pullover sweater
puls/o pulse, **~i** pulsate, throb
pulv/o gunpowder
pulvor/o powder, **~a ~y, ~igi** pulverize
pump/i, ~ilo pump
pun/i punish, **~o ~ment, mon~o** fine
punĉ/o punch (drink)
pund/o pound (money)
punkt/o point, dot, period, **~i** punctuate
punt/o lace
pup/o doll, (hand) puppet
pupitr/o (school) desk, lectern
pur/a clean, pure, **~igi** clean, **~eco** cleanliness, purity
purgatori/o purgatory
puritan/o, ~a puritan
purpur/a purple
pus/o pus, **~i** discharge pus
puŝi, ~o push, **~iĝi kun** run into, **re~i** repulse, **~veturilo** wheelbarrow
put/o well
putin/o whore
putr/i rot, **~a ~ten**

rab/i rob, **~isto ~ber, ~ajo** booty, **~(o)besto** beast of prey
rabat/o discount, rebate, **~i** deduct a discount
raben/o rabbi
rabi/o rabies, **~a** rabid, mad
raci/a rational, **~o** logical reasoning
rad/o wheel
radar/o radar
radi/o radio; ray, beam, **~i** radiate, **~isto** radioman
radik/o root, **el~igi** eradicate
radikal/a, ~ulo (pol.) radical, **~o** (math.) radical
radiofoni/o wireless telegraph
radium/o radium
radius/o radius
rafan/o radish
rafin/i refine, **~ejo ~ry**
ragu/o ragout, stew
raj/o skate, stingray
rajd/i ride
rajt/i be entitled to, **~o** a right, **~igi** authorize, **Ĉu mi ~as...** May I (= Is it all right if I...)
raket/o rocket
rakont/i relate, tell (a story, etc.), **~o** story, tale
rambutan/o rambutan (tree)
ramp/i crawl, creep

351

ran/o frog
rand/o edge, rim, brim
rang/o rank, grade, rate (mil., etc.)
ranunkol/o buttercup
rapid/a fast, quick, ~i go fast, hurry, ~(ec)o speed, ~umo gear, mal~a slow, ~limo speed limit
raport/o, ~i report
rapsodi/o rhapsody
rar/a rare, precious
ras/o race, breed, ~ismo racism
rasp/i rasp, grate
rast/i, ~ilo rake
rat/o rat
raŭk/a hoarse
raŭp/o caterpillar
rav/i delight, ~a ~ful
raz/i shave (tr.), ~ilo razor
razen/o lawn
re/ (pref. see p. 93), ~veni return, ~doni give back, ~iri go back, ~agi react, ~vidi see again, ĝis la ~vido so long, ~e again, ~en back(wards)
reakci/o reaction (physics, pol.), ~a, ~ulo reactionary
real/a real, practical, ~isto ~ist, ~iĝi come true, ~igi produce (film, etc.)
recenz/i, ~o review (book, etc.)
recept/o recipe, prescription
reciprok/a reciprocal, mutual, ~i reciprocate
redakci/o editorial dept.
redakt/i edit, ~isto ~or
redaktor/o = redaktisto
redingot/o frock coat
redukt/i reduce (tr.)
referenc/o reference (bibliographical, testimonial)
reflekt/i reflect (light, sound)
reflektor/o car headlight
refut/i refute
reg/i rule, govern, reign, control, ~anto ruler, ~istaro government
regal/i entertain, treat, ~o treat
regiment/o regiment
region/o region, ~a ~al
registr/o register, record, ~i record (document, sound, video, etc.)
regn/o realm, kingdom, sovereign country, ~estro head of state
regul/o rule, ~a regular, ~igi regulate, ~aro rules, regulations
reĝ/o king, ~ino queen, ~a royal, regal, ~lando kingdom

reĝim/o regime
reĝisor/o stage-manager
reklam/i advertise, ~o ~ment
rekomend/i recommend; register (mail)
rekompenc/o reward, compensation, ~i reward, compensate
rekord/o record (world's, etc.)
rekrut/o, ~i recruit
rekt/a direct, straight
rektor/o rector (school)
rekvir/i = rekvizicii
rekvizici/i seize, exact, requisition
rel/o rail (train)
relativ/a relative (not absolute)
religi/o religion, ~a religious
rem/i row, ~ilo oar, ~boato ~boat
rembur/i upholster, pad, stuff, ~isto upholsterer
rempar/o rampart
ren/o kidney
rendevu/o rendezvous, appointment, date, ~i meet (by arrangement)
renkont/i meet, encounter (tr.), ~iĝi meet (intr.)
renom/o renown, fame
rent/o return on investment, ~umo interes*
renvers/i upset, overthrow, turn upside down
repertuar/o repertoire
reprezent/i represent, ~anto ~ative
reptili/o reptile
reputaci/o reputation
respekt/i ~o respect, ~inda ~able
respektiv/a respective
respond/i respond, reply, answer, ~eco responsibility, ~eci pri be responsible for
respublik/o republic, ~a, ~ano ~an
rest/i remain, stay, ~(aĵ)o remainder, rest
restoraci/o restaurant
ret/o net, network
resum/o summary, ~i summarize
retorik/o rhetoric, oratory
reŭmatism/o rheumatism
rev/i, ~o daydream, ~(o)lando dreamland, el~iĝi be disappointed, disillusioned
revizor/o government inspector, auditor
revoluci/o revolution, ~a ~ary
revolver/o revolver
revu/i review (soldiers, etc.), ~o journal, review (magazine on specialized subject)
rezerv/i (keep in) reserve
rezign/i give up, renounce
rezist/i resist, withstand, ne~ebla irresistible

rezoluci/o resolution, motion (meeting)
rezult/o, ~i result, **~igi** bring about
rezultat/o conclusion; result (of a process)
ribel/i rebel, revolt, **~o** rebellion, mutiny, revolt, **~ema** rebellious, insubordinate
ricev/i receive, get
riĉ/a rich, well-off, **~ulo** rich man
rid/i, ~o laugh, **~ado** ~ter, **~eti** smile, **~inda** ridiculous
rif/o reef (rocks)
rifuĝ/i take refuge, **~into** refugee, **~ejo** shelter, place of refuge
rifuz/i refuse, **~o** refusal
rigard/i look at, regard; consider (deem), **ek~i** glance
rigid/a stiff, rigid
rigl/i, ~ilo bolt (door)
rigor/o rigor, **~a** ~ous, stringent
rinkan/i sneer, grin knowingly
rikolt/i, ~(aj)o harvest
rilat/i relate (have reference) to, **~e al** with reference to
rim/o, ~(ig)i rhyme
rimark/i, ~o notice, **~igi al** bring to (someone's) attention, **~inda** remarkable
rimed/o means, remedy, resource
rimen/o strap
ring/o ring, **orel~o** ear~
rip/o rib
ripar/i repair, fix
ripet/i repeat
ripoz/i, ~o rest, repose, **~ejo** resting place; waiting room
riproĉ/i reproach, scold, rebuke, "tell off," **~inda** reprehensible
risk/i, ~o risk, hazard
risort/o spring (mech.)
rit/o rite, **~a** ritualistic, **~aro** ritual
ritm/o rhythm, **~a** ~ic
rival/o, ~i rival
rivel/i reveal; develop (photo)
river/o river, **~eto** stream
riverenc/i ~o bow, curtsy; obeisance
riz/o rice, **~okamp** ~field
rob/o dress, robe, gown, **sub~o** slip
Robert/o Robert
robot/o robot
rod/i gnaw
rododendr/o rhododendron
rok/o rock
rol/o role, part (acting), **~anto** character (in play, etc.)
Rom/o Rome
roman/o novel

romantik/a romantic, **~o** ~ism
romb/o rhombus
romp/(iĝ)i break, **~iĝema** breakable, brittle, **inter~i** interrupt
rond/a round, **~o** circle
ronĝ/i gnaw, nibble, **~ulo** rodent
ronk/i snore
ros/o dew
rost/i roast (meat, etc.), toast (bread)
rostbif/o roastbeef
rostr/o (elephant's) trunk; proboscis
rot/o squad (mil.), gang
Rotari/o Rotary
roz/o rose, **~(kolor)a** pink
rozari/o rosary
rub/o rubbish, debris, rubble, **~ujo** garbage can, **~ejo** garbage dump
ruband/o ribbon
rubekol/o robin
ruben/o ruby
Rubikon/o Rubicon
rubl/o rouble (money)
rubrik/o column (newspaper or magazine feature) or its heading
ruĝ/a red, **~iĝi** blush
ruin/o, ~igi ruin
rukt/i belch, burp
rul/(iĝ)i roll, **~ŝuo** ~erskate
rum/o rum
rus/o ~a Russian, **~io/~ujo** Russia
rust/o, ~i rust
Rut/o Ruth
rutin/o routine, sheer habit
ruz/a sly, cunning, **~o** trick, ruse

sabat/o Saturday; Sabbath
sabl/o sand, **~ero** grain of ~
sadism/o sadism, **~a** sadistic
sadist/o sadist
sag/o arrow
sagac/a shrewd, astute
saĝ/a wise, **~(ec)o** wisdom, **~umi** split hairs; show off, act wise
sak/o sack, bag, **~strato** dead-end street
sakr/i cuss
sakrament/o sacrament
saksofono/o saxophone
sal/o, ~i salt, **~ero** grain of ~, **~ujo** ~shaker
salajr/o salary, wages
salat/o salad
sald/o balance (account), **~i** strike a balance
salik/o willow

353

salikok/o prawn, ~eto shrimp
saliv/o saliva, ~i salivate, ~umi slobber
salm/o salmon
Salomon/o Solomon
salon/o salon; sitting room, parlor
salt/i, ~o jump, leap, ~eti hop, ek~i start (pain, surprise, etc.)
salut/i greet, salute, ~o greeting, ~on! Hello!
sam/a same, ~e equally, mal~a different, ~ideano fellow-thinker, fellow Esperantist, ~landano compatriot
Samaritan/o Samaritan
samovar/o samovar
san/a healthy, well, ~o health, ~i be well, mal~a ill, mal~o disease, mal~i be ailing, mal~ulo patient, mal~ulejo hospital, (re)~igi heal, cure
sandal/o sandal
sang/o blood, ~a ~y, ~i bleed, sen~a, ~omanka bloodless, anemic
sankci/o, ~i sanction
sankt/a sacred, holy, ~ulo saint, ~igi sanctify
sap/o, ~umi soap
sardel/o sardine (pickled)
sark/i weed out
sarkasm/a sarcastic, ~o sarcasm
sarong/o sarong
sat/a satisfied, "full" (food), mal~a hungry, mal~(eg)o famine
Satan/o Satan, ~a ~ic
satelit/o satellite
saŭc/o sauce, gravy
sav/i save, rescue, ~zono lifebelt, safety belt, ~boato lifeboat
scen/o scene, ~ejo stage
sci/i know, know how, ~igi inform, let know, ~iĝi find out, learn of, ~povi know how, ~voli wonder, want to know, ~vola curious, inquisitive, ~vol(em)e inquisitively
scienc/o science, ~isto scientist
sciur/o squirrel
se if
seb/o suet, tallow
sed but
seg/i ~ilo saw
seĝ/o chair
sek/a, ~igi dry, mal~iĝi get wet
sekal/o rye
sekci/o section
sekret/o, ~a secret
sekretari/o secretary

seks/o sex, ~kuniĝo copulation, ~umi have sex
sekt/o sect
sekund/o second (1/60 of minute)
sekur/a secure, safe, ~eco security
sekv/i follow, ~o consequence, ~e consequently, ~(ant)a, ~inta, ~onta next, sin~e consecutively
sel/o saddle, en~iĝi mount up
sem/i sow, ~o seed, dis~i disseminate
semajn/o week, ĉiu~e weekly
sen without, ~dube undoubtedly, ~ĉese ceaselessly, ~fine endlessly, ~intenca unintentional, ~bezona needless, ~igi de deprive of, ~taŭga good-for-nothing
senc/o sense, meaning, sen~ajo nonsense
send/i send; transmit (radio, etc.)
sensaci/o sensation, ~a ~al
sent/i feel, ~o ~ing, sensation, kun~o sympathy
sentenc/o wise saying, proverb
sentiment/o sentiment, ~a ~al
sep seven, ~a, ~ono ~th
sepi/a, ~(aĵ)o sepia
seps/a septic, infected, kontraŭ~a antiseptic
Septembr/o September
ser/o serum
serĉ/i search, look for
seren/a serene, untroubled
serenad/o serenade
serĝent/o sergeant
seri/o series, ~a serial
serioz/a serious, earnest
serpent/o serpent, snake, ~umi wind around, meander
serum/o serum
serur/o lock, ~isto ~smith
serv/i serve, ~o service, ~isto servant
servut/o servitude, serfdom, ~ulo serf
ses six, ~a, ~ono ~th
sesi/o session
sever/a severe, strict
sezon/o season (of year)
sfer/o sphere
si (see p. 137), ~ngardo caution, ~ndone selflessly, devotedly, ~nteno attitude
Siberi/o Siberia
sibl/i hiss
sid/i sit, ~iĝi sit down, ~loko seat (theater, etc.)
sieĝ/i besiege, ~o siege
sigel/i, ~o seal
sign/o sign

ignal/o, ~i signal
ignif/o signify, mean, **~o** meaning
ilab/o syllable
ilent/a silent, **~o** silence
ilk/o silk
iluet/o silhouette
imbol/o symbol, **~i** ~ize
imetri/o symmetry, **~a** symmetric
imfoni/o symphony, **~a** symphonic
imi/o monkey, ape
imil/a similar, like, **~eco** similarity, **mal~a** different
impati/o sympathy, **~a** sympathetic
impl/a simple, **~igi** simplify, **mal~a** complex
imptom/o symptom
in/o bosom
-ino abb. for **sinjorino**
inagog/o synagogue
incer/a sincere, **~(ec)o** sincerity
indikat/o syndicate; labor union
ingult/i, ~o hiccup
injor/o Mr., Sir, gentleman; Lord, **~ino** Mrs., Madam, lady
iring/o lilac
irop/o syrup
istem/o system, **(laŭ)~a** ~atic
itel/o bucket, pail
itu/i be situated, **~o** site
ituaci/o situation, circumstance(s)
kal/o scale (map, measure, etc.)
kandal/o scandal; commotion; shocking occurrence
kani/o Scania
karab/o beetle, **maj~o** june bug
katol/o box, **lad~o** (tin) can (food)
kelet/o skeleton
kem/o scheme; model, pattern
keptik/a skeptical, **~ulo** skeptic
ki/o, ~kuri ski
kism/o schism
kiz/o, ~i sketch
klav/o slave
kol/o school (of thought, art, etc.)
kolt/o boy scout
korpi/o scorpion
kot/o Scot, **~lando** ~land, **~a** ~tish, cotch
krap/i scrape
krib/i write, **pri~i** describe, **sub~i** sign, **~maŝino** typewriter, **~(o)tablo** desk
kav/o,~a Slav(ic)
lip/o slip (paper), filing card, **~aro** file

smerald/o emerald
snob/o, ~a snob(bish)
sobr/a sober, temperate
soci/a social, **~o** society (community of persons), **~eto** society (organization)
social/a social, **~ismo** ~ism
sof/o sofa
soif/o thirst, **~i** be ~y
sojl/o threshold
sokl/o supporting base (for statue, wall, etc.)
sol/a sole, alone, **~e** solely, only, **~eca** solitary, lonely, **~o** solo (mus.), **~isto** soloist
soldat/o soldier; (chess) pawn
solen/a solemn, ceremonious, **~i** observe with ceremony
solid/a solid
solidar/a jointly responsible, standing together, **~(ec)o** solidarity
solv/i solve, dissolve, **~o** solution
somer/o summer, **~domo** ~house
son/i, ~o sound, **bel~a** euphonious, **~bendo** audio tape
sonat/o sonata
sonĝ/i, ~o dream (asleep)
sonor/i ring (intr.), **~a** sonorous, **~ilo** bell
sopir/i long for, yearn, **~o** longing
sopran/o soprano
sorb/i absorb; sip (as through a straw), **~a** absorbent, **~a papero** blotter
sorĉ/o sorcery, **~i** bewitch, **~istino** witch, **en~iga** enchanting
sort/o destiny, fate, fortune
sovaĝ/a wild, savage, **mal~a** tame
sov(j)et/a Soviet, **Sovet-Unio** the USSR
spac/o space
spad/o (dress) sword, rapier
spark/o spark (elec.), **~ilo** spark plug
spasm/o spasm
spec/o kind, sort, species
special/a (e)special
specif(ik)/i specify, **~a** specific
specimen/o specimen, sample
spegul/o mirror, **~i** reflect
spekt/i watch as spectator, **~anto** spectator
spektakl/o spectacle, show
spert/o experience, **~a** ~d, expert, **~ulo** expert
spez/i transact money; **el~i** pay out, **en~i** take in, **en~o(j)** income, **el~o(j)** expenses, **~ado** cash flow
spic/o, ~i spice, **~isto** grocer
spin/o spine

355

spinac/o spinach
spion/o, ~i spy
spir/i, ~o breath(e), **en~i** inhale, **el~i** exhale, **~ado** respiration
spirit/o spirit, **~a** ~ual, **~ismo** spiritualism
spit/o spite, defiance, **~i** defy, **~e** defiantly, in (de)spite
splen/o ill humor, "the blues"
split/o splinter, **~i** splinter, split (tr.)
spong/o sponge, **~(ec)a** spongy
spont(an)/a, spontane/a spontaneous
sporad/a sporadic
sport/o sport, **~isto** ~sman; athlete
sprit/o wit, **~a** ~ty, lively, **mal~a** dull, stupid
spron/o, ~i spur
spur/o trace, track (left by animals, etc.)
sputnik/o Sputnik
s-ro abb. for **sinjoro**
stab/o staff (mil., etc.)
stabil/a stable
stabl/o (work)bench, trestle, easel
staci/o station, **~domo** (large railway) station house
stadi/o stage (of development); stadium
stadion/o stadium
stafet/o relay rider, relay racer
stagn/i stagnate
stal/o stall for animals
stamp/i stamp, mark
stan/o, ~a tin
standard/o standard (flag)
stang/o pole, rod
star/i stand, **ek~i** stand up
start/i start off, **~igilo** starter
stat/o state, condition, **bon~a** in good condition
statist/i play a small part (play, etc.), **~o** bit-player, supporting actor
statistik/o statistics
statu/o statue
statur/o stature
statut/o regulations, by-laws
steb/i stitch, quilt
Stefan/o Steven
stel/o star, **~eto** footnote star (*); asterisk
stenograf/i write shorthand, **~io** shorthand, stenography
step/o steppe, moor
steril/a sterile, **~igi** sterilize
sterk/o manure, fertilizer, **~i** fertilize
stern/i lay out, spread
stertor/i make hoarse, rattling noise in throat

stevard/o steward, attendant (ship, plane etc.)
stil/o style
stimul/i stimulate
stir/i steer (vehicle), **~ilo** ~ing wheel; (airplane) joystick
stiv/i stow (cargo), **~isto** stevedore
stoik/a, ~ulo stoic(al)
stok/o, ~i stock (goods)
stomak/o stomach
strab/i be cross-eyed; look askance
strand/o (bathing) beach
strang/a strange, peculiar
strangol/i strangle
strat/o street, **~angulo** corner
strategi/o strategy, **~a** strategic
streb/i strive for
streĉ/i stretch (tr.), wind up (spring, etc.) **~o** tension, **mal~o** detente, **mal~iĝi** rela
strek/o stroke (drawn line), **~i** make a stroke, **for~i** strike out, **sub~i** underline emphasize
stri/o strip(e), ray
strig/o owl
strik/o, ~i strike (stop work)
strof/o verse (song, etc.)
struktur/o structure
strut/o ostrich
stud/i study, **~anto** student
student/o = studanto (university)
studi/o studio (TV, etc.)
stult/a stupid, foolish, **~ulo** fool
stumbl/i stumble
sub under, beneath, **~iri** go down, **~ulo** subordinate, **~skribi** sign, **~taso** saucer, **~teni** support, **~tera** underground, **~metiĝi** submit, **~urbo** suburb, **~aŭsku** eavesdrop
subit/a sudden
subjekt/o subject
subjektiv/a subjective
sublimat/o corrosive sublimate
substanc/o substance
substantiv/o substantive, noun
substitu/i substitute (tr.)
subtil/a subtle
subtrah/i subtract (arith.), **~o** ~ion
subvenci/i subsidize, **~o** subsidy
suĉ/i suck, **~igi** suckle
sud/o south, **~a** ~ern
sufer/i suffer, endure
sufiĉ/a sufficient, enough; **~e** sufficiently rather, **~i** suffice
sufiks/o suffix

uflor/i prompt (theater), ~o ~er
ufok/i suffocate (tr.), choke
ıgest/i suggest, ~o ~ion
ıgesti/i suggest (hypnotically, etc.), ~o
he power of ~ion
ık/o juice, sap
ıkces/i succeed, ~o success, **mal~i** fail
ıker/o sugar, ~**ujo** ~bowl
ılfur/o sulfur, ~**a** ~ic, ~ous
ılk/o, ~**i** furrow, wrinkle (tr.)
ıltan/o sultan
ım/o sum, ~**igi** sum up, **re~i** summarize,
  ˙e~o summary, resumé
ın/o sun, ~**radio** ~beam, ~**leviĝo** ~rise,
  ˙**subiro** ~set, ~**floro** ~flower, ~**umi** (put
  ›ut to) sun
ıp/o soup
ıper above, over, ~**a**, ~**ulo** superior, ~**i**
  ›urpass, exceed, ~**jaro** leap year, ~**signo**
  ›upersign, accent mark, ~**forti** overpower,
  ˙**homo** superman, ~**flua** superfluous,
  ˙**vendejo** supermarket
ıperstiĉ/o superstition, ~**a** superstitious
ıpoz/i suppose, presume, ~o supposition
ıpr/e(n) above, up(wards), on top,
  ıpstairs, ~**a** upper, ~**(aĵ)o** top, summit,
  urface, **mal~e(n)** below, downstairs
ır (up)on, ~**meti** put on, ~**ŝipe** on board,
  ˙**skribo** superscription
ırd/a deaf, ~**(a)mutulo** ~mute
ırfac/o surface
ırpriz/i, ~o surprise
ırtut/o overcoat
ıspekt/i suspect, ~o suspicion, ~**inda**,
  ˙**ema** suspicious
ıspir/i sigh
ısur/i, ~o rustle, swish (sound)
ıtur/i, ~o suture, seam
ıveren/o, ~**a** sovereign
˙arm/i, ~o swarm
ˇat/i match-make, promote marriage,
  ˙**ist(in)o** match-maker
˙ed/o Swede, ~**a** Swedish,
  ˙**ujo/~io/~lando** Sweden
˙elt/a slender, slim
˙en/i, ~o faint, swoon
˙ing/i swing (tr.); wave about, brandish;
  ˙ing
˙is/o, ~**a** Swiss, ~**ujo/~io/~lando**
  witzerland

˙blon/o pattern, stencil, template
ıf/o sheep, ~**ajo** mutton, ~**ido** lamb
h/o shah

ŝajn/i seem, appear to be; ~**as al mi, ke**…
  it seems to me that…, ~**igi** feign, pretend,
  ~**e** apparently, ~**o** appearance
ŝak/o chess ~**i** check, ~**tabulo** ~board,
  ŝak! check!
ŝakal/o jackal
ŝakr/i peddle in small-time way (black
  market, street corners, etc.)
ŝakt/o shaft (mine, elevator)
ŝal/o shawl
ŝalt/i switch (tr.), ~**ilo** switch, **en~i** turn on,
  el~i turn off
ŝam/o chamois
ŝanc/o luck; chance, **bonan ~on!** good
  luck!
ŝancel/i shake (tr.), ~**iĝi** waver
ŝanĝ/i, ~**iĝi** change, **inter~o** exchange
ŝarg/i load (gun, camera, etc.), charge
  (battery)
ŝarĝ/i, ~o load, burden, **mal~i** unload
ŝark/o shark
ŝat/i have high regard for, like, ~**inda**
  likeable
ŝaŭm/o, ~**i** froth, foam
ŝejk/o sheik
ŝel/o shell, peel, bark, husk, **sen~igi** shell,
  peel, etc.
ŝelk/o suspenders
ŝerc/i, ~o joke, jest, ~**ema** playful, jocular
ŝerif/o sheriff
ŝi she, ~**a** her
ŝik/a chic
ŝild/o shield, sign-board
ŝim/o mold (mildew), ~**a** ~y, ~**i** get ~y
ŝind/o shingle, wood tile
ŝink/o ham
ŝip/o ship, **en~iĝi** embark, **el~iĝi**
  disembark, ~**anaro** crew, ~**estro** master,
  ~**pereo** ~wreck
ŝir/i tear, rip (tr.), ~**ajo** a tear, **de~i** tear off;
  pick (flower, etc.)
ŝirm/i, ~**ilo**, ~**ejo** shelter
ŝlim/o slime
ŝlos/i lock, **mal~i** unlock, ~**ilo** key; wrench
ŝmac/i make smacking noise with lips
ŝmink/i, ~o make up (face, etc.)
ŝmir/i smear, spread (butter, etc.), anoint,
  ~**ajo** ointment
ŝnur/o rope, cord, ~**(o)salti** skip rope
ŝofor/o driver, chauffeur
ŝok/i, ~o shock
ŝose/o highway
ŝov/i shove, push along, **(el)~i** thrust out
ŝovel/i, ~**ilo** shovel

357

ŝovinism/o chauvinism, **~isto** chauvinist
ŝpar/i save, spare, **~ema** thrifty
ŝpat/o spade
ŝpin/i spin (thread), **~ilo** ~dle, **~rado** ~ning wheel
ŝpruc/i gush, spurt (out), **~igi** squirt, **~ilo** nozzle, **en~igilo** syringe
ŝrank/o cupboard, cabinet, sideboard, wardrobe, etc., **mono~o** strong-box
ŝrapnel/o shrapnel
ŝraŭb/o, ~i screw, **~ilo** ~driver, **~ingo** nut, **~ŝlosilo** adjustable wrench
ŝrump/i shrivel up, shrink (intr.)
ŝtal/o steel
ŝtat/o state (pol. entity), **~igi** nationalize, **~estro** head of state
ŝtel/i steal, **~isto** thief, **~e** stealthily
ŝtip/o block/chunk of wood, **~aro** woodpile
ŝtof/o cloth, material, **sub~o** lining
ŝton/o stone, **~ego** boulder
ŝtop/i plug up (tr.), stop up, clog, **~ilo** stopper; plug; electric plug, **~ilingo** electric socket
ŝtorm/o storm
ŝtrump/o stocking, **~eto** sock
ŝtup/o step, stair, rung, **~aro** staircase
ŝu/o shoe, **~(far)isto** ~maker
ŝuld/i owe, **~o** debt
ŝultr/o shoulder, **~levi** shrug
ŝut/i pour out (grain, etc., not liquid), **super~i** overwhelm
ŝveb/i hover, float in air
ŝvel/i swell (intr.), **~igi** inflate
ŝvit/i perspire, sweat, **~o** perspiration, sweat

tabak/o tobacco
tabel/o table(t) (stone, wood, etc.); tabulation, **viv~o** actuarial table
tabernakl/o tabernacle
tabl/o table, **skrib(o)~** desk
tabul/o board, plank
taĉment/o detachment
tag/o day, **~iĝo** ~break, dawn, **~mezo** noon, **~lumo** ~light, **~manĝo** dinner (midday meal), **~libro** diary, **~ordo** agenda, **ĉiu~a** daily
tajd/o tide
tajlor/o, ~i tailor
tajp/i type (on keyboard)
taks/i rate, estimate the value of; appraise, **~isto** appraiser, **ne~ebla** priceless, **tro~i** overestimate, **sub~i** underestimate

taksi/o taxi, **~isto** ~driver
takt/o tact; (mus.) time
taktik/o tactic(s)
talent/o talent, **~a** ~ed
tali/o waist(line)
tambur/o drum, **~isto** ~mer
tamen nevertheless, however, **kaj tamen** sed **tamen** and yet
tang/o tango
tank/o tank (mil.)
tapet/o tapestry, wall covering, **paper~o** wallpaper
tapiŝ/o carpet
tas/o cup, **sub~o** saucer
task/o task, assigned work, **~i** assign
taŭg/i fit, be suitable, **~a** suitable, **sen~a** useless, **sen~ulo** good-for-nothing
taŭz/i tousle, dishevel
tavern/o tavern, inn
tavol/o layer
te/o tea, **~poto, ~kruĉo** ~pot
team/o team
teatr/o theater, **~a** theatrical, **~ajo** play
ted/i bore, **~a** tiresome, boring
teg/i cover protectively (with cloth, overlay of metal, etc.), **~ilo** protective cover
tegment/o roof
tek/o briefcase; file (box or folder containing papers, films, tapes, etc.)
teknik/a technical, **~o** technique, technic
teknologi/o technology
teks/i weave, **~ilo** loom, **~ajo** textile
Teksas/o Texas
tekst/o text; lyric (song), **~i** say, read
telefon/i, ~o telephone
telegraf/i, ~o telegraph
telegram/o telegram
telemetri/o telemetry
teler/o plate, dish, **~eto** small plate, sauc
teleskop/o telescope
televid/i see on TV, **~o** TV, **~ilo** TV set
tem/o subject, topic, **~as pri** it's a matter of
temp/o time, **liber~o** time off, spare tim dum~e meanwhile, sam~a simultaneou
temperament/o temperament
temperatur/o temperature
tempest/o tempest, storm
tempi/o temple (forehead)
templ/o temple (worship)
ten/i hold, hang onto, **~ilo** handle, **re~i** retain, **sin~o** attitude, **de~i** restrain, **re~** hold back (tr.), **sub~i** support, **sinde~i**

abstain

end/o tent, ~(um)i, ~aro camp

endenc/a tendentious, partisan, biased, ~o inherent tendency, bias

enebr/o (literary word for) profound darkness

enis/o tennis

enor/o tenor (mus.)

ensi/o tension; voltage

ent/i tempt, entice, ~o temptation

eodor/o Theodore

eolog/o theologian

eologi/o theology

eorem/o theorem

eori/o theory

er/o earth, soil, ~tremo earthquake, ~globo (world)globe, ~pomo potato, en~igi bury, sub~a underground

erapi/o therapy

eras/o terrace

eren/o terrain, grounds; field used for an activity

eritori/o territory, ~a territorial

ermin/o (technical) term, ~aro erminology, glossary

ermometr/o thermometer

ermos/o thermos bottle

ermostat/o thermostat

ern/i, ~o sneeze

eror/o (reign of) terror, ~ismo ~ism, ~isto -ist

erur/o terror, ~a terrible, ~i terrify

est/o, ~i (scientific) test

estament/o will, testament, ~i make a will; bequeath

estud/o tortoise

ez/o thesis, essay

e- (forms correl.; see p. 127) tiamaniere in that way, tie kaj tie here and there, tien kaj reen back and forth, tiele thusly, tio aŭ alio one thing or another

ibet/o Tibet

ifon/o typhoon

ig/o stem, stalk

igr/o tiger

ik/o tic, twitch (muscle)

ikl/i tickle (tr.)

ili/o linden tree

im/i, ~o fear, ~igi frighten, ~ema timid

indr/o tinder, punk

ine/o moth

inktur/o, ~i dye, tint

int/i, ~o tinkle, jingle

ip/o type, ~a typical

tir/i pull, draw, al~i attract, ~kesto drawer

tiran/o tyrant, ~i tyrannize

titan/o Titan, ~a titanic

titol/o title, heading, ~i title (tr.)

tol/o cloth (cotton, linen, canvas, etc.), ~marko laundry mark

toler/i tolerate

tomat/o tomato

tomb/o tomb, grave, ~ejo graveyard, en~igi entomb, inter

ton/o tone

tond/i clip, cut with shears, ~ilo scissors, shears, pri~i prune

tondr/o, ~i thunder

torĉ/o torch

tord/i twist (tr.), contort

torent/o torrent

torn/i turn (on lathe), ~ilo lathe

tornistr/o knapsack, backpack

torped/o, ~i torpedo

tort/o pie, tart

tortur/i, ~o torture

tost/i, ~o (offer a) toast

total/a total, ~ismo ~itarianism

totem/o totem

tra through, ~vivi live through, survive, experience, ~nokti pass the night

trab/o beam, girder

tradici/o tradition, ~a ~al

traduk/i translate, ~o translation

traf/i hit (desired mark), catch (train, etc.), run across (person), ~a striking, mal~i miss

trafik/o traffic

tragedi/o tragedy, ~a tragic

tragik/a = tragedia

trajn/o train

trajt/o feature, trait

trak/o track

trakt/i deal with, treat, ~ajo treatise

traktat/o treaty

traktor/o tractor

tram/o streetcar

tranĉ/i cut, slice, ~ilo knife, ~ajo slice

trانĉe/o trench (mil.)

trankvil/a calm, tranquil

trans across, on the other side of, ~lokiĝi, ~loĝiĝi move, ~porti transport, ~iri cross, transfer, ~formi transform, ~doni hand over

transistor/o transistor; small transistor radio

transitiv/a transitive

transvers/a transverse, ~e crosswise

359

trat/o (bank) draft, **~i** make a draft
travesti/o travesty
tre very much, very, **~ege** extremely, enormously
tref/o clubs (cards)
trejn/i train, coach
trem/i tremble, quiver
tremol/i aspen
tremp/i dip, immerse, soak (tr.)
tren/i drag, tow, **~ŝipo** tugboat
tret/i tread, trample on
trezor/o treasure
tri three, **~a**, **~ono** third, **~o** trio, **~obla** triple, **~folio** clover
trib/o tribe, **~a** tribal
tribord/o starboard
tribun/o rostrum, speaker's platform
tribunal/o tribunal
tribut/o tribute, **~i** pay tribute
tricikl/o tricycle
trigonometri/o trigonometry
trik/i knit, **~ilo** ~ting needle
trikoloret/o pansy
tril/i, ~o trill (mus.)
trilion/o trillion
trilogi/o trilogy
trink/i, ~ajo drink
trist/a (poetic word for) sad
tritik/o wheat
triumf/o, ~i triumph
trivial/a vulgar, course, commonplace
tro too much, too, **~igi** exaggerate
trog/o trough, manger
trole/o trolley, **~buso** ~bus
trombon/o trombone
tromp/i deceive, cheat
tron/o throne
tropik/a tropical, **~o** the tropics
trot/i trot
trotuar/o sidewalk
trov/i find, **~iĝi, sin ~i** be found, be located, find oneself
tru/o hole
trud/i impose, force, **en~iĝi** intrude
trumpet/o, ~i trumpet
trunk/o trunk (tree, body, etc.)
trup/o troop
trut/o trout
tualet/o toilette
tub/o tube, pipe; barrel (gun)
tuberkuloz/o tuberculosis
tuj immediately, **~a** immediate
tuk/o cloth, **antaŭ~o** apron
tulip/o tulip

tumor/o tumor
tumult/o tumult, riot
tun/o ton
tunel/o tunnel
tunik/o tunic
tur/o tower; castle (chess)
turist/o tourist
turk/o Turk, **~a** ~ish, **~ujo/~io** ~ey
turment/i, ~o torment
turn/i turn (tr.), **~i sin** turn around; **~i sin al** apply to
turne/o (theatrical) tour
turnir/o tournament
tus/i, ~o cough
tusilag/o coltsfoot (plant)
tuŝ/i touch
tut/a entire, whole, **~e** entirely, **~e ne** not at all, **ne ~e** not quite, **en~e** as a whole, altogether, **~monda** worldwide, **super~** overalls, **~ajo** entirety
tvist/o, ~i twist (dance)

-uj/ (suff. den. container; see pp. 132, 18 **~o** container
-ul/ (suff. den. person; see p. 143)
ulcer/o ulcer
Ulis/o Ulysses
ulm/o elm
ultimat/o ultimatum
-um/ (suff. with indefinite meaning; see 194) **~(aj)o** whatchamacallit, thingamaj
umbilik/o navel
unc/o ounce
ung/o nail (finger, toe), claw (animal)
uni/o (pol.) union
uniform/o uniform
unik/a unique
univers/o universe
universal/a universal, worldwide
universitat/o university
unu one, **~a** first, **~e** first of all, firstly, **~** unit, **~eco** unity, **~eca** unified, **~igi** unite **~iĝinta** united, **~ope** singly, one at a tim **~foje** once, **unu la alian** one another
uragan/o hurricane
urani/o uranium
urb/o city, **~a** urban, **~ego** metropolis, **~eto** town, **~(o)domo** city hall, **~estro** mayor, **sub~o, antaŭ~o** suburb
urĝ/a urgent, **~i** urge, press, hurry (someone), **ne ~as** there's no hurry
urin/o urine, **~i** urinate
urs/o bear
urtik/o nettle

rugvaj/o Uruguay, ~a, ~ano ~an
son/o the USA, ~a, ~ano American
ter/o womb
til/a useful, advantageous, ~(ec)o use(fulness), sen~a useless, ~igi make use of, utilize, mal~i, mal~o harm, mal~a harmful
topi/o Utopia, ~a ~n
vertur/o overture (mus.)
z/i, ~o use, el~i use up, wear out
zin/o (heavy industry) factory, mill
zur/o usury
zurp/i usurp

at/o Watt

d/i wade, tra~i ford
fl/o waffle, ~eto wafer; cone (ice cream)
g/i roam, wander, ~ulo vagabond, rolling stone"
gin/o vagina
gon/o railway carriage, ~aro train
k/a vacant, ~i be vacant, ~igi vacate
kcin/o vaccine, ~i vaccinate
ker/o cowboy
ks/o wax, ~tolo oilcloth
ku/o vacuum
l/o valley
lid/a valid, ~i be valid, ~igi validate
liz/o valise, small suitcase
lor/o value, ~a valuable, ~i be worth, en~a worthless
ls/o, ~i waltz
lut/o currency (of a country); foreign xchange rate
lv/o valve; tube (elec.)
n/a futile, useless, ~e in vain
ndal/o vandal
ng/o cheek, ~ofrapo slap
nil/o vanilla
nt/a conceited, vain; frivolous, ~ajo rivolity, silliness
por/o steam, vapor, ~ŝipo steamship
r/o(j) wares, merchandise, commodity
rb/i, ~ito recruit, ~iĝi enlist
ri/i vary (intr.), ~a variable, ~ajo ariation
riete/o variety show
riol/o smallpox, ~eto chicken pox
zzer
rm/a warm, ~ega hot, ~eta lukewarm, mal~a cold, mal~umo a cold
rsovi/o Warsaw
rt/i, ~ist(in)o nurse

vast/a vast, spacious, mal~a close, cramped (for space), dis~igi spread (news, etc.)
Vaŝington/o Washington
vat/o cotton wool, wadding; (elec.) Watt
Vatikan/o the Vatican
vaz/o vessel (any container), vase
vazelin/o vaseline
ve! woe! ho ve! alas! Oh dear! ~spiri sigh, hejm~o homesickness
veget/i vegetate
vegetar/a, ~ano vegetarian
vejn/o vein
vek/i wake (tr.), arouse, ~iĝi wake up, ~horloĝo alarm clock
vel/o sail
velk/i fade, wither
velur/o, ~a velvet
ven/i come, al~i arrive, kun~i meet, re~i come back, de~i come from, derive or result from, ~onta next
vend/i sell, ~ejo store, ~isto salesman
vendred/o Friday
venen/o, ~i poison
vener/a venereal
Venezuel/o Venezuela
venĝ/i avenge, ~o revenge, vengeance
venk/i defeat, win over, ~o victory
vent/o wind, ~umi, ~umilo fan, ~ego windstorm
ventol/i ventilate, ~ilo ventilator
ventr/o belly, tummy
Venus/o Venus
ver/a true, ~o truth, reality, ~e really, truly, ~ŝajne probably, ~dire to tell the truth
verb/o verb
verd/a, ~o green
verdikt/o verdict
verg/o rod, switch; wand, ~i flog, take a switch to
verk/o (literary or artistic) work, ~i write, create (literature, mus., etc.), ~isto writer, ~aro (collected) works, ~into author
verm/o worm
vers/o one line of verse, song, etc.
versi/o version
verŝ/i pour (liquids); shed, scatter, el~i pour out, en~i pour in
vert/o top of head
vertebr/o vertebra
vertiĝ/o vertigo, dizziness, ~i feel dizzy
vertikal/a vertical
veruk/o wart
verv/o verve, vivacity, ~a vivacious,

lively, **sen~a** lifeless, dull
vesp/o wasp
vesper/o evening, **~e** in the evening
vespert/o bat
vespr/o vespers, evensong
vest/i (tr.) clothe, dress, **~iĝi** get dressed,
  vest(aĵ)o garment, **~oj** clothes, **sen~iĝi**
  undress, strip, **sub~o** undergarment
veŝt/o vest
vet/i, ~o bet, wager, **~kuri** race
veter/o weather, **~informoj** weather report
veteran/o veteran
veterinar/o veterinarian
vetur/i travel; go (not walking), **~ilo**
  vehicle, **~igi** drive
vezik/o bladder; bubble, **~eto** blister
vi you **~a ~r**(s)
viand/o meat
vibr/i vibrate, **~(ad)o** vibration
vic/o row, rank; turn; vice-, **~e** in rows,
  laŭ~e in turn, **~prezidanto** vice-
  president, **~patro** step-father, **mia ~o** my
  turn
vid/i see, **~o** sight, **~ajo** view, **~ebla**
  visible, **~inda** worth seeing, **~punkto**
  viewpoint, **~bendo** videotape
vidv/o widower, **~ino** widow
Vien/o Vienna
vigl/a alert, keen, brisk
viking/o Viking
viktim/o victim
vil/a shaggy, hairy
vila/o villa
vilaĝ/o village, **~eto** hamlet
Vilĉj/o Bill
Vilhelm/o William
vin/o wine, **~bero** grape, **~berejo** vineyard
vinagr/o vinegar
vind/i wrap (in cloth), bandage, **~otuko**
  swaddling cloth
vintr/o winter
viol/o violet
violon/o violin
violonĉel/o cello
vip/o, ~i whip
vipur/o viper
vir/o man, **~ino** woman, **~a** male, **~ina**
  female, **~eco** virility
virg/a, ~ul(in)o virgin
virt/o virtue, morality, **mal~o** vice
virtuoz/o virtuoso
virus/o virus
visk/o mistletoe
viski/o whisky

viŝ/i wipe, **~tuko** dust rag; dish cloth
vit/o (grape)vine
vitamin/o vitamin
vitr/o glass (material), **okul~oj** eyeglasse
  ~ajo pane
vitrin/o showcase
viv/i live, **~o** life, **tra~i** experience,
  survive, **vivu!** long live! **~teni** support
viz/o visa
vizaĝ/o face
vizi/o vision
vizit/i visit; attend, **~o** visit
vjetnam/o, ~a Vietnam(ese)
voĉ/o voice; vote, **~e** orally, **~doni** vote
vodk/o vodka
voj/o way, road, **~montrilo** signpost
vojaĝ/i travel, **~o** trip, voyage, **~anto**
  traveler, **~ema** inclined to travel
vojevod/o title of provincial governor in
  Poland
vok/i call, summon, **al~i** invoke, appeal t
  el~i evoke
vokal/o vowel
vokt/o taskmaster
vol/o will(ingness), **~i** be willing to, want
  to, **laŭ~e** as one pleases, at will, **~i diri**
  mean
Volapük/o Volapük, **Tio estas ~ajo** "It's
  all Greek to me"
volb/o vault(ed ceiling)
volont/a willing, voluntary, **~e** willingly,
  ~ulo volunteer
volt/o Volt
volum/o volume (book, etc.)
volupt/a voluptuous, **~o** sexual pleasure
volv/i wind up, roll up, **mal~i** unroll
vom/i vomit, throw up
vort/o word, **~aro** dictionary, vocabulary
  laŭ~e verbatim, word-for-word
vost/o tail
vot/o, ~i vow
vual/o, ~i veil
vulgar/a common, everyday
vulkan/o volcano
vulp/o fox
vultur/o vulture
vund/o wound, injury, **~i** wound

zebr/o zebra
zefir/o zephyr
zenit/o zenith
zigzag/i, ~a zigzag
zink/o zinc
zip/o zipper

odiak/o zodiac
on/o belt; zone
oologi/o zoology
org/i (take) care (of), see to, worry
(about), **~o** care, concern (for), **~eme**
carefully
um/i, ~o hum, buzz; roar (traffic, etc.),
~ilo buzzer

r more information...
out Esperanto, including current activities, classes, and groups in your
ea, contact:

Esperanto League for North America, Inc.
P.O. Box 1129, El Cerrito, CA 94530 • (415) 653-0998

ase send FREE up-to-date information about the International Language to:

me _____

dress _____

y _____ State _____ Zip Code _____

— —

r additional copies of this book...
ntact your bookseller or the publisher, or use this form:

Esperanto League for North America, Inc.
P.O. Box 1129, El Cerrito, CA 94530 • (415) 653-0998

ase send ___ copies of ESPERANTO: USING AND LEARNING THE INTER-
TIONAL LANGUAGE, by David Richardson, @ $14.95 per copy (CA addresses
d appropriate sales tax). Please add $1.50 per copy for shipping & handling.
ce subject to change without notice.

thod of payment: ___ Check ___ Visa ___ Mastercard
(Make checks payable to: ELNA)

d to:

me _____

dress _____

y _____ State _____ Zip Code _____

Card Holder Name (Please Print)

Card Number

| | | | | | | | | | | | | | | | |

Master Card
Interbank No.

Card Expires:
Mo./Yr.

Card Holder Signature